CONGRESO NACIONAL 1944-45

TIBURCIO CARÍAS ANDINO, EL FUNDADOR DE LA PAZ

ERANDIQUE
COLECCIÓN

TIBURCIO CARÍAS ANDINO, EL FUNDADOR DE LA PAZ

CONGRESO NACIONAL 1944-45

©Colección Erandique
Supervisión Editorial: Óscar Flores López
Diseño de portada: Andrea Rodríguez
Administración: Tesla Rodas—Jessica Cordero
Director Ejecutivo: José Azcona Bocock
Primera Edición
Tegucigalpa, Honduras—Noviembre de 2025

UN CONGRESO LISONJERO

Para la mayoría de diputados del Congreso Nacional de 1944-1945, el general Tiburcio Carías Andino era poco menos que un semidiós.

Las intervenciones de los legisladores durante las sesiones en las que el dictador iba a ser nombrado **FUNDADOR DE LA PAZ Y BENEMÉRITO DE LA PATRIA** no pudieron ser más serviles y aduladoras.

Fue algo pocas veces visto en la historia política hondureña.

Carías Andino, en el poder desde 1933, aceptó, por supuesto, aquellas manifestaciones de amor incondicional.

—Honorables señores diputados —dijo el general—, nunca he sentido emoción tan grande, que me llene de tanta satisfacción, como la de este homenaje que me habéis tributado en representación del pueblo hondureño. Mi gratitud es profunda. Os puedo asegurar que haré todo cuanto en mi capacidad esté para corresponder dignamente esta distinción que mucho me honra. Y el recuerdo de este suceso lo conservaré con especial cariño y bajará conmigo a la tumba.

Los diputados no se midieron al momento de soltar los halagos a su líder.

"Honduras se ha salvado. Llegó la hora de su redención. Al frente de sus destinos está ahora un hombre fuerte por su honradez y caballerosidad, por su talento y conocida capacidad administrativa, por su probidad absoluta, por su innegable puritanismo, por su devoción a la patria y por ser generalmente querido por la inmensa mayoría de los hondureños."

Palabras del presidente del Congreso Nacional, **Plutarco** Muñoz, el mismo que dijo alguna vez que "la Constitución puede ser violada las veces que sea necesario".

Así como Muñoz, otros diputados del cariísmo elogiaron al caudillo; así, encontramos frases como las siguientes:

"Las obras de progreso llevadas a cabo por el doctor y general Tiburcio Carías Andino quedarán grabadas en la historia de Honduras con caracteres tan hermosos que, mientras más tiempo pase, más grandes se verán; y, cuando la pasión política se calme y fríamente pueda juzgarse al Hombre, nadie podrá negarle su patriotismo ni la nobleza de su alma."

O: "En el general Tiburcio Carías Andino admiramos —como deben admirar en él todos los hondureños imparciales— su nobleza de espíritu, su rectitud, su carácter firme y franco, su capacidad indiscutible y sus cualidades morales: honradez en la amplitud más grande de la palabra."

"Pienso que solo los ciegos del alma no quieren ver la magna **obra** realizada por este gran paladín del bien público, que, sorteando escollos y peligros, ha logrado, con sus hechos y sus obras, levantar el nombre de Honduras en el mundo internacional, asegurando el futuro de la nación sobre bases firmes, capaces de resistir al tiempo; por lo que su egregia personalidad vivirá en la historia y en el juicio consagratorio de la posteridad con la grandeza y recia estructura del cedro robusto y arrogante."

"Yo, que he tenido una fe ciega en este gran hondureño, que cada año que lo conozco más, más afirmo esa fe, estuve por este homenaje que no es un acto de servilismo, sino el justo y sincero premio de un pueblo a su benefactor", diría Mauricio Ramírez, diputado por Yoro.

Al igual que Ramírez, todos los diputados que apoyaron el proyecto de decreto para declarar a Carías Andino **FUNDADOR DE LA PAZ Y BENEMÉRITO DE LA PATRIA** reafirmaron, en el seno del Poder Legislativo, su lealtad y voto de confianza a quien, según ellos, había salvado a Honduras de la tragedia para llevarla por el camino del desarrollo.

De esa forma, los diputados tendieron la alfombra roja para cinco años más de gobierno cariísta, en medio de la desazón de cientos de exiliados en el extranjero y de aquellos que eran perseguidos, encarcelados, torturados y asesinados por alzar su voz de protesta en contra de la dictadura.

La maquinaria cariísta contaba, además de ese fuerte grupo de diputados incondicionales, con órganos de propaganda, entre los que destacaba el **Diario La Época**, dirigido por el congresista Fernando Zepeda Durón. Ese periódico publicaba diariamente discursos, cartas, cables y telegramas enviados desde todos los rincones del país. Los mensajes, por supuesto, pedían la continuidad de Carías Andino en el poder "para el bien de Honduras y de su pueblo".

Pocos gobernantes han sabido utilizar la propaganda política de la forma efectiva en que lo hizo Tiburcio Carías Andino.

Al final del libro incluimos algunas portadas y páginas interiores de *La Época* de 1944, cuando arreciaban las manifestaciones de apoyo al gobierno en pueblos y ciudades.

(Si desea leer otras ediciones de *La Época* o de otros periódicos y revistas hondureñas, ingrese gratis a www.erandique.com).

"El Soberano Congreso Nacional, interpretando fielmente el sentir de la gran mayoría del pueblo hondureño, ha declarado 'Benemérito de la Patria, Fundador y Defensor de la Paz' al señor presidente de la República, doctor y general Tiburcio Carías Andino. El jefe de la nación debe sentirse muy satisfecho; satisfechos deben estar también los señores diputados y satisfecha está el alma colectiva de la nación al contemplar realizados sus anhelos. Se ha hecho justicia al mérito; se ha dado al César lo que es del César, y se ha elevado con ese acto esplendoroso y magnífico la dignidad de la República", escribió el corresponsal de *La Época* en Comayagua el 15 de diciembre de 1944.

Este libro es el reflejo de una época política única en la historia de Honduras, y nos ayuda a entender varias de las razones que permitieron que el general Tiburcio Carías Andino permaneciera dieciséis años en el poder, en una dictadura que implementó el "encierro, destierro o entierro".

Ochenta años han transcurrido desde que El Hombrón de Zambrano fue declarado **FUNDADOR DE LA PAZ**. A pesar del tiempo, en Honduras no han dejado de aparecer hombres y mujeres con poses mesiánicas, aunque ninguno como Tiburcio Carías Andino.

ÓSCAR FLROES LÓPEZ
Editor Colección Erandique

UN VOTO DE CONFIANZA AL FUNDADOR DE LA PAZ

EXPOSICIÓN del Honorable Diputado Profesor Rodolfo Z. Velásquez, en la que pide se declare Fundador de la Paz de Honduras y Benemérito de la Patria al Señor Presidente Constitucional de la República, Doctor y General don Tiburcio Carías Andino, y se le dé un nuevo Voto de Confianza.

DICTAMEN de las Comisiones unidas de Legislación y Gobernación sobre la iniciativa del Honorable Diputado Velásquez.

SOBERANO CONGRESO NACIONAL:

Las Municipalidades y los organismos nacionalistas del departamento de Intibucá nos han dado un encargo especial ante Vos, el cual queremos cumplir con el mayor gusto, por simpatías, por deber y por su respectiva trascendencia política.

Para ser más fieles en el desempeño de tal encargo, nos remitimos a la voz escrita de nuestros mandantes, o sea al texto del acta correspondiente a la sesión solemne que celebraron conjuntamente, el veintisiete de noviembre recién pasado, las Directivas del Comité Departamental y del Sub–Comité Nacionalista de Intibucá y las Municipalidades de La Esperanza e Intibucá, en uno de los varios actos normativos de su actitud cívico–caríista.

Han dicho, como podéis verlo, que "en comunidad de ideas y sentimientos, consideran:

Que el Doctor y General don Tiburcio Carías Andino, con su conducta como administrador constitucional del país y con su política activa de paz, obras públicas, cultura popular, amparo al trabajo y crédito nacional, es singularmente merecedor de perdurables distinciones que expresen gratitud para él y sean estímulo previo para los futuros gobernantes que consagren su pensamiento, su corazón y su voluntad al engrandecimiento y al prestigio de la Patria.

Que es satisfactorio llevar ante el Soberano Congreso Nacional una voz informativa, con homenaje de respetos. Que la conservación y el bien de los intereses primordiales de Honduras, en lo porvenir, necesitan la más grande y generosa atención del Partido Nacional y de todos los hondureños pacificistas, trabajadores y honestos.

En consecuencia, resuelven:

1°— Encargar especialmente a los Honorables Diputados por este departamento para que pidan al Soberano Congreso Nacional, en sus próximas sesiones, que declare FUNDADOR DE LA PAZ DE HONDURAS Y BENEMÉRITO DE LA PATRIA al señor Doctor y General don Tiburcio Carías Andino y le dé un nuevo Voto de Confianza.

2°— Testimoniar a la muy Honorable Representación Nacional que los pueblos del departamento de Intibucá han estado durante la administración presente, y estarán, en completo orden, dedicados a sus trabajos habituales, prestando su cooperación vecinal y dando su contingente de buenos nacionalistas.

3°— Contribuir siempre, en toda la extensión de sus facultades, a que el Nacionalismo intibucano se mantenga organizado y en pie de acción para cumplir sus deberes cívicos, y evitar que una minoría ofuscada y ambiciosa, adversa al Gobierno, cometa los crímenes que se empeña en ejecutar contra la vida humana, las instituciones patrias y las cosas queridas que son producto directo de esfuerzos y afanes cotidianos y que constituyen el fin esencial de la existencia del hombre.

4°— Expresar que la prolongación del período presidencial del señor Doctor y General don Tiburcio Carías Andino está plenamente justificada, y debe servir de sólido fundamento para meditar, a conciencia desde hoy, quién es el llamado a desempeñar la Presidencia de la República en el próximo período constitucional que comenzará el 19 de enero de 1949, conforme a los principios y prácticas de la Soberanía y la Democracia".

En mérito de lo expuesto, a Vos pedimos:

1°— Que declaréis FUNDADOR DE LA PAZ DE HONDURAS Y BENEMÉRITO DE LA PATRIA al señor Presidente Constitucional de la República, Doctor y General don Tiburcio Carías Andino.

2°— Que deis al mismo eximio personaje un nuevo Voto de Confianza, en nombre y representación del Pueblo Hondureño.

3º— Que aceptéis el informe a que se refiere el punto 2º del acta de referencia, en el cual se os habla del estado político y social de los pueblos del departamento de Intibucá.

Acompañamos el respectivo proyecto de Decreto.

Tegucigalpa, D. C., diciembre 6 de 1944.
RODOLFO Z. VELÁSQUEZ

DECRETO

En que se declara al Señor Presidente Constitucional de la República, Doctor y General don Tiburcio Carías Andino, FUNDADOR Y DEFENSOR DE LA PAZ DE HONDURAS Y BENEMÉRITO DE LA PATRIA.

SOBERANO CONGRESO NACIONAL:

Las Comisiones unidas de Legislación y Gobernación que suscriben, y a las cuales encomendasteis emitir dictamen con motivo de la exposición y proyecto de decreto presentados a vuestra consideración por el honorable diputado don Rodolfo Z. Velásquez, tendiente a declarar al ciudadano Presidente Constitucional de la República, Doctor y General don Tiburcio Carías Andino, Fundador de la Paz de Honduras y Benemérito de la Patria; para que se le dé un nuevo voto de confianza y se nombre una comisión que se encargue de poner en manos del señor Presidente el Decreto respectivo, tienen el honor de pronunciarse en la forma siguiente:

La Paz, amparada por el derecho y la justicia; la Paz vibrante y plasmada de energías, de luz y de alimento popular; la renovación y la transformación total de un país empequeñecido y avergonzado ante el concepto mundial por sus grandes y graves errores del pasado; la Paz a que han aspirado siempre los estadistas más grandes del mundo, como el eximio ciudadano Franklin Delano Roosevelt en los Estados Unidos de América, no tiene en nuestro léxico la acepción que debiera: eso es realmente maravilloso y noble.

La Paz, es decir, la prosperidad, la grandeza, la vida creciente y pujante de la Patria…

¿Quién no podrá confiar en un gobernante honrado, noble y digno que reúna las condiciones que distinguen esencialmente al verdadero

7

estadista, y que desde el primer momento se sacrifica por mantener, a todo trance, la paz de la nación como un medio de prosperidad y como base firme para el desarrollo y realización de los mejores programas de gobierno

El Doctor y General don Tiburcio Carías Andino, en su prolongado y buen gobierno de la nación hondureña, se ha significado palpablemente como un hombre superior, como un abnegado y gran patriota, como un ciudadano y mandatario ejemplar; y la declaración que hará el Congreso Nacional, en nombre y representación del pueblo hondureño, asignándole el brillante título de CREADOR DE LA PAZ DE HONDURAS Y BENEMÉRITO DE LA PATRIA, la tiene bien ganada y merecida, por lo cual también es digno de la mayor confianza por parte del pueblo que lo llevó a la primera Magistratura del Estado.

Por las razones indicadas, vuestras Comisiones unidas de Legislación y Gobernación opinan porque le deis vuestra soberana aprobación a la iniciativa del honorable diputado Profesor don Rodolfo Z. Velásquez, de conformidad con el proyecto de decreto que se adjunta al presente dictamen.

ALFREDO TABORA SOLARES
JOSÉ ANTONIO TORRES
ANDRÉS J. ALVARADO
YANUARIO LANDA BLANCO
M. JESÚS MILLA
MANUEL LUNA C.

DECRETO NÚMERO 6

EL CONGRESO NACIONAL,
DECRETA:

Artículo 1º — Declarar al Señor Presidente Constitucional de la República, Doctor y General don Tiburcio Carías A., "Fundador y Defensor de la Paz de Honduras y Benemérito de la Patria".

Artículo 2º — Darle un nuevo Voto de Confianza.

Artículo 3° — El Congreso Nacional pondrá en manos del Señor Presidente el presente decreto.

Dado en Tegucigalpa, D. C., en el Salón de Sesiones, a catorce de diciembre de mil novecientos cuarenta y cuatro.

PLUTARCO MUÑOZ P., Presidente
FERNANDO ZEPEDA D., Secretario
MARCO A. RAUDALES, Secretario

Al Poder Ejecutivo.

ACTAS DE LAS SESIONES EN QUE EL CONGRESO NACIONAL DISCUTIÓ Y RESOLVIÓ LA INICIATIVA DEL HONORABLE DIPUTADO VELÁSQUEZ.

General Tiburcio Carías Andino, el hombre que gobernó con puño de hierro los destinos de Honduras de 1933 a 1949.

ACTA NÚMERO OCHO DEL CONGRESO NACIONAL

Tegucigalpa, D. C., trece de diciembre de mil novecientos cuarenta y cuatro.

Se abrió la sesión presidida por el diputado Muñoz P., con asistencia de los representantes Agüero, Álvarado, Amaya R., Augustinus, Barahona, Bustillo, Cálix Moncada, Cooper, Cruz Zambrano, Fiallos, González, Jiménez, Landa Blanco, Lardizábal, Leiva, Lobo, López, Luna C., Medina Laínez, Membreño, Mendoza, Murillo Díaz, Milla, Ordóñez P., Pinto, Ramírez, Romero Ayala, Romero Guifarro, Suazo, Tábora S., Torres, Triminio (don J. Inocente), Valenzuela, Vásquez, Velásquez, Villela Vidal, Zelaya y de los Secretarios Zepeda Durón y Raudales. Faltaron con excusa los representantes Chirinos Z., Portillo y Triminio (don Pedro).

1º–Se leyó y aprobó el acta de la sesión anterior.

2º–La Secretaría dio cuenta de la correspondencia recibida, así:

a) Mensajes telegráficos suscritos por los señores Marcial Maradiaga Valdivia, Epifanio Navas, Sotero Rodríguez, Jesús Carías C., Francisco Rivera R., Guillermo Mayes, José María Cardona S., F. Mendoza R., Arcadio López, Juan B. Herrera y M. Castellanos, en los que solicitan a la Augusta Cámara que declare al señor Presidente de la República, Dr. y Gral. don Tiburcio Carías Andino, «Fundador de la Paz de Honduras y Benemérito de la Patria», haciendo justicia a sus constantes esfuerzos por la redención del país a base de honradez, paz y cultura.

b) Mensajes telegráficos firmados por Emilio Castañeda y Braulio David, pidiendo al Soberano Congreso Nacional el restablecimiento del artículo 128 de la Ley de Municipalidades y del Régimen Político, en vista de que con la derogatoria del mismo, los municipios pobres de la República han quedado privados de una fuente de ingresos determinante del pago de sus servicios y de la construcción de obras públicas.

c) Mensaje telegráfico de don Emigdio Mena, manifestándose preocupado de no haber asistido a las sesiones del Congreso Nacional en su carácter de diputado, y anunciando su llegada cuando el tiempo permita el servicio de aviones.

d) Oficio del señor Alcalde Municipal de Florida, de Copán, acompañando certificación del punto de acta de la sesión celebrada por aquella Municipalidad el día 19 de diciembre del año corriente, en la cual se acordó dirigir respetuosa y muy atenta súplica al Soberano Congreso Nacional a fin de que se interese por sustituir por otra renta o rentas la contribución subsidiaria de los vecinos, único medio conocido y puesto en práctica por ahora para garantizar la vida y estabilidad de los municipios.

e) Oficio del señor Alcalde Municipal de La Unión, departamento de Copán, con el cual se acompaña certificación del acta celebrada por aquella Corporación, en fecha 19 de diciembre del corriente año, en la que se acordó dirigirse a la Cámara Legislativa en solicitud de que se restablezca el artículo 128 de la Ley de Municipalidades y del Régimen Político, que constituiría un favor para las Municipalidades que actualmente no cuentan con recursos suficientes para atender sus servicios y la obligación de construir obras públicas.

f) Oficio del señor Secretario Municipal de San José de Copán, adjunto a la certificación del acta de la sesión celebrada por esa Municipalidad en 1º de diciembre del corriente año, por medio de la cual se acordó pedir a la Cámara Legislativa el restablecimiento del artículo 128 de la Ley de Municipalidades y del Régimen Político.

g) Oficio del señor Alcalde Municipal de Veracruz, Copán, enviando certificación del acta de la sesión celebrada por aquella Municipalidad, en la cual se acordó dirigirse al Congreso Nacional, a fin de que discuta y solucione la mejor manera de resolver la grave situación creada con la derogatoria del artículo 128 de la Ley de Municipalidades y del Régimen Político.

3º–Se dio lectura a la exposición y proyecto de decreto introducidos a la Cámara por el diputado don Rodolfo Z. Velásquez, tendiente a que, por sus justos merecimientos, la Augusta Cámara declare al señor Presidente de la República, Dr. y Gral. don Tiburcio Carías Andino, «Fundador de la Paz de Honduras y Benemérito de la Patria», y que, a la vez, le dé un nuevo Voto de Confianza.

A la vez se leyó el proyecto de decreto que respalda la iniciativa antes aludida.

Se leyó el dictamen de las Comisiones unidas de Gobernación y Legislación sobre el asunto.

Fue puesto a discusión en un solo debate.

VELÁSQUEZ: Dice que la Comisión que dictamina trae una pequeña reforma que no altera el fondo del asunto y que, por lo tanto, lo acepta.

LARDIZÁBAL: Mociona en el sentido de que el dictamen tendiente a declarar al Presidente de la República «Fundador y Defensor de la Paz de Honduras y Benemérito de la Patria», sea aprobado por aclamación, poniéndose de pie y que la exposición, dictamen y decreto sean publicados en un folleto especial.

LANDA BLANCO: Señores diputados: Cuando alguno de mis verdaderos amigos recibe algún honor, siempre experimento una satisfacción gratísima, como si fuera yo mismo quien tal honor recibiera. Esa satisfacción es en mí más grande todavía, cuando se trata de un amigo que ocupa la más alta dignidad de la República, como es nuestro actual Presidente Dr. y Gral. don Tiburcio Carías A. Quiere el Congreso de Honduras conferirle el título de «Fundador de la Paz de Honduras y Benemérito de la Patria», interpretando así el sentir de la nación, expresado en múltiples mensajes recibidos en esta Cámara. Este sentimiento público, expresado en forma tan elocuente, es solo un justo reconocimiento a sus esfuerzos y sacrificios por haber cimentado la paz de Honduras, esfuerzo que lo hace merecedor de todas las consagraciones. Honduras necesita de un estado de paz y de confianza que dure por lo menos treinta años para que aparezcan en ella todas las obras grandes de progreso que Honduras necesita.

Costumbre inconsecuente ha sido siempre en nuestro país que se honre a sus grandes hombres solamente cuando van camino del cementerio, cuando han traspasado ya el dintel de la eternidad, cuando ya sólo son una cosa inerte y fría. No es ésta, ciertamente, la verdadera justicia social. Ella consiste más bien en honrar en vida a los grandes hombres; porque por muy abnegado, por mucho que sea la grandeza de su espíritu y de desinterés, todo hombre debe experimentar una satisfacción legítima en presencia del testimonio público agradeciendo y reconociendo lo que él ha hecho por su patria.

Esta magnánima justicia de honrar a los grandes hombres en vida es también ejemplarizadora para la juventud, porque es para ella una fuente de inspiración que la induce a emular las virtudes de los grandes hombres. Esto hacía la antigua Grecia en el florecimiento de sus tiempos gloriosos. Ella organizaba grandiosos homenajes públicos en honor de sus héroes, de sus artistas, de sus filósofos, de sus benefactores y de sus poetas. Y en su afán enaltecedor de honrar y perpetuar todo aquello que representaba la esencia de su grandeza llegaba hasta erigir estatuas de sus grandes hombres al lado de sus dioses. Honrando nosotros a nuestro preclaro Presidente, Dr. y Gral. Tiburcio Carías A., cumplimos simplemente con un deber de ciudadanos y es para nosotros mismos un honor.

MUÑOZ P.: Se manifiesta completamente de acuerdo con la iniciativa del Comité Departamental Nacionalista de Intibucá y de la Municipalidad de La Esperanza y los felicita. Dice que los momentos actuales son especialmente difíciles y por eso vale la pena tributar homenaje muy significativo al Dr. y Gral. don Tiburcio Carías Andino, por haberse esforzado en salvar a la Patria de las inclemencias y peligros que han suscitado en los días que corren aquellos enemigos de la paz y del orden de Honduras.

Argumenta que el Gral. Carías ha sido un Gobernante ejemplar, un Gobernante que ha sabido librar a la Patria de todo peligro, un Gobernante patriota, un Gobernante bien intencionado y, por lo tanto, es merecedor del reconocimiento honrado de sus conciudadanos y de la interpretación justiciera de los hombres llamados a proclamarlo un Reformador, un luchador incansable, un orientador sano. Dice que, en torno de este asunto de suyo tan elevado, las palabras no dicen nada, que las palabras son hembras y los hechos son masculinos, y éstos son los encargados de definir la actuación del Gral. Carías en su función gubernativa.

Aduce que, no obstante que la economía nacional ha sufrido últimamente serias contradicciones, el Gral. Carías ha podido mantener en buena situación nuestro estándar de vida. Agrega que cualquier homenaje que se tribute al Presidente actual de Honduras es poco, porque la Presidencia es una posición de serias responsabilidades, responsabilidades que ha sabido enfrentar el Gral. Carías, responsabilidades de las cuales ha podido salir avante y con grandes conquistas para nuestro país.

18

Continúa diciendo que el Gral. Carías es uno de los pocos Gobernantes que nos ha salido bueno, es el Gobernante que, como Lázaro, dijo a Honduras: ¡Levántate! y Honduras se ha levantado. Afirma que Tiburcio Carías Andino es un esclavo del deber, es un hombre entregado por completo al pleno cumplimiento de sus deberes de Gobernante Constructor y Renovador, es un ladrón de voluntades, un usurpador del deseo de beneficiar a Honduras.

Hace el recuerdo de cuando Venancio Callejas sólo se interesaba por asumir la Jefatura del Partido Nacional y proclamarse candidato a la Presidencia de la República de ese mismo partido, y que, no habiéndolo logrado, es un inconforme empedernido; y agrega que todo esto, en aquel tiempo y en el presente, vino y ha venido a comprobar que el Gral. Carías es un hombre necesario. Tiene suficiente motivo para decir que el General Carías Andino no tiene el poder por su propia voluntad, sino por la voluntad de las mayorías populares y con el propósito patriótico de salvar el país.

Como los contrarios son capaces de lanzar y destruir estatuas, no está nunca de acuerdo en la erección de una de éstas para el General Carías, pero con un homenaje de la índole de que se está tratando sí está completamente de acuerdo y, por tanto, está porque se apruebe la moción del diputado Lardizábal.

BUSTILLO: No puede pasar inadvertido un homenaje con tan hermosa intención. Está de acuerdo completamente con la palabra «Fundador de la Paz», que se le aplica y quiere proclamársele al General Carías Andino, y si por eso le pudieran venir responsabilidades, las acepta y las espera en el terreno de su cabalidad y responsabilidad ciudadanas. Dice que en muchas ocasiones ha demostrado su lealtad al General Carías. Recuerda que en muchas legislaturas estuvo siempre un grupo, que él llama de los «ocho Antonios», a favor y en respaldo del General Carías. Se manifiesta plenamente de acuerdo porque se acepte por aclamación la iniciativa del diputado Z. Velásquez, tal como ha mocionado el colega Lardizábal.

Suficientemente discutido el dictamen y proyecto de decreto sobre la iniciativa del diputado Z. Velásquez, con la moción del representante Lardizábal, quedó aprobada por aclamación y puestos de pie los honorables diputados al Congreso Nacional. El Presidente invitó a los representantes a pasar al Casino Hondureño para brindar con champaña por tan gran acontecimiento.

4°–Orden del día: continuación de lo anterior; dictamen de la Comisión de Hacienda sobre el decreto del Poder Ejecutivo N° 72, de 28 de noviembre del año en curso, referente a la importación y circulación de moneda de los Estados Unidos de Norte América; dictamen de la Comisión de Presupuesto sobre el decreto del Poder Ejecutivo, de 18 de marzo del corriente año, por medio del cual se tomó en calidad de préstamo fondos del Instituto Normal "José Cecilio del Valle"; dictamen de la Comisión de Hacienda sobre el decreto del Poder Ejecutivo N° 70, de 6 de mayo del presente año, contraído a un depósito de dinero en el Banco de Honduras a la orden del Servicio Cooperativo Interamericano de Salud Pública; dictamen de la Comisión de Legislación sobre el Decreto del Poder Ejecutivo N° 71, de 19 de mayo del corriente año, referente al traslado de bienes de personas de los países del Eje; y,

5°–Se levantó la sesión.

PLUTARCO MUÑOZ P.,
Presidente.
FERNANDO ZEPEDA D., Secretario.
MARCO A. RAUDALES, Secretario.

ACTA NÚMERO NUEVE DEL CONGRESO NACIONAL

Tegucigalpa, D. C., catorce de diciembre de mil novecientos cuarenta y cuatro.

Se abrió la sesión presidida por el representante Muñoz P., con asistencia de los diputados Agüero, Alvarado, Amaya R., Augustinus, Barahona, Bustillo, Cálix Moncada, Cooper, Cruz Zambrano, Fiallos, González, Jiménez, Landa Blanco, Lardizábal, Leiva, Lobo, López, Luna C., Medina Laínez, Membreño, Mendoza, Milla, Murillo Díaz, Ordóñez P., Pinto, Ramírez, Romero Ayala, Romero Guifarro, Suazo, Tábora S., Torres, Triminio (don J. Inocente), Valenzuela, Vásquez, Velásquez, Villela Vidal, Zelaya y de los Secretarios Zepeda Durón y Raudales. Faltaron con excusa los representantes Chirinos Z., Portillo y Triminio (don Pedro).

1º–Se leyó y aprobó el acta de la sesión anterior.

2º–La Secretaría dio cuenta con la correspondencia en cartera, así:

a) Mensajes telegráficos de distintos lugares del país, firmados por los señores Isidoro Arteaga, Ricardo Ramos C., Benito Giraud, Juan P. Flores, Manuel Portillo, J. Andrés Pineda, J. Santos Sánchez, León F. García, Ambrosio Bueso, Emilio Martínez, Juan González M., Enrique Peña, Carlos Arturo Izaguirre, J. V. Portillo, Ramón M. Castellanos y Marco Tulio Mejía, en los que piden al Soberano Congreso Nacional que, haciendo elevada justicia a los innegables méritos de estadista constructor y visionario y a sus acendrados propósitos de mantener en la nación un período imperturbable de paz y de trabajo, declare al Excmo. Señor Presidente de la República, Dr. y Gral. don Tiburcio Carías Andino, «Fundador de la Paz de Honduras y Benemérito de la Patria».

b) Tarjeta en que el Ingeniero don Abraham Williams, Vicepresidente de la República y Secretario de Estado en los Despachos de Gobernación, Justicia, Sanidad y Beneficencia, desea muy feliz año nuevo a los honorables representantes.

c) Oficio N° 124 de la Presidencia del Concejo del Distrito Central, fechado el 13 del corriente mes, por medio del cual se envía calurosa felicitación y sincero reconocimiento al Soberano Congreso Nacional y, particularmente, a cada uno de los honorables representantes del pueblo hondureño, por haber emitido el trascendental decreto que declara «Fundador y Defensor de la Paz de Honduras y Benemérito de la Patria» al Dr. y Gral. don Tiburcio Carías Andino, actual Presidente de la República, alta magistratura a la que fue llevado por la voluntad popular manifestada en los comicios de 1932.

d) Nota fechada este día y firmada por don Salomón Barjún, ciudadano palestino, que se permite felicitar al actual Congreso Nacional por la feliz idea de emitir decreto declarando al actual Mandatario de la Nación «Fundador y Defensor de la Paz de Honduras y Benemérito de la Patria», ya que ese decreto —dice— "es el reflejo fiel del alma y noble sentimiento del pueblo hondureño, como también de todos los extranjeros que hemos hecho de este noble país nuestra segunda patria y hemos visto en la personalidad del Dr. Carías Andino el hombre abnegado, el hombre progresista y trabajador, incansable, que ha hecho de la justicia y el derecho el altar sagrado más grande en que descansa la felicidad de hondureños y extranjeros".

3°–Se dio lectura a la exposición y proyecto de decreto de la Secretaría de Hacienda, Crédito Público y Comercio, en que se solicita la aprobación del contrato contenido en el Acuerdo N° 467, del 14 de noviembre último, contrato de préstamo celebrado entre el Gobierno y la Tela Railroad Co.

Pasó a la Comisión de Hacienda.

4°–Se dio cuenta de la exposición y proyecto de decreto presentados por el diputado Muñoz P., tendiente a la reforma del Decreto Legislativo N° 9, del 17 de diciembre de 1941, en el sentido de excluir a los italianos de la inmovilización o congelación de sus fondos.

Pasó a la Comisión de Legislación.

5°–Se suspendió la sesión y el Presidente excitó a los señores diputados a estar listos para hacerse presentes en Casa Presidencial, a las diez de la mañana, momento en que le será entregado al señor

Presidente de la República el Decreto por medio del cual la Augusta Cámara Legislativa lo declara «Fundador y Defensor de la Paz de Honduras y Benemérito de la Patria».

6º–Se reanudó la sesión en el Salón Azul de Casa Presidencial, ante el señor Presidente de la República, de los señores Secretarios de Estado y de numeroso público.

MUÑOZ P. (improvisando), dijo: Señor Presidente, Doctor y General don Tiburcio Carías Andino: El distinguido Profesor y Coronel don Rodolfo Z. Velásquez, diputado por el departamento de Intibucá, cumpliendo instrucciones de sus comitentes, presentó a la Cámara Legislativa actual, en sus primeras sesiones, una importante y muy oportuna iniciativa, contraída, entre otras cosas, a pedir que se Os declare «Fundador y Defensor de la Paz, a que se Os declare Benemérito de la Patria y a que Os dé un nuevo Voto de Confianza», y la Cámara, previos los trámites reglamentarios, en sesión de ayer, por aclamación y puestos de pie todos sus miembros, aprobó el Decreto que dice: «Decreto Número 6.-El Congreso Nacional,-DECRETA:-Artículo 1º.-Declarar al Señor Presidente Constitucional de la República, Dr. y General don Tiburcio Carías A., "Fundador y Defensor de la Paz de Honduras y Benemérito de la Patria". Art. 2º.-Darle un nuevo Voto de Confianza; y 3º.-El Congreso Nacional pondrá en manos del señor Presidente el presente Decreto. Dado en Tegucigalpa, D. C., en el Salón de Sesiones, a catorce de diciembre de mil novecientos cuarenta y cuatro.-Plutarco Muñoz P., Presidente.-Fernando Zepeda D., Secretario.-Marco A. Raudales, Secretario».

Entre otros motivos que el Congreso Nacional tomó en consideración para emitir esa trascendental resolución, están los siguientes: se Os declara Fundador y Defensor de la Paz, porque habéis establecido ésta después de más de un siglo de guerras civiles, de ruina y descrédito para el país, en nombre de la democracia, de la libertad y de la alternabilidad en el poder y otras bellezas que siempre invocaron e invocan los opositores de los Presidentes para quitar a éstos, haciendo numerosas guerras entre hermanos durante un solo período presidencial, resultando, lo más de las veces, peor el nuevo Presidente que el derrocado en nombre de la democracia y la libertad, vocablos sublimes, de gran significado, pero que entre nosotros se han prostituido por los enfermos de poder, por los ambiciosos de mando y medro de las rentas nacionales; se Os declara Fundador y Defensor de la Paz, porque es la verdad y porque paz necesitamos todos los que vivimos en Honduras, nacionales y extranjeros, los azules y los colorados, todos los partidos.

Porque paz necesita el comerciante, el banquero, el profesional, el industrial, el obrero, el niño, el anciano, las mujeres y más que todos nuestros pobres obreros y campesinos, que son siempre los más perjudicados, menos beneficiados; en fin, porque paz y no guerra civil, que es oficio, si así se puede llamar a eso de matar hermanos, aniquilar y deshonrar la patria, propio de vagos, de criminales, de gente sin moral ni responsabilidad social, económica, política, de ninguna naturaleza, es lo que queremos los hondureños, Paz, siendo de ésta la prueba más contundente e irrebatible, el desprecio, el horror, la repugnancia con que el pueblo vio a los últimos ingratos que se presentaron este año pretendiendo asesinar a la patria mediante ese cáncer denominado guerra civil, guerra maldita que, por ser entre hermanos, ningún motivo justifica ni explica; se Os declara Benemérito de la Patria, no sólo porque sois el fundador y defensor de la paz, sino por vuestra actuación política y administrativa tan noble, tan brillante, tan hermosa y enaltecedora para el país.

También por vuestra conducta de alta moralidad, de ejemplar probidad en la vida privada y pública, todo a prueba del más riguroso análisis, a prueba de enemigos, por apasionados que sean, ya que sabido es que Vos no fumáis, no jugáis, no tomáis ninguna clase de licores, no tenéis ningún vicio, no derrocháis o destináis el dinero de la Nación en francachelas, en amores y amoríos, como lo han hecho otros Presidentes, sino en obras públicas, en la reconstrucción nacional; se Os declara Benemérito de la Patria porque le habéis hecho a ésta beneficios prominentes, entre otros, el haber dado en tierra con las denominadas Juntas de Reconocimiento de Pérdidas, medio que era tan socorrido para hacerse grandes fortunas los individuos inescrupulosos, que siempre encontraban jefes revoltosos o del Gobierno que les dieran constancias de haber perdido en las funestas guerras civiles grandes cantidades de semovientes, mercaderías, etc., y también testigos que eso confirmaran, llegándose al caso de que quienes habían perdido uno o cinco semovientes, cobraran el valor de cien o quinientos, y, como resultaban tantos perdidosos, de aquí que el pobre país tuviera en cada guerra civil que reconocer sumas enormes, las que, al triunfar el Partido Nacional, capitaneado por Vos, señor, y al procederse a su amortización, llegaron a treinta y siete millones de lempiras, suma de la que, gracias a Vuestra honradez administrativa y a que abolisteis las tales Juntas de Reconocimiento, al terminar con las guerras civiles, ya solamente se deben diez millones treinta y cuatro mil trescientos ochenta y cuatro lempiras y ocho centavos (L 10.034.384.08) y, no contento con el pago de la Deuda Interna y siendo la Deuda Externa, originada por cuatro grandes empréstitos que solicitaron administraciones del Partido Liberal, ya una suma fabulosa, que llegaba a muchos millones de libras esterlinas, gestionasteis, maniobrasteis, señor, como Jefe del Partido Nacional, en forma hábil y tesonera, hasta que el año de 1926, siendo Presidente de Honduras el Dr. don Miguel Paz Baraona, de muy grato recuerdo para los hondureños, al que Vos llevasteis al poder, conseguisteis que tal deuda quedara reducida a un millón doscientas mil libras esterlinas, suma pagable en treinta años y de la que ya solamente debe nuestra Patria tres millones quinientos veintitrés mil ochocientos setenta y cinco lempiras, por lo que toda la deuda de Honduras, Interna y Externa, es solamente de trece millones quinientos cincuenta y ocho mil doscientos cincuenta y nueve lempiras y ocho centavos (L 13.558.259.08), lo que, en honor a la verdad, es poca deuda para una nación, siendo de advertirse que, para hacer esos pagos, no le habéis confiscado bienes a nadie, NI A LOS COLORADOS, ni le habéis quitado empréstitos a nadie, internos o externos, no obstante de haberos facultado el Congreso para contratar uno en el exterior hasta por quince millones de dólares; y se Os da un nuevo voto de confianza debido a la infame gritería y constante guerra de diatribas de vuestros enemigos, para desmentir a éstos por afirmar, sin probarlo, que ya no contáis con la voluntad del pueblo hondureño, debido a vuestra dictadura y tiranía jamás vistas.

Os damos ese voto de confianza porque estamos seguros de que continuaréis dándonos ese bendito bien de la paz, por ser la paz la mamá más cariñosa, pródiga de amor para todos sus hijos, de cualquier color que sean, porque la paz es la mamá de mamás, más grande, que da la más abundante y sana leche y mejor alimentación a todos sus hijos; Os damos ese nuevo voto de confianza porque deseamos que continuéis administrando, celosa y admirablemente, el país; Os damos ese voto de confianza porque entendemos que, con motivo de los últimos acontecimientos, habréis tenido, como hemos tenido los diputados, ocasión de conocer quiénes son vuestros verdaderos y leales amigos, no sólo en la paz, cuando no hay peligro, sino en la lucha, cuando hay peligro y, con vista de lo que habéis observado, haréis labor de profilaxis política y administrativa, labor de política sanitaria, haciendo revisión de empleados y llevando a los puestos públicos a los más honrados y capacitados y, sobre todo, a los más leales a vuestra persona y política redentora.

Tales son, señor Presidente, a grandes rasgos, los motivos que el Congreso Nacional tiene para honraros y honrarse declarándoos PRÓCER DE LA PAZ Y BENEMÉRITO DE LA PATRIA. (Se oyeron dilatados aplausos y vivas a Honduras y al General Carías Andino).

Vuestros enemigos Os atacan, Os ofenden, de la manera más infame, cobarde, despiadada e injustificada. Entre otros adjetivos Os aplican el de ladrón, y yo sostengo que lo sois, pero ladrón de corazones: habéis conquistado, con vuestra meritísima y destacada actuación en bien de la patria, el corazón de los hondureños, todo el amor de la mayoría inmensa de éstos es para Vos, señor Presidente. Esos calumniadores Os dicen usurpador, y sí lo sois, yo lo afirmo, pero explico que lo que habéis usurpado es la voluntad popular, la opinión pública, porque Vos, señor, no sois caudillo o héroe de Semana Santa, de opereta, no sois caudillo de pantomima, sois caudillo de innegables e indiscutibles méritos, de abrumadores, aplastantes, auténticos y propios prestigios, no de prestigios prestados, alquilados o pegados con goma o engrudo, y es por eso que los infortunados y ambiciosos que, carentes de mérito y prestigios, han querido derrocarnos del poder con procesiones de brazos caídos, de mujeres con paso de procesión fúnebre, con movimientos tan lastimosos como el caminar de jolotes enfermos, han fracasado y seguirán fracasando, si aún todavía no se han convencido de su inutilidad como políticos y de que con Vos no pueden en ningún terreno.

Vuestros enemigos Os dicen impostor, señor, y lo sois, no lo neguéis, porque os habéis impuesto por vuestra magnanimidad, vuestra sabia y honesta administración, por vuestro puritanismo moral y político. Si como Vos son los ladrones, usurpadores e impostores, deseo que en Honduras lo sean todos, hasta el Lic. Ángel Zúniga Huete.

¿Y quiénes son, señor Presidente, vuestros enemigos? El dentista don Venancio Callejas, más conocido por Dr. Venancio Callejas, y su pequeño grupo, compuesto, en su mayor parte, de sus hermanos y demás familia, que es numerosa. ¿Y quién es el Dr. Callejas? El hombre más impolítico, menos preparado y sediento de la Presidencia de Honduras que yo conozco; el hombre más inconsecuente en política entre los hondureños, porque es azul por la mañana, colorado, y hasta panterista y comunista unido a Zúniga Huete, que era hace poco su adversario; falto de criterio y orientación propios, firmes, estables; el hombre que, porque a vuestro lado, señor, y gracias a vuestras recomendaciones, llegó a ser diputado, Presidente de nuestro Comité Central y Presidente de nuestra Convención Nacional, sólo por eso Os quiso coger el mandado –por lo que es mal mandadero–, pues llegó a considerarse superior a Vos y más prestigiado; quiso y trabajó por sustituiros, por ser no sólo el Jefe de nuestro Partido Nacional, sino que también candidato a la Presidencia, en lugar vuestro, y a eso se debió que no aceptara la candidatura a la Vicepresidencia, por una parte, y por otra, porque a última hora pedía que, para aceptarla, se le debía dar la MITAD DE LOS EMPLEOS para sus amigos –entiéndase para sus numerosos familiares– y que la otra mitad debía ser para vuestros amigos, lo que fue rechazado por indigno, injusto e inconveniente.

Los otros enemigos son el Lic. Ángel Zúniga Huete, de generales tristemente conocidas, entre ellas la de ametrallador del pueblo en funciones electorales y la de predicar la doctrina del amor libre y pedir que se supriman del Código Penal los delitos de violación, rapto y estupro, al que derrotasteis en la lucha de urnas y en la guerra, en la denominada Revuelta de las Traiciones, y el pequeño grupito de panteristas y comunistas que aún le siguen, que, por cierto, es poco. Tales son, señor, vuestros principales enemigos, y los motivos que tienen para serlo; esto es, dos sujetos, Callejas y Zúniga Huete, que no son líderes ni civiles ni militares, ni políticos de prestancia, de valimiento para acaudillar una revolución capaz de derrotaros, de derrotar al Partido Nacional; esa infelicidad o incapacidad ya la demostraron en sus últimas poses, consistentes en manifestaciones populares de pequeñísima significación y en sus acciones de armas que presentaron, consistentes en atacar pueblos y aldeas indefensas; no atacaron siquiera la más apartada y poco preparada plaza de cabecera departamental.

Siendo así vuestros principales enemigos, ¿habrá quién sea tan bueno, por no decir tan bruto, que les dé apoyo, que los siga en sus sueños y correrías vandálicas, de merodeadores, de asesinos de la paz, y quieren deponeros?

Señores Diputados: En el momento de poner en manos del señor General Carías Andino este Decreto vuestro, con que le consagra y premia el pueblo hondureño, para hacer más significativa vuestra lealtad, simpatía y adhesión, poneos de pie, como lo estoy yo –dijo Muñoz P.–, lo que los señores diputados hicieron instantáneamente y con gran entusiasmo, en medio de atronadores y prolongados aplausos.

Señor Presidente Carías Andino: Los diputados aquí reunidos somos los representantes de Honduras en este acto tan solemne y de alta significación, de gran trascendencia en el orden moral y político, dentro y fuera del país, porque con ello se evidencia que la opinión del pueblo hondureño está con Vos, señor, y en nombre de mis colegas y el mío, representando a Honduras, permitidme que Os dé, como Presidente del Congreso Nacional, un fuerte y sincero abrazo, (el que en el acto se dieron los dos Presidentes, muy efusivo, en medio de vivas a Honduras, al Congreso, al General Carías Andino y de estruendosos aplausos).

Y para terminar, también pidió el diputado Muñoz P. al señor Presidente Carías A. que le permitiera tomar una fotografía suya con los señores diputados, no por servilismo o vanidad, señor –dijo–, sino para que nuestros adversarios que están lejos, tomen nota, si así les place, para lo que a bien tengan, de quiénes somos, de lo que podemos y de que sabemos ser solidarios y asumir responsabilidades presentes y futuras; (habiéndose tomado acto seguido tal fotografía, en medio de ensordecedores aplausos y vivas).

LARDIZÁBAL: Excelentísimo Señor Presidente: motivo de muy íntima satisfacción y legítimo orgullo es para el Congreso Nacional presentarse en cuerpo ante Vos para haceros entrega del Decreto número 6 de esta fecha, por el cual se Os declara Fundador y Defensor de la Paz y Benemérito de la Patria, correspondiendo así a los deseos de las Municipalidades y centros nacionalistas de la República, secundando espontáneamente la iniciativa de las Municipalidades y centros nacionalistas del departamento de Intibucá, introducida a la Cámara por medio de su representante, el honorable diputado don Rodolfo Z. Velásquez, en atención a vuestros indiscutibles merecimientos, plasmados ya en la conciencia nacional.

Motivo de muy íntima satisfacción y legítimo orgullo, he dicho, porque nadie como nosotros, señor Presidente, para interpretar sinceramente el sentimiento de los pueblos que representamos y conocer, como realmente conocemos, la actuación vuestra en el difícil puesto en que Os ha colocado la voluntad de vuestros conciudadanos, manifestada ampliamente en nuestras justas cívicas, en la guerra cuando se ha ofrecido y en el período de paz que sólo vuestra voluntad vigorosa, vuestra serenidad, experiencia y valor ha conquistado como ninguno de vuestros antecesores en la vida democrática de Honduras.

Nosotros, en nuestro doble carácter de representantes del pueblo y de amigos vuestros, sin miedo ni vergüenza; sin humillaciones ni claudicaciones; y sí con el valor que el hombre siente cuando vive en paz con su conciencia, venimos aquí a reiteraros, en este acto de gran trascendencia en Honduras, la adhesión del pueblo hondureño y la confianza que, aun más robusta, deposita en vuestro corazón generoso, abierto siempre a los más nobles postulados.

El Congreso Nacional, al solidarizarse así con el pueblo que democráticamente representa, deja constancia en este acto de su fe política, de su lealtad a la Patria y declara enfáticamente: que el pueblo hondureño, depositario de la Soberanía, no permite ni permitirá nunca que ningún poder extraño se inmiscuya en el desenvolvimiento de su propio destino; que aquí Os tendremos, mientras seáis, señor Presidente, como habéis sido, a costa de grandes sacrificios, el más hermoso ejemplo para los hondureños, a quienes estáis enseñando y estamos aprendiendo a vivir en paz.

SECCIÓN 1 — CALIX MONCADA

CÁLIX MONCADA:

Excelentísimo Señor Presidente Constitucional de la República; Señores Diputados; Pueblo Hondureño: Estamos haciendo un monumento a la Paz. Un monumento a la Paz de Honduras. Un monumento a la grandeza de la Patria. La Historia se encargará de recogerlo en sus páginas eternas, haciendo justicia a la justicia que hoy hacemos los hondureños por medio del Congreso, al declarar Fundador y Defensor de la Paz y Benemérito de la Patria al más ilustre, al más grande, al más eterno de los estadistas que han regido los destinos de nuestra Patria: a Tiburcio Carías Andino.

Este hombre, que ha salvado la República en más de una ocasión, que ha defendido sus instituciones con el celo de un verdadero patriota, que ha llevado siempre en el corazón y en el cerebro el ideal de una Honduras feliz, grande y respetada, debe sentir en la intimidad de su alma la satisfacción de haber logrado imprimir al progreso del país el ritmo que los tiempos reclaman y de haber suprimido de la vida nacional el espectáculo triste de nuestras montoneras.

El Nacionalismo, que respalda la obra gigante de su ilustre Jefe, está de pie, y es para su regocijo este acto consagratorio del Congreso. Cada nacionalista, cada hondureño, debe convertirse en un centinela de la Paz, secundando los esfuerzos del Gobernante que vela noche y día por la tranquilidad de todos. Este hombre que ha hecho del Honor un escudo merece todos los Honores. En nombre del nacionalismo de Cortés, Señor Presidente, un abrazo.

ALVARADO (improvisando):

El pueblo hondureño hacía mucho tiempo que buscaba un hombre. Y lo encontró. Y lo encontró en medio de buen número de prominentes hombres ilustres de Honduras que se disputaban la oportunidad de llegar al Poder, hombres de la talla de Policarpo Bonilla y Juan Ángel Arias. Y ese hombre escogido es el que ahora rige los destinos de la Nación, con el acuerdo unánime de los hondureños sanos y patriotas.

Con el General Carías en el poder, el pueblo hondureño ha rectificado una política de errores de más de cien años. Y ese pueblo está satisfecho; secunda y secundará la grandiosa obra reconstructiva

30

del General Carías. Manifiesta que, en oportunidad tan grandiosa como la de este día, en que el pueblo de Honduras está patentizando su admiración y cariño al Mandatario, quiere expresar su lealtad, su simpatía y solidaridad al General Carías, no sólo como diputado propietario por el departamento de Copán, sino también en el carácter personal de Andrés J. Alvarado.

La más grande batalla que se ha ganado —agrega—, la batalla más grande que la de los cerros, es la batalla del 4 de julio. Fue entonces cuando, irrespetuosamente, llevados por el odio sectarista, hombres equivocados, mujeres, niños y ancianos se atrevieron a presentarse en actitud hostil frente a Casa Presidencial para pedirle el Poder al General Carías. Pero éste se mantuvo en el terreno de la más estricta serenidad, sin inmutarse ni en lo más leve frente a las amenazas. No entregó la Presidencia; no podía haberla entregado, porque no le pertenecía, porque pertenece al pueblo que le escogió para tan alto puesto.

Las Presidencias no se piden, no se mendigan, ni se exigen. Las Presidencias se ganan en las luchas cívicas o en las luchas armadas. Aprovecha ese momento para hacer una sugerencia: los momentos exigen lealtad, y mucha lealtad; por lo que aquellos que desempeñan cargos en el Gobierno y no sean leales y se muestren vacilantes, deben ser sustituidos por otros que practiquen la lealtad a toda prueba.

SECCIÓN 3 — CRUZ ZAMBRANO

CRUZ ZAMBRANO (improvisando):

De poder unir en una la teogonía judaica y quiché, diríamos como ellos: "En el principio fue el Verbo —y el Verbo se hizo carne— y sobre las aguas flotaba el espíritu de Dios— el Gran Quetzalcóatl— encarnación primitiva de la Idea", porque era ésta la causa creadora que germinó en el corazón del pueblo hondureño, para cristalizar después en manifestación de recibir el bautismo de consagración en el seno de esta Honorable Cámara.

Estamos, en este momento que la Historia se encargará de dar proyecciones de inmortalidad, haciendo un acto de justicia, porque, como pueblos libres, descendientes de generaciones que hicieron culto a la memoria de sus héroes y mártires, hemos sabido seguir sus huellas a través del boscaje de los siglos. Nada más en armonía con lo justo que llegar a este minuto en que los hondureños, conscientes de sus deberes cívicos, tributan este homenaje al Hombre que, a pesar del tortuoso camino de la política contemporánea, ha sabido llevar en sus manos, libre de toda mancha, la integridad del ciudadano y el arca de la PAZ, aspiración suprema de los pueblos civilizados.

La Patria se siente satisfecha de su tarea de titán. El Partido Nacional está orgulloso del hombre a quien confió los destinos de su pueblo, de ese Cincinato hondureño a quien encontró con las manos puestas sobre las rejas de su arado. Hemos tenido Paz y Gloria.

¿De qué color era el pabellón con que el Partido Nacional supo caminar sobre los trigales de la victoria? Era azul y blanco. ¿De qué color era el pabellón que, desde las costas africanas hasta las playas de Guadalcanal, ha flotado sobre barcos humildes y tiznados por el humo del cañón enemigo, dando reflejos celestes sobre sangre hondureña derramada en los siete mares, luchando por la restauración del derecho? Esa bandera también era azul y blanco.

Dijo el gran poeta: «No canto a Roma conquistando a Atenas; yo canto a Atenas enseñando a Roma». Así también nosotros no hemos venido a cantar a Tiburcio Carías Andino conquistando a sangre y fuego una silla presidencial; hemos venido a rendir tributo a Tiburcio Carías Andino, enseñando a las generaciones venideras el Decálogo, eje fundamental de la Paz y de la Democracia.

En estos momentos, el General Carías baja del Tabor de las transfiguraciones políticas, y como Moisés sube las áridas pendientes del Sinaí, y al descender trae la ley escrita en su corazón; y a la espada del tribuno sustituye la aureola del Profeta, guía supremo de su pueblo. Su camino no es únicamente iluminado por las zarzas encendidas de la gloria, sino también por llamas vivas que escapan de corazones sinceros que, al palpitar, forman himnos de entusiasmo.

Como representante del departamento de Choluteca, uno mi fervor a esta manifestación de simpatía y de justicia; y como simple ciudadano, Os testimonio, Señor Presidente, una vez más, la lealtad de vuestro servidor.

SECCIÓN 4 — TÁBORA SOLARES

TÁBORA SOLARES:

Excelentísimo Señor Presidente Constitucional de la República; Señores Diputados; Señores: Quiero aprovechar este momento de trascendencia suprema en que el Congreso Nacional Legislativo de Honduras, del cual tengo el honor de formar parte, Os patentiza sus demostraciones de simpatía y adhesión, para expresar mi modo de pensar y de sentir alrededor de los últimos acontecimientos ocurridos dentro y fuera del país, y los que pueden sobrevenir después, permitiéndome algunas insinuaciones que considero necesarias para la conciliación de la familia hondureña y la estabilidad de nuestras instituciones patrias

Desde el asalto furioso, audaz y traidor de que fue víctima Pearl Harbor, conmoviendo profundamente el ardor patriótico de los estadounidenses, iniciándose en esa forma la conflagración bélica interamericana con el Japón y demás países totalitarios, pensé que la locura de las naciones, de los pueblos y de los hombres se acercaba hacia nosotros; pensé que nuestro país, nuestra cara patria hondureña, que a fuerza de tantos sacrificios había logrado llevar al solio presidencial a un hombre verdaderamente superior, capaz de mantener muy en alto el prestigio y la paz de Honduras, tenía que sufrir las consecuencias inmediatas de aquella salvaje invasión.

Pero… ¡qué sorpresa tan agradable para todos los países y hombres de América! ¡Qué gesto más valiente, más patriota y sublime el realizado por Vuestro Gobierno, enfilando a Honduras a la vanguardia de los países que más pronto declararon guerra al Japón y Alemania! Y debemos reconocer aún más, Señor Presidente, Vuestra gran habilidad y entereza para mantener la paz interna, desafiando y venciendo los formidables impulsos de descomposición e insurrección que empezaron a brotar en la nación, sin descuidar la realización de vuestro gran programa de reconstrucción nacional.

La nación hondureña, que comparada con las grandes potencias del Eje es muy pequeña, tiene el orgullo y la grandeza de haber respirado siempre el oxígeno puro de una democracia indomable y austera; y, como nación aliada de la gran República de los Estados Unidos de América, tuvo, tiene y tendrá el valor suficiente para enfrentar cualquier situación que se oponga a su espíritu, a su nervio y a su sangre democrática esencial.

Naturalmente, señores diputados, que para la realización práctica de los fines aludidos, para la eficiente cooperación y eficacia de todos los planes de compactación mundial en las inmensas filas de la democracia, para que las fuerzas unidas de nuestro propio suelo marcharan triunfantes por el luminoso arco de la victoria, dando a Honduras el puesto que merece dentro del concierto de las naciones civilizadas del mundo, necesitábamos —como necesitamos hoy— al frente del Gobierno de la República a un hombre que, como el BENEMÉRITO DE LA PATRIA, Tiburcio Carías Andino, supiera dirigir sabiamente el timón de la nave hacia el puerto de salvación.

Señor Presidente: La suerte del país y la gloria del Partido que Os llevó al poder están en vuestras manos.

El gran Partido Nacional, que está siempre de pie y a la orden para acuerpar tus potentes decisiones en aras de la Patria, no espera más que tu sabia dirección. Ya se acerca la hora de solucionar el problema de la sucesión presidencial en el próximo sexenio, por cuyo motivo pienso que nuestros adversarios, en lugar de hacer una campaña político-cívica de unidad y fuerza en sus filas, con toda la libertad de que disfrutan para disputarse con el nacionalismo el triunfo máximo en los comicios de octubre de 1948, se han anticipado —obedeciendo, indudablemente, a una consigna— a mantener la zozobra y la desconfianza en algunos pueblos de la República, pretendiendo ensangrentar el país, sin hombres, sin armas, sin razón y sin bandera que pudieran justificar su procedimiento.

El Señor Presidente no necesita recomendación alguna para lograr el buen suceso en los negocios del Estado. Sin embargo, con el fin de orientar mejor la política reinante y, como una consecuencia lógica del deseo de triunfar en las luchas próximas ya aludidas, permítaseme hacer las siguientes insinuaciones:

1º — No escatimar esfuerzo ni gasto alguno para obtener la cohesión y la solidaridad del Partido Nacional en todo el país, convirtiéndolo en una fuerza irresistible y presentando, en cualquier evento político (cívico o armado), un solo frente invencible.

2º — Una renovación o permutación generales de los servidores de la nación que hayan gozado de sueldo por espacio de cinco años o más, y un llamamiento a la ocupación de tales servicios de todos aquellos nacionalistas bien reconocidos y capacitados que han sido postergados sin motivo justificado.

3° — Una selección específica de las personas que han de desempeñar puestos de alguna importancia en los Ramos de Guerra, Hacienda, Aviación, Relaciones Exteriores y Justicia.

4° — La derogación o modificación equitativa de la Ley de Vialidad.

5° — Una reglamentación adecuada y justa para la aplicación de la Ley de Herencias, Donaciones y Legados.

6° — Un acuerdo devolviendo a los municipios de Occidente — que aún están anexos a los Distritos organizados— su autonomía municipal, a fin de que puedan gobernarse por sí solos con sujeción a las leyes generales del país.

7° — Que, en su oportunidad, se emita un decreto concediendo amnistía general e indulto, a efecto de perdonar, condicionalmente, a ciertos reos sus delitos políticos y comunes cometidos, toda vez que se hagan acreedores a esta gracia.

Señor Presidente: quiera Dios que el hermoso título de FUNDADOR DE LA PAZ Y BENEMÉRITO DE LA PATRIA, que hoy Os otorga el Soberano Congreso Nacional en representación del pueblo hondureño, unido a vuestra propia naturaleza dinámica y ejemplar, Os sirva de estímulo poderoso en las nuevas cruzadas del porvenir.

HABLA EL GENERAL TIBURCIO CARÍAS ANDINO

EL SEÑOR PRESIDENTE DE LA REPÚBLICA (improvisando):

"Agradezco, honorables Diputados, el homenaje que me rendís. Me solaza íntimamente y celebro que el pueblo hondureño, por vuestro conducto, me patentice su lealtad y simpatía en forma tan honrosa. Jamás, en mi período gubernativo, me guió otro sentimiento que el de cariño a mis gobernados, ni otro afán que el de engrandecer la colectividad hondureña, ni otra ambición que la de cambiar los viejos sistemas que anquilosaban el avance de la nación y hacer desaparecer las fronteras partidaristas.

No obstante que ha sido mucho el daño que se intentó causar a mi Gobierno y a mi persona —trastornando el orden público, atentando contra mi vida y contra la paz—, yo nunca he querido vengarme ni tampoco hacer uso de la violencia. El 4 de julio, fecha que señala en nuestra vida ciudadana un momento falso y un paso de retroceso de parte de mis enemigos, supe conducir y mantener las cosas con la más feliz serenidad. No me explico hasta hoy cómo pude salvar aquella situación. Pero sí sé que no me inspiró el odio ni un solo instante y que algo que no puedo expresar estuvo en el fondo de mi sentimiento, guiando mi voluntad hasta lograr que, en vez de disparar contra los agitadores, todo se resolviera sin saldo de muertos ni heridos.

Yo quise siempre arreglar el peligro que en la mano enemiga se cernía contra mi Gobierno por medios indirectos, sin choques ni desangres. Y pude salvar a la Patria, librar del desquiciamiento nuestra bendita Paz, mantener en alto el decoro de nuestra nacionalidad. Pude inculcar a mis amigos la más completa serenidad. Y por eso puedo decir que el nacionalismo ha ganado esta batalla a base de lealtad, a fuerza de cohesión y de obediencia, a fuerza de disciplina. La armonía que reina en el nacionalismo es, precisamente, la salvaguardia de la Patria. Y en esta decisión, con igual entereza, cohesionados fuertemente y compenetrados de nuestra gran responsabilidad, debemos continuar.

Los mayores peligros que nos amenazan en estos momentos son peligros contra la moral. Con insultos al amor propio, bajas intrigas, calumnias, amenazas y provocaciones, el enemigo quiere minar la fortaleza del Partido Nacional. Por eso yo pido que no se crean las noticias tendenciosas de los enemigos de la paz, que no se crean otras noticias que aquellas que surgen de la vía oficial, porque éstas llevan la verdad sin adornos ni exageraciones.

Yo estoy satisfecho en grado sumo de la conducta de los hondureños. Sé que los que me adversan y promueven escándalos constituyen una minoría sin importancia. Sé que el pueblo no quiere guerras y sé también que el nacionalismo es fuerza respetable, preparada cabalmente para velar por una vida sin temores en nuestro país.

El Presidente necesita que sus amigos le tengan fe; pero una fe sin la menor vacilación. Confiado en esto, las duras luchas de la Presidencia se desarrollan por los mejores senderos. Confianza necesita un Presidente, confianza de parte de sus amigos y de los hondureños en general, aunque unos pocos —divorciados del patriotismo y de todo sentimiento de honor y enfermos de mezquinas ambiciones— se propongan obstaculizar sistemáticamente al Gobierno y sembrar de problemas la vida y actividades lícitas del pueblo.

Yo busqué siempre la conciliación hondureña. Quise borrar divergencias partidaristas. Pero mis enemigos, sumidos en la ofuscación que da el odio, no han querido conocer ni comprender mi carácter ni mi fondo moral. Con las actividades y maquinaciones del 4 de julio, en que me tendieron las más arteras emboscadas, quisieron convertirme de un hombre honrado —como he sido toda mi vida— en un sanguinario, en un asesino. Los instigadores querían que yo matara, convirtiendo de esta manera en víctimas a individuos inocentes. Pero la serenidad y paciencia con que supieron secundarme los nacionalistas pudieron salvar aquella situación que tan difícil se ofrecía.

Mi plan fue siempre el de presentar resistencia pasiva a los enemigos, aunque con ello hubiera hasta perdido la vida en este Palacio. El plan de ellos ha sido provocar a toda costa: insultar, retar y amenazar, lanzar escupitajos a los nacionalistas. Y yo he dicho a mis amigos que, si se les zahiriere e insultare, que sepan perdonar; y que si se les abofetea procedan como Cristo, revistiéndose de paciencia y poniendo el otro lado de la cara.

Salvadora ha sido la serenidad que nos anima y que nos hace muy dignos, porque es la Paz y la Patria y la felicidad común lo que se expone cuando la violencia llega a dominar a los hombres que gobiernan.

Honorables señores Diputados: nunca he sentido emoción tan grande, que me llene de tanta satisfacción, como la de este homenaje que me habéis tributado en representación del pueblo hondureño. Mi gratitud es profunda. Os puedo asegurar que haré todo cuanto en mi capacidad esté para corresponder dignamente esta distinción que mucho me honra. Y el recuerdo de este suceso lo conservaré con especial cariño y bajará conmigo a la tumba".

(Nutridos aplausos en distintos períodos y al final de su discurso premiaron al Señor Presidente).

7° — Orden del día: continuación de lo anterior; y,
8° — Se levantó la sesión.

PLUTARCO MUÑOZ P.,
Presidente.

FERNANDO ZEPEDA D.,
Secretario.

MARCO A. RAUDALES,
Secretario.

LA VOLUNTAD POPULAR

Ante la iniciativa en que se pide la Consagración del Señor Presidente Constitucional de la República como "Fundador y Defensor de la Paz de Honduras y Benemérito de la Patria".

Santa Bárbara, diciembre 14 de 1944. — Secretario del Congreso Nacional, don Fernando Zepeda Durón. — Los hondureños honrados que reconocemos el esfuerzo gigantesco y patriótico que viene haciendo nuestro ilustre Mandatario, Dr. y Gral. don Tiburcio Carías Andino, desde el primer día en que asumió la Primera Magistratura del Estado, llenos de la mayor satisfacción nos adherimos a la justa petición de los pueblos que piden de la Augusta Representación Nacional se le declare «Benemérito de la Patria». Al dar este paso, el Soberano Congreso Nacional responderá al buen sentir de los hondureños y hará una justicia al Supremo Jefe de la Nación, que ha sabido mantenerla en paz por espacio de largos años, encauzándola por el sendero del trabajo, base del progreso de los pueblos. — Afmo. amigo. — Manuel M. Trejo, Jefe del Concejo.

Arada, diciembre 8 de 1944. — Secretarios del Soberano Congreso Nacional. — Por digno medio esta Municipalidad y Subcomité Nacionalista, en nombre del vecindario en general y del nacionalismo en particular, por sesión conjunta del 19 del presente, piden al Soberano Congreso Nacional que, en sus primeras sesiones del presente año, declare «Fundador de la Paz de Honduras y Benemérito de la Patria» al Dr. y Gral. Tiburcio Carías Andino, como nuevo tributo de agradecimiento por la eximia labor como Regenerador del pueblo hondureño y sincera demostración de cariño y confianza que le guardamos sus gobernados. — Atentamente. — Margarito Reyes C., Alcalde Municipal. — Manuel Amaya C., Presidente Subcomité Nacionalista. — S. Lilio Pineda M., Secretario Municipal.

Tela, 11 de diciembre de 1944. — Don Fernando Zepeda Durón. — El pueblo hondureño ama la bendita paz que disfrutamos gracias a la sabia y hábil política de nuestro querido Mandatario, General Tiburcio Carías Andino, quien ha sido el único en nuestra historia patria que ha batido el récord de duración en el poder, con la aquiescencia y beneplácito del pueblo hondureño, porque ha sabido infiltrarse en la conciencia ciudadana como Gobernante ecuánime y progresista en sus compromisos internacionales. La figura del General Carías crece en la conciencia popular, proyectándose con caracteres indelebles su personalidad de prócer y estadista consagrado; el pueblo quiere hacer justicia, y a la Augusta Representación Nacional toca oír e interpretar ese sentimiento general de los hondureños para proclamar a nuestro eximio Gobernante, General Carías, «Benemérito de la Patria y Fundador de la Paz». Así lo pide todo el Nacionalismo de este sector. — Afmo. — Juan A. Mendoza, Presidente Subcomité Nacionalista.

San Pedro Sula, 11 de diciembre de 1944. — Secretarios del Congreso Nacional. — La atinada petición hecha al Congreso Nacional por el Comité Departamental Nacionalista y la Municipalidad de La Esperanza, en el sentido de declarar al Presidente de la República, Dr. y Gral. Carías Andino, ciudadano «Fundador de la Paz de Honduras y Benemérito de la Patria», es bien aceptada por el laborioso pueblo hondureño. El Gral. Carías A., por sus nobles esfuerzos en pro de la Paz y del mejoramiento del país, es digno de la honrosa distinción. El Nacionalismo de Cortés se une en tan justa petición a los valientes intibucanos. — Francisco Castillo C., Corresponsal.

Progreso, 11 de diciembre de 1944. — Secretarios del Congreso Nacional. — Como nacionalistas genuinos, y en atención a los méritos del ilustre Dr. y Gral. don Tiburcio Carías A., pedimos al Soberano Congreso Nacional emita el correspondiente Decreto declarándolo «Benemérito de la Patria, Fundador y Sostenedor de la Paz» que disfruta nuestra querida Honduras. — Amigos. — Heriberto Gavidia. — Juan G. Moya. — A. Serrano Pineda. — C. Romero. — E. Martínez F. — Julián Alemán C.

Oropolí, 12 de diciembre de 1944. — Secretarios del Congreso Nacional. — Municipalidad, Subcomité Nacionalista y numerosos correligionarios dispusimos ayer unir nuestro propósito al de varios centros políticos y Municipalidades del país, pidiéndole al Soberano Congreso Nacional que declare al señor Dr. y Gral. Tiburcio Carías Andino «Fundador de la Paz y Benemérito de la Patria», en reconocimiento a sus esfuerzos y sacrificios hechos por alcanzar su engrandecimiento y por verla colocada al nivel de sus hermanas del Continente. — F. Mendoza R., Presidente. — Arcadio López, Alcalde Municipal. — Juan B. Herrera, Subcomandante Local. — M. Castellanos, Secretario.

Tela, 12 de diciembre de 1944. — Secretarios del Congreso Nacional. — La magna idea de pedir al Soberano Congreso Nacional que declare «Fundador de la Paz y Benemérito de la Patria» al General Tiburcio Carías Andino ha sido acogida con unánime entusiasmo en toda la República y prueba, una vez más, la sincera admiración, cariño y gratitud del pueblo hondureño por nuestro gran Mandatario. — José María Cárdenas.

La Libertad, Comayagua, 8 de diciembre de 1944. — Secretarios del Soberano Congreso Nacional. — La Honorable Corporación que presido, por mi medio, insinúa a esa Representación Nacional la idea lanzada por varias Municipalidades, de declarar «Benemérito de la Patria» al Gobernante, Doctor Tiburcio Carías A., por sus aquilatados servicios en bien de sus gobernados. Así lo pido y espero realizarase esta gran idea. Respetuosamente. — Juan Ángel Medina, Alcalde Municipal.

Texíguat, 6 de diciembre de 1944. — Soberano Congreso Nacional. — Secundando la idea honrosa de la Honorable Corporación del pueblo de Colomoncagua, lo mismo que la del Centro Político Nacionalista de aquel pueblo, este Subcomité acordó en sesión dirigirse a ese Cuerpo Congresal, para que declare «Creador de la Paz y Benemérito de la Patria» a nuestro Gobernante, Dr. y Gral. Tiburcio Carías Andino, lo que será aprobado. Respetuosamente. — Diego Sánchez, Presidente del Subcomité Nacionalista.

La Masica, 6 de diciembre de 1944. — Secretarios del Soberano Congreso Nacional. — Este centro político "Antonio C. Rivera", con el más inusitado y leal entusiasmo, es acogedor de la justa iniciativa hecha por la Municipalidad y Comités Nacionalistas de La Esperanza e Intibucá, y es por ello que, por su digno medio, rogamos a la Augusta Representación declare a nuestro Máximo Hombre, que es líder del bienestar general de Honduras, «Fundador de la Paz de Honduras y Benemérito de la Patria», y así habremos cumplido con un deber de caballeros, pues nada más justo que hacer honor a quien honor merece. — Ismael L. Cruz, Secretario Subcomité Nacionalista.

San Lorenzo, diciembre 2 de 1944. — Secretario del Soberano Congreso Nacional. — Este Concejo y pueblo sanlorenzano, haciendo justicia a la inmensa y benéfica labor desarrollada por nuestro ilustre y querido Gobernante, Dr. y Gral. Tiburcio Carías A., ante los sagrados e inviolables destinos de la Patria, eleva a la consideración de la Augusta Representación Nacional, por el digno medio de Ud., la espontánea y patriótica idea de que sea declarado «Benemérito de la Patria y Fundador de la Paz de Honduras», como una recompensa de la gratitud nacional. — Augusto Mendoza M., Jefe del Concejo.

Goascorán, diciembre 4 de 1944. — Sr. Presidente del Congreso Nacional, Dr. Plutarco Muñoz P. — Pláceme comunicarle que, en la sesión del 19 de los corrientes, esta Municipalidad, entre otras cosas, acordó declarar «Benemérito de la Patria y Fundador de la Paz» al Excelentísimo Presidente, Doctor y General Tiburcio Carías Andino, por haber sostenido la Paz de Honduras durante DOCE AÑOS y por sostener la política de Buen Vecino; para que ese Honorable Congreso Nacional declare tan honrosa distinción. Por correo llegará credencial. Respetuosamente. — Antonio Morales, Alcalde Municipal.

Progreso, diciembre 16 de 1944. — Presidente del Soberano Congreso Nacional, Dr. Plutarco Muñoz P. — Enterado de los conceptos de su estimable circular de ayer, que ya hice saber a los amigos. Todos estamos de plácemes por el acto consagratorio que el

Soberano Congreso Nacional le tributó a nuestro querido Mandatario. — Salúdole. — J. M. Velásquez, Jefe del Concejo.

San Pedro Sula, diciembre 16 de 1944. — Dr. Plutarco Muñoz P. — Con los amigos hemos leído atenta circular; nuestro gran Presidente bien merece homenaje consagratorio, por ser caudillo querido y respetado por el pueblo hondureño. — Teodoro Mena M.

Concepción del Sur, 11 de diciembre de 1944. — Soberano Congreso Nacional. — Muy respetuosamente pedimos a esa Representación Nacional se digne conferir al Dr. y Gral. Tiburcio Carías Andino el merecido título de «Benemérito de la Patria», como justo reconocimiento por sus grandes esfuerzos en bien de la bendita Paz de Honduras, que beneficia, sin distinción de clases, a todos sus connacionales. — Atentamente. — Juan F. Mejía, Presidente del Subcomité Nacionalista. — Joaquín López B., Secretario.

Jutiapa, 11 de diciembre de 1944. — Secretarios del Congreso Nacional. — Por su digno medio tengo el honor de comunicar a esa Augusta Representación Nacional que esta Corporación Municipal que tengo el honor de presidir, tomando en cuenta los múltiples beneficios que nuestro querido Mandatario, Gral. Carías, ha concedido, acordó en sesión solemne excitar al Soberano Congreso Nacional para que, en sus sesiones de este año, lo declare «Benemérito de la Patria», como justa recompensa. Respetuosamente. — Gilberto Avilés, Alcalde Municipal.

Chamelecón, 11 de diciembre de 1944. — Diputado Dr. José Antonio Torres. — Este Subcomité Nacionalista y el pueblo en general están perfectamente de acuerdo, obedeciendo a sus sentimientos de gratitud y justicia, en que esa Honorable Representación Nacional emita un Decreto en el cual conste un voto de confianza y la declaratoria de «Benemérito de la Patria» al Excelentísimo Dr. y Gral. Tiburcio Carías Andino, en atención a su labor administrativa y al hecho de ser el restablecedor y sostenedor de la Paz Nacional; en tal virtud, ruego a Ud. patrocinar la iniciativa introducida en tal sentido por el Honorable Diputado Profesor

Rodolfo Z. Velásquez. — Respetuosamente. — Afmo. — Marcelino Murillo, Presidente del Subcomité Nacionalista.

Francisco Morazán, diciembre 4 de 1944. — Señor Plutarco Muñoz P. — Pláceme comunicar a usted que, en sesión del 19 del presente, esta Corporación, Subcomité Nacionalista y mayoría del vecindario, unánimemente acordaron dirigirse a usted, en su carácter de Representante de ese departamento, para que, ante la Augusta Representación Nacional, mocione a fin de que se declare a nuestro probo Gobernante, Dr. y Gral. don Tiburcio Carías Andino, «Benemérito de la Patria, Fundador y Sostenedor de la Paz» que en Honduras disfrutamos. Con esto queda demostrado que Morazán es fiel a su Gobierno y amante de la Paz Nacional. — Ladislao Rodríguez, Alcalde Municipal. — J. George, Presidente del Subcomité Nacionalista.

Villa San Francisco, diciembre 5 de 1944. — Soberano Congreso Nacional. — Veríanse colmadas nuestras aspiraciones si ese Alto Cuerpo emitiera su primer decreto declarando «Creador de la Paz y Benemérito de la Patria» a nuestro Gobernante, Dr. y Gral. Tiburcio Carías A. — Respetuosamente. — Eliseo Barahona, Comandante Local.

Langue, diciembre 15 de 1944. — Secretario del Congreso Nacional. — Plácenos informar al Soberano Congreso Nacional que la Corporación Municipal de este pueblo, en sesión de hoy y de acuerdo con autoridades militares y Subcomité Nacionalista del lugar, acordó por unanimidad dirigirse a esa Augusta Representación Nacional, acuerpando la iniciativa lanzada por los pueblos de Intibucá y La Esperanza, pidiendo que se consigne un voto de lealtad y confianza al señor Presidente de la República, Dr. y Gral. Tiburcio Carías Andino, y se le declare «Benemérito de la Patria y Fundador de la Paz de Honduras», como un justo homenaje de reconocimiento a su fecunda labor de gobernante. — Afmo. — Jacobo Pineda F., Alcalde Municipal. — Rómulo Reyes S., Subcomandante Local. — M. A. Rosales, Secretario del Subcomité Nacionalista.

Jutiapa, diciembre 4 de 1944. — Secretario del Soberano Congreso Nacional. — Este Subcomité Nacionalista, de acuerdo con el sentimiento del Comité Departamental y el conglomerado de este municipio, en atención a la obra magna llevada a cabo por nuestro Gobernante, Dr. y Gral. don Tiburcio Carías A., cual es el mantenimiento de la bendita paz de que disfrutamos desde hace 12 años y el consiguiente adelanto visto en otras Administraciones, acordó excitar al Soberano Congreso Nacional para que lo declare «Fundador de la Paz de Honduras y Benemérito de la Patria», como justa recompensa de sus altos méritos. Con todo respeto. — Pablo Ardón, Vicepresidente del Subcomité Nacionalista.

Santa Rita, Yoro, diciembre 4 de 1944. – Dr. Plutarco Muñoz P. – Este Subcomité, admirador sincero de la obra magna llevada a cabo por el actual Presidente de la República, General don Tiburcio Carías A., en beneficio de la colectividad hondureña, acuerpa entusiastamente la sugerencia hecha por el Comité Departamental Nacionalista de La Esperanza, tendiente a que el Honorable Congreso Nacional declare al Dr. y Gral. Tiburcio Carías Andino «Fundador de la Paz y Benemérito de la Patria». – J. R. Salgado, Presidente del Subcomité Nacionalista.

Atima, diciembre 5 de 1944. – Secretario del Congreso Nacional. – Esta Municipalidad y Subcomité Nacionalista, en gratitud a la paz que dignamente gozamos, ruega a usted gestionar ante el Soberano Congreso se dé el nombre de «Benemérito de la Paz» al Excelentísimo Presidente de la República, Dr. y Gral. don Tiburcio Carías Andino. Respetuosamente. – Juan Muñoz, Alcalde Municipal. – Juan C. Teruel, Presidente del Subcomité Nacionalista.

Villa de San Francisco, 5 de diciembre de 1944. – Soberano Congreso Nacional. – Este Subcomité vería con agrado y colmadas sus altas aspiraciones, obteniendo que ese Alto Cuerpo declare «Creador de la Paz y Benemérito de la Patria» a nuestro querido Gobernante, Dr. y Gral. don Tiburcio Carías Andino. – Manuel Juárez F., Presidente del Subcomité Nacionalista.

Dulce Nombre, Copán, diciembre 13 de 1944. – Secretario del Congreso Nacional. – Esta Municipalidad y Subcomité Nacionalista de esta ciudad, por digno medio de ustedes, pedimos se emita Decreto, haciendo justicia a nuestro probo Mandatario, General Carías Andino, declarándolo «Benemérito de la Patria y Fundador de la Paz Nacional». Es justicia que al unísono reclamamos los hondureños amantes del progreso y bienestar patrio. – J. V. Portillo, Alcalde Municipal. – Ramón M. Castellanos, Secretario Subcomité Nacionalista. – Marco Tulio Mejía, Secretario Municipal.

Progreso, 13 de diciembre de 1944. – Secretarios del Congreso Nacional. – El año de 1932 fue una época de grandes sacrificios para Honduras, la sangre de sus hijos corrió a torrentes en todo el país, pero estos sacrificios no fueron estériles, sino que germinaron en una floración magnífica, traducida en una era de paz y grandeza. Embellecimiento de ciudades, propulsión a la educación pública, modernas vías de comunicación sin el costo exorbitante de otrora, incremento a las artes, a la agricultura, etc., todo por la Administración honesta de un hombre humilde pero enérgico, Tiburcio Carías A. Esta era de progreso y de auténtico bienestar nacional es una deuda enorme que gravita sobre los hombros de todos los hondureños, y debemos recompensar en parte, pidiendo respetuosamente a ese Augusto Cuerpo emita el Decreto respectivo declarando al General Carías Andino «Benemérito de la Patria y Fundador de la Paz en Honduras». – Enrique Peña, Presidente. – Carlos Arturo Izaguirre, Secretario.

Ojojona, diciembre 13 de 1944. – Secretarios del Congreso Nacional. – En sesión solemne de esta Corporación Municipal, celebrada el ocho de los corrientes, con asistencia de los miembros del Subcomité Nacionalista, Comandante Local, Capitán Jesús Velásquez, y gran número de vecinos, se acordó pedir al Soberano Congreso Nacional que se declare «Benemérito de la Patria y Fundador de la Paz en Honduras» a nuestro Ilustre Presidente, Dr. y Gral. don Tiburcio Carías Andino. – Afmo. – Juan González M., Alcalde Municipal.

Santa Rita, Yoro, 12 de diciembre de 1944. – Secretarios del Congreso Nacional. – Dado el gran patriotismo y nobleza de nuestro digno y querido Mandatario, General Tiburcio Carías Andino, muy respetuosamente pido a ese Honorable Congreso Nacional unánimemente declararlo «Fundador de la Paz y Benemérito de la Patria». – Guillermo Mayes, Jefe del Resguardo.

San Marcos de Colón, 11 de diciembre de 1944. – Secretarios del Congreso Nacional. – Este Subcomité Nacionalista, a nombre de este Distrito, pide a ese Alto Cuerpo Representativo declare al Dr. y Gral. Tiburcio Carías Andino «Fundador de la Paz y Benemérito de la Patria» y que le dé un voto de confianza por su alta labor en favor de los hondureños. – L. A. Osorio, Presidente del Subcomité Nacionalista.

Maraita, 6 de diciembre de 1944. – Señor Marco A. Raudales. – En sesión celebrada por esta Corporación y pueblo en el sentido de acuerpar la iniciativa de la mayoría de las Municipalidades del país, se acordó: dar un voto de confianza a nuestro Ilustre Mandatario, Dr. y Gral. Carías Andino, y dirigirse al Soberano Congreso Nacional para que, en sus próximas sesiones, declare al General Carías «Fundador de la Paz de Honduras y Benemérito de la Patria», como una prueba, una vez más, de lealtad y adhesión. – Afmo. – G. López O., Alcalde Municipal.

Jalaca, 8 de diciembre de 1944. – Secretario del Congreso Nacional, Marco A. Raudales. – Este Subcomité Nacionalista con gusto se asocia al pedimento que hacen los nacionalistas intibucanos, pidiendo al Soberano Congreso Nacional declare «Fundador de la Paz de Honduras y Benemérito de la Patria» a nuestro querido Gobernante, Gral. Carías Andino. – Afmo. – Julio López C., Presidente Subcomité Nacionalista.

Colinas, diciembre 7 de 1944. – Honorable Congreso Nacional. – Fuera de nuestro sincero agrado que esa Honorable Cámara declare al Excelentísimo Señor Presidente de la República, Doctor y General Tiburcio Carías Andino, «Benemérito de la Patria», gracias al celo de su digno Gobierno. – Respetuosamente. – Filiberto Perdomo F., Alcalde Municipal. – Trinidad Rivera H., Comandante Local.

Orica, diciembre 8 de 1944. – Secretario del Congreso Nacional, don Fernando Zepeda Durón. – Este Subcomité Nacionalista, en sesión de ayer noche, por unanimidad de sentimientos y como sinceros admiradores del eximio Señor Presidente de la República, Dr. y Gral. don Tiburcio Carías Andino, acordó: dar un voto de confianza al referido Señor Presidente de la República y pedir al Soberano Congreso Nacional lo declare «Fundador de la Paz de Honduras y Benemérito de la Patria», haciendo honor a sus altos méritos. En este sentido y por el digno medio de Uds. excitamos muy atentamente a ese Alto Cuerpo. – Atentamente. – Florencio Hernández, Presidente Subcomité Nacionalista. – Marcial Flores, Secretario.

La Ceiba, diciembre 7 de 1944. – Secretario del Congreso Nacional. – El Cuerpo de Profesores y la mayoría del estudiantado del Instituto Normal «Manuel Bonilla», como partes integrantes de los centros de cultura donde se cimentan los principios básicos de acendrado patriotismo, de la más pura democracia, como de la gratitud y admiración hacia todo lo que tienda al engrandecimiento y prestigio de la nación, por esta y otras razones poderosas consideran de justicia que el Soberano Congreso Nacional, en su actual legislatura, emita decreto declarando «Fundador de la Paz y Benemérito de la Patria» a nuestro Ilustre Gobernante, Dr. y Gral. Tiburcio Carías Andino, como alto honor que se merece su acertada dirección política e internacional, por su celo patriótico por el magno problema de la Paz nacional, por su constante preocupación en el desarrollo de la cultura, industrias y agricultura del país, por el implantamiento de la majestad de nuestras leyes, y que ese gesto patriótico sirva de orientación a los futuros gobernantes que, como el Gral. Carías, ha sacrificado todos sus esfuerzos por sacar a Honduras del caos, de la miseria y desprestigio en que la encontró, para colocarla a un alto grado de cultura, respeto y consideraciones de que actualmente goza en el concierto internacional de los países de avanzada civilización. – Atentamente. – Justo R. Spilsbury, Director.

San Juancito, 5 de diciembre de 1944. – Secretarios del Congreso Nacional. – En nombre de este Subcomité y del Nacionalismo en general, muy respetuosamente pedimos al Soberano Congreso Nacional se digne declarar «Fundador de la Paz y Benemérito de la Patria» al probo y querido Gobernante, Dr. y Gral. don Tiburcio Carías Andino, como pequeña demostración de gratitud y justicia a quien ha dedicado todos sus paternales y cariñosos cuidados al bienestar y prosperidad de la República. – Juan José Molina, Presidente del Subcomité Nacionalista.

San José, Choluteca, 7 de diciembre de 1944. – Secretarios del Congreso Nacional. – Plácenos expresar por sus dignos medios a esa Augusta Representación Nacional que esta Municipalidad y pueblos identificados, de vibrante entusiasmo que altruistamente agita al pueblo hondureño, piden al Soberano Congreso Nacional, como justo reconocimiento de las preclaras virtudes que encarnan la personalidad de nuestro eximio Gobernante, Dr. y Gral. Tiburcio Carías Andino, se le declare «Fundador de la Paz de Honduras y Benemérito de la Patria», y siendo nosotros intérpretes no sólo del sentir y pensar, sino conscientes de la gran obra realizada que involucró Paz, Trabajo, Orden, Cultura y Progreso aun en estos tiempos de gran equilibrio internacional. – Mariano Núñez G., Alcalde Municipal. – Narciso Canales, Secretario Municipal.

Copán Ruinas, 5 de diciembre de 1944. – Secretarios del Congreso Nacional. – Esta Municipalidad y Comité Nacionalista han visto con beneplácito la idea lanzada por varios comités de la República, en el sentido de excitar al Soberano Congreso Nacional, se declare al Gral. Carías A. «Benemérito de la Patria y Fundador de la Paz» y dándole un voto de confianza. – M. E. Segura, Alcalde Municipal. – Eusebio Flores M., Secretario Municipal. – Bonifacio Reyes, Secretario Subcomité Nacionalista. – Juan R. Cueva, Presidente.

Santa Bárbara, 14 de diciembre de 1944. – Secretarios del Congreso Nacional. – Por el digno medio de ustedes presento a la Honorable Representación Nacional mi gratitud y mi cordial

49

felicitación por el acto de justicia llevado a cabo en favor de nuestro insigne Mandatario al consagrarlo «Fundador de la Paz de Honduras y Benemérito de la Patria», mediante el Decreto que hoy se sirvió poner en sus manos en Casa Presidencial. – Atentamente. – René Pascua.

Santa Ana, 8 de diciembre de 1944. – Secretario del Congreso Nacional. – Esta Municipalidad se adhiere a las demás de la República, pidiendo al Honorable Congreso Nacional declare al General Carías Andino «Benemérito de la Patria y Fundador de la Paz». – Respetuosamente. – Abraham Ordóñez Z.

Savá, 8 de diciembre de 1944. – Secretario del Congreso Nacional. – Este Subcomité Nacionalista, haciendo honor a la justicia, pide que se decrete un artículo confiriéndole el título de «Fundador de la Paz y Benemérito de la Patria» al Dr. y Gral. don Tiburcio Carías A., título que es bien merecido ya que la conciencia del pueblo hondureño se lo ha concedido. Esperamos que esa Honorable Cámara corresponda a la voluntad del pueblo. – Atentamente. – V. Molina, Presidente. – Juan Manuel Morales, Secretario.

Sensenti, 8 de diciembre de 1944. – Excelentísimos señores Diputados. – Este Comité Nacionalista y Municipalidad, en su propio nombre y el de este vecindario, de la manera más sincera y espontánea, piden a esa Honorable Representación Nacional que, como un acto de verdadera justicia, se declare «Benemérito de la Patria y gran Fundador de la Paz y tranquilidad social» al Excmo. Sr. Presidente Constitucional de la República, Dr. y Gral. don Tiburcio Carías A., condecorándolo en la forma que crea más justa y honorífica, como sincero homenaje por sus inmensos y patrióticos sacrificios en beneficio de la Patria y sus gobernados. – Respetuosamente. – Eliseo Mejía H., Presidente Subcomité Nacionalista. – Manuel Carbajal, Alcalde Municipal. – Francisco Aguilar. – Virgilio Carbajal. – Enrique López. – Evelio del Cid.

Sulaco, 8 de diciembre de 1944. – Diputado Dr. Plutarco Muñoz P. – El Nacionalismo de este sector está en un todo de acuerdo con la idea justiciera lanzada por los intibucanos, de que ese Soberano Congreso Nacional declare «Benemérito de la Patria y Fundador de la Paz Nacional» a nuestro Ilustre Estadista, actual Mandatario, Dr. y General don Tiburcio Carías A.; por lo cual este Comité, por mi medio, recomienda a usted muy especialmente interponer su valiosa influencia ante esa Honorable Representación Nacional, para que dicha idea se traduzca en un hecho positivo. – Respetuosamente. – Nicolás Barahona, Presidente Subcomité Nacionalista.

San Andrés, Lempira, 11 de diciembre de 1944. – Secretario del Congreso Nacional. – Este Subcomité y Nacionalismo piden a ese Honorable Cuerpo declare «Fundador de la Paz y Benemérito de la Patria» al Ilustre Mandatario, Dr. y Gral. don Tiburcio Carías A., en merecimiento de tan justa causa. – Respetuosamente. – Lucio V. Guevara, Presidente del Subcomité Nacionalista.

Santa Lucía, F. M., 11 de diciembre de 1944. — Esta Municipalidad y Subcomité Nacionalista, por su digno medio, solicita a esa Augusta Representación Nacional se declare a nuestro digno Mandatario, Dr. y Gral. Tiburcio Carías Andino, «Fundador de la Paz y Benemérito de la Patria», lo que consideramos un deber patriótico. — Respetuosamente. — Sebastián Reyes, Alcalde Municipal. — José Inés Nelson, Presidente Subcomité Nacionalista. — Francisco Cerrato N., Vicepresidente Subcomité.

El Corpus, 11 de diciembre de 1944. — Soberano Congreso Nacional. — Este Subcomité Nacionalista pide a ese Alto Cuerpo decrete declarando al Gral. Carías «Benemérito de la Patria y Fundador de la Paz de Honduras», por tantos beneficios recibidos en su administración. — Respetuosamente. — Juan C. Mondragón, Presidente Subcomité Nacionalista.

Potrerillos, El Paraíso, 11 de diciembre de 1944. — Secretario del Soberano Congreso Nacional. — Comunico a usted que ayer en este pueblo se celebró junta popular, presidida por los suscritos, el Alcalde

Municipal y el Presidente del Subcomité Nacionalista. A iniciativa nuestra, fue aclamado por la junta, con entusiasmo desbordante, dirigirse al Soberano Congreso Nacional, por medio de usted, solicitando que al Señor Presidente de la República, por su actuación brillante, se le dé el decreto declarándolo «Benemérito del Estado y Verdadero Padre de la Paz», por haberla sabido imponer por más de once años de fecunda labor. — Afectísimos. — Perfecto Varela M., Alcalde Municipal. — Ciriaco Irías O., Presidente Subcomité Nacionalista.

Olanchito, 14 de diciembre de 1944. — Secretarios del Congreso Nacional. — Por el digno medio de ustedes expresamos nuestra felicitación a la Augusta Cámara Legislativa por el trascendental paso marcado al expedir el decreto por medio del cual se declara al Señor Presidente de la República «Fundador y Defensor de la Paz de Honduras y Benemérito de la Patria». Cuando la justicia asiste a los hombres, son dignos de admirarse; y cuando los Congresos cumplen los reclamos del pueblo, fundamentan la confianza en los corazones. — Afectísimos. — F. G. Ramírez, Norberto Quesada, Tomás Narváez M., Tomás Miranda L., D. Reyes P., M. Soto Ramírez.

San Buenaventura, F. M., 15 de diciembre de 1944. — Secretario Soberano Congreso Nacional. — Nosotros, los amantes del progreso y la Paz de nuestra Patria, nos sentimos altamente complacidos al considerar el sinnúmero de peticiones que hicimos en pedir que se declarara al Ilustre Señor Presidente de la República, Dr. y Gral. Tiburcio Carías A., Benemérito de nuestra Patria, por ser tan justo y por ser el verdadero Reformador que Honduras ha tenido. — Afmo. — Maximiliano Barahona, Alcalde Municipal. — Emilio Flores F., Secretario Municipal.

Trinidad, S. B., 14 de diciembre de 1944. — Presidente del Soberano Congreso Nacional. — Esta Municipalidad que presido, interpretando los sentimientos de sus gobernados, en la sesión del primero del presente, acordó dar su voto de confianza al Supremo Jefe de la Nación, Dr. y Gral. Tiburcio Carías Andino, y declararlo «Fundador y Defensor de la Paz de Honduras y Benemérito de la

Patria», correspondiendo en esta forma a la voluntad de la gran mayoría del pueblo hondureño que tan decididamente lo acuerpa. — Atentamente. — J. Samuel Rivera, Alcalde Municipal.

La Libertad, Comayagua, 13 de diciembre de 1944. — Secretario del Congreso Nacional. — Este Subcomité Nacionalista y el pueblo en general acuerpan la patriótica iniciativa elevada ya por algunas Municipalidades y centros políticos nacionalistas de la República al Soberano Congreso Nacional, en el sentido de declarar «Fundador de la Paz de Honduras y Benemérito de la Patria» a ese gran conductor de pueblos, perínclito ciudadano, Dr. y Gral. don Tiburcio Carías A., como homenaje de sincero cariño, pues el Ilustre Mandatario hondureño es acreedor a las más grandes y espontáneas muestras de gratitud por parte de sus gobernados. Idea tan feliz como la lanzada por la Municipalidad y Comité y Subcomité Nacionalista de La Esperanza e Intibucá merece el aplauso unánime de todos los buenos hijos de esta Patria, que también fue la Patria de Lempira y de Morazán, héroes inmortales de cruzadas admirables, a quienes la Patria agradecida ha levantado monumentos que perpetuarán sus nombres excelsos a través de los siglos. El pueblo comprensivo de Honduras, haciendo honor al mérito y en justo reconocimiento, está efectuando hechos iguales con nuestro eximio Gobernante, General Carías Andino, que también es nuestro héroe. — Ambrosio Bueso, Presidente del Subcomité Nacionalista.

Yoro, 16 de diciembre de 1944. — Dr. Plutarco Muñoz P. — Me refiero a su patriótica circular de ayer. La decisión del Soberano Congreso Nacional declarando al Gral. Carías «Benemérito de la Patria y Sostenedor de la Paz Nacional» es un acto de verdadera justicia. Un voto de confianza por su política pacificadora. Los representantes del pueblo han interpretado el sentir nacional. Los felicito. — Afmo. amigo. — J. Cerrato.

La Esperanza, 14 de diciembre de 1944. — Señor Fernando Zepeda D. — De acuerdo con los conceptos de su atenta circular de ayer, tuvimos la oportunidad de captar por la radio la solemne manifestación del Soberano Congreso Nacional, en el recinto del

Salón Azul de Casa Presidencial, al hacer la entrega del decreto más justo al Excelentísimo Señor Presidente de la República, Dr. y Gral. don Tiburcio Carías Andino, y todos emocionados oímos las palabras patrióticas del ilustre Jefe, quien se ha conquistado el corazón de los hondureños. — Filiberto Flores Canales.

Yoro, 14 de diciembre de 1944. — Secretario Honorable Congreso Nacional, don Fernando Zepeda Durón. — Hoy, por primera vez en Honduras, se ha visto un acontecimiento tan grande rendido a un Presidente Constitucional, tal como el que esa Honorable Cámara de Diputados acaba de tributar a nuestro Ilustre Mandatario, Dr. y General Tiburcio Carías Andino, a pedimento de la mayoría de los ciudadanos del pueblo hondureño, declarándolo «Fundador y Defensor de la Paz de Honduras y Benemérito de la Patria». El pueblo yoreño se encuentra regocijado por tan alto honor y me apresuro a rendir a esa Asamblea Legislativa, por su digno medio, las más expresivas gracias en mi propio nombre y en nombre de este Comité Departamental. — Atentamente. — M. Medina, Vicepresidente del Comité Nacionalista.

Camasca, 14 de diciembre de 1944. — Diputado Fernando Zepeda D. — Calurosamente aplaudimos tan importante decreto emitido por esa Augusta Representación Nacional, declarando al Señor Presidente Constitucional de la República, Dr. y Gral. don Tiburcio Carías A., «Fundador y Sostenedor de la Paz de Honduras y Benemérito de la Patria». Primer acontecimiento que en tal forma aparecerá en nuestra historia patria y que con merecida justicia le honra el pueblo hondureño, colocándolo en el sitial de los héroes máximos. El entusiasmo reina por todas partes y se clama fervorosamente al General Carías Andino a la cabeza del gran Partido Nacional. — Afectísimo amigo. — Juan Francisco Vásquez, Secretario Subcomité Nacionalista.

Petoa, 14 de diciembre de 1944. — Secretario Congreso Nacional, don Fernando Zepeda D. — Celebro con gran júbilo el acontecimiento del Soberano Congreso Nacional, satisfaciendo la voluntad del pueblo hondureño, declarando «Fundador y Defensor de la Paz de Honduras y Benemérito de la Patria» a nuestro Ilustre Presidente, Gral. Tiburcio Carías Andino, quien, por su obra benefactora en bien de nuestro pueblo, es acreedor a tan alto mérito. — Respetuosamente. — A. Fernández, Alcalde Municipal.

Santa Rosa de Copán, 14 de diciembre de 1944. — Secretario Congreso Nacional, don Fernando Zepeda Durón. — De manera atenta y por el digno medio de usted, felicito a esa Augusta Representación Nacional con motivo de haber emitido el Decreto Legislativo por el cual se declara al Excelentísimo Señor Presidente, Dr. y General Tiburcio Carías A., como muy bien se lo merece, «Fundador y Defensor de la Paz de Honduras y Benemérito de la Patria». — Benigno Robles M., Gobernador.

La Paz, 14 de diciembre de 1944. — Secretario Marco A. Raudales. — Entendido de su atenta circular en la que se sirve comunicarnos la importante noticia de que el Congreso Nacional, en sesión de ayer, declaró a nuestro Jefe Supremo, Gral. Carías, «Benemérito de la Patria y Fundador de la Paz Nacional». Ahora se convencerán los enemigos del pueblo hondureño y de su prestigiado gobernante si el Gral. Carías cuenta o no con la opinión pública de Honduras. Gustosos escucharemos la estación HRN para oír y enterarnos de los actos con que la Augusta Cámara entregará el decreto al Señor Presidente. — Afmo. — Bernardo M. Claros.

San Pedro Sula, 14 de diciembre de 1944. — Secretario del Congreso Nacional. — En estos momentos estamos oyendo por medio de la radio la solemne ceremonia que se está llevando a cabo en el Salón Azul de Casa Presidencial y en la cual participa todo el Congreso Nacional, que en pleno se trasladó a ese recinto a hacer la entrega del decreto en que fue declarado y proclamado «Fundador y Sostenedor de la Paz de Honduras y Benemérito de la Patria». Nosotros nos adherimos al regocijo que experimenta todo el pueblo de Tegucigalpa con motivo de tan trascendental acto y aprovechamos esta ocasión para reiterarle al Señor Presidente nuestra lealtad y ofrecerle, una vez más, toda nuestra cooperación para seguir laborando por el bien del país y manteniendo esa paz que tanto han querido interrumpir los criminales colorados. — Afmo. — Ramón Discua, Gobernador Político.

Sulaco, 14 de diciembre de 1944. — Secretarios Congreso Nacional. — Este Subcomité agradece a usted la grata noticia que se sirve comunicarle, de que hoy será puesto en manos de nuestro Ilustre Presidente, Dr. y Gral. don Tiburcio Carías Andino, el decreto en que esa Augusta Cámara Legislativa lo declara «Fundador y Sostenedor de la Paz de Honduras y Benemérito de la Patria», de acuerdo con los deseos de los hondureños agradecidos de su monumental obra de paz y progreso. Y aunque ese homenaje es todavía muy poco para los grandes bienes que ha hecho a la Patria, es siquiera una demostración de agradecimiento que sus partidarios han deseado tributarle por medio del S. C. Nacional. — Afmos. — Nicolás Barahona, Presidente. — Alberto Hernández, Secretario.

Guaimaca, 14 de diciembre de 1944. — Secretario C. N., don Fernando Zepeda D. — El conglomerado nacionalista y autoridades de este pueblo se sienten vivamente complacidos con la resolución tomada por la Augusta Representación Nacional, quien, interpretando el sentir del pueblo hondureño, ha emitido el decreto por el cual se consagra al Excmo. Señor Presidente de la República, Dr. y Gral. Tiburcio Carías Andino, «Fundador de la Paz de Honduras y Benemérito de la Patria». Que tomen muy en cuenta nuestros adversarios que es el pueblo quien agradece a nuestro Mandatario su notable actuación de una forma espontánea y sincera. Felicitámosle y felicitámonos por el triunfo obtenido. — Afmos. — J. Augusto Inestroza, Jefe de Resguardo. — Serapio Zúniga R., Alcalde Municipal. — Macario Licona, Presidente del Subcomité Nacionalista. — Leonidas Carías P., Secretario.

Juticalpa, 14 de diciembre de 1944. — Sr. Marco A. Raudales. — Este Comité celebra con júbilo y entusiasmo sincero la muestra de reconocimiento dada a nuestro progresista Gobernante Carías A., al declararlo «Padre de la Paz y Benemérito de la Patria». Los que le hemos acompañado por más de veinte años con verdadera lealtad, sentimos justo orgullo al tener participación en el merecido homenaje que hoy se tributa al hombre que ha hecho y logrado el mayor esfuerzo en favor de la Paz, conquista que estamos dispuestos a sostener en todo momento. — Afmo. amigo. — D. Bustamante Rosales.

Trujillo, 9 de diciembre de 1944. — Secretario del Congreso Nacional, don Fernando Zepeda D. — Los suscritos jefes y oficiales del departamento de Colón, reunidos en el local de la Comandancia de Armas, tomando en consideración que el diario La Época está publicando los mensajes que las mayorías de las Municipalidades, Comités, Cuerpos Armados y demás centros colegiados están pidiendo al S. C. N. declarar al Excmo. Señor Presidente de la República, Dr. y Gral. Tiburcio Carías Andino, «Fundador de la Paz y Benemérito de la Patria», en recompensa a su decidido empeño por brindarnos tranquilidad; y nosotros, comprensivos de nuestro deber, nos unimos a ese sentimiento general que hoy embarga al pueblo hondureño y, con toda la fuerza de nuestra voluntad, pedimos a la Augusta Cámara de Representantes declarar al pundonoroso General Tiburcio Carías Andino «Benefactor de la Paz y Benemérito de la Patria», como un sentimiento vivo de este militarismo. Es justicia lo que pedimos. — Andrés Escaleras, Camilo Banegas, Juan B. Funes, Antonio Banegas, H. Cortés V., Juan Fonseca, Tulio González, Fausto Pérez, Isabel Espinoza, R. A. Ordóñez, Raúl H. Palma, Efigenio Alemán, Melchor M. Contreras, Juan R. Perdomo, Arnulfo Rivera, Manuel Castillo, Fidel Carías, Pedro Cruz C., Lorenzo Alvarado, Bonifacio Flores, César A. N. Díaz, Vitalicio Zelaya, Francisco Vivas, Eugenio Chavarría, Felícito Ordóñez.

Tela, 15 de diciembre de 1944. — Secretarios Congreso Nacional. — Todo el nacionalismo de este sector está de plácemes por la patriótica y trascendental resolución del Soberano Congreso Nacional, declarando al ciudadano Presidente de la República, General Tiburcio Carías Andino, «Fundador y Sostenedor de la Paz de Honduras y Benemérito de la Patria». Ese célebre decreto del Congreso cristaliza las aspiraciones sinceras del pueblo hondureño honrado, amante de la paz y de la felicidad de la Patria. El día de ayer será de grandeza en nuestra historia, porque marca la etapa de glorificación excelsa de un gobernante popular. ¿Qué dirán los enemigos del actual régimen y los agitadores en el exilio ante esta nueva muestra de lealtad y adhesión del pueblo hondureño a su digno Gobernante? Felicitamos muy cordialmente al General Carías y al Soberano Congreso Nacional por este acto patriótico. — Afmo. amigo. — Juan A. Mendoza, Presidente.

Trujillo, 14 de diciembre de 1944. — Secretario del Congreso Nacional, don Fernando Zepeda D. — Hoy, desde las diez a. m. en adelante, tuvimos la satisfacción de escuchar los actos que se desarrollaron en el Salón Azul de Casa Presidencial con motivo de la entrega hecha en cuerpo por la Augusta Cámara de Diputados al Excmo. Señor Presidente, Dr. y Gral. don Tiburcio Carías A., del decreto que la Asamblea Legislativa le otorga justicia declarándole «Fundador y Defensor de la Paz de Honduras y Benemérito de la Patria». — Afmo. — M. Maldonado.

Santa Lucía, F. M., 11 de diciembre de 1944. — Secretarios Congreso Nacional. — Esta Municipalidad y Subcomité Nacionalista, por su digno medio, solicita a esa Augusta Representación Nacional se declare a nuestro digno Mandatario, Dr. y Gral. Tiburcio Carías Andino, «Fundador de la Paz y Benemérito de la Patria», lo que consideramos un deber patriótico. — Respetuosamente. — Sebastián Reyes, Alcalde Municipal. — José Inés Nelson, Presidente del Subcomité. — Francisco Cerrato N., Vicepresidente del Subcomité.

Santa Rita, Copán, 11 de diciembre de 1944. — Secretarios Soberano Congreso Nacional. — En sesión solemne celebrada por la Honorable Corporación Municipal y Subcomité Nacionalista, se acordó dirigirse a ese Alto Cuerpo pidiendo se emita decreto declarando a nuestro Ilustre Mandatario, General don Tiburcio Carías A., «Benemérito de la Patria y Fundador de la Paz de Honduras», pues él ha sido el único hombre que ha sabido llevar a la Nación en esa forma, y el pueblo hondureño deberá estar agradecido y así sostenerlo en el poder. Oportunamente enviaré certificación del acta. — Crescencio Ortiz, Alcalde Municipal.

San Juancito, 5 de diciembre de 1944. — Soberano Congreso Nacional. — En nombre de este Subcomité y del nacionalismo en general, muy respetuosamente pedimos al Soberano Congreso Nacional se digne declarar «Fundador de la Paz y Benemérito de la Patria» al probo y querido Gobernante, Doctor y General Tiburcio Carías Andino, como pequeña demostración de gratitud y justicia a quien ha dedicado todos sus paternales y cariñosos cuidados al bienestar y prosperidad de la República. — Juan José Molina, Presidente del Subcomité Nacionalista.

Santa Rosa de Copán, 18 de diciembre de 1944. — Secretarios Congreso Nacional. — Como sinceros nacionalistas, nuestros corazones palpitan de verdadero júbilo por el trascendental acto dado por el Soberano Congreso Nacional al declarar en forma solemne «Defensor de la Paz de Honduras y Benemérito de la Patria» al Excmo. Señor Presidente de la República, Dr. y Gral. don Tiburcio Carías A. Este magnífico acontecimiento, único en las páginas políticas de la historia patria, marca con destellos fulgurantes una de las formas espontáneas en que el pueblo agradecido de Honduras hace justicia al más preclaro de sus hijos, Dr. y Gral. Carías A., quien ha conducido la Nación por el sendero del progreso. Felicitamos con todo fervor patriótico a los ilustres representantes del pueblo hondureño por el encomiástico paso dado al honrar a nuestro querido Gobernante. — J. Efraín Castellanos, Director e Inspector Departamental de Enseñanza Primaria.

Sabana Bight, 6 de diciembre de 1944. — Secretario Congreso Nacional, Tegucigalpa. — Comunico a usted que el Subcomité Nacionalista «Coronel Ernesto Cruz G.» de este pueblo hoy celebró sesión con el fin de elaborar, como al efecto elaboró, acuerdo para pedir a ese Honorable Congreso Nacional emita decreto a fin de que declare a nuestro eximio Presidente de la República y Jefe Supremo del gran Partido Nacional, ciudadano Dr. y Gral. Tiburcio Carías Andino, «Fundador de la Paz de Honduras y Benemérito de la Patria». La disposición de este Subcomité obedece a un acto de recompensa y de merecida justicia para nuestro querido Gobernante, General Carías A., unido al sentimiento y espontánea voluntad de Corporaciones

Municipales, asociaciones políticas y sociales del país; por tanto, rogamos a usted poner en conocimiento de ese Alto Cuerpo Legislativo nuestra petición para que se traduzca en hermosa realidad al interpretar el sentir de este Subcomité Nacionalista. Con la oportunidad del caso llegará a sus manos acta certificada sobre este mismo concepto. — Respetuosamente. — Ramón Valladares, Presidente Subcomité Nacionalista. — Ramón Medina, Secretario.

Comayagua, 18 de diciembre de 1944. — Dr. Plutarco Muñoz P. — Enterado de los conceptos de su mensaje, fechado el quince de los corrientes. El acto consagratorio tributado ayer por el S. C. N. y el nacionalismo de Tegucigalpa al Doctor y General Tiburcio Carías A. es una expresión sincera y elocuente del cariño y gratitud con que el pueblo hondureño corresponde al Excmo. y pacifista Gobernante, porque Tiburcio Carías A. ha dejado de ser en Honduras un caudillo para convertirse en un símbolo: el símbolo de la Paz y del Progreso. Y ojalá el Dios de las Naciones así lo permita: que nuestro preclaro Gobernante mande por muchos años en Honduras, ya en el poder, ya dirigiendo el gran Partido Nacional, ya que sus grandes virtudes cívicas y republicanas lo hacen acreedor a que el pueblo hondureño lo ampare y rodee. — Afmo. — Julio Hernández López, Jefe Concejo Distrito Departamental.

Cuyamelito, 18 de diciembre de 1944. — Secretario Congreso Nacional, Fernando Zepeda D. — La patriótica resolución asumida por el S. C. N. al declarar a nuestro querido Mandatario «Fundador y Sostenedor de la Paz en Honduras y Benemérito de la Patria» ha sido motivo de entusiasmo, dando honor a quien honor merece. Felicito, junto con mis subordinados, al Dr. y Gral. don Tiburcio Carías A., al S. C. N. y a nuestro abanderado periodista Fernando Zepeda D. — Rodolfo Madrid V.

Nacaome, 18 de diciembre de 1944. — Dr. Plutarco Muñoz P. — Con verdadera satisfacción me he impuesto de los conceptos de su importante circular. Es humano saber rectificar; es muy justo saber agradecer y corresponder; es muy noble, sensato y patriótico, como en el presente caso, apoyar al ciudadano Presidente, General Tiburcio

Carías Andino, echando al olvido nuestro pasado sangriento y bochornoso y rodeándolo con cariño en aras de la paz por él fundada y sostenida, por ende, por el positivo engrandecimiento de la Patria. El Partido Nacional, al que tenemos el orgullo de pertenecer, se siente estimulado, y lleva la gloria de que su Jefe Supremo, Gral. Carías Andino, haya sido el forjador de la Nueva Honduras. El Partido Nacional permanece listo y compacto; no se duerme sobre sus laureles, sino que vive preparado para reprochar los brotes que los malos hijos de la Patria preparan para saciar sus ambiciones personales, desconociendo, con criminal ingratitud, la patriótica labor del Gral. Carías A., por lo cual lo aclama, sostiene y admira la gran mayoría del pueblo hondureño. — Afmo. amigo. — Julio César Vijil.

Tutule, 16 de diciembre de 1944. — Presidente del Honorable Congreso Nacional. — Aplaudimos con entusiasmo la actitud de esa Honorable Cámara, declarando «Fundador de la Paz y Benemérito de nuestra Patria» a nuestro querido Gobernante, Doctor y General Carías A., como una gratitud y reconocimiento del pueblo que está gozando de su atinado Gobierno y de un estadista sin precedentes. — Respetuosamente. — J. N. David, Alcalde Municipal. — R. A. David Avilés, Secretario Municipal. — Leonidas A. Pineda, Juez de Paz.

La Masica, 18 de diciembre de 1944. — Dr. Plutarco Muñoz P. — Su valor, lealtad y dinamismo puestos al servicio de nuestra gran causa deben tener algún día recompensa. Es usted de los pocos hombres que sirven sin egoísmo ni pretensiones de ninguna clase, sin más miras que coadyuvar al engrandecimiento patrio y de nuestro gran Partido Nacional, obra titánica emprendida por nuestro ilustre y querido Gobernante. Para usted, muy sinceramente, mi humilde voz de aliento y mis felicitaciones. — Alejandro Madrid F., Presidente Subcomité Nacionalista.

Trujillo, 18 de diciembre de 1944. — Secretarios Congreso Nacional. — Acepte mi sincera felicitación ese Honorable Cuerpo Legislativo por haber emitido el decreto consensual, justo y meritorio, declarando al Dr. y Gral. don Tiburcio Carías Andino «Fundador y

Defensor de la Paz y Benemérito de la Patria». — Respetuosamente. — Miguel A. Valle.

Curarén, 18 de diciembre de 1944. — Dr. Plutarco Muñoz P. — Hemos recibido con verdadero júbilo la noticia del acto consagratorio del Soberano Congreso Nacional que usted dignamente preside. Muy bien se lo merece el Benemérito Carías, pues es un verdadero conductor de su pueblo. — Donoso Martínez Castillo, Juez de Paz.

La Paz, 18 de diciembre de 1944. — Señor Presidente del Congreso Nacional. — Quedo entendido de su atento telegrama del 17. El acto justiciero de esa Augusta Representación Nacional declarando «Benemérito de la Paz» a nuestro muy ilustre Primer Jefe de la Nación, Dr. y Gral. Tiburcio Carías A., es una demostración de simpatía y de reconocimiento a sus méritos que hace el pueblo hondureño. Atentamente. — Julián Suazo.

Olanchito, 18 de diciembre de 1944. — Secretario del Supremo Congreso Nacional. — Aplaudo justo decreto al declarar «Benemérito de la Patria» a nuestro ilustre Mandatario, General Carías. — Ramón M. Ávila.

Tutule, 18 de diciembre de 1944. — Presidente del Soberano Congreso Nacional. — Este Subcomité Nacionalista y pueblo de Tutule en general felicitan a ustedes por haber cumplido lo que el pueblo hondureño pedía a esa Cámara: el declarar «Fundador de la Paz de Honduras y Benemérito de la Patria» a nuestro querido Gobernante, Gral. Carías Andino. Con eso ustedes demuestran que conviven con el pueblo, cumpliendo así con los deseos justos de un pueblo que pidió poco para lo que nuestro Presidente se sacrifica para bien de Honduras y de sus hijos. Atentamente. — M. Torres P., Presidente Subcomité Nacionalista.

Naranjito, 16 de diciembre de 1944. — Secretarios Soberano Congreso Nacional. — Por el digno medio de ustedes dirijo a esa Augusta Asamblea Nacional las frases más sinceras de agradecimiento por la distinción honorífica otorgada al ciudadano Presidente de la República, Gral. Carías A., declarándolo «Fundador de la Paz de Honduras y Benemérito de la Patria». — Jesús Rosales, Alcalde Municipal.

Tatumbla, 15 de diciembre de 1944. — Secretarios Soberano Congreso Nacional. — Como fiel subalterno y como Comandante Local, acepten calurosa felicitación por su decreto declarando «Padre de la Paz» a nuestro Presidente. En este pueblo fue bien recibida dicha noticia y, de acuerdo con el Coronel Mardoqueo B. Lagos, se llevó a cabo un regio baile y una imponente serenata amenizada por la musical de Reitoca. Respetuosamente. — Manuel S. Ordóñez, Comandante Local.

Olanchito, 15 de diciembre de 1944. — Secretarios del Congreso Nacional. — Tengo el gusto de felicitar entusiastamente a esa Honorable Cámara Legislativa por el acierto que ha tenido al consagrar «Benemérito de la Patria» al señor Presidente, Gral. Carías A., hecho patriótico, justiciero y magnífico. La posteridad sabrá elogiarlo como un galardón que escribió la dignidad, el reconocimiento, el patriotismo alrededor del Mandatario que ha imprimido a la Patria su mejor destino. — Afmo. — Francisco Murillo Soto, Secretario Subcomité Nacionalista.

San Sebastián, Comayagua. — Secretario Congreso Nacional. — Al acusar recibo de su muy atenta circular, fecha trece de los corrientes, esta Municipalidad y vecindario aplauden unánimemente la disposición del Soberano Congreso Nacional. Por tan meritoria disposición, la Municipalidad que presido aúna su voto de confianza al Excelentísimo señor Presidente General Carías, augurando a esa Honorable Cámara Legislativa muchos triunfos en las presentes sesiones. Respetuosamente. — Braulio David, Alcalde Municipal.

Tela, 15 de diciembre de 1944. — Don Fernando Zepeda Durón. — Reciba, por digno medio, ese Honorable Cuerpo Legislativo nuestras más calurosas felicitaciones por la brillante actuación para con nuestro caudillo, Gral. Tiburcio Carías. — José I. Murillo.

Villanueva, Cortés, 14 de diciembre de 1944. — Secretarios del Congreso Nacional. — Felicitámosles por tan merecido homenaje a nuestro ilustre Mandatario, Dr. y Gral. Tiburcio Carías A. — J. Filadelfo Suazo, Jefe del Concejo. — José I. Castañeda, Secretario.

Balfate, diciembre 13 de 1944. — Secretarios del Congreso Nacional. — La Honorable Corporación Municipal que tengo la honra de presidir, en sesión de hoy, tomando en cuenta la patriótica actitud del Excelentísimo Dr. y Gral. Tiburcio Carías Andino, en su carácter de Presidente de la República, en bien de la paz y progreso de Honduras y de la familia hondureña, acordó: pedir al Soberano Congreso Nacional lo declare «Benemérito de la Patria y Defensor de la Paz», como prueba de nuestra adhesión y agradecimiento. Respetuosamente. — Benito Giraud, Alcalde Municipal.

Erandique, diciembre 13 de 1944. — Presidente Honorable Congreso Nacional. — Este Subcomité Nacionalista pide a ese Alto Cuerpo Representativo declare a nuestro Excmo. Dr. y Gral. Tiburcio Carías Andino «Fundador de la Paz de Honduras», como justo homenaje que bien merece por sostener la paz inalterable y el progreso de nuestra querida Honduras. — Juan P. Flores, Vicepresidente del Subcomité Nacionalista.

Goascorán, diciembre 5 de 1944. — Presidente del Congreso Nacional. — Vista la opinión unánime de los Presidentes de los Comités y Subcomités nacionalistas y Alcaldes Municipales de la República, pidiendo que los centros políticos y Municipalidades declaren «Benemérito de la Patria y Fundador de la Paz» al Excelentísimo señor Presidente Constitucional de la República, Doctor y General Tiburcio Carías Andino, por sostener la paz inalterable por doce años y el gran beneficio alcanzado en todas sus manifestaciones, este Subcomité que presido, y en el mío propio, se une al mismo sentir de los centros políticos y Municipalidades antes referidos. Respetuosamente. — Herminio Ortega C., Presidente Subcomité Nacionalista.

San Pedro Sula, diciembre 7 de 1944. — Secretario Soberano Congreso Nacional, don Fernando Zepeda Durón. — Señores Diputados, encuéntranse en el seno de esa Augusta Asamblea; deben declarar sin discusión alguna «Fundador de la Paz y Benemérito de la Patria» al Dr. y Gral. don Tiburcio Carías Andino, en reconocimiento por su labor como el mejor gobernante de Honduras; y esta idea grandiosa que nació del nacionalista y cariísta incorruptible Profesor Rodolfo Z. Velásquez, merece el aplauso del pueblo hondureño y pedimos sea una realidad. Es como dijo Rómulo E. Durón: «Aunque los héroes sucumban, la historia los ensalza y la fama los inmortaliza». Tiene la palabra mi amigo el Lic. Torres. — Juan E. Fajardo, Prof. de la Escuela «José Cecilio del Valle».

Yamaranguila, diciembre 5 de 1944. — Presidente Congreso Nacional. — Personal docente de las Escuelas Urbanas de esta cabecera piden a ese Honorable Cuerpo declaren, en una de sus sesiones, al Excelentísimo Señor Presidente de la República, Dr. y Gral. don Tiburcio Carías Andino, como «Benemérito y Fundador de la Paz». — José S. Reyes, Elena Duke de Reyes, Directores Escuelas; Jacobo Aguilar P., Dolores Matute, Subdirectores.

La Venta, diciembre 11 de 1944. — Diputado don Fernando Zepeda Durón. — Plácenos comunicar a usted que, el día de hoy, en sesión solemne pública y a cabildo abierto, esta Corporación Municipal, de acuerdo con el Subcomité Nacionalista y autoridades militares, acordó declarar «Benemérito y Fundador de la Paz Nacional» a nuestro ilustre Gobernante, Dr. y Gral. don Tiburcio Carías Andino, dándole asimismo un voto de confianza y elevar a la consideración del Soberano Congreso Nacional, por medio de los Diputados de este departamento, se le declare como tal. El entusiasmo ha sido desbordante, porque se trata de hacer honor al mérito del más patriota de nuestros Mandatarios, forjador de la NUEVA HONDURAS. — Respetuosamente. — Epifanio Navas, Alcalde Municipal. — Marcial Maradiaga Valdivia, Secretario.

Marcala, 16 de diciembre de 1944. — Presidente del Congreso Nacional, Plutarco Muñoz P. — Como representante del pueblo marcalino, pláceme felicitar al Soberano Congreso Nacional que usted preside, por haberse cumplido la sacrosanta voluntad de los pueblos de la República, rindiendo pleito homenaje a nuestro insigne y querido Presidente Carías, por su don de estadista esclarecido y su gran espíritu ecuánime de mando. Loor a nuestro Reformador y congratulaciones a los grandes colaboradores de su Gobierno, como usted. Respetuosamente. — Andrés A. Martínez, Alcalde Municipal.

Santa Bárbara, 14 de diciembre de 1944. — Secretarios del Soberano Congreso Nacional. — Por vuestro digno medio, felicito al Honorable Congreso Nacional por haber acogido y cristalizado de manera franca y patriótica la iniciativa lanzada a la consideración del pueblo hondureño y de esa Augusta Asamblea, con el laudable fin de que se declare al Excmo. señor Presidente de la República, General Tiburcio Carías A., «Fundador de la Paz y Benemérito de la Patria», como lo ha hecho el primero de los Poderes de la Nación, testimoniando así su simpatía y lealtad a quien así lo merece. — Afmo. — Cleofas C. Caballero.

Choluteca, 14 de diciembre de 1944. — Secretario del Congreso Nacional, Marco A. Raudales. — En nombre del Comité y Subcomités nacionalistas del departamento, pláceme presentar al Honorable Congreso Nacional nuestras felicitaciones por haber sabido interpretar el sentimiento de los pueblos al declarar «Fundador y Defensor de la Paz de Honduras y Benemérito de la Patria» al General don Tiburcio Carías A. — Atentamente. — F. Rodríguez Amaya.

Seguridad Pública de Costa Rica, 15 de diciembre de 1944. — Señores Secretarios Congreso Nacional, Tegucigalpa. — Me permito felicitar a ese Honorable Cuerpo por oportuno y justiciero decreto declarando «Fundador y Defensor de la Paz de Honduras y Benemérito de la Patria» a nuestro digno Jefe y Presidente, General Carías Andino; nada más elocuente pudo hacer nuestra Representación Nacional. — Afmo. — José María Zepeda, Ministro de Honduras.

Utila, 15 de diciembre de 1944. — Soberano Congreso Nacional. — Mis felicitaciones a ese Alto Cuerpo Legislativo por haber aprobado la idea y el sentir del pueblo hondureño, haciendo «Benemérito de la Patria» a nuestro querido Presidente, General Carías Andino, como justo homenaje a sus méritos como estadista y sostenedor de la Paz, base del engrandecimiento y prosperidad de la Patria. — F. Cuéllar García, Comandante Local.

Olanchito, 14 de diciembre de 1944. — Secretarios Soberano Congreso Nacional. — Por el digno medio de usted expresamos nuestra felicitación a la Augusta Cámara Legislativa por el trascendental paso marcado expidiendo el decreto por medio del cual se declara al señor Presidente de la República «Fundador y Defensor de la Paz de Honduras y Benemérito de la Patria». Cuando la justicia asiste a los hombres son dignos de admirarse, y cuando los Congresos cumplen los reclamos del pueblo, fundamentan la confianza en los corazones. — Afmos. — F. G. Ramírez, Norberto Quesada, Tomás Miranda L., D. Reyes P., Tomás Narváez, M. Soto Ramírez.

Choluteca, 14 de diciembre de 1944. — Secretarios del Congreso Nacional. — Pláceme felicitar al Honorable Congreso Nacional por haber sabido interpretar el sentimiento de los pueblos, declarando «Fundador y Defensor de la Paz de Honduras y Benemérito de la Patria» al General don Tiburcio Carías Andino, como un justo homenaje a quien todo se lo merece. — Atentamente. — Rubén Sánchez.

Danlí, 14 de diciembre de 1944. — Secretario Congreso Nacional, don Fernando Zepeda Durón. — Sinceramente felicito a la Augusta Representación Nacional por haber declarado a nuestro probo Gobernante «Benemérito de la Patria». Así se hace justicia, dando al César lo que es del César. — Marcial H. Gamero, Director de Escuela.

Amapala, 14 de diciembre de 1944. — Dr. Plutarco Muñoz P. — Nunca como ahora una designación de Benemérito de la Patria, como la dada al señor Presidente Carías, ha sido en realidad la expresión verdadera del sentimiento de los hondureños. El Partido Nacional ha hecho justicia a su insustituible Jefe, General Carías. Felicitamos a ustedes por haber sabido interpretar tan acertadamente el franco deseo de nosotros. — Afmo. amigo. — Modesto Amador B.

Jesús de Otoro, 15 de diciembre de 1944. — Honorable Congreso Nacional. — Esa grandiosa demostración de justo patriotismo que ha tenido la Augusta Cámara Legislativa al declarar a nuestro ilustre Mandatario, Doctor y General Tiburcio Carías Andino, «Fundador y Defensor de la Paz de Honduras y Benemérito de la Patria», es una prueba más de adhesión, y los felicitamos calurosamente por haber interpretado fielmente el sentir del gran Partido Nacional para su digno y supremo Jefe. — Respetuosamente. — Jesús Hinestroza, Presidente Subcomité Nacionalista. — Fernando Palacios, Vicepresidente. — Quintín Palacios, Secretario.

San Marcos de Colón, 14 de diciembre de 1944. — Secretario del Congreso Nacional, don Fernando Zepeda Durón. — Con verdadero entusiasmo hemos escuchado los actos realizados en la entrega al señor Presidente de la República, Doctor y General don Tiburcio Carías Andino, del decreto por el cual se le declara «Fundador y Sostenedor de la Paz de Honduras y Benemérito de la Patria», actos a los que con justicia es acreedor tan ilustre Mandatario. Nacionalistas de plácemes por tan atinada disposición. — Afmo. — Félix Pedro Pinel Peña, Alcalde Municipal.

La Ceiba, 14 de diciembre de 1944. — Secretarios del Congreso Nacional. — La forma elocuente, sincera, respetuosa y cordial con que tradujisteis los anhelos del pueblo y del nacionalismo hondureño, declarando, a sus gestiones, «Fundador de la Paz de Honduras y Benemérito de la Patria» al Jefe Supremo del Partido Nacional y Presidente, es motivo más que justificado para que, en nombre del nacionalismo de Atlántida, presentemos a esa Honorable Cámara, por vuestro digno medio, su más alto reconocimiento y, con él, los votos que formulamos por la ventura personal de todos y cada uno de los honorables Diputados que integran la más alta Representación

Nacional. — Afmos. — Juan V. Moncada, Presidente del Comité Departamental Nacionalista. — Ángel Moya Posas, Secretario.

Guanaja, 15 de diciembre de 1944. — Soberano Congreso Nacional. — No hay duda que oír la voz del pueblo, que es la voz de Dios, es justo y razonable; en este concepto, al emitir decreto el Soberano Congreso Nacional declarando «Fundador y Defensor de la Paz de Honduras y Benemérito de la Patria» al ilustre ciudadano Dr. y Gral. Tiburcio Carías Andino, habrá hecho justicia, por ser muy razonable la petición de la mayoría de los hondureños. Por tan acertada resolución, nuestras mayores congratulaciones. — Atentamente. — A. B. Merren, Alcalde Municipal. — M. L. Borden, Presidente del Subcomité Nacionalista. — Julio C. Alcerro, Secretario.

Trujillo, 14 de diciembre de 1944. — Secretarios del S. Congreso Nacional. — En nombre del Concejo de este Distrito Departamental y del vecindario de esta jurisdicción amante de la paz, ruego a usted muy atentamente testimoniar al Soberano Congreso Nacional sus más francas y cordiales felicitaciones, por el homenaje tan justo como patriótico de que hizo objeto al señor Presidente de la República, Dr. y Gral. don Tiburcio Carías A., declarándolo «Fundador y Defensor de la Paz de Honduras y Benemérito de la Patria», en obsequio a los indiscutibles merecimientos que le debe el pueblo por su labor bienhechora y diáfana. El decreto de ese Alto Cuerpo condensa el sentir del conglomerado nacional, que ve en el querido Mandatario un redentor personificado. — Atto. y respetuosamente. — Juvenal Acosta, Jefe del Concejo.

La Esperanza, 16 de diciembre de 1944. — Presidente del S. Congreso Nacional. — Es inmensa la alegría que sentimos en nuestros humildes corazones al ver coronados nuestros deseos. Ese Alto Cuerpo, al mismo tiempo que hizo justicia declarando en sesión solemne al señor Presidente Constitucional de la República, Dr. y Gral. don Tiburcio Carías Andino, «Fundador y Defensor de la Paz de Honduras y Benemérito de la Patria», acató también la voluntad de los que formamos en las filas del Gran Partido Nacional y que, sin duda alguna, estamos listos para ocupar el puesto que se nos designe, en la paz o en la guerra, si se hace necesario. — Carlos M. González, Secretario de la Gobernación Política.

Siguatepeque, 16 de diciembre de 1944. — Secretario del Soberano Congreso Nacional, don Fernando Zepeda Durón. — Este Subcomité y nacionalistas de este municipio se complacen en felicitar sobremanera a esa Augusta Asamblea Legislativa, por haber emitido decreto en que se declara «Fundador de la Paz de Honduras y Benemérito de la Patria» a nuestro ilustre Jefe, Dr. y Gral. Tiburcio Carías Andino, y por haber concurrido en cuerpo a la residencia del señor Presidente a depositar en sus manos ese noble y justo legado que es la voluntad y sentir del nacionalismo hondureño. — Afmo. — R. Díaz M., Secretario del Subcomité Nacionalista.

Jocón, 16 de diciembre de 1944. — Diputado Dr. Plutarco Muñoz P. — Este Subcomité, por su digno medio, felicita calurosamente al Soberano Congreso Nacional por haber emitido decreto declarando «Benemérito de la Patria y Fundador de la Paz Nacional» a nuestro digno y querido Jefe Supremo, Dr. y Gral. don Tiburcio Carías Andino. — Atentamente. — Bartolo Hernández, Presidente del Subcomité Nacionalista. — F. Cerrato Aguilar, Prosecretario.

Corquín, 16 de diciembre de 1944. — Secretarios del Honorable Congreso Nacional. — Por su digno medio, plácenos presentar a ese Alto Cuerpo Legislativo nuestras efusivas felicitaciones por haber correspondido a la voluntad soberana del pueblo hondureño, declarando a nuestro probo y querido Mandatario, Dr. y Gral. don Tiburcio Carías A., «Fundador de la Paz de Honduras y Benemérito de la Patria». Vecindario en general bate palmas de júbilo por su significativa muestra de solidaridad y adhesión al más grande e ilustre Gobernante hondureño, que bien merece admirarlo siempre por su fecunda labor progresista y anhelos de redención, unificando a todos los hondureños honrados y amantes del trabajo bajo el límpido pendón de la paz. — Atentamente. — Juan A. López, Alcalde Municipal. — J. Humberto Alvarado G., Secretario. — Rafael Fiallos C., Presidente del Subcomité Nacionalista. — Francisco Rodríguez E., Comandante Local.

La Ceiba, 14 de diciembre de 1944. — Secretarios del Soberano Congreso Nacional. — Por su digno medio, en nombre propio y del Cuerpo de Policía a mi mando, me permito enviar nuestro más caluroso aplauso y sinceras felicitaciones a esa Augusta Asamblea por la interpretación fiel del sentir del pueblo hondureño en general, y muy especialmente del pujante conglomerado nacionalista, declarando justa y merecidamente al esclarecido ciudadano Presidente de la República, Dr. y Gral. Tiburcio Carías Andino, «Fundador y Defensor de la Paz de Honduras y Benemérito de la Patria». — Afmo. correligionario y amigo. — Guillermo J. Pinel, Director de Policía.

Yoro, 17 de diciembre de 1944. — Presidente del Congreso Nacional. — Homenaje tributado a la ilustre persona de nuestro Gobernante, Dr. y Gral. Carías Andino, por esa Honorable Representación Nacional, quien lo declaró «Benemérito de la Patria y Fundador de la Paz», es motivo de gran júbilo para la Municipalidad y pueblo que representamos. Por tal motivo, ruego le aceptar de nuestra parte, tanto usted como demás honorables Diputados que supieron interpretar el fiel sentir de los hondureños de buena voluntad, nuestra sincera felicitación y profundo agradecimiento. Respetuosamente. — Fausto E. Licona y L., Alcalde Municipal.

Sabanagrande, 8 de diciembre de 1944. — Secretarios del Congreso Nacional. — Esta Municipalidad y Subcomité Nacionalista, de común acuerdo, han dispuesto pedir que ese Alto Cuerpo Legislativo, interpretando el sentir del pueblo hondureño, declare a nuestro ilustre Presidente de la República, Dr. y Gral. don Tiburcio Carías Andino, «Benemérito de la Paz y de la Patria» por su gran obra de progreso como resultado de once años de paz y trabajo. Respetuosamente. — Luis R. Zúniga, Alcalde Municipal y Presidente del Subcomité Nacionalista.

El Negrito, 6 de diciembre de 1944. — Secretario del Congreso Nacional. — Me permito participar, por su honroso medio, a esa Augusta Representación Nacional que la Municipalidad que presido, en sesión que celebró, acordó dirigir atenta solicitud al Soberano Congreso Nacional: se declare «Fundador de la Paz de Honduras y Benemérito de la Patria» a nuestro eximio Mandatario, Dr. y Gral. don Tiburcio Carías A., a quien debemos el progreso y bienestar de Honduras. Atentamente. — Vicente Nolasco, Alcalde Municipal.

Sulaco, 6 de diciembre de 1944. — Secretarios del Soberano Congreso Nacional, Durón y Lic. Raudales. — Estamos muy de acuerdo con la idea de los intibucanos, de que los nacionalistas pidamos al Soberano Congreso Nacional se declare a nuestro héroe y actual Mandatario, Dr. y Gral. don Tiburcio Carías A., «Benemérito de la Paz y de la Patria», en justa compensación a su cruenta batalla librada en el campo de la intransigencia de un pasado que los políticos logreros y enemigos del orden y el progreso habían creado, engendrando, con sus procedimientos, la consiguiente desconfianza en el pueblo y que el Gral. Carías A., con sus maneras atrayentes y su férrea voluntad, ha conseguido destruir para lograr el mantenimiento de la paz y el mejoramiento del país, traducido en obras de positivo progreso. En esa hermosa idea, y en cuantas más sean justas para dignificar la egregia figura de nuestro probo Gobernante y agradecer su monumental obra de paz y progreso, estamos siempre y en un todo de acuerdo. — Atto. — J. A. Durón.

New York, E. U. A., 15 de diciembre de 1944. — Los suscritos, miembros de la marina mercante hondureña, felicitamos a ese Honorable Cuerpo y nos unimos al voto de confianza dado a nuestro Presidente Carías, «Fundador y Benemérito de la Patria». — Joaquín E. O. Peña, Miguel A. Juárez, Alberto Carías M., Armando Pino, A. Contreras, Ramón Santillana, Camilo Medina, Crescencio Sarmiento, Roberto Hasteed Cleveland, L. Eden, Santos Miranda, Manuel de J. Pacheco, Juan A. Rovelo, Adly Murray, Carmen P. Lucas, Victoriano E. Moreira, José T. Marín, Alonzo Duarte, Aginaldo Rivera, Mauro Rivera, Miguel Acosta, William Warren, Juan Riera, César Duarte, Amado Lazo López, Arnulfo M. Arias, Napoleón A. Rodríguez, César Valdez, Carlos A. Nasser, Israel Andrade Amador, Luis C. Macfield, José María Martínez, Pedro M. Tejada, Basilio Aguirre, Santiago Torres, Enrique P. Raudón. — Siguen las firmas.

La Ceiba, 14 de diciembre de 1944. — Secretario Marco A. Raudales. — Por el digno medio de usted me permito enviar a la Honorable Cámara nuestras fervientes felicitaciones por el merecido homenaje que este día hizo presente a nuestro probo Gobernante, como fieles intérpretes del pueblo hondureño que por unanimidad pidió al Congreso esta distinción; los amigos del Gral. Carías Andino estamos más que contentos con esta honrada y merecida distinción, pues por la paz y por los mil motivos sobresalientes de la labor de Gobernante, es acreedor a eso. — Rufino Solís.

Sulaco, 5 de diciembre de 1944. — Señores Secretarios del Congreso Nacional. — Esta Municipalidad ha acogido con sinigual beneplácito la idea intibucana de pedir a esa Soberana Representación Nacional se declare «Benemérito de la Paz y de la Patria» a nuestro ilustre Mandatario, Gral. Carías Andino, como una recompensa que el pueblo hondureño nacionalista puede tributarle por sus cruentos sacrificios en bien de la paz, que es beneficio de todos. Os pido, pues, que elevéis al conocimiento del Soberano Congreso Nacional esta petición para lo que estimo justo resolver, y por mi medio os saluda al Sr. Presidente de ese Alto Poder y a todos los Honorables Representantes, haciendo votos porque sus labores sean, como siempre, de grandes beneficios para la Patria. — Atentamente. — D. G. Quesada, Alcalde Municipal.

La Ceiba, 7 de diciembre de 1944. — Secretario del Congreso Nacional. — Estamos de acuerdo con las peticiones hechas a esa Honorable Asamblea, a fin de que declare «Benemérito de la Patria» a nuestro ilustre Mandatario, Dr. y Gral. don Tiburcio Carías A.; su lucha por mantener la paz e impulsar el progreso de la Nación es merecedora a ello. De usted, atentamente. — B. Amaya y Amaya, Director de la Escuela Francisco Morazán.

Roatán, 14 de diciembre de 1944. — Secretario Fernando Zepeda Durón. — Con intenso júbilo hemos escuchado la entrega del decreto de la Asamblea, por el cual declara a nuestro gran Presidente, Dr. y Gral. don Tiburcio Carías A., «Benemérito de la Patria, Fundador y Defensor de la Paz Nacional». Bien merecido para este preclaro ciudadano el homenaje que se le tributa por sus grandes méritos y por ser el único Presidente que ha sabido mantener la paz por largo tiempo y promovido el progreso de nuestra Honduras. — Afmo. — Abel Galindo, Juez de Letras.

San Pedro Sula, 14 de diciembre de 1944. — Soberano Congreso Nacional. — Este Concejo de Distrito se permite el honor de felicitar a ese Alto Cuerpo por la emisión del decreto en que se declara al Excelentísimo Señor Presidente, Dr. y Gral. don Tiburcio Carías A., «Benemérito de la Patria y Fundador de la Paz Nacional». Con ese decreto se ha hecho justicia al reconocer en el probo Mandatario la intensa lucha por mantener la seguridad pública y la labor altamente patriótica desarrollada por él en la Presidencia. Respetuosamente. — M. Romero L., Jefe del Concejo. — Julián Guillén L. y C. Funes, Vocales del Concejo. — Pascual P. Torres, Fiscal.

Roatán, 14 de diciembre de 1944. — Señor Fernando Zepeda Durón. — Con perfecta claridad escuchamos los actos desarrollados en el Salón Azul de la mansión Presidencial, al hacer la entrega los señores Diputados al Señor Presidente de la República del decreto por el cual se le declara «Fundador y Sostenedor de la Paz y Benemérito de Honduras». Emocionados escuchamos las frases de agradecimiento dirigidas por nuestro Gobernante. — Atentamente. — Ernesto Cruz G.

Cabañas, La Paz, 9 de diciembre de 1944. — Soberano Congreso Nacional. — Este Subcomité Nacionalista, en unión de la Municipalidad y vecindario en general de este municipio, pedimos declaréis a nuestro Mandatario, Dr. y Gral. Tiburcio Carías A., «Fundador de la Paz y Benemérito de la Patria» de nuestra querida Honduras, por ser el único Gobernante que nos mantiene en completa paz y tranquilidad. — Respetuosamente. — José C. González, Presidente Subcomité Nacionalista. — José Ángel García, Alcalde Municipal.

Talanga, 12 de diciembre de 1944. — Secretario Soberano Congreso Nacional. — Esta Municipalidad y Subcomité Nacionalista excita al Honorable Cuerpo Legislativo para que, en nombre de sus representados, dé un voto de confianza al Señor Presidente de la República por la cordura y valor que ha demostrado siempre, y que también se le declare «Fundador de la Paz y Benemérito de la Patria», como recompensa a los inmensos beneficios que ha hecho a nuestra querida Honduras. — Afmos. — Jesús Carías C., Alcalde Municipal. — Francisco Rivera R., Presidente Subcomité Nacionalista.

Lucerna, 13 de diciembre de 1944. — Secretarios Congreso Nacional.

Este Subcomité Nacionalista que presidimos, por unanimidad acordó dirigirse a esa Alta Representación Nacional para que declare a nuestro digno Jefe, Dr. y Gral. don Tiburcio Carías A., «Benemérito de la Patria y fiel sostenedor de la paz», en agradecimiento a los múltiples sacrificios hechos por él en bien de nuestra patria y de toda la colectividad hondureña. — Respetuosamente. — Manuel Portillo, Presidente. — J. Andrés Pineda, Secretario.

Siguatepeque, 13 de diciembre de 1944. — Secretarios Congreso Nacional.

En nombre de esta Corporación Municipal, que tengo el honor de presidir, y del Subcomité Nacionalista de esta ciudad, pedimos a la Honorable Representación Nacional se declare «Benemérito de la Patria y Fundador de la Paz de Honduras» a nuestro querido Presidente Constitucional y Jefe Supremo del Gran Partido Nacional, Dr. y Gral. don Tiburcio Carías Andino. Está de más decir los motivos que ya vos conocéis. — Su afmo. — Emilio Martínez.

Campamento, 7 de diciembre de 1944. — Soberano Congreso Nacional.

Unidos en el sentimiento con el pueblo hondureño, este Subcomité acordó dirigirse a esa Augusta Cámara, pidiendo se declare al señor Presidente, Dr. y Gral. Tiburcio Carías A., «Benemérito de la Patria y Fundador de la Paz de Honduras». — Muy respetuosamente. — S. Flores Bonilla, Presidente Subcomité Nacionalista. — Perfecto Santos T., Prosecretario.

Campamento, 7 de diciembre de 1944. — Soberano Congreso Nacional.

Esta Corporación Municipal, secundando el sentimiento del pueblo hondureño, acordó dirigirse a ese Augusto Cuerpo pidiendo se declare «Benemérito de la Patria y Fundador de la Paz de Honduras» al Dr. y Gral. Tiburcio Carías A., como una pequeña muestra de reconocimiento por tanto beneficio. — Muy respetuosamente. — Sebastián García, Alcalde Municipal.

Gualala, 8 de diciembre de 1944. — Secretarios Congreso Nacional.

Esta Municipalidad acordó pedir a ese Alto Cuerpo declare al señor Presidente de la República, Dr. y Gral. don Tiburcio Carías A., «Benemérito de la Patria y Fundador de la Paz de Honduras». Rogamos, pues, a los señores Secretarios hacer presente a la Honorable Cámara nuestras peticiones. — Lázaro Rodríguez, Alcalde Municipal. — Inocente Pineda, Juez de Paz. — Juan Márquez, Regidor. — Salvador Aguilar B., Secretario Municipal.

Santa María de la Paz, 9 de diciembre de 1944. — Secretarios Congreso Nacional.

Al inaugurar sus sesiones, el Soberano Congreso Nacional, haciendo honor al mérito y acuerpando decididamente la patriótica iniciativa del nacionalismo intibucano, la Municipalidad que presido y el Subcomité Nacionalista, en sesión pública verificada el día de hoy, por unanimidad de votos acordó:

1.º Enviar un respetuoso saludo a la Augusta Representación Nacional.

2.º Solicitar al Soberano Congreso Nacional que declare «Fundador de la Paz y Benemérito de la Patria» al insigne Mandatario hondureño, Dr. y Gral. don Tiburcio Carías A., quien hace marchar a la Nación por los senderos del orden, justicia y democracia. — Respetuosamente. — Joaquín Vásquez, Presidente Subcomité Nacionalista. — Eladio Melgar, Alcalde Municipal. — Francisco J. Vásquez, Secretario Municipal.

Ilama, 5 de diciembre de 1944. — Soberano Congreso Nacional.

En nombre de la Municipalidad de este pueblo y del Subcomité Nacionalista «Dr. Antonio C. Rivera», que presido, os suplico, Soberano Congreso Nacional, sirváis declarar a nuestro probo Mandatario, Dr. y Gral. Tiburcio Carías A., «Benemérito de la Patria y Fundador de la Paz», como reconocimiento a su labor fructífera. — Respetuosamente. — Rubén Ángel Rosa, Alcalde Municipal.

Guaimaca, 6 de diciembre de 1944. — Señor Marco A. Raudales.
Tenemos el honor de manifestar que estas autoridades y Subcomité Nacionalista, en sesión de hoy, acordamos acuerpar la iniciativa del departamento de Intibucá, tendiente a que el Soberano Congreso Nacional, a nombre y representación del pueblo nacionalista sensato, declare «Fundador de la Paz y Benemérito de la Patria» al Excelentísimo señor Presidente de la República, Dr. y Gral. Tiburcio Carías A., porque su estancia en el poder ha sido para Honduras de benéficos resultados en el orden interno y externo. Ya excitamos a nuestra Augusta Representación Nacional para que emita el respectivo decreto. — Afmos. — J. Augusto Inestroza, Jefe Resguardo Militar. — Serapio Zúniga R., Alcalde Municipal. — Leonidas Carías P., Secretario. — Macario Licona, Presidente Subcomité Nacionalista.

San Luis, Santa Bárbara, 5 de diciembre de 1944. — Secretarios Congreso Nacional.
La Corporación que presido, por vuestro medio, suplica a esa Augusta Representación Nacional dar un voto de confianza a nuestro digno Mandatario, Gral. Carías A., declarándolo «Fundador de la Paz y Benemérito de la Patria», como una muestra de gratitud y reconocimiento por su benéfica labor de engrandecimiento y reconstrucción nacional. — Respetuosamente. — Hilario Rodríguez S., Alcalde Municipal. — F. Salomón S. Rodríguez, Secretario.

Esquías, 7 de diciembre de 1944. — Secretarios del Congreso Nacional.
Por su digno medio permítome dirigirme a esa Augusta Representación, comunicándole que la Municipalidad que presido, en sesión solemne celebrada el día tres del corriente, a las 7 p. m.,

presidida por la Directiva del Subcomité Nacionalista cariísta y todos los vecinos de este pueblo, ha acordado pedir al Soberano Congreso Nacional declarar a nuestro probo y gran Presidente, Carías A., «Benemérito de la Patria y Fundador de la Paz de Honduras», por ser el único Presidente patriota que ha sabido comprender los deseos de sus conciudadanos y hacer justicia al mérito. No encontramos otro título más elevado con qué premiarlo. En tal virtud pedimos lo anterior al Soberano Congreso Nacional. — Respetuosamente. — Enrique Zepeda, Alcalde Municipal. — Ambrosio Zepeda, Presidente Subcomité Nacionalista.

La Paz, 16 de diciembre de 1944. — Dr. Plutarco Muñoz P.

Su circular de ayer engrandece nuestros corazones. Los que en realidad queremos al General Carías hablan en la forma que lo hace usted: con franqueza, lealtad y guiados únicamente por la verdad. El espíritu de la juventud, a la que aún pertenezco, debe sentirse confortado por el ejemplo de honradez y rectitud que privan en todos los actos del Mandatario, único en nuestra historia patria. No se canse usted en su labor, y a pesar de mi poca experiencia le aseguro que no arará en el mar. — Su afmo. amigo. — Enrique Villela Vidal.

Zacapa, Santa Bárbara, 15 de diciembre de 1944. — Secretario del Soberano Congreso Nacional.

Merecidos elogios se ha conquistado la Augusta Representación Nacional al hacerse portavoz del pueblo hondureño, otorgándole al señor Presidente de la República, Dr. y Gral. Carías, el título de «Benemérito de la Patria y Sostenedor de la Paz». — Afmo. — Narciso Lara, Alcalde Municipal.

San Lorenzo, 16 de diciembre de 1944. — Dr. Plutarco Muñoz P.

El testimonio de reconocimiento y gratitud nacional dedicado anoche en esa ciudad a nuestro querido y progresista Presidente Gral. Carías A., con motivo de haberlo declarado la Augusta Representación Nacional «Fundador de la Paz de Honduras y Benemérito de la Patria», sintetiza el cariño de un pueblo agradecido que, en carne viva, está recibiendo la savia preciosa del inagotable amor a los sagrados intereses de la patria. De igual manera aquí, y en un desbordante entusiasmo, fue celebrado anoche ese magno acontecimiento que marcará época en los anales de la historia de Honduras. Este Concejo y empleados de su dependencia nos asociamos sinceramente al justo regocijo que priva en el ánimo nacional y una vez más declaramos nuestra incondicional y leal adhesión al Benemérito de la Patria, General Carías A. — Augusto Mendoza M., Jefe del Concejo.

Gracias, 14 de diciembre de 1944. — Diputado Fernando Zepeda Durón.

Como verdaderos nacionalistas hemos oído por la radio que el Soberano Congreso Nacional, interpretando el verdadero sentir de los hondureños, declaró «Fundador y Sostenedor de la Paz y Benemérito de la Patria» al ciudadano Presidente, Doctor y General Tiburcio Carías A.; asimismo escuchamos la voz altamente patriótica y convincente del General Carías, quien deja ver que su única preocupación es la de hacer de Honduras un país digno de aparecer en el concierto de los cultos y civilizados. — Atentamente. — Benjamín Serrano Calderón.

Lamaní, 14 de diciembre de 1944. — Congreso Nacional.

En nombre de este Subcomité Nacionalista y vecindario en general, y por el digno medio de usted, sírvase aceptar esa Augusta Cámara nuestra felicitación sincera por haber declarado «Fundador y Defensor de la Paz de Honduras y Benemérito de la Patria» a nuestro querido Gobernante, General Carías A., haciendo honor con ello a quien honor merece y acatando la voluntad de la mayoría del pueblo hondureño. — Respetuosamente. — Juan Ángel Arias, Alcalde Municipal. — Rafael Lizardo, Presidente Subcomité Nacionalista. — Luis M. Bulnes, Secretario.

El Real, Olancho, 7 de diciembre de 1944. — Señor Santiago Romero Ayala.

Considerando que es un deber de todo buen hondureño agradecido rendir el más sincero homenaje a nuestro eximio Mandatario, Dr. y Gral. Tiburcio Carías Andino, por la obra de reconstrucción nacional que al amparo de la bendita paz que felizmente gozamos ha llevado a cabo, esta Municipalidad y Subcomité Nacionalista, en sesión solemne del día de ayer, acordó que por su digno medio pidáis al Soberano Congreso Nacional que en sus sesiones declare «Fundador de la Paz y Benemérito de la Patria» al Dr. y Gral. don Tiburcio Carías Andino. — Respetuosamente. — J. Santos Sánchez, Alcalde Municipal. — León F. García, Presidente Subcomité Nacionalista.

El Níspero, 14 de diciembre de 1944. — Secretario Soberano Congreso Nacional, don Fernando Zepeda Durón.

Esta Municipalidad recibe con jubiloso entusiasmo aviso informando que la Asamblea Legislativa, correspondiendo a la voluntad de los pueblos que representa, emitió Decreto haciendo justicia a la importante labor patriótica de nuestro Ilustre Mandatario, «Fundador de la Paz», primordial anhelo de todo elemento honrado. — Atentamente. — Jorge Romero F., Secretario Municipal.

Choluteca, 14 de diciembre de 1944. — Sr. Fernando Zepeda Durón.

Me complace saber la determinación del Soberano Congreso Nacional al declarar «Fundador y Sostenedor de la Paz Nacional y Benemérito de la Patria» a nuestro probo Mandatario, General Carías A.; acto tan trascendental que vivirá grabado eternamente en el corazón del pueblo hondureño. La Cámara ha sabido hacer justicia reconociendo sus múltiples beneficios que ha hecho a la patria y este departamento, unánime nacionalista, se siente orgulloso y feliz porque con ese acto de vívido reconocimiento tiene ocasión de felicitar a sus destacados miembros congresales. — Afmo. amigo. — J. Antonio Ortega.

Santa María, 15 de diciembre de 1944. — Secretarios Congreso Nacional.

Entendidos de que el Supremo Congreso Nacional entregó el día 14 al señor Presidente, Doctor y General don Tiburcio Carías A., el decreto donde se le declara «Fundador y Defensor de la Paz de Honduras y Benemérito de la Patria». Eso es lo que deseábamos todos los hondureños. — Respetuosamente. — Cristino Cabrera, Alcalde Municipal.

La Libertad, Comayagua, 14 de diciembre de 1944. — Periodista Fernando Zepeda Durón.

Su magnífica noticia, entrega del decreto de esa Augusta Representación Nacional el día de hoy al señor Presidente de la República, Gral. Carías A., declarándolo «Fundador y Defensor de la Paz de Honduras y Benemérito de la Patria», ha producido inmenso júbilo en este conglomerado nacionalista y pueblo en general. El Soberano Congreso Nacional, fiel intérprete del sentimiento del pueblo hondureño que representa, al asumir tal actitud se apunta uno de sus más resonantes triunfos en sus presentes labores parlamentarias. Los nacionalistas cariístas de este municipio, al tener conocimiento de tan elevado gesto, nos sentimos henchidos de regocijo y deseamos a la Augusta Cámara Diputadil muchos éxitos en beneficio de la patria y de sus representados. Al mismo tiempo presentamos a nuestro querido Presidente, Gral. Carías A., un humilde pero sincero saludo en este día en que la patria lo premia con un galardón que muy merecidamente tiene. — Respetuosamente. — Ambrosio Bueso F., Presidente Subcomité Nacionalista. — R. Padilla, Fiscal. — J. H. Camacho, Comandante Local.

Puerto Cortés, 15 de diciembre de 1944. — Secretarios Soberano Congreso Nacional.

Ayer fueron escuchados aquí los solemnes actos de la entrega a nuestro Excmo. Presidente, General Carías Andino, del decreto en que se le declaró «Fundador y Sostenedor de la Paz y Benemérito de la Patria», en reconocimiento de su actuación pacifista y de su laboriosa y próspera administración gubernativa, cumpliendo así el afectuoso mandato del pueblo hondureño, agradecido por los múltiples beneficios disfrutados bajo la égida de la pacífica bonanza que ha sabido brindarle nuestro preclaro Jefe y Mandatario. El Soberano Congreso ha empezado a hacer justicia a quien la posteridad hará inmortal. — Afmo. — R. González h., Vicepresidente del Subcomité Nacionalista.

Puerto Castilla, diciembre de 1944. — Diputado don Fernando Zepeda Durón.

Una hora y quince minutos de entera emoción vivió hoy el pueblo hondureño al escuchar por control remoto, desde el Salón Azul de Casa Presidencial, la lectura del Decreto Legislativo en que esa Augusta Asamblea declara «Fundador y Sostenedor de la Paz y Benemérito de la Patria» al Excmo. señor Presidente Constitucional de la República, Dr. y Gral. don Tiburcio Carías A., y a la serie de oradores parlamentarios que interpretaron de manera magistral el sentir de sus representados. Pero esta llegó al máximo cuando oímos la voz serena y paternal de nuestro digno Jefe, quien, como siempre, sabe hacerse sentir más y más en el corazón de su pueblo. Debe creer que desde el 1923 tenemos confianza en él y no sería hoy que la perdiéramos, cuando en verdad la hemos afirmado una vez más, y esta fe en el hombre superior seguirá con nosotros hasta más allá de 1949, si se hace necesario. — Afmos. amigos y correligionarios. — Manuel Mairena O., Presidente del Comité Nacionalista. — Marco A. Zepeda, Secretario. — Carlos G. Escobar, Secretario.

La Esperanza, 14 de diciembre de 1944. — Secretarios del Congreso Nacional.

El trascendental decreto emitido el día de ayer por el Soberano Congreso Nacional es la manifestación sincera y real de la devoción y sentimientos de los buenos hondureños. La Soberana Representación Nacional ha respondido al palpitar de los corazones nacionalistas y ha expresado la fe y esperanzas en las firmes actuaciones del patriarca de la democracia hondureña. Declarar al General Carías Andino «Fundador y Defensor de la Paz de Honduras y Benemérito de la Patria» es obedecer al imperativo inexorable de la verdad y de la justicia. — Filiberto Flores Canales, José Herrera Bustamante, Octavio T. Pineda, Carlos M. González, Enrique Gutiérrez, Salvador Mejía F., José María Palacios h.

La Libertad, F. M., 14 de diciembre de 1944. — Secretarios Soberano Congreso Nacional.

La Municipalidad que presido rinde a esa Augusta Representación, por el digno medio de ustedes, el sentimiento de su gratitud porque ha sabido interpretar el sentir del pueblo hondureño al emitir decreto que será memorable en la historia política de Honduras, declarando al Dr. y Gral. Tiburcio Carías Andino como «Benemérito de la Patria y Fundador de la Paz Nacional». — Víctor M. Canales, Alcalde Municipal.

Juticalpa, 15 de diciembre de 1944. — Secretarios Congreso Nacional.

Por su digno medio hacemos presente, en nombre del nacionalismo de este departamento, al Soberano Congreso Nacional, nuestra sincera admiración por la justa y atinada resolución al emitir decreto declarando al señor Presidente de la República, Jefe Supremo del Gran Partido Nacional, Dr. y Gral. don Tiburcio Carías Andino, «Fundador y Defensor de la Paz de Honduras y Benemérito de la Patria», acto que pone muy en alto el nombre de la Augusta Representación Nacional, que ha sabido apreciar los nobles sentimientos de gratitud del pueblo hondureño para nuestro ilustre Mandatario. — D. Bustamante Rosales, Fernando Figueroa, Presidente y Secretario, respectivamente, del Comité Nacionalista.

Choluteca, 14 de diciembre de 1944. — Marco A. Raudales.

Me complace saber la determinación del Soberano Congreso Nacional al declarar «Fundador de la Paz Nacional y Benemérito de la Patria» a nuestro probo Mandatario, General Tiburcio Carías A.; acto tan trascendental que vivirá grabado eternamente en el corazón del pueblo hondureño. La Cámara ha sabido hacer justicia reconociendo los múltiples beneficios que ha hecho a la patria; y este departamento, unánime nacionalista, se siente orgulloso y feliz porque con este acto de vívido reconocimiento tiene ocasión de felicitar a sus destacados miembros congresales. — Afmo. amigo. — J. Antonio Ortega.

Yauyupe, 14 de diciembre de 1944. — Presidente del Soberano Congreso Nacional.

Celebramos con júbilo el trascendental acontecimiento de haber declarado a nuestro Excmo. señor Presidente Constitucional, Dr. y Gral. Tiburcio Carías A., «Fundador y Defensor de la Paz de

Honduras y Benemérito de la Patria». —Afmos. amigos. —Fernando Sierra, Alcalde Municipal. — Agustín Torres G., Secretario Municipal.

Danlí, 14 de diciembre de 1944. — Secretarios del Congreso Nacional.

En nombre del Subcomité Nacionalista que presido, presento a esa Augusta Cámara Legislativa nuestras más efusivas felicitaciones por la merecida aprobación que, interpretando el sentir del pueblo hondureño, ha sabido hacer de los méritos de nuestro ilustre Gobernante, Dr. y Gral. Tiburcio Carías Andino, al conferirle el título de «Benemérito de la Patria y Fundador y Defensor de la Paz de Honduras», acto que hemos escuchado en radios de esta ciudad. — Genaro C. Sarmiento, Presidente del Subcomité Nacionalista.

Progreso, 15 de diciembre de 1944. — Soberano Congreso Nacional.

Muchas gracias, señores diputados, por el decreto del día de ayer. Hay una cosa que no debemos olvidar en esta hora de recuento histórico y es la espontánea cooperación del noble pueblo de Honduras y las autoridades centrales, ese ferviente deseo de simpatía y comprensión, esa identificación de ideales y propósitos del gobernante y gobernados que vienen a constituir por sí un solemne mentís a calumniadores de oficio. — Afmos. — Enrique Peña, Presidente. — Gabriel R. Aguilar, Vicepresidente. — Carlos Arturo Izaguirre, Secretario.

Progreso, 14 de diciembre de 1944. — Diputado Fernando Zepeda D.

Enterado de su atenta circular de ayer; mis felicitaciones para esa Augusta Representación Nacional por haber declarado al señor Presidente Constitucional, Dr. y Gral. Tiburcio Carías A., «Fundador de la Paz de Honduras y Benemérito de la Patria»; eso y mucho más merece nuestro gran Mandatario. — J. M. Velásquez, Jefe del Concejo Local.

Tatumbla, 15 de diciembre de 1944. — Secretarios del Congreso Nacional.

Festejando el justo y merecido decreto de ese Honorable Congreso Nacional declarando «Benemérito de la Patria» a nuestro patricio Gobernante celebramos un suntuoso baile. Acepte mi franca felicitación, ya que han sabido compenetrarse del pueblo hondureño. — Respetuosamente. — Mardoqueo Lagos B., Vocal del Subcomité «Manuel Bonilla» de Amapala.

Victoria, Yoro, 16 de diciembre de 1944. — Dr. Plutarco Muñoz P.

En nuestras manos su talentoso mensaje comunicándonos el desbordante entusiasmo con que el Gran Partido Nacional, diputados y pueblo tegucigalpense han ovacionado al eximio patriota Gral. Carías, con motivo de haberle declarado «Benemérito de la Patria y Fundador de la Paz». — Atentamente. — Ramiro Flores, Alcalde Municipal.

Goascorán, 14 de diciembre de 1944. — Secretarios del Congreso Nacional.

Mucho me complace los conceptos de su circular de ayer, en donde comunica que hoy será entregado en manos del señor Presidente de la República, Gral. Tiburcio Carías Andino, el decreto de «Benemérito de la Patria y Fundador de la Paz Nacional». Mis felicitaciones a este Alto Cuerpo por tan honrosa distinción. — Respetuosamente. — Herminio Ortega C., Presidente Subcomité Nacionalista.

Marcala, 14 de diciembre de 1944. — Secretarios del Congreso Nacional.

Altamente complacido acuso recibo de su circular fecha 13 del corriente, en la que comunica que el Augusto Cuerpo de Diputados hizo entrega al Presidente de la República, Dr. y Gral. Tiburcio Carías A., del decreto en el cual se le declara «Fundador y Defensor de la Paz», como testimonio de reconocimiento, cariño y lealtad de los pueblos de la República hacia su honorable persona. Por cuya patriótica actitud estamos de plácemes. — Respetuosamente. — Andrés A. Martínez, Alcalde Municipal.

La Esperanza, 14 de diciembre de 1944. — Marco A. Raudales.

De acuerdo con los conceptos de su atenta circular de ayer, tuvimos la oportunidad de captar por la radio la solemne manifestación del Congreso Nacional, en el recinto del Salón Azul de Casa Presidencial, al hacer entrega del decreto más justo al Excelentísimo señor Presidente de la República, Dr. y Gral. don Tiburcio Carías A., y todos emocionados oímos las palabras patrióticas del ilustre Jefe, quien se ha conquistado el corazón de los hondureños. — Filiberto Flores Canales.

Gracias, 14 de diciembre de 1944. — Marco A. Raudales.

Como verdaderos nacionalistas hemos oído por la radio que el Soberano Congreso Nacional, interpretando el verdadero sentir de los hondureños, declaró «Fundador y Sostenedor de la Paz y Benemérito de la Patria» al ciudadano Presidente, Doctor y General Tiburcio Carías A.; asimismo escuchamos la voz altamente patriótica y convincente del General Carías, quien deja ver que su única preocupación es la de hacer de Honduras un país digno de aparecer en el concierto de los cultos y civilizados. — Atentamente. — Benjamín Serrano Calderón.

Virginia, 18 de diciembre de 1944. — Secretario Congreso Nacional.

Entendido: Soberano Congreso Nacional, atendiendo a la aclamación del pueblo hondureño, emitió decreto declarando «Fundador de la Paz de Honduras y Benemérito de la Patria» al Dr. y Gral. Tiburcio Carías Andino, como muestra de gratitud porque así lo merece. — Catarino Cruz Ramos, Presidente Subcomité Nacionalista.

La Venta, 19 de diciembre de 1944. — Secretarios del Congreso Nacional.

Por su digno medio rogámosles hacer presente al señor Presidente de la República, Dr. y Gral. Tiburcio Carías A., nuestras efusivas felicitaciones por haberle declarado ese Honorable Congreso «Fundador de la Paz y Benemérito de la Patria», que justamente lo merece, y de manera sincera agradecemos la amabilidad que tuvieron en acoger tan patriótica iniciativa. — Respetuosamente. — Epifanio Navas, Alcalde Municipal.

Santa María, 18 de diciembre de 1944. — Presidente del Congreso Nacional.

Entendida su circular fecha 15 del corriente; ya comuniqué a estos vecinos los homenajes que se le hicieron a nuestro Presidente, Dr. y Gral. Carías A., cuyos méritos son reconocidos por todos los hondureños. — Respetuosamente. — Cristiano Cabrera, Alcalde Municipal. — Jorge Hernández F., Juez de Letras.

Nueva Ocotepeque, 18 de diciembre de 1944. — Dr. Plutarco Muñoz.

Me he enterado con vivo entusiasmo de los conceptos de su patriótico e importantísimo mensaje circular fecha 15 del corriente mes, el cual inmediatamente hice del conocimiento de todos los amigos tal como usted me indica. — Respetuosamente. — Julián Mejía h.

La Ceiba, 19 de diciembre de 1944. — Diputado Dr. Plutarco Muñoz.

Verdades, y muy elocuentes, son las que usted expresa en su circular del 15 en relación con el justísimo homenaje tributado por el Soberano Congreso Nacional, como fiel intérprete del sentir y del pensar de sus representados —que es el pueblo hondureño— al eximio Dr. y Gral. don Tiburcio Carías Andino, el más calumniado por sus enemigos porque es el más grande de los estadistas a través de nuestra historia de pueblo libre e independiente. Oímos la improvisación brillante del amado Jefe y sentimos con él la emoción que le embargaba, seguro de la sinceridad del homenaje con que el pueblo ha premiado, en parte siquiera, su grandiosa obra; estuvo espléndido, como siempre, franco pero verídico en sus apreciaciones. Por todo, nuestras congratulaciones sinceras, espontáneas y cordiales. — Afectísimos amigos y correligionarios. — Juan V. Moncada,

Presidente Comité Departamental Nacionalista. — Ángel Moya Posas, Secretario.

Santa Rita, Copán, 11 de diciembre de 1944. — Secretarios del Soberano Congreso Nacional.

En sesión solemne celebrada por la Honorable Corporación Municipal y Subcomité Nacionalista se acordó dirigirse a ese Alto Cuerpo pidiendo se emita decreto declarando a nuestro ilustre Mandatario, General Tiburcio Carías A., «Benemérito de la Patria y Fundador de la Paz de Honduras», pues él ha sido el único hombre que ha sabido llevar a la nación en esa forma y el pueblo hondureño deberá estar agradecido y así sostenerlo en el poder. Oportunamente enviaré certificación del acta. — Crescencio Ortiz, Alcalde Municipal.

Orocuina, 11 de diciembre de 1944. — Soberano Congreso Nacional.

Esta Municipalidad, Subcomité Nacionalista y un gran número de amigos, a Cabildo abierto, pedimos que los Honorables Representantes acuerden declarar «Fundador de la Paz y Benemérito de la Patria» al Excmo. señor Presidente, Dr. y Gral. don Tiburcio Carías A. — Afectísimos. — Natividad Ramírez, Alcalde Municipal. — Rafael Aguilera, Presidente del Subcomité Nacionalista.

El Norte, 11 de diciembre de 1944. — Soberano Congreso Nacional.

En nombre de esta Corporación Municipal, del Subcomité Nacionalista y vecindario en general, pedimos que se declare «Fundador de la Paz y Benemérito de la Patria» a nuestro eximio Presidente de la República, Dr. y Gral. don Tiburcio Carías Andino. — Respetuosamente. — J. Mejía Ochoa, Alcalde Municipal. — Pedro Medrano, Secretario Municipal. — Carlos Velásquez, Presidente del Subcomité Nacionalista.

Namasigüe, 11 de diciembre de 1944. - Secretario del Honorable Congreso Nacional. - Esta Municipalidad, Subcomité Nacionalista y Subcomité Local tienen a bien acuerpar la iniciativa de pedir a la Honorable Cámara Legislativa declare «Benemérito de la Patria y

Sostenedor de la Paz» al ilustre Mandatario Dr. y Gral. Tiburcio Carías A. - Afectísimo. - Ildefonso Córdova, Alcalde Municipal. - Segundo Herrera, Subcomandante Local. - Higinio Jovel Osorio, Presidente del Subcomité Nacionalista.

Morolica, 9 de diciembre de 1944. - Srios. del Congreso Nacional. - Este Subcomité Nacionalista acuerpa en un todo la iniciativa de las Municipalidades de La Esperanza e Intibucá, en que piden al Soberano Congreso Nacional se declare al Dr. y General don Tiburcio Carías Andino «Fundador de la Paz y Benemérito de la Patria». Muy bien lo merece nuestro jefe, nuestro Presidente y amigo, esta honrosa distinción. - Afmo. - Teodoro C. Laínez, Presidente Subcomité Nacionalista.

Morolica, 10 de diciembre de 1944. - Presidente y Vicepresidente del Congreso Nacional. - Como Subcomandante Local de este pueblo acuerpo la iniciativa lanzada por la Municipalidad de La Esperanza e Intibucá, contraída a pedir al Soberano Congreso Nacional se declare a nuestro ilustre Mandatario, Dr. y Gral. don Tiburcio Carías Andino «Fundador de la Paz y Benemérito de la Patria». Justiciera es la distinción que quiere hacérsele a nuestro Gobernante, ya que bien se lo merece. - Lucas Portillo, Subcomandante Local.

Opatoro, 11 de diciembre de 1944. - Honorable Congreso Nacional. - Esta Municipalidad que tengo el honor de presidir, secundando los sentimientos del pueblo hondureño, y en honor a los elevados principios impuestos por nuestro ilustre Mandatario, Dr. y General don Tiburcio Carías Andino, se permite pedir a esa Honorable Representación Nacional lo declare «Fundador de la Paz y Benemérito de la Patria», honrando sus altas virtudes. - Atentamente. - Sotero Rodríguez, Alcalde Municipal.

Juticalpa, diciembre 14 de 1944. - Secretario del Soberano Congreso Nacional. - Tengo el honor de acusar a usted recibo de sus mensajes de ayer, en el que me comunica que el Honorable Congreso Nacional, por aclamación, en su sesión de ayer declaró al señor Presidente de la República, Dr. y Gral. don Tiburcio Carías Andino,

«Fundador y Defensor de la Paz de Honduras y Benemérito de la Patria», en reconocimiento de los méritos del ilustre Gobernante. Felicito sinceramente a la Honorable Cámara por tan merecido y justo mérito concedido a nuestro querido Gobernante. - Afmo. - H. Pavón R.

San Pedro Sula, diciembre 16 de 1944. - Presidente Congreso Nacional. - Su verbo encendido de patriotismo y lealtad acrecienta la figura prócer de nuestro ilustre Presidente Carías A., a quien usted ayuda con sin igual desprendimiento y notoria eficiencia. La valiosa cooperación suya ha contribuido en forma destacada al prestigio popular de que goza el Jefe Supremo del Gran Partido Nacional; con hombres de su talla se triunfa en todo aspecto y lugar. Acepte mi sincera felicitación y buenos deseos por un año nuevo venturoso. - Afmo. - Napoleón Paz Paredes.

San Miguelito, 14 de diciembre de 1944. - Secretarios del Congreso Nacional. - En sesión celebrada por esta Corporación Municipal y Subcomité Nacionalista de este pueblo, el día lunes once del presente mes, se acordó dirigirse al Soberano Congreso Nacional para que se declare «Fundador de la Paz y Benemérito de la Patria» al Dr. y Gral. don Tiburcio Carías Andino. - Fausto E. Maldonado, Alcalde Municipal. - Manuel P. Martínez, Secretario Municipal. - Esteban Cruz, Presidente Subcomité Nacionalista.

Salamá, diciembre 14 de 1944. - Presidente del Soberano Congreso Nacional. - Municipalidad que tengo honor de presidir pide al Soberano Congreso Nacional, por su digno medio, declare «Fundador de la Paz y Benemérito de la Patria» al Dr. y Gral. Tiburcio Carías A., pues es joya digna de admiración y cariño nuestro. Es esta una muestra de sincera gratitud de nosotros en concepto de hondureños, de corazón bien puesto. - Federico Jácome U., Alcalde Municipal.

Marale, diciembre 13 de 1944. - Secretario Soberano Congreso Nacional. - La Municipalidad que presido, en sesión de ayer, con la concurrencia de los miembros del Subcomité Nacionalista y vecindario, acordamos pedir a la Augusta Representación Nacional se declare «Benemérito de la Patria y Autor de la Paz Nacional» al señor Presidente de la República, Dr. y Gral. Tiburcio Carías A., como un justo homenaje por sus esfuerzos en pro de la paz y progreso espiritual y cultural de la nación hondureña, que vivirá altamente agradecida. - Afmo. - Isidoro Arteaga, Alcalde Municipal. - Ricardo Ramos C., Secretario Municipal.

Nueva Ocotepeque, 4 de diciembre de 1944. - Secretarios Congreso Nacional. - Por el digno medio de ustedes, muy atentamente me permito excitar a esa Honorable Cámara, haciendo eco a la noble idea lanzada por las Municipalidades de La Esperanza e Intibucá y Comité Nacionalista de aquel lugar, a fin de que decrete declaración de nuestro ilustre Mandatario, Dr. y Gral. Tiburcio Carías A., como «Fundador de la Paz de Honduras y Benemérito de la Patria», y a la vez hago mi ampliación en el sentido de que también se acuerde la confección de una medalla de oro que perpetúe dicha declaración, la cual será inscrita en ella. Compenetrado de los altos dotes patriótico-cívicos de que están poseídos los honorables diputados, espero que serán atendidos los justos reclamos de los pueblos para colmar de honores en vida a tan destacada personalidad. - Respetuosamente. - J. Inés Pérez, Presidente Comité Departamental Nacionalista.

Yuscarán, 16 de diciembre de 1944. - Dr. Plutarco Muñoz P. - Tengo el honor de informarle que su atenta circular anunciando homenaje tributado al señor Presidente, Dr. y Gral. Tiburcio Carías Andino, jubilosamente lo hemos celebrado; ya que con lo resuelto por el Honorable Congreso Nacional a los habitantes de Honduras se les ha hecho justicia, y es que el Gral. Carías A. goza del afecto sincero del pueblo hondureño. Trasladamos calurosas felicitaciones al Primer Magistrado de la Nación y representantes del pueblo. - Atentamente. - Sotero López Barahona.

Goascorán, 16 de diciembre de 1944. - Señor Presidente Honorable Congreso Nacional. - Entendidos de los conceptos de su atenta circular de ayer, en la cual comunica que ese Alto Cuerpo que tiene el honor de presidir puso en manos de nuestro querido Jefe Supremo de la República, Gral. Carías, el decreto en el cual lo declara «Benemérito de la Patria y Fundador de la Paz Nacional», y de que la Cámara y el Partido Nacional le obsequiaron con un concierto; nosotros, que formamos el bloque del nacionalismo, felicitamos al Soberano Congreso Nacional por haber decretado tan honrosa distinción. - Respetuosamente. - Herminio Ortega C., Presidente Subcomité Nacionalista. - Rafael Castro, Secretario.

Goascorán, 16 de diciembre de 1944. - Dr. Plutarco Muñoz P. - Muy complacidos de los conceptos de su circular de ayer, referente a que ese Alto Cuerpo puso en manos del señor Presidente, Dr. y Gral. Tiburcio Carías A., el decreto declarándolo «Benemérito de la Patria y Fundador de la Paz Nacional», lo mismo de que la Cámara y el Partido Nacional hayan obsequiado un concierto al homenajeado señor Presidente. Nosotros, que formamos el bloque del nacionalismo, felicitamos a esa Augusta Cámara por haber decretado tan honrosa distinción. - Respetuosamente. - Antonio Morales, Alcalde Municipal. - Fernando Maldonado h., Secretario Municipal.

Olanchito, 16 de diciembre de 1944. - Dr. Plutarco Muñoz P. - Emocionadísimo por tan grande acontecimiento, declarando «Benemérito de la Paz de Honduras» al ilustre Mandatario Gral. Tiburcio Carías Andino. Siempre listos a prestar cooperación caso necesario. - Afmo. - Jesús Ávila Cáceres, Trinidad Arteaga, Vocales Subcomité Nacionalista.

Esquías, 16 de diciembre de 1944. - Señor Dr. Plutarco Muñoz P. - Contestando su circular de ayer pláceme comunicarle que esta Corporación y todos los nacionalistas de este lugar han visto con gran regocijo la actitud del Soberano Congreso Nacional, tributando a nuestro gran Gobernante, Gral. Carías, el mérito de sus grandes hechos. Por tal motivo el pueblo hondureño guardará gratitud al Soberano que ha sabido interpretar los sentimientos del gran partido que sinceramente quiere a su Jefe Supremo. Su circular ha sido divulgada entre todos los amigos. - J. León Doblado, Alcalde Municipal.

Cedros, 16 de diciembre de 1944. - Soberano Congreso Nacional. - Dr. Plutarco Muñoz P. - Mucho nos complacen las manifestaciones de jubilosa adhesión manifestadas al señor Presidente de la República con motivo del homenaje rendido por ese Soberano Congreso Nacional, declarándole «Benemérito de la Patria y Fundador de la Paz»; ya hago conocer a los amigos su atento mensaje fecha de ayer. Muy atentamente. - Álvaro Luque, Alcalde Municipal.

Comayagua, 16 de diciembre de 1944. - Dr. Plutarco Muñoz P. - Vivamente entusiasmados hemos leído su circular de fecha de ayer, en que se describe la forma en que tuvieron lugar los actos subsiguientes a la entrega, en manos del señor Presidente, Gral. don Tiburcio Carías A., del justiciero decreto en que el Soberano Congreso Nacional, que usted con tanto acierto preside, declaró «Fundador y Sostenedor de la Paz de Honduras y Benemérito de la Patria» a dicho alto funcionario. Nada más elocuente y significativo que esta consagración pública que la representación más genuina del pueblo hondureño ha tributado al ciudadano Presidente, interpretando en forma inequívoca el cariño, gratitud y alto aprecio de la totalidad de sus connacionales hacia un gobernante que sabe sacrificarse por hacer patria y que no vacila un instante en confrontar cualquier situación, por difícil que sea, en aras del establecimiento definitivo de la tranquilidad pública, como base inconmovible de la grandeza y prosperidad nacionales. Nuestras felicitaciones para la Augusta Representación Nacional, por acto tan expresivo y grande y elocuente, de contenido patriótico, en que se homenajea a quien homenaje merece. - R. de J. Urrutia. - Jesús E. Alvarado Lozano.

La Ceiba, 14 de diciembre de 1944. - Dr. Plutarco Muñoz P. - Hemos escuchado con devoción y entusiasmo su patriótica, brillante y elocuente improvisación de hoy, poniendo una vez más en relieve los méritos y prestigios de nuestro ilustre, respetado y querido Jefe Gral. Carías. - Afmo. amigo. - Cornelio Mejía.

Goascorán, 14 de diciembre de 1944. - Señor Fernando Zepeda Durón. - Muy complacidos por los conceptos de su circular de ayer;

siempre creímos que con la unanimidad de la voz de las Municipalidades y de los centros nacionalistas, de hecho el Soberano Congreso Nacional decretaría tan honrosa distinción. Nuestras felicitaciones por haber triunfado. Atentamente. - Antonio Morales, Alcalde Municipal. - Fernando Maldonado h., Secretario.

Choluteca, 14 de diciembre de 1944. - Soberano Congreso Nacional. - Don Fernando Zepeda Durón. - Con verdadera devoción de amigos me complace manifestar que hemos sentido honda satisfacción por el acto de justicia que la Augusta Asamblea Nacional ha cumplido con nuestro gran Mandatario, Gral. don Tiburcio Carías Andino, en esta inmortal fecha. Les felicito con verdadero entusiasmo por haber oído y secundado la voz de vuestro pueblo. Atentamente. - Félix Paz y Paz.

Esquías, 7 de diciembre de 1944. - Sr. Fernando Zepeda D. - Por su digno medio permítome dirigirme a la Augusta Representación, comunicándole que la Municipalidad que presido, en sesión solemne celebrada el 3 del corriente, a las 7 p. m., presidida por la Directiva del Subcomité Nacionalista cariísta y todos los vecinos de este pueblo, ha acordado pedir al Soberano Congreso Nacional declarar a nuestro probo y gran Presidente Carías A. «Benemérito de la Patria y Fundador de la Paz de Honduras», por ser el único Presidente patriota que ha sabido comprender los deseos de sus conciudadanos y, haciendo justicia al mérito, no encontramos otro título más elevado con qué premiarlo. En tal virtud pedimos lo anterior al Soberano Congreso Nacional. Respetuosamente. - Enrique Zepeda, Alcalde Municipal. - Ambrosio Zepeda, Presidente Subcomité Nacionalista.

La Masica, diciembre 17 de 1944. - Dr. Plutarco Muñoz P. - El inusitado entusiasmo con que el pueblo entero ha recibido la consagración hecha por el Soberano Congreso Nacional a nuestro querido Jefe, Gral. Carías, es la prueba más elocuente de que es el mimado del pueblo hondureño. Nada importa que cuatro mentecatos griten como chacales allende las fronteras; el noventa y cinco por ciento del electorado está con el Gral. Carías y de nada sirve que estén propalando especies falsas. Aquí todo es trabajo, paz y progreso.

Nosotros queremos al Gral. Carías en el poder y creemos, sin temor de equivocarnos, que el pueblo querrá que después de este período continúe gobernando, porque hasta ahora no ha habido quien como él haya hecho vivir en paz la nación por tantos años. Dios le conserve por muchos años. Atentamente. - Alejandro Madrid F., Presidente Subcomité Nacionalista.

Trinidad, Santa Bárbara, 16 de diciembre de 1944. - Señor Presidente Soberano Congreso Nacional. - Correspondiendo a los conceptos de su atento mensaje, en el que me comunica la gran ovación tributada a nuestro magno caudillo y Jefe del Gran Partido Nacional, con motivo del decreto del Soberano Congreso Nacional, por el cual se le declaró «Fundador y Defensor de la Paz de Honduras y Benemérito de la Patria», yo, en mi condición de Alcalde Municipal accidental de este municipio y en nombre de mis gobernados nacionalistas, sinceramente le declaro que el Soberano Congreso Nacional ha hecho cumplida justicia, honrando a nuestro Mandatario, Dr. y Gral. Tiburcio Carías A., con la más alta distinción con que premia la nación a sus hijos más esclarecidos. Atentamente. - Constantino Paredes F.

Siguatepeque, 16 de diciembre de 1944. - Dr. Plutarco Muñoz P. - Recibí su circular de ayer, donde nos participa que ese Alto Cuerpo Legislativo obsequió al General Carías, como un acto de justicia inolvidable, de gratitud nacional, con un concierto, donde la Representación Nacional y el nacionalismo de esa ciudad dieron una vez más a conocer su lealtad al Gral. Carías, y nosotros muy sinceramente felicitamos a ese Alto Cuerpo y demás amigos de nuestro Jefe, Gral. Carías A. - Atentamente. - Emilio Pavón I., Comandante Local.

Roatán, 14 de diciembre de 1944. - Secretarios del Congreso Nacional. - Por el digno medio de ustedes nos permitimos enviar a ese Soberano Congreso Nacional nuestras sinceras y entusiastas felicitaciones, con motivo del decreto muy justiciero en que se declara a nuestro eximio Gobernante General Carías «Fundador de la Paz de

Honduras y Benemérito de la Patria». - Respetuosamente. - José Gómez L., Admor. de Aduana. - L. Pérez Peralta, Contador Vista.

Manto, 14 de diciembre de 1944. - Secretarios del Congreso Nacional. - Este Subcomité Nacionalista, en sesión de ayer, acordó asociarse a la petición del nacionalismo del país ante esa Asamblea, para que declare a nuestro eximio Mandatario Gral. Carías «Fundador y Defensor de la Paz y Benemérito de la Patria». - Afectísimos. - Ulises Portillo, José María Fernández.

Valladolid, 7 de diciembre de 1944. - Secretarios del Congreso Nacional. - Esta Municipalidad y Subcomité Nacionalista atentamente, y por digno medio de ustedes, ruega a la Honorable Representación Nacional declarar al señor Presidente de la República, Dr. y Gral. Tiburcio Carías Andino, «Benemérito de la Patria y Fundador de la Paz» en reconocimiento de sus méritos. - Antonio Ramos, Alcalde Municipal. - David Pineda, Presidente Subcomité Nacionalista. - E. Ponce Damas, Secretario Subcomité Nacionalista.

Marcala, 5 de diciembre de 1944. - Secretarios del Congreso Nacional. - Al inaugurar sus sesiones, el Soberano Congreso Nacional, haciendo honor al mérito del Excmo. señor Presidente de la República y acuerpando decidida y fervorosamente la patriótica iniciativa de las entidades nacionalistas del departamento de Intibucá, este Municipio, por unanimidad de votos, acordó: solicitar al Soberano Congreso que, en una de sus primeras sesiones, declare «Fundador de la Paz y Benemérito de la Patria» al insigne Mandatario hondureño, Dr. y Gral. don Tiburcio Carías Andino, quien por su don de estadista esclarecido hace marchar a la Nación por los luminosos senderos del orden, justicia y democracia. - Muy respetuosamente. - Andrés A. Martínez, Alcalde Municipal. - Evaristo Martínez V., Secretario Municipal.

San Marcos, Santa Bárbara, 15 de diciembre de 1944. - Secretarios del Soberano Congreso Nacional. - En nombre de la Municipalidad, Subcomité Nacionalista y vecindario en general, por su digno medio se permiten presentar a esa Soberana Representación Nacional nuestras efusivas felicitaciones con motivo de haber declarado «Fundador y Defensor de la Paz de Honduras y Benemérito de la Patria» al señor Presidente de la República, Dr. y Gral. Tiburcio Carías Andino, en recompensa a sus méritos de gobernante progresista y patriota. Honor a quien lo merece. - Máximo Dubón, Alcalde Municipal. - Vicente Aguilar, Presidente Subcomité Nacionalista.

Orica, 15 de diciembre de 1944. - Secretarios del Congreso Nacional. - Por el digno medio de ustedes permítome felicitar muy sinceramente a esa Alta y Honorable Asamblea por la emisión del decreto que declara «Fundador y Defensor de la Paz de Honduras y Benemérito de la Patria» a nuestro querido Presidente, Dr. y Gral. don Tiburcio Carías Andino. - Atentamente. - Marcial Flores, Secretario Subcomité Nacionalista.

Lepaera, 15 de diciembre de 1944. - Secretarios del Soberano Congreso Nacional. - Esta Municipalidad está muy de acuerdo y aplaude sinceramente la brillante actitud de esa Augusta Representación al declarar a nuestro ilustre Dr. y Gral. don Tiburcio Carías Andino como «Fundador y Sostenedor de la Paz y Benemérito de la Patria». El Gral. Carías es digno no sólo de eso, y por ese motivo los hondureños conscientes debemos sentirnos orgullosos de tener al frente de nuestras instituciones a ese preclaro ciudadano y desearíamos que durante su existencia continuara gobernándonos para bien de los mismos hondureños y de sus caros intereses. - Atentamente. - Manuel Guerra, Alcalde Municipal.

Cedros, 16 de diciembre de 1944. - Señor Presidente del Congreso Nacional. - Con verdadera satisfacción he leído su circular de ayer, referente al acto consagratorio que el Soberano Congreso Nacional tributó al señor Presidente, Dr. y Gral. Tiburcio Carías A., y demás actos desarrollados en homenaje a él. Los verdaderos amigos que desde 1923 le acompañamos sin vacilaciones, agradecemos altamente que hayanlo declarado «Fundador y Sostenedor de la Paz de Honduras y Benemérito de la Patria», y deseamos, como usted, que viva y mande muchos años, es decir, continuismo y más continuismo para bien de nuestro Gran Partido Nacional y la Patria. - Pedro López Trejo, Vicepresidente Subcomité Nacionalista.

Oropolí, 14 de diciembre de 1944. - Secretario del Congreso Nacional. - Por su medio hago presente al Soberano Congreso Nacional mi agradecimiento por haber atendido al justo reclamo de los Ayuntamientos y Comités Nacionalistas al declarar «Benemérito de la Patria y Fundador de la Paz» al Dr. y Gral. Tiburcio Carías Andino. - M. Castellanos, Secretario. - F. Mendoza R., Presidente Subcomité Nacionalista.

Roatán, 14 de diciembre de 1944. - Secretario Marco A. Raudales. - Con intenso júbilo hemos escuchado la entrega del decreto de la Asamblea por el cual declara a nuestro gran Presidente, Dr. y Gral. Tiburcio Carías A., «Benemérito de la Patria, Fundador y Defensor de la Paz Nacional». Bien merecido para este preclaro ciudadano el homenaje que se le tributa por sus grandes méritos y por ser el único Presidente que ha sabido mantener la paz por largo tiempo y promovido el progreso de nuestra Honduras. - Afectísimo. - Abel Galindo, Juez de Letras.

Güinope, 14 de diciembre de 1944. - Secretarios del Congreso Nacional. - Municipalidad ha acogido con beneplácito la buena noticia que ustedes se sirven manifestarme de que el Soberano Congreso Nacional dio el trascendental decreto declarando «Fundador y Defensor de la Paz de Honduras y Benemérito de la Patria» al Dr. y Gral. don Tiburcio Carías A. Nuestras felicitaciones. - Camilo E. Núñez, Alcalde Municipal.

Gracias, 14 de diciembre de 1944. - Secretarios del Congreso Nacional. - Hemos tenido el gusto de escuchar el acto de entrega del decreto en que consta que fue declarado «Fundador y Defensor de la Paz y Benemérito de la Patria» el Dr. y Gral. don Tiburcio Carías A. El pueblo de Lempira, entusiasmado, sabe apreciar el mérito concedido tan justo, en recompensa de una labor sin igual por el señor Presidente de la República. - Jerónimo Pineda Mejía, Gobernador Político.

Roatán, 15 de diciembre de 1944. - Señor don Fernando Zepeda Durón. - Llenos del mayor júbilo y entusiasmo escuchamos los actos verificados en el Salón Azul de Casa Presidencial, con motivo de la entrega, por todos los diputados integrantes del Soberano Congreso Nacional, el día de ayer, del decreto de aquel Alto Cuerpo, por el cual se declara a nuestro ilustre Mandatario, General Carías, «Benemérito de la Patria y Fundador de la Paz de Honduras». El General Carías bien se merece tan justo homenaje, y el Soberano Congreso Nacional, al dar tan trascendental decreto, interpreta fielmente los deseos de la casi totalidad del pueblo hondureño, que respalda y respaldará siempre, en toda circunstancia, a quien nos está enseñando a vivir en paz. Oímos vibrante discurso del Dr. Muñoz P., conceptuoso del diputado Lardizábal y la palabra paternal, emocionante y convincente de nuestro querido Presidente y Jefe General Carías Andino. - Atentamente. - Raúl Urquía L., Secretario del Comité Nacionalista.

Jocón, diciembre 14 de 1944. - Señor Presidente del Congreso Nacional. - Municipalidad que tengo el honor de presidir siéntese complacida con el aviso de que el Soberano Congreso Nacional, por aclamación, declaró al señor Presidente de la República, Dr. y Gral. don Tiburcio Carías A., «Benemérito de la Patria y Fundador de la Paz Nacional», por cuya determinación se da a los honorables representantes de esa Augusta Asamblea calurosas felicitaciones. - Afmo. - F. Díaz Cortés.

Esparta, 15 de diciembre de 1944. - Secretarios del Congreso Nacional. - El decreto emitido por el Soberano Congreso Nacional, por unanimidad, declarando «Benemérito de la Patria y Fundador de la Paz de Honduras» al Dr. y Gral. Tiburcio Carías Andino, en actuación preclara como Presidente Constitucional de la República, es una prueba elocuente de lealtad y cariño que el pueblo consciente profesa a nuestro probo Mandatario. Este Subcomité Nacionalista y Corporación Municipal felicita cordialmente a la Cámara Legislativa por ese acto de verdadera justicia que redundará siempre en beneficio de la Patria. - Afmo. - Candelario Vaquedano, Presidente del Comité Nacionalista.

Progreso, diciembre 14 de 1944. - Marco A. Raudales. - Enterado de su atenta circular de ayer, mis felicitaciones para esa Augusta Representación Nacional por haber declarado al señor Presidente Constitucional, Dr. y Gral. Tiburcio Carías Andino, «Fundador de la Paz de Honduras y Benemérito de la Patria»; eso y mucho más merece nuestro gran Mandatario. - J. M. Velásquez, Jefe del Concejo Local.

La Ceiba, 15 de diciembre de 1944. - Fernando Zepeda D. - Los verdaderos hondureños nos sentimos orgullosos y complacidos por decreto emitido por el Soberano Congreso Nacional, declarando a nuestro ilustre Presidente Constitucional, Dr. y Gral. don Tiburcio Carías Andino, «Fundador de la Paz y Benemérito de la Patria». - Afmo. - Héctor A. Meza.

Roatán, 14 de diciembre de 1944. - Congreso Nacional. - Llenos de júbilo y entusiasmo escuchamos hoy, por medio de la H.R.N., el solemne acto en que el Honorable Congreso Nacional hizo entrega de la copia del decreto en que se declara a nuestro querido Presidente, General Tiburcio Carías Andino, «Fundador y Sostenedor de la Paz y Benemérito de la Patria». Asimismo escuchamos con gran emoción las palabras que dirigió nuestro querido Gobernante. - Eleuterio Orellana, Corresponsal.

Comayagua, 14 de diciembre de 1944. - Secretario del Soberano Congreso Nacional, don Fernando Zepeda Durón. - Con mucho beneplácito he recibido su atenta circular de ayer, en donde me comunica que el día de hoy será entregado el decreto emitido por esa Asamblea Legislativa, declarando a nuestro ilustre y querido Jefe, Gral. Carías Andino, «Fundador y Defensor de la Paz de Honduras y Benemérito de la Patria», como un pedimento que hacemos todos los hondureños nacionalistas cariístas, como un justo reconocimiento de su verdadero patriotismo puesto al servicio del Estado y ser él el primero en hacer respetar las garantías públicas a todos los hondureños, sin distinciones políticas y en beneficio de todos los trabajadores en general, de su pueblo. Ojalá esa Honorable Asamblea Nacional Legislativa convenciera al General Carías Andino de la conveniencia de su continuación en el poder por muchos años más después del 48, para bien de nuestra querida Honduras. - Atentamente. - M. López Núñez, Comandante de Armas.

Amapala, 14 de diciembre de 1944. - Secretario del Congreso Nacional, Fernando Zepeda Durón. - Complacido me he enterado de su mensaje, participando que el Soberano Congreso Nacional, atendiendo el reclamo general de la República, declaró al Excelentísimo Señor Presidente de la República, Gral. don Tiburcio Carías Andino, «Fundador y Defensor de la Paz de Honduras y Benemérito de la Patria». Tal noticia ha causado un inmenso júbilo entre todos los componentes de nuestro potente Partido Nacional. - Afmo. - Miguel Pineda F., Jefe del Concejo.

Olanchito, 15 de diciembre de 1944. - Presidente del Congreso Nacional. - Mucho me complace que ese Alto Cuerpo haya designado «Benemérito de la Patria» a nuestro Mandatario Carías Andino. Bien se lo merece. - Felipe L. Ponce, Vocal del Subcomité Nacionalista.

La Labor, 15 de diciembre de 1944. - Secretarios del Congreso Nacional. - En nombre de los miembros de este Subcomité Nacionalista, que tengo el honor de presidir, y el mío propio, ruégole expresar a esa Augusta Representación Nacional nuestras más sinceras y expresivas felicitaciones por el feliz y acertado decreto declarando «Fundador y Defensor de la Paz de Honduras y Benemérito de la Patria» al Excelentísimo Dr. y Gral. don Tiburcio Carías Andino. - Afmo. amigo. - Saúl Morán, Presidente del Subcomité Nacionalista.

La Paz, diciembre 14 de 1944. - Fernando Zepeda Durón. - Entendido de su atenta circular en la que se sirve comunicarnos la importante noticia de que el Congreso Nacional, en sesión de ayer, declaró a nuestro Jefe Supremo, Gral. Carías A., «Benemérito de la Patria y Fundador de la Paz Nacional». Ahora se convencerán los enemigos del pueblo hondureño y de su prestigiado Gobernante, si el Gral. Carías cuenta o no con la opinión pública de Honduras. Gustosos escucharemos estación H.R.N. para oír y enterarnos de los actos con que la Augusta Cámara entregará el decreto al señor Presidente. - Afectísimo. - Bernardo M. Claros.

San Marcos de Colón, 14 de diciembre de 1944. – Con verdadero entusiasmo hemos escuchado los actos realizados en la entrega al señor Presidente de la República, Dr. y Gral. Tiburcio Carías A., del decreto por el cual se le declara «Fundador y Sostenedor de la Paz y Benemérito de la Patria», actos a los que con justicia es acreedor tan ilustre Mandatario. Nacionalistas de plácemes por tan atinada disposición. – Afectísimo. – Félix Pedro Pinel Peña, Alcalde Municipal.

Danlí, 14 de diciembre de 1944. – Secretarios del Congreso Nacional. – Con el beneplácito y júbilo consiguientes, se ha escuchado en los radios de esta ciudad el acto por el cual esa Alta Representación Nacional, haciéndose eco del sentir del pueblo hondureño, ha conferido en esta fecha el alto, honroso y merecido título de «Benemérito y Fundador de la Paz de Honduras» al Excmo. señor Presidente, Dr. y Gral. Tiburcio Carías A., como una pálida pero espontánea demostración de gratitud y adhesión a que es acreedor por sus indiscutibles ejecutorias. Al congratularnos por tan magno suceso, en nombre de este Concejo y en el mío propio, presento a esa Honorable Cámara Legislativa nuestros efusivos parabienes. – Francisco R. Cárcamo, Jefe del Concejo.

Roatán, 15 de diciembre de 1944. – Marco A. Raudales. – Llenos del mayor júbilo y entusiasmo escuchamos los actos verificados en el Salón Azul de Casa Presidencial, con motivo de la entrega por todos los diputados integrantes del Soberano Congreso Nacional, el día de ayer, del decreto de aquel Alto Cuerpo por el cual se declara a nuestro ilustre Mandatario, Gral. Carías, «Benemérito de la Patria y Fundador y Sostenedor de la Paz de Honduras». El Gral. Carías bien se merece tan justo homenaje, y el Soberano Congreso Nacional, al dar tan trascendental decreto, interpreta fielmente los deseos de la casi totalidad del pueblo hondureño, que respalda y respaldará siempre, en toda circunstancia, a quien nos está enseñando a vivir en paz. – Raúl Urquía, Secretario del Comité Nacionalista.

Curarén, 14 de diciembre de 1944. – Diputados Secretarios del Congreso Nacional. – Con verdadero placer recibimos la noticia de que hoy, en el Salón Azul de Casa Presidencial, se hará entrega al señor Presidente, Dr. y Gral. don Tiburcio Carías A., del decreto emitido por la Asamblea Legislativa declarándolo «Fundador y Defensor de la Paz de Honduras y Benemérito de la Patria», como un reconocimiento de los pueblos que lo han solicitado y al que nos adherimos en sesión de esta fecha. – Lorenzo L. García, Alcalde Municipal.

La Ceiba, 14 de diciembre de 1944. – Secretario del Congreso Nacional, don Fernando Zepeda Durón. – Por el digno medio de usted me permito enviar a la Honorable Cámara nuestras fervientes felicitaciones por el merecido homenaje que este día hizo presente a nuestro probo Gobernante, como fieles intérpretes del pueblo hondureño que por unanimidad pidió al Congreso esta distinción. Los amigos del Gral. Carías estamos más que contentos con esta honrada y merecida distinción, pues por la paz y por los mil motivos sobresalientes de labor de gobernante es acreedor a esos elevados merecimientos. – Afectísimo amigo. – Rufino Solís.

Sulaco, 16 de diciembre de 1944. – Dr. Plutarco Muñoz. – El homenaje consagrado a nuestro ilustre patricio, Dr. y Gral. don Tiburcio Carías A., por ese Alto Poder que usted preside, tenía que ser un acontecimiento de gran repercusión en esa capital y en todos los demás lugares de la República, ya que ese homenaje es hijo legítimo de la voluntad del Nacionalismo, que es la mayoría del pueblo hondureño. Ya comunico a los amigos de esta cabecera y trato de hacerlo a los demás de las aldeas. Lo felicito por la parte activa que usted tomó en dicha decisión y pido por su medio a los demás Honorables Diputados. – Afectísimo. – D. G. Quesada.

Macuelizo, 20 de diciembre de 1944. – Presidente del Congreso Nacional. – En nombre de la fuerza expedicionaria y del mío propio, felicito al Honorable Congreso Nacional por el alto mérito asignado al Gral. Tiburcio Carías A., declarándolo «Benemérito de la Patria y Sostenedor de la Paz de Honduras», lo cual es un orgullo para sus fieles servidores y para el Gran Partido Nacional. – Afectísimo. – Alejandro Trejo, Salvador Castillo, Jefes de Resguardo.

Choluteca, 14 de diciembre de 1944. – Secretario del Congreso Nacional. – Entendido su mensaje que hoy la Cámara de Diputados hará entrega al señor Presidente, Gral. Tiburcio Carías A., del decreto emitido ayer por la Asamblea Legislativa declarándolo «Fundador de la Paz de Honduras y Benemérito de la Patria». Ya ordené a la planta que dé fuerza eléctrica a la hora que usted me indica, para que funcionen los radios y poder escuchar la entrega de tan importante y merecido documento. – F. Rodríguez Aguilera.

Quimistán, 5 de diciembre de 1944. – Secretarios del Soberano Congreso Nacional. – La Honorable Corporación Municipal de este pueblo se complace en enviar atento saludo a la Augusta Representación Nacional el día que inaugura sus actuaciones legislativas. El Dr. y Gral. don Tiburcio Carías A. ha sido y sigue siendo para Honduras el hombre-símbolo, el creador de la Honduras rectificada, defensor de sus derechos y soberanía, sostenedor de la democracia y multitudes más que sería prolijo enumerar; en consecuencia, os excitamos para que le declaréis «Benemérito de la Patria y Soldado de la Democracia». – Respetuosamente. – Miguel Enamorado, Alcalde Municipal.

San Pedro Sula, 14 de diciembre de 1944. – Secretarios del Congreso Nacional. – Toda la guarnición de esta plaza se siente altamente complacida por el honor tributado a su Jefe, Gral. Tiburcio Carías A., al declararlo «Fundador y Defensor de la Paz». En nombre de este pueblo hondureño, agradecemos mucho a esa Asamblea el espíritu que les anima y les guió al patentizar ese homenaje a nuestro Jefe. – Alfredo Zepeda, Comandante de Armas.

Gracias, 14 de diciembre de 1944. – Secretarios del Congreso Nacional. – En perfectas condiciones oímos el acto trascendental de entrega del decreto en que fue declarado el señor Presidente de Honduras, Gral. Tiburcio Carías A., «Fundador y Defensor de la Paz y Benemérito de la Patria». Grato fue escuchar la emocionada, sincera y casi paternal palabra del Jefe de la Nación y del momento en que vivimos. – Luis Alonso Pineda.

Nacaome, 14 de diciembre de 1944. – Secretarios del Congreso Nacional. – El Nacionalismo de este departamento ha recibido con júbilo el decreto del Soberano Congreso Nacional declarando «Creador de la Paz y Benemérito de la Patria» a nuestro querido Gobernante. – Afmo. – L. Chávez M.

San Pedro Sula, 14 de diciembre de 1944. – Honorable Congreso Nacional. – En estos momentos he oído sumamente emocionado la palabra augusta del Padre de la Paz de Honduras, Gral. Tiburcio Carías A., con motivo del justo homenaje hecho por ese Alto Cuerpo, declarándolo «Fundador de la Paz y Benemérito de la Patria». – E. Osejo.

Yuscarán, 14 de diciembre de 1944. – Secretario Honorable Congreso Nacional. – Por distinguido medio de usted tengo el honor de informar a ese Honorable Congreso Nacional que los habitantes de este municipio celebran y felicitan su digno fallo, haciendo honor al digno Presidente, Gral. Tiburcio Carías A. – Respetuosamente. – José María Carías, Presidente Comité Departamental Nacionalista.

San Antonio de Flores, Choluteca, 9 de diciembre de 1944. – Secretarios del Congreso Nacional. – La labor administrativa de nuestro querido y pundonoroso Jefe Supremo, Dr. y Gral. don Tiburcio Carías A., está bien cimentada dentro y fuera del país; de consiguiente, esa Alta Representación debe, en primer decreto, declarar a mi General Carías «Mantenedor de la Paz y Benemérito de la Patria» y condecorarlo con la medalla del mérito. – Afmo. – Felipe Mejía, Vocal I del Subcomité Nacionalista.

San Marcos de Colón, 9 de diciembre de 1944. – Secretario del Congreso Nacional. – En sesión del 29 de noviembre último, esta Corporación Municipal acordó acuerpar la iniciativa de los Presidentes de Comités Nacionalistas y Alcaldes Municipales de La Esperanza e Intibucá, a fin de que ese Alto Cuerpo Representativo declare «Fundador de la Paz y Benemérito de la Patria» al Dr. y Gral. Tiburcio Carías A., y le otorgue un voto de confianza. Por correo se le remite copia certificada del punto de acta en referencia. – Afmo. – Félix Pedro Pinel Peña, Alcalde Municipal.

Lepaterique, 8 de diciembre de 1944. – Secretarios del Congreso Nacional. – Acuerpando la feliz idea del Comité Departamental del Partido Nacional del departamento de Intibucá, tenemos el honor de comunicar a ustedes que la Municipalidad y el Subcomité Nacionalista de este pueblo, por su digno medio, se permiten solicitar del Soberano Congreso Nacional un decreto en que se declare al ilustre Presidente de la República «Fundador de la Paz y Benemérito de la Patria». Por ser el único gobernante del país que ha podido cimentar las bases del bienestar nacional con su sabia política de orden, trabajo y progreso, que es lo que da vida a los pueblos; asimismo que se le otorgue la medalla de oro en que se inscriban dichas frases y otras que completen el pensamiento, sugeridas por la Honorable Representación Nacional. Muy atentamente rogamos a ustedes se sirvan acoger esta iniciativa para darle los trámites de ley. Como un acto de justicia bien merecida y de honor al mérito, me asocio a los pedimentos que se están haciendo a esa Augusta Cámara para que se declare «Benemérito de la Patria» al Gral. y Dr. Tiburcio Carías A., ello en recompensa de su constante laboriosidad administrativa, de paz, orden, trabajo y progreso del país. – Jerónimo Pineda Mejía.

San Buenaventura, 9 de diciembre de 1944. – Presidente del Congreso Nacional. – Al Honorable Congreso Nacional pedimos, como justo reconocimiento a las grandes labores desarrolladas por el ciudadano Dr. y Gral. Tiburcio Carías A. en beneficio de la colectividad, confiera al expresado Dr. y Gral. Carías A. el título de «Benemérito de la Patria». – Maximiliano Barahona, Alcalde Municipal. – Rubén Aguilar C., Síndico Municipal.

San Pedro Sula, 13 de diciembre de 1944. – Señor Secretario Congreso Nacional. – Vivamente entusiasmados hemos escuchado el acto solemne en que se hizo entrega al señor Presidente, Gral. Carías, del decreto en que se le declara «Benemérito de la Patria y Sostenedor de la Paz Nacional». Acto tan justiciero merece el reconocimiento sincero de todos los hondureños y especialmente de los que siempre hemos tenido fe en el hombre que ha reformado y engrandecido nuestra Patria. – M. A. Quiñónez.

La Venta, 13 de diciembre de 1944. – Señor Secretario del Congreso Nacional, periodista don Fernando Zepeda Durón. – Tegucigalpa, D. C. – Honorable señor: Tengo el honor de enviar a usted, para que por su digno medio se eleve a la consideración de esa Augusta Asamblea, la certificación del Acta de la Sesión Solemne, Pública y Cabildo Abierto celebrada por la Corporación Municipal, Subcomité Nacionalista y autoridad militar de este pueblo, a fin de que se declare «Benemérito de la Patria y Fundador de la Paz Nacional» a nuestro conspicuo Gobernante, Dr. y Gral. don Tiburcio Carías Andino. Ruégole acusarme recibo telegráficamente. – Con muestras de mi más alta consideración, soy de usted muy respetuosamente. – Marcial Maradiaga Valdivia, Secretario Municipal.

CERTIFICACIÓN

El infrascrito, Secretario Municipal de este pueblo, certifica: que a páginas 140, 141, 142, 143, 144, 145 y 146 del Libro de Actas que lleva la Municipalidad, en el año que corre, se encuentran los puntos de acta que literalmente dicen:

"Acta No XXV.–Vigésima sexta sesión ordinaria, celebrada por la Municipalidad del pueblo de Alianza, Valle, en el Salón Municipal, el día viernes 19 de diciembre de mil novecientos cuarenta y cuatro.– Presidió el señor Alcalde Municipal, don Félix Cruz H., con asistencia de los Regidores 2°, don Santos Luna C.; Regidor 3°, don Antolín López J.; Regidor 4°, don Jesús Joya Aguilar; Síndico, don José Hernández; Concejeros, don Emeterio Cueva, don Rito G. García, don Maximiliano Bonilla Jiménez, don Jesús Luna C.; el señor Presidente del Subcomité Nacionalista «Brisas del Pacífico» de este pueblo, don J. Antonio Jiménez, y demás miembros y el Secretario Municipal, don Teodoro Bracamonte H.

1°–Abierta la sesión, no se leyó el acta anterior, por estar aprobada y firmada.

2°–El señor Alcalde Municipal, de acuerdo con el señor Presidente del Subcomité Nacionalista de éste, pone en conocimiento de la Municipalidad y de los demás miembros del Subcomité el mensaje circular patriótico que dice:

"La Esperanza, 27 de noviembre de 1944.–Subcomités Nacionalistas y Municipalidades.–Alianza.–Para lo que tenga a bien resolver, tenemos la gran satisfacción de comunicar a Ud. que el día de hoy, en sesión conjunta, la Municipalidad de esta cabecera, la Directiva del Comité Departamental, la Municipalidad y el Subcomité Nacionalista de Intibucá, resolvieron:

–Primero.–Encargar a los Diputados por este departamento, para que pidan al Soberano Congreso Nacional que declare «Fundador de la Paz de Honduras y Benemérito de la Patria» al señor Dr. y Gral. don Tiburcio Carías A. y le dé un voto de confianza.

–Segundo.–Informar a la Representación Nacional que los pueblos de este departamento han estado durante la presente administración y estarán en completo orden, dedicados a sus trabajos habituales, prestando su cooperación vecinal y dando su contingente de buenos nacionalistas.

–Tercero.–Mantener siempre al Nacionalismo Intibucano organizado y en pie de acción para cumplir sus deberes cívicos y evitar que una minoría ofuscada y ambiciosa que adversa al Gobierno, cometa los crímenes que se empeñan ejecutar contra la vida humana, las instituciones patrias y las cosas más queridas.

–Cuarto.–Expresar que la prolongación del período presidencial del Gral. Carías A. está plenamente justificada, y meditar desde hoy quién es el llamado a desempeñar la Presidencia de la República en el próximo período constitucional conforme a los principios y prácticas de la Soberanía y de la Democracia.–Afmos. amigos y correligionarios.–O. V. Velásquez, Alcalde Municipal.–Rodolfo Z. Velásquez, Presidente del Comité Nacionalista.–Antonio Vásquez G., Alcalde Municipal de Intibucá".

La Municipalidad y miembros del Subcomité Nacionalista «Brisas del Pacífico» de este pueblo, haciendo HONOR AL MÉRITO de nuestro querido Gobernante, y adhiriéndose al sentir de la

Municipalidad, Comité Departamental y Subcomité Nacionalista de La Esperanza e Intibucá,

–Acuerda:

1º–Encomendar a los señores Diputados por este departamento, Profesor don Felipe E. Augustinus y Bachiller don J. Héctor Leiva, para que, con el debido respeto, soliciten del Soberano Congreso Nacional declare «Fundador de la Paz de Honduras y Benemérito de la Patria» al señor Dr. y Gral. don Tiburcio Carías Andino, y asimismo se le dé un voto de confianza; y,

2º–Hacer suyos los demás puntos a que alude el referido mensaje, a excepción del punto 4º por creerlo prematuro; que se certifique este punto y remítase a los señores Diputados por este departamento para los efectos consiguientes.

3º–......
5º–......
6º–......
7º–......
8º–...... y,

9º–No habiendo más de qué tratar, se levantó la sesión, firmando para constancia por ante el infrascrito Secretario Municipal que da fe.–Sello.–Félix Cruz H.–J. Antonio Jiménez.–H. Aguilar H.–Santos Luna C.–Antolín López J.–Jesús Joya Aguilar.–José Hernández.–Emeterio Cueva L.–Rito G. García.–Maximiliano Bonilla Jiménez.–Jesús Luna C.–Lorenzo Germán.–Eusebio Cruz.–Nazario Jiménez.–Hernán R. Hernández.–Héctor Jiménez.–Sello.–Teodoro Bracamonte H., Secretario Municipal".

Y para remitirse a los señores Diputados por este departamento, Profesor don Felipe E. Augustinus y Bachiller don J. Héctor Leiva, Tegucigalpa, D. C., libro la presente certificación en el pueblo de Alianza, Valle, a los tres días del mes de diciembre de mil novecientos cuarenta y cuatro.–Félix Cruz H., Alcalde Municipal.–Teodoro Bracamonte H., Secretario Municipal.

CERTIFICACIÓN

El infrascrito, Secretario Municipal de este término, certifica: que en el Libro de Actas que lleva esta Municipalidad, se encuentra el acta que literalmente dice:

"Acta No 30.–La Corporación Municipal del pueblo de La Venta, departamento de Francisco Morazán, en sesión solemne celebrada el día lunes once del mes de diciembre de mil novecientos cuarenta y cuatro, a Cabildo Abierto, presidida por el señor Alcalde Municipal, don Epifanio Navas Ramos, con asistencia de los Regidores 1°, 2° y 3° por su orden, así: don Virgilio Ordóñez R., don Camilo González y don Anselmo Sierra, del señor Síndico Municipal, don Marcos Ramos Navas y del Secretario Municipal, P. M. don Marcial Maradiaga Valdivia; habiendo asistido igualmente el señor Presidente del Subcomité Nacionalista de este pueblo, «Paz y Libertad», don Baltazar Sierra, y los Vocales, don Tránsito Lagos, don Marcos Ramos N., don Anselmo Sierra, don Esteban González, don Juan de la Cruz Flores, don Virgilio Ordóñez R., don Camilo González, don Juan E. Rodas, don Marcelino González, don Domingo Lagos, Fiscal, don José Enrique Sierra; Secretario, Profesor don David Coello h. y Prosecretario, don Pedro Pablo Castro M.

Estando presente el Coronel don Florencio Irías R., Jefe del Resguardo Militar y Comandante Local de este pueblo y por ante el infrascrito Secretario Municipal que da fe. El señor Alcalde Municipal, don Epifanio Navas Ramos, hizo presente a la concurrencia que el objeto de la presente sesión se contrae a aceptar y acuerpar con beneplácito la hermosa iniciativa lanzada por las Honorables Corporaciones Municipales, Comité Departamental y Subcomités Nacionalistas del departamento de Intibucá, en acta suscrita en La Esperanza de aquel departamento, para pedir al Soberano Congreso Nacional, por medio de los Diputados de aquel departamento, se declare al Dr. y Gral. don Tiburcio Carías Andino, «Benemérito de la Patria y Fundador de la Paz Nacional».

Discutida convenientemente aquella iniciativa y juzgando que es de justicia hacer honor al mérito, por unanimidad de votos y reconociendo los grandes beneficios aportados a la Nación por la atinada y próspera administración del Dr. y Gral. don Tiburcio Carías

Andino, forjando la «Nueva Honduras», se declara «Benemérito de la Patria y Fundador de la Paz Nacional», para lo cual deberá elevarse una copia a los Diputados por este departamento, al Comité Central Nacionalista y al Director del Diario «La Época», con lo que se dio por terminada la sesión, firmando todos para constancia.

Sello.–Epifanio Navas R., Alcalde Municipal.–Virgilio Ordóñez R., Regidor 1º.–Camilo González, Regidor 2º.–Anselmo Sierra B., Regidor 3º.–Marcos Ramos N., Síndico Municipal. Sello.–Marcial Maradiaga Valdivia, Secretario Municipal.–Anselmo Sierra B.– Baltazar Sierra, Presidente del Subcomité Nacionalista.–Tránsito Lagos.–Juan de la Cruz Flores.–Esteban González.–Juan E. Rodas.– Marcelino González.–Domingo Lagos.–J. Enrique Sierra, Fiscal del Subcomité Nacionalista.–David Coello h., Secretario del Subcomité Nacionalista.–Pedro P. Castro M., Prosecretario.–F. Irías R., Jefe del Resguardo Militar. Sello.–Marcial Maradiaga Valdivia, Secretario Municipal". (Es copia fiel de su original).

Extendida en el municipio de La Venta, a los trece días del mes de diciembre de mil novecientos cuarenta y cuatro.–Epifanio Navas R., Alcalde Municipal.–Marcial Maradiaga Valdivia, Secretario Municipal.

CERTIFICACIÓN

El infrascrito, Secretario Municipal del pueblo de Alubarén, certifica: que en el Libro de Actas Municipales que se lleva en el presente año, a folios 175, 176 y 177, se encuentra el acta que dice:

"En la Sala Municipal de Alubarén, a once de diciembre de mil novecientos cuarenta y cuatro. Sesión extraordinaria celebrada solemnemente el día de hoy a las diez de la mañana, conjuntamente con los miembros del Subcomité Nacionalista «Paz y Progreso» de este pueblo y gran número de vecinos nacionalistas.–Presidió el señor Alcalde Municipal, don Alberto Ramírez B., con asistencia de los Regidores 1º, don Juan A. Espinoza; 2º, don Gertrudis Godoy L.; Síndico, don Vicente Mendoza; señores Concejeros, don Vicente Paz O., don Gerardo Mendoza S., don Hermenegildo Hernández R., don Santos L. Álvarez y el suscrito Secretario; miembros del Subcomité Nacionalista, don Teodoro Hernández R., don Fernando Hernández, don Serapio Castillo P.

1°–Abierta la sesión, el señor Alcalde Municipal, don Alberto Ramírez B., manifestó a la Municipalidad y demás concurrentes, que de todos los pueblos de la República se reciben diariamente mensajes telegráficos en los que comunican sus leales adhesiones, acuerpando la iniciativa del Comité Departamental Nacionalista y Corporación Municipal de La Esperanza e Intibucá, que resolvieron, por medio de los señores Diputados de su departamento, pedir en nombre del pueblo hondureño al Soberano Congreso Nacional que declare «Fundador de la Paz de Honduras y Benemérito de la Patria» al señor Dr. y Gral. don Tiburcio Carías Andino y le dé un nuevo voto de confianza a quien, como Presidente Constitucional de la República y su política activa de paz, obras públicas, cultura popular, amparo al trabajo y crédito nacional, es merecedor de perdurables distinciones que expresen gratitud para él.

Que en vista de ese clamor nacional también esta Municipalidad y vecindario nacionalista acuerpa el ideal del Comité Departamental Nacionalista y Corporación Municipal de La Esperanza e Intibucá y, por unanimidad, acuerda:

1°–Que por medio de los señores Diputados de este departamento, pedir al Soberano Congreso Nacional declare «Fundador de la Paz de Honduras y Benemérito de la Patria» al señor Dr. y Gral. de División don Tiburcio Carías Andino; y le den un nuevo voto de confianza, quien como Presidente Constitucional de la República nos da paz, progreso de obras públicas, cultura popular, amparándonos en el trabajo y crédito nacional, es merecedor de la gratitud del pueblo hondureño.

2°–Que por medio de la Secretaría Municipal se certifique la presente acta y se le envíe a los señores Diputados de este departamento.–Alberto Ramírez B.–Juan A. Espinoza.–Gertrudis Godoy L.–Vicente Mendoza T.–Vicente Pérez D.–Gerardo Mendoza.–Fernando Hernández.–Teodoro Hernández R.–L. M. Lorenzano P., Secretario.–Santos L. Álvarez.–Rogelio Hernán G.– Alejo Chévez L.–por Francisco Ramírez, Nicolás Ramírez.–Juan P. Cruz.–Arcadio Cruz Carrasco.–Miguel Castillo P.–Domingo Hernández M.–Vicente Mendoza Pérez.–Pascual Mendoza.–Genaro Ramírez R.–Valentín Mendoza.–Vicente Silva R.–Lorenzo Mendoza P.–Lucio Cruz P., y por sí, Alejandro A. Lorenzano C.–Dámaso

Rivera G.–Siguen cincuenta firmas.–Alubarén, 12 de diciembre de 1944.–Alberto Ramírez B., Alcalde Municipal.–L. M. Lorenzano P., Secretario".

CERTIFICACIÓN

"Acta No XXIV.–Sesión solemne extraordinaria celebrada por la Corporación Municipal de la ciudad de Yoro, el día lunes cuatro de diciembre de mil novecientos cuarenta y cuatro.–Presidió el Alcalde Municipal, Licona, con asistencia de los Regidores Sánchez, Reyes, Barahona, Carranza, Burgos, Síndico Martínez y el Secretario de la Corporación.

1°–Se encontró correcta y firmada el acta anterior.

2°–El Alcalde Municipal, don Fausto E. Licona y L., expuso a la Honorable Corporación que tiene la honra de presidir, que el objeto de la presente sesión y para la cual se había permitido convocarlos hoy, es para ponerles en conocimiento que, en vista de los grandes e indudables progresos alcanzados en los distintos ramos de la administración pública, han sido positivos y fructíferos, puesto que en ninguna administración se han percibido, sino en la que preside nuestro ilustre gobernante Dr. y Gral. don Tiburcio Carías Andino, y considerando, además, que la paz de que hoy disfrutamos es base primordial para el progreso y bienestar de todos los hondureños, por lo que se hace acreedor a la gratitud y admiración de ese pueblo amante de la paz; esta Corporación Municipal, por unanimidad de votos y acorde con el sentir del pueblo que representa, acordó:

1°–Dirigirse por medio de nuestro Representante Dr. don Plutarco Muñoz P., al Soberano Congreso Nacional, para que, en nombre y representación de esta Municipalidad, patentice a nuestro digno Mandatario, Dr. don Tiburcio Carías Andino, nuestra incondicional adhesión y dar un voto de confianza; y

2°–Que el mismo Representante Dr. Muñoz P. haga moción ante dicha Representación Nacional a fin de que a nuestro preclaro Mandatario se le declare «Benemérito de la Paz», como una justa compensación y sincero reconocimiento por su magna actuación sin paralelo en nuestra historia política."

CERTIFICACIÓN

El infrascrito, Secretario Municipal de este puerto, certifica: que en el Libro de Actas que lleva esta Alcaldía, durante el corriente año, y en las páginas 42, 43, 44, 45 y 46, se encuentra el acta que literalmente dice:

"Acta No 31.–Sesión a Cabildo Abierto, celebrada por la Corporación Municipal de este pueblo, el día domingo tres de diciembre de mil novecientos cuarenta y cuatro. La presidió el señor Alcalde Municipal, don Manuel Riera Debrot, con la asistencia de los Regidores, por su orden, señores don Paulino Morales Padilla, don Timoteo Mejía Matute, don Eduardo García Sevilla; del Síndico, don Emilio Vásquez García, por ante el infrascrito Secretario, que da fe.

El Presidente del Comité Nacionalista de este lugar, sus miembros y un sinnúmero de amigos de este municipio, con el patriótico fin de elevar al conocimiento de nuestro eximio Mandatario, Dr. y Gral. don Tiburcio Carías Andino, y del Congreso Nacional, el sentimiento unánime del pueblo que estamos investidos todos los ciudadanos de esta pequeña comunidad, con la excitativa de las Municipalidades de La Esperanza e Intibucá, para que se pida al Soberano Congreso Nacional declare al General don Tiburcio Carías Andino, Presidente Constitucional y Jefe del Gran Partido Nacional, «Fundador de la Paz de Honduras y Benemérito de la Patria».

Considerando: que el General don Tiburcio Carías Andino ha sido el único que ha mantenido incólume nuestra soberanía nacional y ha establecido una paz bendita por medio de la cual ha hecho grandes obras de progreso nacional.

Considerando: que la actuación noble y honrada del Gral. Carías no puede ser mal vista de nuestro pueblo y lo hacen merecedor de todos los tributos.

Por tanto: esta Corporación Municipal y Subcomité Nacionalista, de acuerdo con el sentido unánime del pueblo, acuerda: adherirse a las excitativas de las otras Municipalidades, Comités y Subcomités Nacionalistas de la República; dar un voto de confianza y adhesión a nuestro ilustre Mandatario, Dr. y Gral. don Tiburcio Carías Andino, y pedir al Soberano Congreso Nacional para que, en sus próximas sesiones, declare al Doctor y General don Tiburcio Carías Andino «Fundador de la Paz de Honduras y Benemérito de la Patria».

114

Que la Secretaría envíe copia de esta acta al señor Presidente de la República, al Soberano Congreso Nacional, al señor Gobernador Político de este departamento y al Director de «La Época», para que la inserte en las columnas de su acreditado diario; en fe de lo cual firman los concurrentes y el Secretario que da fe.–J. M. Riera.–Paulino Morales.–Timoteo Mejía.–Eduardo G. Sevilla.–Emilio Vásquez.–L. E. González.–Julio Velásquez F.–Santiago Durán.–Pedro G. Prince.–Timoteo Guerrero.–Juan E. Flores.–Guillermo Vásquez Hota.–Natividad Paz.–Ramiro Riera.–Francisco Vásquez.–Regino Urbina.–José M. Parrilla.–Abraham Riera P.–Gilberto M. Orellana.–M. A. Banegas h.–C. R. Peña.–Laureano Muñoz.–Liberato López.–Rafael García.–Miguel A. García y Herlindo Oliva, que ignoran firmar, lo hace el que suscribe; Carlos Riera Peña.–Tomás Mejía.–S. Manzur.–Gonzalo A. Ruiz.–Enrique Riera.–C. Sotero Matute.–Ernesto Durán.–M. J. Colomer B.–Secundino Riera Peña.–José María Hernández.–Ezequiel Velásquez.–Gonzalo Mejía.–Salvador Parrilla.–Severo A. Ramírez.–Fabriciano Villeda.–Lorenzo Velásquez.–Fernando Riera.–Federico Riera.–Edmundo Riera.–Adrián Riera.–José Hernández; a ruego de S. Águila, Patricio Evo, Teófilo Cordero y Bartolomé Guerrero, que ignoran firmar, lo hace Narciso Mancías; Jorge Ferguson.–J. R. Peña.–Marco Antonio Milla.–Daniel C. Vásquez.–A. Molina.–Froyián P. Castellón.–José Juárez M.–Juan Vargas.–Enrique Riera h.–A. Velásquez F.–J. Inocente Saldívar.–José D. Martínez.–Víctor G. Hernández.–Silverio Cruz.–Jesús G. Mejía.–Félix Cardona.–Miguel A. Padilla.–Francisco Cordón.–Alejandro Altamirano.–Juan E. Flores.–José E. Núñez.–Julio Parrilla.–José M. Sevilla, Secretario Municipal".

Extendida en Omoa, a los siete días del mes de diciembre de mil novecientos cuarenta y cuatro.–J. M. Riera, Alcalde Municipal.–José M. Sevilla, Secretario.

CERTIFICACIÓN

Trujillo, D. D., 6 de diciembre de 1944.–Señores Secretarios del Soberano Congreso Nacional.–Tegucigalpa, D. C.–Muy distinguidos señores: Para que tengan la gentileza de dar cuenta a ese Alto Cuerpo, me permito el honor de transcribir a Uds. el acta que dice:

"Acta No 54.–Sesión extraordinaria del Concejo Departamental de Trujillo, celebrada en el Salón de Actos del mismo, a las diez de la mañana del día martes cinco de diciembre de mil novecientos cuarenta y cuatro. Presidió el señor Jefe del Concejo, don Juvenal Acosta, con asistencia de los señores Vocales, don Porfirio Lobo López y don Pablo José A. Cuevas, del señor Fiscal, don Fernando B. Lozano, y del Secretario que da fe. Se procedió en el orden siguiente:

1°–El señor Jefe del Concejo declaró abierta la sesión.

2°–El Secretario dio lectura al acta de la sesión anterior, la que fue aprobada y firmada.

3°–El señor Jefe del Concejo, don Juvenal Acosta, expuso: que había convocado a sesión extraordinaria para poner en conocimiento de los demás miembros que la Honorable Corporación Municipal de la ciudad de La Esperanza había acordado pedir al Soberano Congreso Nacional que se declare «Fundador de la Paz de Honduras y Benemérito de la Patria» al Doctor y General don Tiburcio Carías Andino; que el mencionado Cuerpo Edilicio, indudablemente, se inspiró, para hacer tan patriótica gestión, en el aprecio y estimación a que se ha hecho acreedor el distinguido Mandatario por su proficua actuación, la que, necesario es confesarlo, compromete la gratitud imperecedera de todo hondureño sano y sensato; por lo que estima que este organismo debe hacer suya la idea, dirigiéndose a los Padres Conscriptos de la Patria, para que se pronuncien favorablemente, en el sentido indicado.

El Concejo, discutida suficientemente tan importante manifestación, por unanimidad, acordó:

1°–Hacer suya la idea y gestión de la Honorable Corporación Municipal de la ciudad de La Esperanza, en el departamento de Intibucá.

2°–Elevar muy atenta y respetuosa súplica al Soberano Congreso Nacional, actualmente en funciones, para que, en obsequio a los merecimientos indiscutibles que le debe la Patria por su labor bienhechora y diáfana, declare al señor Dr. y Gral. don Tiburcio Carías Andino «Fundador de la Paz Nacional y Benemérito de la Patria».

3°–Comisionar al Secretario para que saque copia certificada de la presente acta y la remita a la Representación Nacional, por conducto de los señores Secretarios de aquel Alto Cuerpo.

4°–Y no habiendo más de qué tratar, se levantó la sesión a las doce m.–Sello de la Jefatura, Juvenal Acosta.–Sello de Vocalía, P. Lobo López.–Pablo José A. Cuevas.–Sello de la Fiscalía, Fernando B. Lozano.–Sello de la Secretaría, J. Bardales R., Secretario".

Extendida en la ciudad puerto de Trujillo, Distrito Departamental de Colón, a los seis días del mes de diciembre del año mil novecientos cuarenta y cuatro.–Juvenal Acosta, Jefe del Concejo del Distrito Departamental.–J. Bardales R., Secretario del Concejo.

CERTIFICACIÓN

El infrascrito, Secretario de la Corporación Municipal de Nueva Pimienta, en el departamento de Cortés, certifica: el preámbulo, punto de acta y firmas, que dicen:

"Acta No 75.–Sesión ordinaria celebrada por la Corporación Municipal de Nueva Pimienta, el día viernes primero de diciembre de mil novecientos cuarenta y cuatro. Presidió el Alcalde Municipal, Juan M. Zúniga, con asistencia del Vocal Regidor 2°, don Horacio Merlos Castillo; Concejeros, Gilberto Hernández y don Adrián Lara; Síndico Municipal, don Alonso Feliú G., y del infrascrito Secretario, que da fe.

1°–Se leyó, aprobó y firmó el acta de la sesión anterior.

2°–......

3°–......

4°–El Alcalde Municipal, don Juan M. Zúniga, hizo uso de la palabra para manifestar a la Corporación que el día veintisiete de noviembre próximo pasado recibió una circular suscrita por el Presidente del Comité Departamental Nacionalista de Intibucá, Prof. don Rodolfo Z. Velásquez, y el señor Antonio Vásquez, Alcalde Municipal de La Esperanza, cuyos conceptos tienen la edificante y alta finalidad de excitar al conglomerado nacionalista y en general al pueblo hondureño, así como a las Municipalidades de toda la República, para que, solidarias y acordes y como un justo reconocimiento a la labor realizada por nuestro probo Mandatario, General Carías Andino, en múltiples aspectos de la Administración

Pública, se solicite al Soberano Congreso Nacional en sus próximas sesiones para que declare «Fundador de la Paz y Benemérito de la Patria» a nuestro esclarecido Gobernante; y la Corporación Municipal, por unanimidad de votos, justipreciando en todo su valor la incomparable y brillante actuación del Mandatario máximo de Honduras, acordó: hacer suya dicha petición, solidarizándose en un todo con la esplendente idea gestada en el departamento de Intibucá, disponiéndose enviar este punto de acta al Honorable Congreso Nacional, girando una circular a toda la República alusiva a tan culminante disposición y como una demostración franca y espontánea de la lealtad y adhesión que esta Municipalidad rinde a nuestro Gobernante.

5°–No habiendo más de qué tratar, se levantó la sesión.–Sello, J. M. Zúniga.–Horacio Merlos C.–Gilberto Hernández.–Adrián Lara.–Alonso Feliú G.–Sello, D. M. Rojas, Secretario".

Extendida en Nueva Pimienta, a los cinco días del mes de diciembre de mil novecientos cuarenta y cuatro.–V° B°, Sello, J. M. Zúniga, Alcalde Municipal.–Sello, Daniel M. Rojas, Secretario.

CERTIFICACIÓN

El infrascrito, Secretario Municipal, certifica: el punto de Acta No 2 de la sesión extraordinaria celebrada por la Honorable Corporación Municipal de este pueblo, el día cinco de diciembre del corriente año, y que literalmente dice:

"Acta No 31.–Corporación Municipal, San Francisco de Yojoa, cinco de diciembre de mil novecientos cuarenta y cuatro. Presidió esta sesión extraordinaria de esta fecha el señor Alcalde Municipal, don Marcos Sabillón, con asistencia de los Regidores 1° y 2°, don Gregorio Figueros y don Indalecio Toro; del señor Síndico Municipal, don Eulogio Pineda; de los señores Vocales Concejeros, don Gaspar Pineda, don Rodrigo Sabillón, don Nicanor Fernández y don Pedro Fernández, y del Secretario de la Corporación, que da fe.

La sesión se llevó a cabo en el orden siguiente:

1°–......

2°–El señor Alcalde Municipal delegó al señor Presidente del Subcomité Nacionalista de este municipio, señor Profesor don Rodrigo Pineda, para que explicara a todos los aquí presentes el motivo de encontrarnos tanto la Honorable Corporación Municipal como también los miembros del Subcomité reunidos en conjunto.

El señor Presidente, Profesor Pineda, después de haber dado explicaciones a todos los presentes de los motivos de esta sesión, dio lectura a varios telegramas de diferentes lugares de la República, en los cuales solicitan a las Municipalidades, Comités y Subcomités Nacionalistas secundar lo resuelto por las Municipalidades, Comité y Subcomité Nacionalista de La Esperanza e Intibucá, y tanto la Municipalidad como el Subcomité Nacionalista de este pueblo resuelven:

1°–Solicitar a la Augusta Representación Nacional, por medio de los Honorables señores Representantes por el departamento de Cortés, Dr. José Antonio Torres, P. M. Yanuario Landa Blanco y P. M. Tomás Cálix Moncada, a la Honorable Cámara Legislativa, declare «Fundador de la Paz y Benemérito de la Patria» al Excmo. Señor Presidente de la República, Dr. y Gral. don Tiburcio Carías Andino.

2°–En virtud de la paz de que disfruta el país, y la cual está sólidamente afianzada por nuestro ilustre Mandatario, tanto la Municipalidad como el Comité aquí reunidos ofrecen al ilustre Mandatario de Honduras nuestra lealtad y solidaridad absoluta.

3°–Que también estamos de acuerdo, porque así se justifica, con la continuidad en el Poder Supremo de la Patria del Excmo. Señor Presidente Constitucional de la República, Dr. y Gral. don Tiburcio Carías Andino, pero no lo estamos en cuanto a quién es el llamado a desempeñar la Presidencia de la República en próximo período presidencial, por considerarlo extemporáneo.

4°–Que los Honorables señores Representantes por el departamento de Cortés pidan a la Augusta Cámara Nacional un voto de confianza para el Excmo. Señor Presidente Constitucional de la República, Dr. y Gral. don Tiburcio Carías Andino.

5°–No habiendo más de qué tratar, se levantó la sesión.–Sello, Marcos Sabillón S.–Rodrigo Pineda F., Presidente del Subcomité Nacionalista.–Gregorio Figueroa.–Jesús Fernández.–Indalecio Toro.–Rafael Pineda.–Eulogio Pineda.–Natividad Pineda.–Gaspar Pineda.–Eligio Fernández.–Rodrigo Sabillón.–Alberto Fernández.– Nicanor Fernández.–Marcelino Fernández y Fernández.–Pedro Fernández.–Pascual Andrade.–Enrique Sabillón.–Victoriano

Andrade.–Visitación Funes S.–Jorge Fernández.–Sello.–Alonso Elvir h., Secretario Municipal".

Extendida en San Francisco de Yojoa, a los seis días del mes de diciembre de mil novecientos cuarenta y cuatro.–Sello.–Alonso Elvir h., Secretario Municipal.

CERTIFICACIÓN

El infrascrito, Secretario Municipal de esta ciudad, certifica: que en el Libro de Actas que lleva la Corporación Municipal en el presente año, de página 298 a 300, se encuentra el acta que literalmente dice:

"Acta No XXXI.–Sesión extraordinaria celebrada por la Corporación Municipal de la ciudad de San Marcos de Colón, el día miércoles veintinueve de noviembre de mil novecientos cuarenta y cuatro, a las nueve de la mañana, en el Salón del Ayuntamiento. Presidió la sesión el señor Alcalde Municipal, don Félix Pedro Pinel Peña, con asistencia de los señores Regidores Ordóñez, Molina, Montoya, Guillén, Maradiaga, Castellón y el Secretario Municipal.

I.–Se abrió la sesión.

II.–Siendo el Señor Presidente de la República, Dr. y Gral. don Tiburcio Carías A., un esclarecido patriota y un gobernante y estadista de primer orden, la Corporación Municipal, en sesión conjunta con el Subcomité Nacionalista, por unanimidad de votos, acuerda: secundar la iniciativa de los Presidentes de los Comités Nacionalistas y Alcaldes Municipales de La Esperanza e Intibucá, en los conceptos siguientes:

1°–Encargar a los diputados por este departamento para que pidan al Congreso Nacional declarar «Fundador de la Paz de Honduras y Benemérito de la Patria» al Dr. y Gral. Tiburcio Carías A., y le dé un voto de confianza.

2°–Informar a la Representación Nacional que los pueblos de este distrito han estado durante la presente administración, y estarán, en completo orden, dedicados a sus habituales trabajos, prestando su cooperación vecinal y sus contingentes debidamente como nacionalistas.

3°–Mantener siempre al Nacionalismo organizado y en pie de acción para cumplir sus deberes cívicos y evitar que una minoría ofuscada y ambiciosa que adversa al Gobierno cometa los crímenes que se empeña en ejecutar contra la vida humana, las instituciones patrias y las cosas más queridas.

4°–Expresar que la prolongación del período presidencial del Gral. Carías A. está plenamente justificada y debe servir de sólido fundamento a conciencia desde hoy, quién es el llamado a desempeñar la Presidencia de la República en el próximo período constitucional, conforme a los principios prácticos de la Soberanía y la Democracia.

5°–Que de este acuerdo se libre copia certificada al señor Presidente de la República, al Secretario del Soberano Congreso Nacional y al señor Director de «La Época».

III.–Se levantó la sesión.–Félix Pedro Pinel Peña.–Asunción Ordóñez.–Rosendo Molina E.–Nicolás Montoya C.–Mariano J. Guillén M.–Miguel A. Maradiaga.–J. Emilio Castellón.–Ramón González, Secretario.–Faustino Vásquez.–Matilde López".

Es conforme.–Extendida en la ciudad de San Marcos de Colón, a los ocho días del mes de diciembre de mil novecientos cuarenta y cuatro.–V° B°.–Félix Pedro Pinel Peña, Alcalde Municipal.–Ramón González, Secretario.

CERTIFICACIÓN

El infrascrito, Secretario Municipal de esta Villa, certifica: que del folio 390 al 393 del Libro de Actas y Acuerdos que esta Municipalidad lleva desde el año 1941, se encuentra el acta que en lo conducente dice:

"Acta No XXVI.–Vigésima sexta sesión ordinaria celebrada por la Corporación Municipal de la Villa de Goascorán, a las diez de la mañana del día viernes primero de diciembre de mil novecientos cuarenta y cuatro. Presidió el señor Alcalde don Antonio Morales, con la asistencia de los Regidores 1°, don Doroteo García; 2°, don Justino Manzanares; 4°, don Cándido Banegas; 5°, don Leoncio Maldonado; Síndico Municipal, don Herminio Ortega; Concejeros, don José Santos Maldonado y don Rodrigo Reyes. Faltaron los Regidores 3°, don Nicolás Rivera, y 6°, don Leonidas Velásquez, sin excusa legal, por ante el infrascrito Secretario Municipal, don Fernando Maldonado h., que da fe.

Primero… Segundo… Tercero… Cuarto…

Quinto.–La Municipalidad, por unanimidad de votos, acordó: declarar «Benemérito de la Patria y Fundador de la Paz» al Excelentísimo Señor Presidente Constitucional, Dr. y Gral. don Tiburcio Carías Andino, en virtud del afianzamiento de la paz por doce años y colaborador de la política del Buen Vecino; y darle, una vez más, un voto de confianza, de lealtad y simpatía, por el beneficio antes dicho, y dirigirse al Honorable Congreso Nacional para que, en sus sesiones próximas, en representación de esta Municipalidad, haga o declare tan honrosa conmemoración, debiendo dirigir certificación de este punto de acta al Señor Presidente de dicha Asamblea para los fines consiguientes.

Sexto… Séptimo…

Octavo.–No habiendo más de qué tratar se levantó la sesión.– Antonio Morales.–Doroteo García V.–Justino Manzanares O.– Cándido Banegas P.–Leoncio M. Cruz.–Herminio Ortega C.–José Santos Maldonado.–Rodrigo Reyes.–Fernando Maldonado h., Secretario".

CERTIFICACIÓN

Señores Secretarios del Soberano Congreso Nacional.– Tegucigalpa.–Para su conocimiento y demás fines, tengo el honor de transcribir a ustedes el acta que literalmente dice:

"Acta No 10.–Sesión extraordinaria y solemne celebrada por el Subcomité Nacionalista «Manuel Bonilla», juntamente con la Municipalidad de Potrerillos, Cortés, el día domingo tres de diciembre de mil novecientos cuarenta y cuatro, bajo la Presidencia del Profesor Juan Ramón Ardón, con la asistencia del Vicepresidente, don Raúl A. Collart; de los Vocales, don Saturnino Suazo, don José Licona, don Rogelio Garay, don Pilar Peña, don Pedro Umanzor, don Tomás Torres, don Alfonso Aguilar G.; del Prosecretario, don Juan B. Méndez; del Fiscal, don Raúl G. Nehring; del Tesorero, don Joaquín Salgado, y del Secretario que autoriza.

Aclarando que don Saturnino Suazo concurrió en su carácter de Vocal y de Alcalde Municipal accidental; el señor José Licona, en su doble carácter de Vocal y Concejal Municipal; y el señor Joaquín Salgado, también en su carácter de Síndico Municipal.

1°–Se aprobó y firmó el acta anterior.

2°–La Secretaría dio lectura a un telegrama enviado por el señor Presidente del Comité Departamental del Partido, General don Abelardo H. Bobadilla, y a numerosos mensajes de los Subcomités y Municipalidades de la República, en los cuales piden que, respondiendo a la plausible iniciativa lanzada por el Comité Nacionalista y Municipalidad de La Esperanza, se pida al Soberano Congreso Nacional declarar al Señor Presidente de la República, Dr. y Gral. don Tiburcio Carías Andino, «Fundador de la Paz de Honduras y Benemérito de la Patria».

3°–El Subcomité y miembros municipales presentes resolvieron emitir el siguiente acuerdo:

El Subcomité Nacionalista «Manuel Bonilla» y Municipalidad de Potrerillos, Cortés,

Considerando: que Honduras, durante más de una centuria, vivió una vida de inquietudes y sobresaltos, debido a las continuas guerras intestinas incubadas y patrocinadas por la ambición de los demagogos de nuestra política vernácula, dando ello por resultado la bancarrota de nuestras más caras instituciones y la desmoralización, tanto en la vida pública como en la privada;

Considerando: que el año de 1933, con el ascenso a la Primera Magistratura de la República del señor Dr. y Gral. don Tiburcio Carías Andino, llevado a ella por más de 150.000 votos obtenidos en las urnas electorales de 1932, Honduras principió a despertar del lamentable letargo en que yacía sumida, gracias a un Gobierno asentado en el orden, en la paz y en la tranquilidad social de los pueblos;

Considerando: que, durante más de once años, el ciudadano Presidente de la República, Dr. y Gral. don Tiburcio Carías Andino, debido a sus probadas y atinadas ejecutorias de esclarecido patriota y hábil estadista, ha hecho de Honduras una Nación próspera, feliz y acreedora de sólido crédito interior y exterior,

Acordó:

1°–Dar un voto de confianza al Señor Presidente de la República, Gral. Carías Andino.

2°–Hacer suya la plausible y patriótica iniciativa del Comité y Municipalidad de La Esperanza y, por lo mismo, pedir al Soberano

Congreso Nacional, por intermedio de los señores Diputados de este departamento, declare al Señor Presidente Constitucional de la República, Dr. y Gral. don Tiburcio Carías Andino, «Fundador de la Paz de Honduras y Benemérito de la Patria», como una demostración elocuente de la lealtad, cariño y reconocimiento de este pueblo, por su proba labor desarrollada durante más de once años, en beneficio del progreso de Honduras.

3°–Transcribir la presente acta al Señor Presidente de la República, a los señores Diputados por este departamento, al Secretario del Soberano Congreso Nacional, al Comité Central del Partido y al Comité Departamental ídem.

4°–Se levantó la sesión.–J. R. Ardón, Presidente.–S. Suazo, Vocal 1° y Alcalde Municipal accidental.–Raúl A. Collart.–José Licona.–Rogelio Garay.–Pilar Peña.–Pedro Umanzor.–Tomás Torres.–Alfonso Aguilar G.–Juan B. Méndez.–Raúl G. Nehring.–J. Salgado.–J. Antonio Guzmán, Secretario".

Extendida en Potrerillos, Cortés, a los cinco días del mes de diciembre de mil novecientos cuarenta y cuatro.–J. R. Ardón, Presidente.–J. Antonio Guzmán, Secretario.

Tegucigalpa, D. C., 14 de diciembre de 1944.–Señores Secretarios del Soberano Congreso Nacional.–Por el digno medio de Uds. me permito felicitar a ese Alto Cuerpo por la emisión del Decreto en que se confiere el honroso título de «Fundador y Sostenedor de la Paz de Honduras y Benemérito de la Patria» al Excelentísimo señor Presidente Constitucional de Honduras, Doctor y Gral. don Tiburcio Carías A., ya que ese Decreto es el reflejo fiel del alma y nobles sentimientos del pueblo hondureño, como también de todos los extranjeros que hemos hecho de este noble país nuestra segunda patria y hemos visto en la personalidad del Doctor Carías Andino al hombre abnegado, al hombre progresista y trabajador incansable, que ha hecho de la justicia y el derecho el altar sagrado más grande en que descansa la felicidad de hondureños y extranjeros.–Soy de Uds. muy atto. y s. s.,

Salomón Barjum

CERTIFICACIÓN

El suscrito, Secretario del Subcomité Nacionalista «Doctor Gonzalo Carías Castillo» de San Manuel, departamento de Cortés, certifica: que en el Libro de Actas que este Subcomité lleva en el presente año se encuentra la que copiada literalmente dice:

"Acta No 5.–Sesión solemne celebrada por el Subcomité Nacionalista «Doctor Gonzalo Carías Castillo» de San Manuel de Cortés, el día sábado dos de diciembre de mil novecientos cuarenta y cuatro.–Presidió el Presidente, don Pablo Moya G.; Vicepresidente, don Constantino Castillo R.; con asistencia de los Vocales, don Agustín Castro, don Marcelino B. Cruz, don Eustaquio Oviedo, don Juan C. Ulloa, don Raimundo Gutiérrez, don Demetrio Urbina; Fiscal, don Agapito Gutiérrez; Tesorero, don Asunción Moya G.; Prosecretario, don Francisco Cruz R., y el suscrito Secretario que da fe; encontrándose también presente la Honorable Corporación Municipal, compuesta por los ciudadanos siguientes: Alcalde Municipal, Prof. don Andrés Hernández Chacón; Regidores del 1º al 4º, don Ubaldo Castillo, don Agustín Castro, don José Maldonado y don Julio Martínez M.; Síndico Municipal, don Juan C. Ulloa, y un numeroso grupo de ciudadanos que fueron invitados por este Subcomité.

1º–Se abrió la sesión y, a continuación, la Secretaría dio lectura al acta de la sesión anterior, la que fue aprobada y firmada sin ninguna modificación."

CERTIFICACIÓN

El infrascrito, Secretario Municipal de esta ciudad, certifica: que en el Libro de Actas que lleva la Corporación Municipal en el presente año, de página 298 a 300, se encuentra el acta que literalmente dice:

"Acta No XXXI.-Sesión extraordinaria celebrada por la Corporación Municipal de la ciudad de San Marcos de Colón, el día miércoles veintinueve de noviembre de mil novecientos cuarenta y cuatro, a las nueve de la mañana, en el Salón del Ayuntamiento. Presidió la sesión el señor Alcalde Municipal, don Félix Pedro Pinel Peña, con asistencia de los señores Regidores Ordóñez, Molina, Montoya, Guillén, Maradiaga, Castellón y el Secretario Municipal.

125

1º.-Se abrió la sesión.

2º.-La Secretaría dio lectura a la correspondencia recibida, de la que se tomó debida nota.

3º.-El Presidente, don Pablo Moya G., manifestó a los miembros, Corporación Municipal y concurrencia en general, que el objeto de esta sesión es únicamente para exponerles lo siguiente: que desea que todos den su parecer, como él da el suyo, para que, siguiendo las ideas del pueblo intibucano, y en atención a la circular enviada por el señor Presidente del Comité Departamental Nacionalista, General don Abelardo H. Bobadilla, que acaba de ser leída y que se trata de pedirle al Soberano Congreso Nacional que declare «Fundador de la Paz de Honduras y Benemérito de la Patria» al Dr. y Gral. don Tiburcio Carías Andino y se dé un voto de confianza; la Directiva, Corporación Municipal y concurrencia en general, en una sola voz, manifiesta que aprueba en todas sus partes la moción hecha por el Presidente Moya G., y que dan su parecer para que se le pida al Soberano Congreso Nacional, por medio de los Representantes por nuestro departamento, se declare «Fundador de la Paz de Honduras y Benemérito de la Patria» al Dr. y Gral. don Tiburcio Carías Andino, por ser el único que hasta la fecha ha podido mantener inalterable la paz en todo el país, que tanto beneficio ha hecho a nuestra querida Honduras. Que de esta acta se saquen cinco copias: una para enviarla al Soberano Congreso Nacional, para que el señor Secretario dé cuenta con ella en las próximas sesiones; otra para el señor Presidente del Comité Central Nacionalista; otra para el señor Presidente del Comité Departamental Nacionalista, General don Abelardo H. Bobadilla; otra para nuestro Jefe Supremo del Partido Nacional y del departamento Francisco Morazán.

4º.-Y no habiendo más de qué tratar, se levantó la sesión.–P. Moya G., Constantino Castillo R., Agustín Castro, Marcelino B. Cruz, Eustaquio Oviedo, Juan C. Ulloa, Ray G. Gómez, Demetrio Urbina, Agapito Gutiérrez, Asunción Moya G., F. C. Romero, Andrés Hernández Chacón, Ubaldo Castillo, José Maldonado, Julio Martínez M., Luis C. Sunsín, Reynaldo Pineda, Gerardo G. Gutiérrez, Valentín Murillo, Calixto Gutiérrez, Miguel A. Rivera O., Ambrosio Gutiérrez, F. Pineda Castillo, Natividad Antúnez, Santos Contreras, Ramón Turcios, Ángel Licona, Raúl Pineda, Feliciano Bueso, Bonifacio

Cruz, Rodrigo Reyes, Juan Estrada, Víctor Moya, Alejandro Hernández, Rodrigo Cruz, Eusebio Miranda, Inocente Cáceres, Avelino López, Ceferino Bardales, Jerónimo Mendoza, Florencio Reyes, Marcelino Contreras, José Andino, Santos Bardales, Prisciliano García, Rosalío Gutiérrez, Secretario".

Extendida en San Manuel de Cortés, a los cinco días del mes de diciembre de mil novecientos cuarenta y cuatro.–P. Moya G., Presidente.–Rosalío Gutiérrez, Secretario.

Nacaome, diciembre 11 de 1944.–Soberano Congreso Nacional.– Los suscritos, Santos Martín Ordóñez, oficial del Ejército Nacional, y Regina Zablah de Ordóñez, con el más profundo respeto, ante Vos, Augusto Cuerpo, venimos a exponer y pedir lo siguiente:

Como ciudadanos admiradores de la grandiosa obra de progreso que, con firme inspiración, ha llevado a cabo hasta la fecha, en favor de la Patria, nuestro insigne Presidente Dr. y Gral. don Tiburcio Carías Andino, siempre hemos seguido de cerca y nos hemos sumado con entusiasmo a las corrientes de simpatía que en una u otra forma se han manifestado en su favor, ya para darle el apoyo moral necesario para la conservación de la paz fructífera de que disfrutamos, como para acuerparlo en la lucha armada contra los implacables perturbadores del orden público y sostenerlo en la Primera Magistratura del Estado, aun a costa de los más duros sacrificios.

Actualmente, por infinidad de mensajes que hemos visto publicados en la prensa del país, nos damos cuenta del fervoroso anhelo del pueblo, de las Corporaciones y autoridades civiles y militares, porque con un gesto de gallardía, de amplia justicia y de alto sentido patriótico, el Soberano Congreso Nacional le dé un voto de confianza al Mandatario y que a la vez declare al Ilustre Caudillo «Benemérito de la Patria y Fundador de la Paz de Honduras». Idea tan trascendental, donde se resume el alto sentido de comprensión, el espíritu de civismo y la nobleza que animan al pueblo, es por mil títulos muy digna de ser acuerpada unánimemente por todos los hondureños, máxime en los tiempos que vivimos, en los que tan difícil es encontrar patriotas de la estructura moral y visionaria estirpe del Gral. Carías Andino.

Es justicia y honor al mérito lo que pedimos.–Respetuosamente.– Santos Martín Ordóñez.–Regina Zablah de Ordóñez.

OFICIO No 124

Tegucigalpa, D. C., diciembre 13 de 1944.–Señores Secretarios: En nombre del Concejo del Distrito Central, y por el digno medio de Uds., envío calurosa felicitación y sincero reconocimiento al Soberano Congreso Nacional, y particularmente a cada uno de los Honorables Representantes del pueblo hondureño, por haber emitido el trascendental Decreto que declara «Benemérito de la Patria y Fundador de la Paz Nacional» al Gral. don Tiburcio Carías Andino, actual Presidente Constitucional de la República, alta Magistratura a la que fue llevado por la voluntad popular manifestada en los comicios de 1932.

Con las muestras de mi respetuosa consideración, me suscribo de los señores Secretarios, como su muy atto. y s. s.–J. Tomás Quiñónez A., Presidente del Concejo del D. C.–A los señores Secretarios del Soberano Congreso Nacional.–Palacio Legislativo.

CERTIFICACIÓN

F. Emérito Hernández, Secretario Municipal de este pueblo, certifica: que ha tenido a la vista el Libro de Actas que esta Corporación lleva en el corriente año, en donde se encuentra el punto de acta que con su preámbulo dicen:

"Acta número 32.–En Santa Cruz de Yojoa, día viernes primero de diciembre de mil novecientos cuarenta y cuatro.–En esta fecha, la Municipalidad de este pueblo celebra sesión ordinaria, bajo la presidencia de Elías Toro y de todos los demás miembros, Regidores del 1° al 5°, García, Leiva Nuila, Orellana R., Guzmán Barahona y Juan José Enamorado, respectivamente, y del Síndico Romero J. También concurrieron los Concejeros, Crnel. Eulogio E. Castellanos, don Manuel Ferrera M. y don Salomón Enamorado, por ante el Secretario del despacho. Abierta la sesión, se procedió en la forma siguiente:

1°...

2°.–Estando presente en esta sesión la Directiva del Subcomité Nacionalista «Bandera Azul y Blanco», de este pueblo, integrada por los señores Coronel Eulogio E. Castellanos, Presidente; Elías Toro U., Vicepresidente; Vocales, Salomón Romero J., José María Toro U., Carlos Pineda, Simón Zepeda, Francisco Toro, Marcos Leiva N., Luis

Enamorado, Sindulfo Toro, Juan Chacón h., Francisco Orellana, Juan José Enamorado y Raimundo Martínez; Fiscal, don Pascual Galeas; Secretario, Profesor Juan Ángel Orellana, y regular número de nacionalistas, con el fin que a continuación se expresa: la Secretaría dio lectura al importante mensaje circular que dice:

«Alcaldes Municipales y Subcomités Nacionalistas.–Por telégrafo de La Esperanza, 27 de noviembre de 1944.–Recibido por Santa Cruz, 28.–Para lo que tenga a bien resolver, tenemos la satisfacción de comunicar que hoy, en sesión conjunta, la Municipalidad de esta cabecera, la Directiva del Comité Departamental, la Municipalidad y Subcomité Nacionalista de Intibucá, resolvieron:

1°.–Encargar a los diputados por este departamento para que pidan al Soberano Congreso Nacional que declaren 'Fundador de la Paz de Honduras y Benemérito de la Patria' al señor Dr. y Gral. Tiburcio Carías A., y le dé un voto de confianza.

2°.–Informar a la Representación Nacional que los pueblos de este departamento han estado durante la presente Administración, y estarán, en completo orden, dedicados a sus trabajos habituales, prestando su cooperación vecinal y dando su contingente de buenos nacionalistas.

3°.–Mantener siempre al nacionalismo intibucano organizado y en pie de acción para cumplir sus deberes cívicos y evitar que una minoría ofuscada y ambiciosa que adversa al Gobierno cometa los crímenes que se empeña en ejecutar contra la vida humana, las instituciones patrias y las cosas más queridas.

4°.–Expresar que la prolongación del período presidencial del General Carías A. está plenamente justificada y debe servir de sólido fundamento para meditar, a conciencia desde hoy, quién es el llamado a desempeñar la Presidencia de la República de Honduras en el próximo período constitucional, conforme a los principios y práctica de la soberanía y de la democracia.–Afmos. amigos y correligionarios.–O. V. Velásquez, Alcalde Municipal.–Rodolfo Z. Velásquez, Presidente Comité Departamental Nacionalista.–Antonio Vásquez, Alcalde Municipal de Intibucá.–Feliciano Domínguez, Presidente del Subcomité Nacionalista».

Tomada en consideración la importante circular preinserta y considerando que en este municipio, ciento por ciento nacionalista, privan los mismos sentimientos de gratitud y reconocimiento, la Municipalidad y el Subcomité Nacionalista «Bandera Azul y Blanco», unánimemente, acuerdan: acoger con entusiasmo la iniciativa de que se hace mérito, encareciendo a nuestros Representantes en la Asamblea Nacional se sumen en la exposición respectiva para declarar «Fundador de la Paz de Honduras y Benemérito de la Patria» al Excelentísimo señor Presidente de la República, Dr. y Gral. Tiburcio Carías A., dándole, al propio tiempo, un voto de confianza, en señal de reiterado reconocimiento por su gestión eminentemente patriótica al frente de los caros intereses de nuestro país.

3°... 4°... 5°... 6°... 7°... 8°... 9°...10° .

–No habiendo más de qué tratar, se levantó la sesión.–Sello.–Elías Toro U., Nicolás García, Marcos Leiva N., Francisco Orellana, Luis Guzmán Barahona, Juan J. Enamorado, Salomón Romero J., E. E. Castellanos, Manuel Ferrera M., Salomón Enamorado.–Sello.–F. Emérito Hernández, Secretario».

Y para remitir a los Diputados al Soberano Congreso Nacional por este departamento, extiende la presente en Santa Cruz de Yojoa, a cinco de diciembre de mil novecientos cuarenta y cuatro.–Elías Toro U., Alcalde Municipal.–Emérito Hernández, Secretario.

CERTIFICACIÓN

Cedros, 5 de diciembre de 1944.–Señores Diputados del Soberano Congreso Nacional.–Don Fernando Zepeda Durón, Lic. Marco A. Raudales, Dr. Martín M. Agüero, Gral. Pedro F. Triminio y don Agapito Fiallos.–Tegucigalpa.–Para su conocimiento y efectos legales, tengo el honor de transcribirles el acta que literalmente dice:

«Acta No 28.–Reunidos en el Salón Municipal, el día tres de diciembre de mil novecientos cuarenta y cuatro, bajo la presidencia del señor Alcalde don Álvaro Luque, con asistencia de los señores Regidores Juan Gilberto Torres, Francisco Ramos, Luis Torres, Hilario Cruz, José L. Ortega, José León Arrazola, Amado Banegas; Concejeros, señores Alfredo Raudales, Cirilo Luque, Néstor Medina, Rafael Torres; Secretario, Emilio González; y la Directiva del

Subcomité Nacionalista, ciudadanos: Vicepresidente, Pedro López Trejo; Vocales, Pedro Raudales, Tomás Neda M., Ángel Velásquez, Juan Medina, Ismael Medina, Ramón Castellanos, Nicolás Medina, Carlos Torres, Luis González, Abraham G. González, Rigoberto Hernández, Felipe Luque, Salvador Dávila, Ramiro Medina; Secretarios, Ángel E. López, Próspero Inestroza y Eugenio Velásquez. Concurrieron, además, el Comandante Local, Abraham González D.; el Receptor de Rentas, Fernando Montoya; telegrafistas, Feliciano Flores, Lázaro Cáceres, Luis A. Flores.

1°.–Los señores Alcalde y Vicepresidente dieron lectura al mensaje telegráfico dirigido de La Esperanza, por los ciudadanos O. V. Velásquez, Alcalde Municipal; Rodolfo Z. Velásquez, Presidente de aquel Comité Nacionalista; Antonio Vásquez, Alcalde Municipal, y Feliciano Domínguez, Presidente del Subcomité de Intibucá, en cuyo mensaje comunican, como correligionarios, las disposiciones por ellos tomadas, y estando de acuerdo con sus ideales y disposiciones, resolvemos: dirigirnos a los señores Diputados por este departamento para que soliciten del Soberano Congreso, se declare al Dr. y Gral. don Tiburcio Carías A., "Sostenedor de la Paz de Honduras y Benemérito de la Patria", reiterándole nuestro voto de confianza, manifestando que en este municipio velamos por la unificación del Gran Partido Nacional y porque la paz de la República no sea alterada, sosteniendo que la prolongación presidencial del General Carías A. es justificada por sus principios democráticos; y,

2°.–Se levantó la sesión.–Álvaro Luque, Pedro López Trejo, Juan Gilberto Torres, Francisco Ramos, Luis Torres, Hilario Cruz, José L. Ortega, José León Arrazola, Amado Banegas, Alfredo Raudales, Cirilo Luque, Néstor Medina, Juan Medina, Rafael Torres, Pedro Raudales, Tomás Neda M., Ángel Velásquez, Ramón Castellanos, Luis G. González, Abraham G. González, Alfredo Torres, Ismael Medina, Carlos Torres, Salvador Dávila, Ramiro Medina, José M. Molina, Felipe Luque, Abraham González D., Fernando Montoya, Feliciano Flores, B. Lázaro Cáceres, Luis A. Flores; Secretarios del Subcomité, Ángel E. López, P. Inestroza, Eugenio Velásquez; E. González D., Secretario Municipal».

De Uds. muy respetuosamente.–Vo. Bo., Álvaro Luque, Alcalde Municipal.–E. González D., Secretario Municipal.–Vo. Bo., Pedro

López Trejo, Vicepresidente Subcomité Nacionalista.–P. Inestroza, Secretario Subcomité Nacionalista.

La Libertad, Comayagua, 28 de diciembre de 1944.–Secretarios del Congreso Nacional.–La prensa nos ha puesto una vez más al tanto de todos los acontecimientos desarrollados en el momento solemne de la declaratoria por el Soberano Congreso Nacional de «Fundador y Sostenedor de la Paz de Honduras y Benemérito de la Patria», a nuestro digno Mandatario, Dr. y Gral. Tiburcio Carías Andino. Nada mejor que este hecho, en que se glorifica a un hombre que ha puesto su contingente necesario para el adelanto de nuestra Patria en todos sus órdenes.–Juan Ángel Medina, Alcalde Municipal.

San Buenaventura, Francisco Morazán, 26 de diciembre de 1944.–Secretarios del Congreso Nacional.–Por su digno medio presento a esa Augusta Cámara nuestra más efusiva felicitación por el sincero tributo de homenaje, declarando al Excmo. Señor Presidente de la República, «Fundador y Sostenedor de la Paz de Honduras y Benemérito de la Patria». El pueblo hondureño agradecido sabrá reconocer tan magna fecha.–Julián Ordóñez B., Presidente del Subcomité Nac.

Ojos de Agua, Comayagua, 23 de diciembre de 1944.–Dr. Plutarco Muñoz P.–Este Subcomité Nacionalista aplaude con entusiasmo el homenaje de gratitud nacional que la Representación del pueblo de Honduras ha tributado al más grande de los Presidentes que ha tenido el país, el Dr. y Gral. Tiburcio Carías Andino, quien nos ha dado la paz, desde su ascensión al poder, encauzando a su pueblo por las prácticas de la civilización y progreso material.– Atentamente.–Santiago Anariba M., Presidente Subcomité Nacionalista.

San José, Comayagua, 20 de diciembre de 1944.–Secretarios del S. Congreso Nacional.–En nombre de la Municipalidad que presido y vecinos de este pueblo en general, tengo el honor de dirigirme por su digno medio a esa Augusta Cámara, dándole mis más fervientes votos de congratulación por el buen éxito meritorio acogido por esa Asamblea Legislativa, introducido por el Diputado intibucano Prof.

Rodolfo Z. Velásquez, donde se titula a nuestro Gobernante, Tiburcio Carías A., «Fundador de la Paz de Honduras y Benemérito de la Patria», en agradecimiento a sus benéficas labores en favor de nuestra querida Honduras.–Feliciano Ríos M., Alcalde Municipal.

Namasigüe, 2 de enero de 1945.–Secretarios Soberano Congreso Nacional.–Esta Municipalidad, al seno de la santa paz, celebra con júbilo de verdaderos patriotas el acuerdo dado por la Honorable Cámara Legislativa, declarando «Sostenedor de la Paz y Benemérito de la Patria» a nuestro Ilustre Mandatario, Dr. y Gral. Tiburcio Carías Andino, y a la vez felicitándonos por los progresos alcanzados y por la santa paz de que gozamos los hondureños.–Higinio Jovel Osorio, Alcalde Municipal.

La Unión, Olancho, 21 de diciembre de 1944.–Soberano Congreso Nacional.–Partido Nacional de este pueblo está de plácemes por la patriótica resolución del Soberano Congreso Nacional, al declarar al Señor Presidente Constitucional de la República, Dr. y Gral. don Tiburcio Carías Andino, «Fundador de la Paz de Honduras y Benefactor de la Patria».–Lorenzo Bueno R., Alcalde.

Nueva Ocotepeque, 23 de diciembre de 1944.–Secretario Honorable Congreso Nacional.–Este Subcomité Nacionalista y pueblo en general ruega a Ud., como un justo homenaje al Señor Presidente Constitucional de la República, Dr. y Gral. don Tiburcio Carías Andino, obtenga, por medio de esa Honorable Asamblea Nacional, la bien merecida distinción y porte del diploma de «Gran Reformador y Benemérito de la Patria», para complacencia de todos aquellos hondureños que admiramos al Gral. Carías por su grandiosa obra de progreso y restauración nacional.–Carlos M. Alvarado, Secretario.–Visitación Ventura, Presidente.

Colinas, 23 de diciembre de 1944.–Secretario Congreso Nacional.–Por su digno medio felicito a ese Alto Cuerpo por haber emitido decreto unánimemente declarando al Gral. Carías A., «Fundador de la Paz y Benemérito de la Patria». Bien merecido este honroso título, iniciativa de los valientes y amorosos intibucanos. Francamente, Jesucristo es Salvador del Mundo y Tiburcio Carías es el Salvador de Honduras.–Ignacio Guzmán, Secretario Subcomité Nacionalista.

Goascorán, 1º de enero de 1945.–Soberano Congreso Nacional.– Para esa Augusta Cámara, mis efusivas felicitaciones, deseándoles prosperidad en el presente año, y por haber declarado al Doctor y General Carías, «Fundador de la Paz y Benemérito de la Patria». Fáltanos ahora darle medalla de oro al campeón de las democracias, periodista Zepeda Durón.–Manuel de J. Medina, Tesorero del Subcomité Nacionalista.

La Venta, 8 de enero de 1945.–Señor Secretario del Congreso Nacional.–Tengo el honor de transcribir a Ud. el preámbulo, punto de acta y parte final que literalmente dice:

«Año de 1945.–Acta inaugural No 1.–Sesión solemne y pública celebrada por la Honorable Corporación del pueblo de La Venta, el día lunes primero de enero de mil novecientos cuarenta y cinco.–Se abrió la sesión, presidida por el señor Alcalde Municipal, don Epifanio Navas Ramos, con asistencia de los Vocales, Regidores 1º, 2º y 3º, por su orden, así: don Virgilio Ordóñez R., don Camilo González y don Anselmo Sierra; del señor Síndico Municipal, don Marcos Ramos Navas; de los miembros de la Honorable Corporación Municipal entrante: Alcalde, don Amado Flores Lagos; Regidores del 1º al 3º, respectivamente, don Tomás Funes Flores, don Rogelio Sierra Funes, don Pablo Macario Oliva y Oliva; del señor Síndico, don Sergio Rodas Lagos; de los señores Jueces de Paz, propietario y suplente, respectivamente, don Terencio Sierra Navas, don Gertrudis Andino, y por ante el infrascrito Secretario Municipal, que da fe.
1º.–...... 2º.–......
3º.–Las Corporaciones Municipales, saliente y entrante, de común acuerdo, acordaron: unánimemente dar UN VOTO DE CONFIANZA Y LEALTAD al Excelentísimo Señor Presidente de la República, Dr. y General Tiburcio Carías Andino, ofreciéndole cooperación en lo que nuestro probo Mandatario lo estime conveniente.

4º.–Autorizar la transcripción de este punto de acta al Señor Presidente de la República, «Benemérito de la Patria», y al Soberano Congreso Nacional, para los fines consiguientes.

5º.–...... 6º.–Y no habiendo más de qué tratar, se levantó la sesión, firmando todos los miembros para constancia y legalidad.–Sello.–Epifanio Navas R.–Virgilio Ordóñez R.–Camilo González.–Anselmo Sierra.–Sello.–Marcos Ramos N.–Sello.–Marcial Maradiaga Valdivia, Secretario Municipal.–Amado Flores.–Tomás Funes.–Rogelio Sierra Funes.–Pablo Macario Oliva.–Sergio Rodas.–Terencio Sierra.–Gertrudis Andino.–Sello.–Marcial Maradiaga Valdivia, Secretario Municipal».

Y para los fines que estime convenientes, extiendo la presente certificación en el municipio de La Venta, a los ocho días del mes de enero de mil novecientos cuarenta y cinco.–Marcial Maradiaga Valdivia, Secretario Municipal.–Vo. Bo., Amado Flores, Alcalde Municipal.

CERTIFICACIÓN

El infrascrito, Secretario Municipal de este municipio, certifica: que en el Libro de Actas Municipales que lleva esta oficina en el corriente año, a las páginas 47, 48 y 49, se encuentra el acta que literalmente dice:

«Sala Municipal de Santa Rita de Copán, lunes once de diciembre de mil novecientos cuarenta y cuatro.–Sesión extraordinaria del día de hoy.–Presidió el señor Alcalde Municipal accidental, don Felipe Leiva S., con la asistencia de los Vocales Regidores del 1º al 4º, por su orden, señores Ortiz y Escobar; Síndico Municipal, don Juan Ramón Alvarenga; Concejeros, Landaverry, Chinchilla y Urquía, y el infrascrito Secretario; faltando, con excusa, el Concejero Ramos J.

1º.–El señor Alcalde Municipal accidental declaró abierta la sesión a las nueve de la mañana; se leyó el acta anterior y fue aprobada y firmada sin ninguna modificación.

2º.–...... 3º.–......

4º.–El señor Alcalde Municipal expuso a la Honorable Corporación que ha recibido centenares de mensajes de las Municipalidades y Subcomités Nacionalistas de la República, excitando a esta Municipalidad y Subcomité para acuerpar la idea de la Municipalidad y Comité Departamental de La Esperanza, en el sentido de dirigirnos al Soberano Congreso Nacional, actualmente reunido en la capital de la República, para que este Alto Cuerpo emita decreto declarando a nuestro Ilustre Mandatario, Dr. y Gral. don Tiburcio Carías A., «Benemérito de la Patria y Fundador de la Paz de Honduras». Y la Municipalidad acordó: acuerpar tan noble idea lanzada por la mayoría del pueblo hondureño, en un acto de agradecimiento por la paz que disfrutamos y que, por medio de la Secretaría, se envíe copia certificada de este punto de acta a los señores Secretarios del Soberano Congreso Nacional para los efectos ya indicados.

5°.–Se levantó la sesión a las 11 a. m.–Sello.–Felipe Leiva S.–Crescencio Ortiz.–Paulino Escobar.–Juan R. Alvarenga.–Alejandro Landaverry.–Víctor M. Chinchilla.–Tulio Urquía.–(Sello).–L. Alberto Cáceres».

Extendida en Santa Rita de Copán, a doce de diciembre de mil novecientos cuarenta y cuatro.–L. Alberto Cáceres.–Crescencio Ortiz.

CERTIFICACIÓN

El infrascrito, Secretario del Subcomité Nacionalista de este pueblo, cumpliendo órdenes de la Directiva de este Subcomité, certifica: el punto de acta que a su letra dice:

"Acta No 10.–Sesión extraordinaria del día lunes veinticinco de diciembre de mil novecientos cuarenta y cuatro.–Presidió la sesión don Tadeo Andrade, Presidente del Subcomité Nacionalista, con la asistencia del Presidente Honorario don Rafael E. Cano, Vicepresidente don Ricardo Valladares C.; también asistieron los Vocales, por su orden, don Alfonso Ramírez Ávila, don Erasmo R. Miralda, don Bernardo Hernández V. y don Cecilio Magno Castro H.; el Fiscal, don Reyes Miralda; el Tesorero, don Juan M. Valladares, y los Secretarios que dan fe.

1°.–El Secretario dio lectura al acta anterior, la que fue aprobada y firmada; también dio cuenta con la correspondencia recibida, la que será discutida.

2°.–El señor Presidente del Subcomité Nacionalista, don Tadeo Andrade M., mociona ante su digno ayuntamiento de miembros que la sesión de hoy se refiere para discutir dos telegramas de sumo interés patrio; el primero se resuelve así: que este Subcomité Nacionalista, por unanimidad de votos, pide al Soberano Congreso Nacional emita un decreto declarando a nuestro Mandatario de la República, Dr. y Gral. Tiburcio Carías Andino, como «Fundador y Sostenedor de la Paz de Honduras y Benemérito de la Patria». Pues es el hombre que ha producido nuestra querida Honduras, adoptado para ser agradecido en los méritos que aquí se anotan; pues ha brindado a todos los hondureños el bienestar patrio, trabajando porque cada uno sea representativo por sí solo, por la inclinación a la vía del trabajo y botando aquella inclinación que existía de esperar un ambiente de ignorancia dirigido a la política, de creer que ese sería el prospecto insinuante para el bienestar de cada uno. Y hoy que se encuentra derogado por las altas actividades del Señor Presidente Constitucional, os pedimos, Soberano Congreso Nacional, que nuestra moción sea acatada y se le dé el curso legal en legislar el referido decreto.

3°.–………

4°.–El Presidente y su ayuntamiento ordena al Secretario que libre certificación y la eleve ante el Soberano Congreso Nacional de Tegucigalpa, firmando la presente todos los miembros del Subcomité Nacionalista, por ante los infrascritos Secretarios, que dan fe.–Tadeo Andrade M.–Rafael E. Cano.–Ricardo Valladares C.–Alfonso Ramírez Ávila.–Erasmo R. Miralda.–Bernardo Hernández V.–Cecilio Castro H.–No apareciendo la firma del Fiscal, ignorándose el por qué, firma el Tesorero Juan M. Valladares.–Reginaldo Ruiz D., Secretario.–Sebastián Figueroa M., Prosecretario".

Es copia íntegra de su original, firmo y elevo la presente, en Jano, a 26 de diciembre de 1944.–Reginaldo Ruiz D., Secretario.

CERTIFICACIÓN

El infrascrito, Secretario Municipal de este pueblo, certifica: que al folio 36 del Libro de Actas Municipales del presente año se encuentra la que dice:

"Sesión extraordinaria.–Marale, doce de diciembre de mil novecientos cuarenta y cuatro.–Presidió el señor Alcalde Municipal, don Isidoro Arteaga; concurrieron el Regidor 1°, don Pascual Rosales G.; 2°, don Lázaro Cruz; 3°, don Cecilio Banegas A.; Síndico, don Ángel Gámez. Concurrieron también el Presidente, Vocales y Secretario del Subcomité Nacionalista y gran número de vecinos, ante el Secretario Municipal, don Ricardo Ramos C., que da fe y cuenta con la correspondencia oficial recibida desde el seis de los corrientes hasta la fecha.

1°.–Se leyó, aprobó y firmó el acta de la sesión anterior.

2°.–La Municipalidad, los miembros del Subcomité Nacionalista y vecinos del pueblo, considerando: los méritos personales del ciudadano Doctor y General don Tiburcio Carías Andino, y como Primer Mandatario de la República, que ha puesto su mayor empeño en el sostenimiento de la paz e impulsado el progreso cultural y material de la Nación, y como un homenaje justo y merecido, acordamos: pedir al Honorable Congreso Nacional se le declare «Benemérito de la Patria y Autor de la Paz Nacional».

3°.–Comuníquese este acuerdo a la Secretaría de la Augusta Representación Nacional para los fines consiguientes.

4°.–No habiendo más de qué tratar, se levantó la sesión.–Sello.– Isidoro Arteaga.–Pascual Rosales G.–Lázaro Cruz.–Cecilio Banegas A.–Ángel Gámez.–Florentino Martínez.–Ramón Ramos.–Gabino Rosales G.–Crescencio Arteaga.–Julián Arteaga.–N. A. Montes.– Ricardo Ramos C., Secretario Municipal".

Marale, 13 de diciembre de 1944.–Ricardo Ramos C., Secretario.–Isidoro Arteaga.

CERTIFICACIÓN

El infrascrito, Secretario Municipal de este pueblo, certifica: que en el Libro de Actas de Sesiones que esta Municipalidad lleva en el presente año, y a páginas de la 78 a la 81, se registran el preámbulo, puntos de acta y punto final que literalmente dicen:

"Sesión ordinaria celebrada por la Corporación Municipal de Arada, en su Salón de Actos Públicos, el día viernes primero de diciembre de mil novecientos cuarenta y cuatro. Presidió el Alcalde Municipal, Reyes C., con asistencia de los Regidores, por su orden, del 1° al 4°, Amaya, Leiva C., Cantillano R. y Pineda; del Síndico, Madrid R., por ante el infrascrito Secretario.

1°.–...... 2°.–......

3°.–Esta Municipalidad, considerando: que se ha recibido un mensaje del Licenciado Gualberto Cantarero P. y Profesor Rodolfo Z. Velásquez, de La Esperanza, excitando a las Municipalidades para que se pida al Soberano Congreso Nacional que en sus sesiones próximas decrete la declaración de «Benemérito de la Patria y Fundador de la Paz de Honduras» al Doctor y General don Tiburcio Carías Andino, en reconocimiento de sus méritos como Primer Magistrado de la Nación y del progreso que como tal ha hecho surgir en los años de su gobierno. Considerando: que el Doctor y General don Tiburcio Carías Andino es digno de tan honrosa designación, acuerda: dirigirse al Soberano Congreso Nacional pidiéndole que en sus sesiones próximas declare al General Carías Andino, «Benemérito de la Patria y Fundador de la Paz de Honduras». Que la Secretaría envíe una copia de este acuerdo a aquel Augusto Cuerpo.

4°.–...... 5°.–...... 6°.–......

7°.–No habiendo más de qué tratar, se levantó la sesión.–Sello.– Margarito Reyes C.–Pompilio Amaya.–Juan Leiva C.–Claudio Cantillano R.–Tomás Pineda.–Cruz Madrid R.–Sello.–S. Lilio Pineda M., Secretario".

Arada, 10 de diciembre de 1944.–S. Lilio Pineda M., Secretario.– Vo. Bo.–Margarito Reyes C.

CERTIFICACIÓN

El infrascrito, Secretario Municipal de esta Villa, certifica: que en el Libro de Actas que esta Corporación lleva en el presente año, de las páginas ciento veintitrés a ciento veinticuatro, se encuentra el acta que literalmente dice:

"Sesión extraordinaria.–En la Villa de La Virtud, a nueve de diciembre de mil novecientos cuarenta y cuatro.–Reunida la Honorable Corporación Municipal en su Salón respectivo, a las 8 a. m., presidida por el señor Alcalde Municipal, don Jacobo Navarrete; Regidor 1°, don Eulalio Ayala G.; Regidor 2°, don J. Noé López; Regidor 3°, don Octavio Alvarenga; Síndico Municipal, don Eulalio

Otero Martel; Concejeros: don Alonso Escobar, don Froilán López y don Jorge González, miembro del Subcomité Nacionalista, y el infrascrito Secretario Municipal, que da fe.

1°.–Se declara abierta la sesión y se dio lectura a la correspondencia recibida, en donde las Municipalidades de la República excitan pidamos al Soberano Congreso Nacional a fin de que declare «Benemérito de la Patria» a nuestro Ilustre Mandatario, Dr. y Gral. don Tiburcio Carías A.

2°.–Esta Municipalidad y miembros del Subcomité Nacionalista, tomando en cuenta que es de justicia, como una recompensa del pueblo hondureño, por la bendita paz y por el progreso de nuestra querida Patria, por medio de nuestro Presidente, Dr. y Gral. Carías Andino, por unanimidad de votos, acuerda: pedir al Soberano Congreso Nacional declare al señor Presidente, Dr. y Gral. don Tiburcio Carías Andino, «Benemérito de la Patria», por las razones expuestas.

3°.–Que de la presente se saque una copia y se remita al señor Secretario del Congreso Nacional.–Con lo expuesto, firmamos la presente para constancia.–Sello.–Jacobo Navarrete.–Eulalio Ayala G.–J. Noé López.–Octavio Alvarenga.–Eulalio Otero Martel.–Alonso Escobar.–Froilán López.–Jorge González.–Jacinto Chicas.–Pedro Meléndez.–Florencio Bonilla.–Eleuterio Escalante.–Eulalio Alvarenga.–Vicente Cerros.–Pablo Ayala L.–Salvador Serrano.–Sello.–Belarmino Perdomo A., Secretario".

Extendida en la Villa de La Virtud, a diez de diciembre de mil novecientos cuarenta y cuatro.–Belarmino Perdomo A., Secretario.–Vo. Bo.–Jacobo Navarrete.

CERTIFICACIÓN

El infrascrito, Secretario Municipal de este municipio, certifica: el preámbulo y punto de acta que literalmente dicen:

"Sesión extraordinaria, celebrada por la Municipalidad de La Iguala, departamento de Lempira, hoy día domingo tres de diciembre de mil novecientos cuarenta y cuatro.

1°.–Presidió el señor Alcalde Municipal, don José I. Pérez C., con asistencia de los Vocales Regidores 1°, don José Inés Pérez; 2°, don Pedro Rodríguez P.; 3°, don Genaro Cortés C.; 4°, don Pedro C.

Ramos. También asistió el Concejero, don Juan Membreño; no asistiendo el Síndico Municipal, don Ambrosio Bejarano M., por ante el Secretario de la oficina, que da fe.

2°.–Fue declarada abierta la sesión, leída y aprobada el acta anterior sin modificarla.

3°.–...... 4°.–......

5°.–Esta Municipalidad, de común acuerdo, acordó: secundar los nobles sentimientos de nuestro Ilustre Mandatario, Dr. y Gral. don Tiburcio Carías Andino, declarando «Benemérito de la Patria y Fundador de la Paz», como una prueba más y más de lealtad, adhesión y simpatía a nuestro Presidente, y mandar al Soberano Congreso Nacional copia de esta acta para los fines consiguientes.

6°.–No habiendo más de qué tratar, se levantó la sesión, firmando para constancia.–Sello.–José Irene Pérez C.–José Inés Suate.–Pedro Rodríguez P.–Genaro Cortés C.–Pedro C. Ramos.–Juan Membreño.–Sello.–Vicente Reyes C., Secretario".

Extendida en La Iguala, departamento de Lempira, a los siete días de diciembre de mil novecientos cuarenta y cuatro.–Vicente Reyes C., Secretario.–Vo. Bo.–José Irene Pérez C.

CERTIFICACIÓN

El infrascrito, Secretario del Comité Departamental Nacionalista «Lempira», de esta cabecera departamental, certifica: que en el Libro de Actas que lleva este Comité se encuentra el acta que dice:

"En la ciudad de Gracias, a los ocho días del mes de diciembre de mil novecientos cuarenta y cuatro.–Reunidos los infrascritos miembros del Comité Departamental Nacionalista, en sesión extraordinaria en el salón de costumbre y, considerando: que el Señor Presidente Constitucional de la República, Dr. y Gral. don Tiburcio Carías Andino, ha sabido cimentar la paz pública con un tino de estadista que lo hace distinguirse notoriamente de sus antecesores; considerando: que es un deber de todo buen hondureño patentizar su reconocimiento al ciudadano que sepa mantener la paz, por los incalculables beneficios que esta trae consigo; considerando: que el pueblo hondureño ya ha dado muestras inequívocas de que es amante de esa fuente de bienestar, a lo que ha contribuido poderosamente el Partido Nacional, interpretando así los justos anhelos del Ilustre

Gobernante y Jefe del Partido, unánimemente, acuerda: dirigir a la Honorable Cámara Legislativa del país atenta excitativa en el sentido de que, en reconocimiento de lo antes dicho, emita acuerdo especial declarando al ciudadano Presidente de la República, Dr. y Gral. don Tiburcio Carías Andino, «Benefactor de la Patria como Mantenedor de la Paz Pública y Propulsor abnegado del progreso en todas sus manifestaciones», esperando que la Augusta Cámara sabrá corresponder en esta forma a los justos anhelos que animan al conglomerado nacionalista de este departamento.–No habiendo más de qué tratar, se levantó la sesión, firmando para constancia.–Benjamín Serrano Calderón.–Miguel A. Estrada.–Julio Baide.–Jerónimo Pineda Mejía.–Francisco Ruiz López.–Pedro Iglesias G.–G. A. Pineda.–E. Mejía Nolasco.–Arnulfo M. Murcia.–J. Inés Alvarado Z.–Francisco A. Ruiz.–Antonio Enamorado.–Vicente Rodríguez R.–Martín A. Blanco.–David Hernández L.–Carlos R. Cortés.–Jesús C. Trejo.–Trinidad Muñoz C.–Próspero L. Cruz.–José Iglesias G.–Juan Hernández V.–Roberto O. Castañeda.–R. López Pineda.–Pedro Pineda M.–J. Rubén Pineda.–T. E. Landaverde.–Luis Alonso Pineda, Secretario".

Extendida en la ciudad de Gracias, a los diez días del mes de diciembre de mil novecientos cuarenta y cuatro.–Luis Alonso Pineda, Secretario.

LAS VOCES DE LOS DIPUTADOS

APRECIACIONES
de los Honorables Señores Diputados
sobre la Personalidad y la Obra del Dr.y
Gral. don TIBURGIO GARIAS ANDINO,
el hombre que está salvaguardando el
futuro de los hondureños.

"HONDURAS SE HA SALVADO"

El día que tomó posesión de la Presidencia de la República el doctor Tiburcio Carías Andino, sus numerosos amigos de la ciudad de Comayagüela, donde entonces yo vivía, encabezados por el general don Juan Pablo Roque, que era el Presidente del Subcomité Erasmo Velásquez, llegamos a la calle frente a la Casa Presidencial; y habiéndoseme designado en ese lugar para felicitar y ofrecer aquella imponente manifestación de simpatía y adhesión al señor Presidente Carías Andino, improvisando, entre otras cosas, recuerdo que dije:

"Honduras se ha salvado. Llegó la hora de su redención. Al frente de sus destinos está ahora un hombre fuerte por su honradez y caballerosidad, por su talento y conocida capacidad administrativa, por su probidad absoluta, por su innegable puritanismo, por su devoción a la Patria y por ser generalmente querido por la inmensa mayoría de los hondureños.

Presiento que el actual Presidente de Honduras terminará con las guerras civiles, que tanto nos han arruinado y desacreditado dentro y fuera del país, y que iniciará la Era de la Paz, del progreso y dignificación de nuestra Patria, para lo cual necesario se hace conservarlo en el Poder por muchos años, por los años que sean de

145

urgencia para verificar nuestra redención; para lo que también se hace indispensable tirar muy lejos los prejuicios, los escrúpulos legalistas mal entendidos y no ver y tomar en cuenta más que la conveniencia nacional y felicidad de la Patria.

Doce años de lucha, quizás por aquello de que lo bueno es caro, nos ha costado llevaros al Poder, señor Presidente Carías Andino; lucha de prensa, de urnas y balas, por lo que hay muchas viudas, huérfanos y faltan muchos de nuestros correligionarios, por causa de los fraudes, imposiciones y tinterilladas de los impositores, de los colorados que vergonzosamente ejercían el Poder, que hubo que quitarles a tiros, por no respetar el resultado de las urnas que os favorecía siempre, señor; y esto es otro de los motivos poderosos que justifican y explican la necesidad de que estéis en el Poder, no doce años, sino el doble, o lo que sea indispensable, para olvidar el pasado escandaloso y de matanza, para sacarnos de la barbarie".

Y desde aquella fecha tan grata, siempre que la oportunidad lo permitió, yo no he cesado de predicar por la prensa, en la tribuna del Congreso o de otros lugares, y en conversaciones particulares, la conveniencia pública de conservar en el Poder al general Carías Andino, para que termine con la época de vergüenza y salvajismo en que vivíamos, matándonos mutuamente los mismos hermanos mediante la guerra civil; y me satisface inmensamente ver comprobado, con hechos abundantes y honrosos, que mi presentimiento y prédica son ya una hermosa realidad, pues hemos progresado mucho, hemos adquirido mucho crédito y prestigio interior y exterior, y logrado que la generalidad del pueblo le tenga odio, horror, a la guerra civil, siendo de esto la mejor prueba la última asonada de los patricidas, de los que suponen que harán la felicidad de la Patria asesinándola, matando a sus hijos, destruyendo la propiedad, aniquilándolo todo, solamente por la ambición del Presupuesto; ya que en ese intento tan horriblemente criminal, el pueblo les dio las espaldas, les hizo el vacío a esos enemigos de la paz, del progreso y de la dignificación de la Patria.

Hondureños: trabajemos por la Paz, porque esta es madre pródiga que, además de la vida, nos proporciona todo, completa felicidad; y trabajemos contra la guerra civil, porque esta significa destrucción, aniquilamiento, retroceso, calamidad, en fin, la muerte. La Paz a todos beneficia: la guerra a todos perjudica.

Hondureños: si somos honrados y patriotas bien entendidos, acuerpemos al doctor y general don Tiburcio Carías Andino, «Benemérito de la Patria», en su encomiable y titánico empeño de darle vida y sostener inconmovible el Monumento de la Paz, con lo que trabajaremos en nuestro favor, ya seamos azules o colorados, porque la Paz es maná o bendición de Dios, que a todos aprovecha. *DOCTOR PLUTARCO MUÑOZ P.,* Diputado Propietario por el Departamento de Yoro.

CONOZCO en la intimidad al Prócer de la Paz, Doctor y General Tiburcio Carías Andino, Presidente Constitucional de la República y Jefe Supremo del Partido Nacional. Por eso he sido, soy y seré su partidario. Así comprobaré mi devoción a Honduras, la tierra de mis más caros afectos y de mis nobles esperanzas. **PROF. LUIS FELIPE LARDIZÁBAL,** Diputado Propietario por el Departamento de Choluteca.

POR EL MANTENIMIENTO de la Paz, los hondureños debemos sacrificarnos. Si un Gobernante la ha impuesto, los hondureños estamos obligados a defenderla. Y es que el mejor negocio de los hondureños es el negocio de vivir en Paz. Con la Paz, la conciliación de la familia nacional será una verdad cristiana y el mayor prestigio para esta patria digna, viril y libre. **DON FERNANDO ZEPEDA D.,** Diputado Propietario por el Departamento de Francisco Morazán.

CUANDO un Gobernante se entroniza en el corazón de un pueblo, es porque ha sabido satisfacer las necesidades de ese pueblo. El General Carías A. vive y vivirá eternamente en el corazón de los hondureños honrados, porque su grandeza de alma lo ha llevado a esa conquista, dada su benevolencia y constante preocupación por la grandeza y prosperidad de la patria. **LIC. MARCO A. RAUDALES,** Diputado Propietario por el Departamento de Francisco Morazán

FUNDAR el orden, la tranquilidad social, la confianza colectiva estimuladora de las fuerzas adormecidas del progreso, recelosas y enquistadas dentro del temor a la inestabilidad del medio en que vivían sólo como simple aspiración; dominar por más de once años y con mano firme el potro de las ambiciones siempre en ebullición; y esto, en un país en que las convulsiones políticas y los odios partidistas habían tomado carta de naturaleza en nuestra vida común y corriente; en una palabra: establecer la Paz, piedra angular sobre la cual descansa todo el edificio del Progreso y la única esperanza de nuestra transformación en país digno; tal es la obra de un Hombre, secundado y apoyado por la gran mayoría del pueblo hondureño, constituido en esa entidad política que llamamos Partido Nacional. Ello no es obra de pigmeos.

Sostener, conservar esa Paz y sus prometedoras proyecciones, encadenando de nuevo las fuerzas reaccionarias de la fiera, empecinada en revivir su fatídica obra de regresión, con su cortejo de luto y miseria generales; y esto, en medio del desconcierto provocado por un incendio universal, cuyas rojizas llamaradas no fueron suficientes para iluminar la conciencia encallecida de sus enemigos; luchando, imperturbable, contra la insidia, la traición, la falsía, la calumnia y la difamación, sin tomar justa retribución por ello y sin interrumpir la marcha de los asuntos administrativos ni paralizar una sola de las obras materiales de progreso emprendidas. Todo ello tampoco es obra de enanos.

Y por todo esto, cuando el Odio, confabulado con la ingratitud, quisieron dar en tierra con la obra de Tiburcio Carías Andino, fueron aplastados por el homenaje de cariño, admiración y gratitud que todo un pueblo le tributó por medio del Decreto Legislativo No. 6 de 14 de diciembre último. BR. J. Héctor Leiva, Diputado propietario por el Departamento de Valle.

LA INMENSA mayoría del pueblo hondureño ha elevado al General don Tiburcio Carías A. a la categoría de «Benemérito de la Patria y Apóstol de la Paz», porque ve en él los atributos del Caudillo, las capacidades del Estadista y la buena fe del Hombre; y es por estas cosas también, que esa inmensa mayoría de los hondureños lo conserva en el poder, lo ha acompañado y lo acompaña resueltamente, e irá con él hasta el final; es decir, hasta que haya terminado la misión que el destino le ha señalado en la reconstrucción de una Patria mejor y más digna. **PROF. RODOLFO Z. VELÁSQUEZ,** Diputado Propietario por el Departamento de Intibucá.

LAS obras de progreso llevadas a cabo por el Doctor y General Tiburcio Carías Andino quedarán grabadas en la historia de Honduras, con caracteres tan hermosos que, mientras más tiempo pase, más grandes se verán; y, cuando la pasión política se calme y fríamente pueda juzgarse al Hombre, nadie podrá negarle su patriotismo ni la nobleza de su alma. **DR. MARTÍN M. AGÜERO,** Diputado Propietario por el Departamento de Francisco Morazán.

FUE EN el año de 1919, cuando el pueblo honudreño y el Partido Nacional con su mirada penetrante y certera escogió como Jefe y vio brillar cual fúlgida estrella a la colosal figura del hombre que respondeal nombre de Tiburcio Carías Andino: tiempo después fue llevado a la Presidencia casi por aclamación y vino a construir el edificio de la PAZ, y finalmente es el redentor y salvador de nuestra querida Honduras.

Por tal motivo, como soldado de mi Patria, como Diputado al Congreso Nacional, me siento orgulloso de pertenecer y estarcon y ante el invencible coloso, ofreciéndole mi lealtad como representante, y mi honor como soldado. **GENERAL PEDRO F. TRIMINIO,** Diputado Propietario por el Departamento de Francisco Morazán.

ANALIZANDO con sereno e imparcial juicio la evolución histórica de nuestra nacionalidad, se perfilan con muy vagas e imprecisas manifestaciones las actuaciones de nuestros hombres públicos, que a través de su ejercicio conforman los cielos básicos del progreso y la cultura.

El sociólogo recoge estos sedimentos y estructura serenamente futuras proyecciones que tenderán consecuentemente a realizarse en hechos. Plena nuestra Historia Patria de realidades en extremo vergonzantes y cruelmente contradictorias, surge en estos momentos, muy espontáneo y eminentemente positivo, un sentimiento amplio e intenso de verdad histórica.

Acusamos instantes de ruda transición social, y omitiendo otras disgregaciones, juzgo serenamente, ayuno de sensiblerías intrascendentes, que la influencia política que ha tenido y tiene en la historia contemporánea patria el Doctor y General don Tiburcio

Carías Andino es lo suficientemente amplia para poder acariciar un porvenir redentor, integralmente en sus aspectos económico-político-sociales. **LIC. FRANCISCO T. VALLADARES,** Diputado Suplente (Incorporado) por el Departamento de Francisco Morazán

EN el General Tiburcio Carías Andino admiramos —como deben admirar en él todos los hondureños imparciales— su nobleza de espíritu, su rectitud, su carácter firme y franco, su capacidad indiscutible y sus cualidades morales: honradez en la amplitud más grande de la palabra.

Su nobleza de espíritu la conocen los que se han acercado a él a solicitar ayuda de cualquier clase; los que se llaman enemigos —a los que él no teme— y a quienes concede garantías y aun procura bienestar en el trabajo cuando lo solicitan; y sus amigos, para quienes es siempre el mismo, y a los que lleva los sentimientos de su corazón, o satisface muchas veces con un apretón de mano o con una sonrisa que, en sus facciones severas de prócer, mucho significa. Pobres y ricos, sobre todo los primeros, a los que siempre está presto a servir.

Su rectitud: no creemos posible que haya en Honduras una persona que siga más sinceramente los dictados de su conciencia y del deber bien entendido, como lo hace él. Su rectitud es base de sus principios morales: no conoce un vicio y desprecia a los hombres que, olvidando sus deberes, se entregan a ellos sin restricción.

Con esto quiere una Honduras mejor y se exalta como el más patriota de los hondureños.

Su carácter firme, revelador de un temple superior de espíritu y de un organismo sano, ha salvado a Honduras de grandes catástrofes; todos le somos deudores de la paz que disfrutamos, y aun de la vida, pues sin su actitud en momentos críticos para la nación, muchos hombres útiles, jefes de hogares respetables, con numerosa familia, habrían desaparecido víctimas de horrorosas venganzas.

Su capacidad indiscutible tiene a Honduras considerada como un país libre, económico, digno de ocupar un puesto de mérito entre las demás naciones, al lado de aquellas que luchan en la guerra actual por la verdadera libertad del mundo.

Son conocidos en el país sus esfuerzos en favor de la instrucción pública, de la agricultura, de la ganadería, de las industrias, de las artes, etc., etc. Y esos esfuerzos los ha sabido apreciar el hondureño, dándole su confianza para que siga laborando en tal sentido por la Patria.

¡Dios conserve al Doctor y General don Tiburcio Carías Andino muchos años para bien de la Patria que lo necesita!

¡Que viva muchos años el último Prócer de Honduras! **DR. GUILLERMO E. DURÓN,** Diputado Suplente por el Departamento de Francisco Morazàn.

EL espíritu noble y comprensivo del pueblo hondureño y la actitud patriótica del Soberano Congreso Nacional, al escribir el 14 de diciembre de 1944 una de las páginas más gloriosas de la Historia Patria, declarando al distinguido ciudadano Doctor y General Tiburcio Carías Andino, BENEMÉRITO DE LA PATRIA, FUNDADOR Y SOSTENEDOR DE LA PAZ DE HONDURAS.

Este acontecimiento de alta significación política y de gran trascendencia en la vida integral de la Nación, ha interpretado el sentimiento unánime de un pueblo agradecido que, invocando la justicia y haciendo honor a los méritos de su ilustre Presidente, General Carías, ha pedido para tan connotado hombre público la más alta consagración entre los hombres símbolos y predestinados de la Patria.

La Historia, la Gran Maestra analizadora de los hechos verdaderos, dirá mañana: El General Tiburcio Carías Andino, HOMBRE DE ELEVADA ESTRUCTURA MORAL; PATRIOTA COMPRENSIVO Y DE GRAN VISIÓN POLÍTICA, surgió en aquel momento supremo cuando el país necesitaba una organización política, social y económica, y fue así que muy pronto dio a su pueblo las normas de cordura, honradez y trabajo, dando esto por resultado la formación de esa plataforma inconmovible en la cual descansan todos aquellos principios fundamentales que sirvieron de base para clasificar a Honduras como una entidad civilizada; quien, para orgullo y honra de los hondureños, fue un ejemplo de paz en los precisos momentos en que muchos países del Viejo y Nuevo Mundo, cegados por diversas ambiciones, provocaron el feroz espectáculo de la guerra, sometiendo a sus hijos a la dura prueba de quemar su sangre en las llamas implacables de la hoguera infernal. **DR. MIGUEL R. BARAHONA,** Diputado Suplente (Incorporado) por el Departamento de Francisco Morazán

EN EL DECURSO de los años, en la historia de los pueblos y en la vida de los hombres, hay sucesos, hechos y acciones que sobresalen por su peculiaridad, por su significación y trascendencia; algo de eso es sencillamente lo que ha pasado aquí en Honduras.

Nuestra patria, que fuera hasta hace poco un putrilago de eternas inconformidades, un semillero de múltiples revueltas, ha ingresado al amplio sendero de la tranquilidad y de la Paz; ha surgido con la frente altiva e ingresado en el concierto civilizado de las Naciones Americanas.

Pero no ha sido eso producto de un milagro, no; ha sido un hombre de férrea voluntad, ha sido nuestro Ilustre Mandatario, Dr. y Gral. Tiburcio Carías Andino, quien, bregando con cuerpo, alma y corazón, ha surgido, ha luchado y ha triunfado, en medio de la inconformidad y la maldad de unos pocos, para establecer el bienestar, la paz y la tranquilidad del pueblo hondureño.

Gobernar —ha dicho un escritor— es hacer la paz, y nuestro Mandatario ha gobernado: nos ha dado la savia bienhechora de la paz, productora de la tranquilidad y del progreso. Y nosotros, representativos del pueblo hondureño, no podíamos quedarnos en silencio, y reconociendo sus grandes méritos de estadista y los inmensos favores que volcara a los sacros pies de la Patria y, más que todo, obedeciendo al deseo unánime del pueblo hondureño, no hemos vacilado, ni siquiera ante la responsabilidad histórica —que hará justicia— en declararlo «FUNDADOR DE LA PAZ Y BENEMÉRITO DE LA PATRIA». **DON JOSÉ J. PORTILLO,** Diputado propietario por el Departamento de Choluteca.

LOS HONDUREÑOS tenemos el deber de rendir el tributo más grandioso al Señor Presidente Constitucional de la República, Doctor y General don Tiburcio Carías Andino, por su atinado patriotismo, por salvar los escollos más difíciles que ha marcado la historia patria, estableciendo una paz fecunda y bienhechora, economizando así la sangre de hermanos como la economía nacional; y con sus tradicionales ejecutorias, hasta la vida e intereses de los adversarios están siendo garantizados por el Gobernante ecuánime, como no lo ha hecho ninguno de sus antecesores.

El tiempo le hará justicia. **DON LIBERATO MENDOZA,**
Diputado Propietario por el Departamento de Choluteca

La consagración del General Tiburcio Carías Andino como «Benemérito de la Patria y Fundador de la Paz de Honduras», a la vez que es un acto pleno de gracia y de justicia, es también una enmienda hecha a uno de los grandes errores de los historiadores, quienes, al referirse a la vida de los pueblos, la han presentado como una enorme contabilidad bancaria, donde su Debe y Haber lo constituyen sus victorias y derrotas; sangre y destrucción; pinceladas brutales de rojo y negro, sin tomar en cuenta el tinte blanco de las actividades cívicas, que corrige las asperezas de tonos oscuros y que dan vida a las cosas y a los seres.

Amamantada la juventud en los ejemplos de sus antepasados, que rindieron culto idólatra a los hombres que sobresalieron en la guerra, habían dejado en la mediocridad de las penumbras la memoria de los obreros del pensamiento y del brazo; a aquellos que, con sus grandes concepciones materiales y espirituales, supieron trazar los planos donde mañana cruzarán las grandes avenidas que conducen al engrandecimiento de su Patria.

Enamorados de la gloria, pensaron conquistarla siguiendo los senderos que señalan las espadas y espolines de los oficiales, sin tomar en consideración que los laureles guerreros de Esparta hace ya mucho tiempo que se marchitaron y, en cambio, los olivos de paz de Galilea aún perduran a través de los siglos, llevando promesas de redención, porque fueron ungidos con palabras de ventura, con el Sermón de la Montaña.

Para desatar una guerra, sólo basta la crueldad de un loco; pero para mantener la paz, es necesario cruzar el Jordán de los predestinados, tal como ha sabido hacerlo nuestro Ilustre Gobernante, que al sacrificar las ambiciones del Yo, agiganta su figura en la conciencia de sus connacionales. Por eso, la grandeza de la obra realizada por el General don Tiburcio Carías Andino no solamente llena los horizontes patrios, pues siendo Honduras una parte del Gran Todo, su estado de paz o guerra tiene repercusiones mundiales.

Si el General Carías Andino, al impulsar por todos los rumbos el progreso de la Nación, al hacerla fuerte y capaz de repeler el atropello, se coloca en la fila de los primeros hombres de Estado; al conservar la paz y destruir la guerra como principio de vivir, recibe las credenciales que lo acreditan embajador ante la corte de los inmortales. **DR. MIGUEL A. CRUZ ZAMBRANO,** Diputado Propietario por el Departamento de Choluteca.

DESPUÉS de que la presente generación de Honduras haya desaparecido, el nombre de todos, con muy pocas excepciones, se habrá olvidado; pero el nombre de TIBURCIO CARÍAS ANDINO brillará eternamente con todo el esplendor de la gloria, porque él logró realizar lo que ningún hombre público de Honduras había realizado:

la grande obra benefactora de cimentar la Paz por un largo período y reformar a un pueblo que había vivido siempre entre la anarquía y la guerra civil, despedazado por las manos de sus mismos ciudadanos. **P. M. YANUARIO LANDA BLANCO,** Diputado Propietario por el Departamento de Cortés.

PIENSO que el actual gobernante de Honduras, Doctor y General don Tiburcio Carías Andino, se ha convertido en un símbolo que guía a la Nación opor los amplios y hermosos derroteros que conducen a sus altos destinos; pienso que se ha convertido en una radiosa misión de Paz y Progreso, única en la historia, porque a estas altas metas del patriotismo ha llegado, a costa de ardua y pacientísima labor, enseñando con el ejemplo de las fecundas bondades del trabajo redentor y abriendo sus brazos a la confraternidad de sus conciudadanos y al perdón de sus adversarios, aun de aquellos que atentaron contra su vida, a impulsos del fondo moral que le enaltece.

Pienso que solo los ciegos del alma no quieren ver la magna ovra realizada por este gran paladín del bien público, que sorteando escollos y peligros ha logrado, con sus hechos, y sus obras, levantar el nombre de Honduras en el mundo internacional, asegurando el futuro de la Nación sobre bases firmes, capaces de resistir al tiempo; por lo que su egregia personalidad vivirá en la historia y en el juicio consagratorio de la posteridad con la grandeza y recia estructura del cedro robusto y arrogante.

Pienso, en fin, que cuando el el General don Tiburcio Carías Andino ascendió al Poder por la fuerza de su popularidad inmensa, brilló para Honduras la aurora de un nuevo día; y este acontecimiento político, que marca la era de un nuevo tiempo, está juzgado ya por nacionales y extranjeros, como el más grande entre los grandes hechos de la humanidad. **LIC. JOSÉ ANTONIO TORRES,** Diputado Propietario por el Departamento de Cortés.

TENEMOS que insistir siempre en el recuerdo para que no olvidemos los sufrimientos del pueblo hondureño causados por la vida convulsiva de otros tiempos.

No era posible que el país pudiera desarrollarse en ninguno de los aspectos de la vida nacional mientras en las campiñas tronaba la metralla, sembrando la desolación, el dolor y la miseria.

Largos años pasamos los hondureños con el trabuco al hombro, acechando al hermano de la divisa azul y de la divisa roja, sacrificando vidas que, aplicadas a una obra constructiva, debieron servir para forjar la grandeza y felicidad de la Patria. Luchábamos sin ideales de redención. Nos arrastraba únicamente, en un ambiente de barbarie, un afán invencible de hacer el mal.

El campesino, medroso, no empeñaba todos sus esfuerzos a la madre tierra, porque se sentía expuesto, a cada momento, a perder el producto de su trabajo. Su huerta, su vaca, su caballo, perecían despiadadamente en manos de la soldadesca desenfrenada.

El capitalista no invertía sus haberes en industrias lucrativas porque en la próxima revuelta las vería convertidas en escombros.

El obrero abandonaba su taller para convertirse en coronel y hacerse una vida más fácil, si lograba salir con vida de la contienda.

La destrucción de la propiedad, el ultraje a las personas indefensas, el luto, la miseria, el dolor, tenían carta de ciudadanía en el país.

Había, sin embargo, un hombre que soñaba; que ansiaba un cambio de frente que diera en tierra con esa vida vergonzosa; que, auscultando los sentimientos íntimos del alma nacional, comprendió llegado el momento de transformar un pueblo en ruina en un pueblo vigoroso, consciente de su destino.

Ese hombre es Tiburcio Carías Andino.

Su elevado patriotismo, su alma grande y generosa, fueron puestos al servicio de la República y delineó —con un partido poderoso, el Gran Partido Nacional— los planes para una vida de paz, de trabajo y de engrandecimiento para todos los hondureños.

Algunos compatriotas —afortunadamente muy pocos— no supieron comprender la misión que el Altísimo tenía encomendada a este Hombre predestinado y han intentado ensangrentar el país para sumirlo otra vez en la vergüenza de las luchas intestinas que lo exhibían como un pueblo de salvajes.

El Partido Nacional es revolucionario. Pero su revolución es constructiva.

El primer gran paso hacia la consecución de la felicidad de los hondureños está terminado con el afianzamiento de la Paz.

En todo el país se bendice el nombre de Tiburcio Carías Andino y al Partido Nacional, porque dentro del imperio de la Paz todos los habitantes de la Nación se desenvuelven libremente en actividades lícitas, y de este modo contribuyen a hacer la grandeza de la Patria.

Nuestra revolución está en marcha con el General Carías a la cabeza. No hemos de abandonar nuestra misión en esta gran cruzada del patriotismo auténtico hasta que podamos ver a Honduras con carreteras hasta en los más apartados rincones; con agricultura e industrias bien desarrolladas; con ciudadanos sanos de cuerpo y de alma, orgullosos de su nacionalidad, que aspiren a levantar más el nombre de la Patria.

Bien ha hecho el pueblo hondureño al pedir al Congreso que declare «Fundador y Defensor de la Paz de Honduras y Benemérito de la Patria» al Excelentísimo Señor Presidente Constitucional de la República, Doctor y General don Tiburcio Carías Andino, quien vela día y noche por la tranquilidad de todos los hondureños. **P.M. TOMÁS MONCADA CÁLIX,** diputado propietario por el Departamento de Cortés.

LA DISCIPLINA, la cohesión y la entereza de los hombres son para la grandeza de los partidos políticos como el aire y el corazón para la vida de la humanidad.

La mucha confianza trae siempre el menosprecio de nuestra propia seguridad individual.

Si en la vida corriente todos los excesos son dañosos, en la vida política son mortales. **LIC. ALFREDO TABORA SOLARES,** Diputado Propietario por el Departamento de Copán

QUEDE para los hombres doctos y eruditos el delineamiento exacto de la figura insigne del Señor Presidente Constitucional de la República, Dr. y Gral. don Tiburcio Carías Andino. Mi frase humilde y sencilla no alcanzará jamás a definir los rasgos geniales de su vivir fecundo, el desenvolvimiento de su preclara personalidad, puestos al servicio de la Patria, con fervor cívico imponderable, desde el año de 1933, en que, al escalar la Primera Magistratura de la Nación, trazó para el pueblo hondureño una era de trabajo, de orden, de progreso y de paz, indiscutibles.

Y es que el General Carías Andino, así como supo ser buen hijo, ha sabido ser buen padre, meritísimo ciudadano y ejemplar Mandatario.

Brillante es la estela que, a su paso por la tierra, va dejando este varón excelso, para quien son desconocidos: el interés que ciega, el placer que desvía o retarda, el orgullo que aísla, la envidia que degrada, la codicia que envilece. Es firme sin dureza ni obstinación. Tiene la sencillez de la grandeza ingenua, la naturalidad del genio. Ni hipócrita ni audaz, nunca ha puesto pasión alguna injusta, ni voluntad injusta en los actos de su vida. No le ha faltado el complemento de toda grandeza: la mordedura emponzoñada de la envidia, el odio que golpea a manera de masa ciega y brutal; la calumnia, la persecución y la injusticia de que no se han escapado los más grandes capitanes de la historia. Ha combatido y triunfado sin cóleras, sin odios, sin propósitos de venganza; ha combatido y triunfado para Honduras y su bienestar general, por verla y sentirla próspera y feliz; y si alguna vez fue a la guerra, lo hizo con el laudable y benéfico fin de alcanzar la paz.

Hombre de acción política nada común, ha sido servidor devoto del Partido Nacional, y dentro de este, Jefe Supremo e imprescindible y de alto y luminoso relieve. Firme, de indomable firmeza ideológica, jamás ha sido político trashumante. Ha dado a nuestro Partido el concurso de sus mejores días de esplendorosa madurez y ha formado parte de comités y convenciones en horas de ardua brega y de combate recio; pero al comparecer en la lucha, ha llevado siempre el brazo listo, armado con la espada impoluta de los caballeros sin miedo y sin tacha. Es el mismo Partido el que, en varias ocasiones, le encomendó su representación en el Congreso Nacional, y desde tan honrosa tribuna, supo corresponder hidalgamente a la confianza en él depositada, sirviendo con lealtad a su causa y a la República.

En horas delicadas y verdaderamente críticas para el porvenir incierto de la Patria, fue elegido, por la voluntad casi unánime de los hondureños, Presidente de la República, y desde tan alto destino, asumió sin vacilaciones la plenitud de las responsabilidades inherentes a tal investidura, logrando con dignidad, y pese a los obstáculos interpuestos por la naturaleza y a las maquinaciones aviesas de sus enemigos, encauzar al país por la senda evolutiva del progreso e implantando la era de paz más larga y fructífera de que hemos gozado durante el lapso más o menos grande de nuestra vida independiente.

Y es, al amparo de esa paz fecunda y bienhechora, que todos los hondureños conscientes han olvidado las masacres de antaño, las montoneras fratricidas engendradoras del desorden, del descrédito y de la vergüenza, propias de pueblos salvajes, retrógrados y abyectos. Gracias a esa misma paz, Honduras es hoy un país respetado, orgulloso de sus instituciones democráticas, celoso de su integridad, amante de su soberanía y fiel cumplidor de los pactos y tratados internacionales que suscribe; cualidad esta última que la hace figurar, con honra y decoro, dentro del concierto de las naciones más cultas y libres de la tierra.

Muchas son las obras que enaltecen la Administración del General don Tiburcio Carías Andino. Su labor incansable abarca distintos aspectos de la cultura patria. Nadie, ni sus propios enemigos, osará negar esta verdad tan elocuente; y aun cuando en lo material y económico no tuviera nada digno de elogio, el solo hecho de haber implantado y sostenido la paz, durante más de una década, basta para que el reconocimiento nacional le erija un pedestal que perpetúe su nombre y su memoria.

El paso dado por el Soberano Congreso Nacional, al declararlo FUNDADOR Y SOSTENEDOR DE LA PAZ DE HONDURAS y, al propio tiempo, BENEMÉRITO DE LA PATRIA, es un acto de imperativa justicia, que además de involucrar el sentimiento casi unánime de los hondureños, indica, quizá por primera vez en la República, que existe una verdadera armonía, sin perjuicio de su propia y natural independencia, entre los dos más altos poderes políticos del Estado.

Esto es motivo de general complacencia, tanto más cuanto que, devuelta y mantenida la paz, los poderes públicos cooperan hoy en beneficio de esa misma paz, en beneficio de las instituciones que nos rigen y en beneficio de las garantías y libertades ciudadanas.

Es por todo lo expuesto que el nombre del General Carías Andino será paradigma de probidad, de honradez y de paz para las futuras generaciones de la Patria, y pasará, con fulgores de gloria, a la posteridad. **LIC. MANUEL LUNA MEJÍA,** Diputado Propietario por el Departamento de Copán

El primero de febrero de 1933 marcará siempre fecha gloriosa, de relieves trascendentales en nuestra vida republicana. Fue ese día memorable cuando el Doctor y General don Tiburcio Carías Andino, entre el júbilo desbordante de un pueblo agradecido, ascendió a la Primera Magistratura de la Nación para hacer la felicidad de todos los hondureños que aman de verdad el progreso, la paz y el trabajo.

Jamás, en lo que va de nuestra vida independiente, había surgido un Gobernante que lograra mantener incólume, por largos años, el imperio de la paz.

El General Carías Andino, con magistral acierto y con visión política maravillosa, ha sostenido la paz, porque solamente así Honduras se ha visto alejada del estado de barbarie y de descrédito en que la habían sumido las continuas luchas fratricidas; y hoy, ajena a las masacres de antaño, ya no escucha el eco del disparo homicida y traidor, sino que el himno sacrosanto del trabajo redentor, que honra y dignifica.

Honduras se ha salvado, y esa salvación se debe, indiscutiblemente, al varón preclaro que hoy rige sus destinos. Hombre de recia contextura moral, incorruptible y sereno, austero en sus costumbres, franco y generoso, firme en sus ideas y convicciones, de carácter inquebrantable y, por sobre todas estas cualidades excelsas, patriota en el alto significado que este vocablo encierra.

La figura prócer del General don Tiburcio Carías Andino es digna de incluirse entre las vidas de los insignes varones de Plutarco, porque su obra gigantesca y meritoria abarcará brillantes páginas de la historia nacional.

De nada han servido, ni servirán, las diatribas ni el odio ruin y perverso de sus enemigos, porque ante esa avalancha de denuestos e intrigas mendaces, su talla de repúblico inmaculado resurge siempre impoluta, aureolada por un prestigio que seduce, y es que el General Carías Andino vive en el alma del pueblo hondureño, con caracteres perdurables.

Por eso, el Congreso Nacional, al declararlo FUNDADOR Y SOSTENEDOR DE LA PAZ DE HONDURAS Y BENEMÉRITO DE LA PATRIA, no ha hecho más que responder al reclamo de ese mismo pueblo al que representa, cumpliendo así con el deber sagrado de hacer honor a quien honor merece. **LIC. MANUEL LUNA MEJÍA,** Diputado Suplente por el Departamento de Copán.

No hay país en el mundo que no quiera ver su propia felicidad. Honduras es uno de ellos, y por esa razón la casi totalidad de los hondureños cooperamos y sostendremos en la presidencia de la República, al doctor y general don Tiburcio Carías Andino.

El pueblo hondureño encontró el hombre que anhelaba tener como gobernante y alguien ha dicho con mucha cierto: que cada pueblo tiene el gobierno que se merece.

Es indudable que el General Carías Andino, como gobernante, ha sido ha sabido interpretar las justas aspiraciones de su pueblo, resolviéndole grandes problemas sobre el trabajo tanto en el orden agrícola e industrial, como en el político y económico.

Obvio sería insistir en los beneficios que Honduras ha obtenido con la permanencia del general Carías Andino en el poder, pues ninguno como él se ha esforzado tanto por el mantenimiento de La Paz pública, que ha ocupado un punto preeminente en su administración; y su programa de gobierno se sintetiza en su amor hacia La Paz y el progreso de Honduras bajo todos sus aspectos. Es por todo lo expuesto que mi cooperación, simpatía y solidaridad solidaridad están con el general don Tiburcio Carías Andino. **LIC. ANDRÉS ALVARADO,** Diputado Propietario por el Departamento de Copán.

HONDURAS, después de un viacrucis de más de una centuria, está entrando con paso firme en el camino de su rehabilitación. Los medios económicos de vida son esenciales, como base para el desarrollo de la libertad y de la cultura del individuo y de la sociedad; la desnudez y el hambre son valla insalvable para la autonomía; el pueblo que está en la miseria no puede ser libre. El trabajo remunerador es consecuencia de una paz de garantías para todos; el capital extranjero o nacional que precisa un orden y estabilidad política para dar sus frutos; la educación del niño que reclama un cuerpo sano; todos estos son bienes que en Honduras los hemos empezado a cosechar en la Administración del General don Tiburcio Carías Andino, fiel representativo de la ideología del Partido Nacional y servidor honesto de la Patria. **BR . JESÚS MILLA,** Diputado Propietario por el Departamento de Lempira.

EN 1940, al ratificar el Decreto No 16 dije: "Señores Representantes: El problema de la paz resuelto por el Excmo. Señor Presidente de la República, Dr. y Gral. don Tiburcio Carías Andino, y su digno colaborador, Ing. y Gral. Abraham Williams Calderón, es una realidad consagrada por el trabajo y afirmada en la conciencia de todos los buenos hondureños que deseamos el engrandecimiento de nuestra querida Patria, con las conquistas del derecho y la justicia; y es por esto que de todos los pueblos de la República han llegado mensajes en que piden a Vos, Soberano Congreso Nacional, ratifiquéis sin demora el Decreto No 16, que reforma el artículo 202 de nuestra Carta Fundamental, para que nuestro eximio Gobernante pueda continuar, por un período más, al cuidado de los sagrados intereses del Estado. Yo, que represento una porción de ese pueblo redimido, con la misma fe que otra hora y con lealtad hacia mis representados, voto por la ratificación.

Hoy, después de cuatro años en que hemos constatado que las tempestades del mal no han podido desquiciar las raíces del fecundo árbol de la paz, mantenida con mano firme por el Excmo. Sr. Presidente de la República, reafirmo aquellos conceptos y declaro que Tiburcio Carías Andino ha sido un hombre providencial que ha salvado a Honduras. **PROF. JESÚS B. MEMBREÑO,** Diputado Propietario por el Departamento de Lempira.

TODO hondureño ecuánime que ame a su Patria de verdad, debe reconocer, honradamente, la labor eminentemente constructiva realizada por nuestro egregio Presidente, Dr. y Gral. Tiburcio Carías Andino, en bien de Honduras.

Es suficiente el hecho público y resaltante de haber fundado la Paz y defender esa Paz pródiga de bienes, a cuya sombra viven felices hondureños de todas las clases: chicos y grandes, azules y colorados; que merece mil veces estatuas, condecoraciones y Decretos patrióticos que exalten sus elevadísimos méritos de Gran Hondureño y de Gran Estadista. Hombre de gran visión y hombre sólido en sus determinaciones, el Gral. Carías es de los Presidentes que alineó a

Honduras entre las naciones que defienden el derecho, la justicia y la libertad de los países independientes. En los momentos turbulentos y difíciles que han atravesado los países pequeños de Centro América, solamente el juicio sereno y la firmeza de sus actos han salvado el orden y la Paz de nuestro país. **CORONEL LEOPOLDO HERNÁNDEZ,** Diputado Propietario por el Departamento de Lempira.

La gran familia hondureña vivía en la pobreza, en la zozobra y en la desesperanza. Las convulsiones civiles sumían al país en una vergonzosa situación de inferioridad ante las demás naciones, en donde ni el esfuerzo personal o la iniciativa particular de sus hijos podían desarrollarse en la senda del progreso. El capital extranjero no encontraba propicio el medio para desarrollar sus actividades y el trabajo en cualquier orden de cosas, era hecho siempre bajo el fundado temor de perder en el mañana tenebroso lo que se ganaba hoy.

En medio de este caos, de esta situación angustiosa, vinieron para dicha de Honduras las elecciones de 1932, dando el triunfo al candidato del Partido Nacional, Dr. y Gral. don Tiburcio Carías Andino, con lo cual se despejó el horizonte, se entabló una fiera lucha en contra de las continuas asechanzas de los adversarios políticos y se afianzó la era de la Paz y de la prosperidad nacional. El pueblo hondureño, agradecido y conmovido por un profundo sentimiento de justicia, pidió al Soberano Congreso Nacional que al autor de su bienestar, General Carías Andino, se le declarase «Benemérito de la Patria y Fundador y Sostenedor de la Paz». Y el Congreso Nacional, en consonancia con ese sentimiento popular, ha cumplido al pie de la letra el mandato de sus comitentes. ¡Viva la Nueva Honduras! **DOCTOR EMIGDIO MENA,** Diputado Propietario por el Departamento de Santa Bárbara.

El mejor bien que se puede hacer al pueblo hondureño consiste en el sostenimiento de la paz pública, para que los hombres de buena voluntad continúen la obra de regeneración y progreso que han iniciado en la presente administración. **LICENCIADO PEDRO AMAYA R.,** Diputado Propietario por el Departamento de Santa Bárbara.

EL CONGRESO Nacional, interpretnado fielmente el sentir unánime de la mayoría del pueblo hondureño ha ejecutado un acto de estricta justicia al declarar al ciudadano Presidente de la República, Doctor y General don Tiburcio Carías A., «Fundador de la Paz y Benemérito de la Patria».

Cien años de feroces luchas fratricidas cesaron con la ascensión del General Carías Andino a la Primera Magistratura de la Nación. Toda su gigantesca obra de reconstrucción nacional palidece ante este hecho portentoso, que hablará con elocuencia a los siglos venideros de la trascendental batalla librada por este hombre excepcional, para proporcionar a su pueblo el bienestar y la tranquilidad que por mil títulos le corresponden.

Puentes, carreteras, edificios públicos, centros de beneficencia, toda su obra material perecerá bajo la implacable acción del tiempo, pero lo que no destruirán jamás, ni el tiempo ni la perfidia humana, será la página gloriosa de la Historia, en que las generaciones futuras escribirán, con criterio impersonal y desinteresado, la epopeya magnífica del coloso de la Paz de Honduras. **DON MARIANO JIMÉNEZ T.,** Diputado Propietario por el Departamento de Santa Bárbara

EL DÍA catorce de diciembre de mil novecientos cuarenta y cuatro, marca en el Calendario Cívico Hondureño una de sus fechas más grandilocuentes, ya que ese mismo día, y atendiendo al deseo popular, el Congreso Nacional declaró, por aclamación, al Señor Presidente Constitucional de la República, Doctor y General don Tiburcio Carías A., «Fundador y Defensor de la Paz de Honduras y Benemérito de la Patria».

Esta declaración es para mí motivo de inmenso júbilo, no sólo por habérmelo indicado mis representados, sino que también porque, conocedor como soy de su vasta gestión administrativa, su reconocimiento me ha hecho hacer mío también aquel sublime deseo, convertido en realidad, para vivo ejemplo de los componentes de nuestro Gran Partido Nacional y demás Jefes de Estado que le sucedan. **GRAL. J. INOCENTE TRIMINIO,** Diputado Propietario por el Departamento de El Paraíso

NUNCA agradeceré lo suficiente la oportunidad que se me brinda, para expresar con franqueza y sinceridad la satisfacción íntima que siento al contribuir con mi humilde voto y mi mejor buena voluntad, para que el Señor Presidente de la República, Dr. y Gral. don Tiburcio Carías Andino, sea declarado «Benemérito de la Patria y Fundador y Defensor de la Paz Pública de Honduras». No es desde hoy sino desde 1923 que he sido su admirador sincero, fiel y constante, sin recelos ni claudicaciones, pues siempre he visto en él al hombre de normas de conducta recta, de honradez intachable, un amor ascendrado por la Patria, de dotes ciertos y verdaderos de insigne estadista y su dinamismo sin paralelo, condiciones esenciales estas que son propicias para que nuestra querida Honduras sea una nación digna de figurar en el concierto de países de avanzada civilización.

Los sempiternos enemigos del orden público no han querido por un momento tan siquiera analizar con prisma sereno la actuación sin mácula del Gral. Carías Andino en la Presidencia de la República, y si esto sucediera, veríamos entonces con vehemencia, que acuerparían al Gran Partido Nacional, y batir palmas y cantar hosannas por haber encontrado al hombre que con firmeza y cariño nos conduce hacia la meta de nuestras magnas aspiraciones: Paz, Progreso, Libertad y Trabajo. **DON MIGUEL MEDINA LAÍNEZ,** Diputado Propietario por el Departamento de El Paraíso.

DOCE AÑOS lleva el General Tiburcio Carías Andino Andino de ejercer el Poder de la Nación como Presidente Constitucional de la República. El sentimiento pacifista, que él ha sabido crear, está tan arraigado en la conciencia nacional, que todas aquellas maquinaciones por alterar el orden y la tranquilidad se han escollado ante la indiferencia con que el pueblo hondureño ha visto tales maquinaciones. Nosotros, en todo momento, hemos prestado nuestra cooperación al General Carías, porque hemos visto en él al hombre superior que, a pesar de todas las difíciles circunstancias por que ha atravesado el país, ha sabido conducirlo, ha sabido gobernarlo, sosteniendo la paz como base principal de la prosperidad nacional. **ING. FEDERICO GONZÁLEZ C.,** Diputado Propietario por el Departamento de El Paraíso.

QUIEN ha sabido implantar y mantener el credo de la Paz de la República, es merecedor de todo elogio y del reconocimiento de las presentes y futuras generaciones. **LIC. TIMOTEO CHIRINOS Z.,** Diputado Propietario por el Departamento de Olancho

EL CONGRESO Nacional, por mandato de la opinión pública, ha declarado al Señor Presidente, Dr. y Gral. don Tiburcio Carías Andino, «Sostenedor y Defensor de la Paz y Benemérito de la Patria»,

179

haciendo justicia a la obra realizada como Gobernante, en lo político y en lo administrativo. Las dimensiones de esa obra, que abarca todos los aspectos que caracterizan la vida nacional, lo coloca en puesto preeminente y único entre los Presidentes que se han sucedido en la vida de la República.

El Decreto que contiene esa gloriosa consagración es la expresión palpitante de la admiración y la gratitud, y no estaría en armonía con la altura de sus excepcionales virtudes de patriota, y con su inmensa labor profícua en beneficios, si la Nación no aureolara su nombre con el único galardón digno de su singular personalidad.

Tenemos fe que la Honduras de hoy, concreción de su recia voluntad creadora de hoy, concreción de su recia voluntad creadora, seguirá imperturbable el rumbo que le ha señalado nuestro gran Mandatario, en marcha creciente hacia la conquista de la verdadera cultura y civilización. **DR. GREGORIO A. LOBO,** Diputado Propietario por el Departamento de Olancho.

MI IDEOLOGÍA política, de nacionalista, principia desde 1932 y afirmo por abundancia de hechos de todos conocidos, que ningún Gobernante antes del Dr. y Gral. Tiburcio Carías Andino, ha hecho por el bien de nuestra querida Honduras.

Declaro con lealtad y honor que me caracteriza, que siempre estaré al lado de su Gobierno y defenderé en todo momento al glorioso Partido Nacional. **DON SANTIAGO ROMERO AYALA,** Diputado Propietario por el Departamento de Olancho.

LA FE de la mayoría de los hondureños en el General Carías como BUEN PRESIDENTE, ha salvado a Honduras de verse precipitada en una pendiente desastrosa; de verse envuelta en una situación caótica, que fuerzas misteriosas y extrañas propician lanzando una campaña enloquecedora, brutal, tratando de detener nuestra marcha armónica de Paz y Progreso. La pericia y el valor del primer ciudadano de la Nación nos salvó de una desgracia y por ello el pueblo de Honduras quiso estimularlo, premiándolo, y el Congreso Nacional, en nombre de los habitantes que representa, por unanimidad acordó darle el Título de "BENEMÉRITO DE LA PATRIA, FUNDADOR Y SOSTENEDOR DE LA PAZ DE HONDURA".

Yo, que he tenido una fe ciega en este Gran Hondureño, que cada año que lo conozco más, más afirmo esa fe, estuve por este homenaje que no es un acto de servilismo, sino el justo y sincero premio de un pueblo a su Benefactor.

La Historia, severo tribunal que califica los actos de los hombres, recogerá en páginas especiales la obra múltiple del General Carías para ponerlo en el número de los grandes y consagrarlo. Y sus enemigos necesitarán para destruir su obra material, más tiempo que él necesitó para construirla.

Tal considero de grande el bien que ha hecho a su Patria como Presidente y así quedará justificado.

Las emboscadas puestas por sus enemigos no han logrado, ni lo lograrán ya, convertirlo de un hombre honrado que es, en uno sanguinario y tiránico. Así ha dicho él sinceramente.

Es de estirpe de Patriarcas y por ello es sensible y generoso, valiente. Bueno como amigo y como Presidente, y por eso yo no tengo miedo de estar incorporado en las filas de los que creen en su política.

Si ello trae responsabilidad, que sea bien venida. **DON MAUIRICIO RAMÍREZ,** Diputado Propietario por el Departamento de Yoro.

TIBURCIO CARÍAS ANDINO, en lo material y espiritual, ha hecho por Honduras lo que ningún otro ponderado Gobernante pudo consumar: las obras públicas llevadas a término y la enorme labor cultural emprendida durante los años de su gestión administrativa, lo están proclamando; pero todas esas eminentes realizaciones de su energía creadora, resultarán nimias para la posteridad, al compararlas con su obra cimera y heroica: la convicción que logró plantar en el alma nacional, que la Paz es el único ambiente propio de la evolución de los pueblos.

Yo tengo Fe en las virtudes cívicas del Primer Ciudadano de mi Patria; y, pienso que, sólo su serenidad y pericia de Gran Estadista, podrá, en esta hora de la Historia, señalar rutas promisorias, que sean vislumbre y anuncio de prosperidad y supe-ración para las generaciones que tendrán -como sus padres lo tuvieron- un hogar ubicado sobre esta ancha y fecunda heredad de Honduras. **LIC. FABIO MURILLO DÍAZ,** Diputado Suplente (Incorporado), por el departamento de Yoro.

CIUDADANO del siglo pasado. Hijo de padres humildes, ajeno a clases sociales. Procede, genealógicamente, de cepas democráticas.

Instruido y educado en ambiente honesto y sencillo, alcanzando en las aulas el título de Abogado y en las serranías revoltosas de la Patria ,el de General.

No ambiciona el Poder, ni las riquezas mate-riales: odia la ostentación y el lujo. Es un puritano peregrino. ama, sacude y siembra la tierra con intención amorosa y fecunda.

Candidato a la Presidencia de la República en 1923, ganó la batalla política de una doble imposición, la más ruidosa que registra la Historia. De aquella época a ésta, ha venido librando las campañas más complejas y más duras para lograr una PAZ estable en la Nación. Ciudadano y Candidato triunfante en la paz y en la guerra, trabajó política y cívicamente en 1924 y teniendo la Presidencia en sus manos, para no ser otra vez candidato, logrando convencer a sus amigos, después de una gira democrática por todo el país, de elegir al Dr. don Miguel Paz Baraona, Presidente de la República.

Otra vez candidato en 1928, perdió la partida por defección de algunos, siendo él, en aquella ocasión y en la simple ciudadanía, el único que armó la PAZ para entregar el poder a sus adversarios.

Nuevamente Candidato en 1932, ganó la batalla Presidencial, dominó la "Revuelta de las Traiciones", y ha conjurado, durante doce años consecutivos, todas las intentonas revolucionarias que sus enemigos han fraguado dentro y fuera del país.

Como Gobernante, ha colocado el nombre de HONDURAS en el sitio más noble y superior que Presidente alguno, no pudo lograrlo.

Ha recibido del pueblo hondureño las pruebas más inequívocas de su afecto. Puede decirse que es el Mandatario que ha sumado, a su alrededor, la mayor fuerza de recursos humanos internos y externos. Vive para Honduras, se sacrifica por Honduras y en cada amanecer, se desvive por Honduras, buscando la PAZ, el PATRIMONIO y la FRATERNIDAD de su pueblo. Ese hombre se llama TIBURCIO CARÍAS ANDINO. LIC. **ANTONIO C. BUSTILLO,** Diputado Propietario por el Departamento de Comayagua.

LA ACTITUD del noble pueblo hondureño, consciente y sensato, al consagrar al Presidente Constitucional de la República, Dr. y General don Tiburcio Carías Andino, por medio de sus representantes, como "Fundador y Sostenedor de la Paz y Benemérito de la Patria" y otorgándole un nuevo voto de confianza, por medio del Decreto No. 6 de 14 del mes y año corrientes, ha demostrado que sabe agradecer y premiar los méritos y virtudes de sus hijos ,cuando en el desempeño de sus cargos son capaces hasta del sacrificio, por labrarla felicidad de sus gobernados; y ha obrado también en desagravio de la conducta vil y villana de los hijos degenerados, apóstoles de la maldad y del crimen, que escudados en el anónimo, lanzan denuestos e injurias contra él y los suyos y contra el Partido Nacional que le sostiene en el desempeño del alto cargo, para demeritar su fecunda labor, que grandes beneficios trae a la Patria, por medio de la mentira falaz, artera y audaz. **ANTONIO C. BUSTILLO,** Diputado Propietario por el departamento de Comayagua.

LA PAZ ha sido la meta ideal de nuestro Ilustre Gobernante, Señor Gral. don Tiburcio Carías Andino, y hacia allá ha dirigido la nave del Estado, convencido de que es ella la fuente inagotable de donde emana la corriente propulsora del progreso, en cualquier sentido que se tome, y tiene el Gobierno de aquel perínclito ciudadano por base inconmovible, la Moral, porque es allí donde reside la Justicia, principio fundamental del bienestar universal. **DR. JOSÉ CALIXTO VALENZUELA,** Diputado Propietario por el Departamento de Comayagua.

LA PERSONALIDAD del Señor General don Tiburcio Carías Andino encarna las vivas aspiraciones del pueblo hondureño. El Soberano Congreso Nacional, al declararlo «Fundador y Sostenedor de la Paz y Benemérito de la Patria», ha hecho justicia al hombre que ha sacrificado sus energías y bienestar personal para encaminar al país por los senderos del progreso y la paz. Cuando la historia lance su fallo justiciero, le catalogará como el primer Presidente que ha tenido Honduras, que le ha dado honor y dignidad. **MARCO A. LÓPEZ TORRES.** Diputado Suplente (incorporado), por el Departamento de Intibucá.

EN QUIEN el pueblo hondureño tiene fija la mira, senderos de paz, de orden y de progreso, hasta llevarlo a la meta sagrada de las más nobles aspiraciones a que tiene derecho un pueblo que siente la acción fecunda de una administración pública que, como la del Gral. Carías Andino, ha realizado obra patriótica que llena de legítimo orgullo al noventa por ciento de los hondureños que saben apreciar, en lo que vale, la intensa labor desarrollada por nuestro probo Gobernante, que está consagrado en las páginas de la historia como el «Prócer de la Paz y Benemérito de la Patria».

¡Que Dios lo conserve lleno de salud para bien de nuestra querida Patria! Diputado Suplente (incorporado), por el **LUIS ALONSO CEDILLO,** Departamento de Intibucá.

DECLARO que he sido, que soy y seré, leal al General carías y al Gran Partido Nacional. **CORONEL LORENZO J. VÁSQUEZ,** Diputado Propietario por el Departamento de La Paz.

EL GENERAL y Doctor don Tiburcio Carías Andino, Presidente Constitucional de la República, a quien el Congreso Nacional —y por ende el pueblo hondureño— le ha dado el alto honor de «Sostenedor de la Paz y Benemérito de la Patria», bien lo merece como un premio, como una recompensa a sus grandes virtudes cívicas. Quiera Dios que esa paz bienhechora que nos ha brindado sea siempre pródiga, fecunda y perdurable para el prestigio y buen nombre de la Patria. **ÁLVARO SUAZO,** Diputado Propietario por el Departamento de La Paz.

Quien, en su constante y sublime inspiración de patriotismo, se esfuerza en reconstruir su patria; ha realizado, a través de su administración pública, una intensa labor de progreso nacional, que mucho lo ha ameritado en la conciencia ciudadana, que lo consagra —y con justa razón— como el Gobernante que hace tremolar en su mano férrea el estandarte glorioso de la paz, del orden, de la cultura y de la civilización de nuestra querida Honduras. **P.M. HUMBERTO CHÉVEZ PADILLA,** Diputado Suplente por el Departamento de La Paz.

Quien se ha adentrado en la conciencia del pueblo hondureño por su política amplia, conciliadora y eminentemente constructiva, que ha desarrollado a través de su patriótica labor administrativa, que sirve y servirá en todos los tiempos de antorcha luminosa a nuestras futuras generaciones.

El Gral. Carías Andino, como Fundador y Sostenedor de la Paz Pública, ha inmortalizado su nombre, porque ese preciado don —garantía efectiva para la vida e intereses de sus conciudadanos— ha sido un aliciente poderoso que ha franqueado las puertas del progreso material, moral y cultural de toda la República. **ANDRÉS A. MARTÍNEZ,** Diputado Suplente por el departamento de La Paz.

Hombre público y político, el Doctor y General Tiburcio Carías Andino se ha destacado con grandes méritos y prestigios en las filas del Partido Nacional y en la conciencia del pueblo hondureño. Sus méritos lo tienen en el alto puesto de Presidente de la República. Como amigo, como candidato y como Presidente, el General Carías ha merecido siempre la leal adhesión de su pueblo. Como amigo que soy del Señor Presidente, General Carías, y como Diputado al Congreso Nacional, en estas frases está mi amistad y lealtad al gran hombre público a quien la Patria debe la paz que disfruta y el progreso alcanzado en los últimos años. **DON MIGUEL VILLELA VIDAL,** Diputado Propietario por el Departamento de Ocotepeque.

AQUÍ estoy como nacionalista número uno del departamento de Ocotepeque. Mi pasado, presente y futuro, reflejan mi conciencia, decisión y cariño a esta Patria querida, para quien no tengo reservas físicas ni espirituales, siendo uno de sus fieles defensores.

También hago pública manifestación de mi gratitud y cariño al Señor Presidente de la República, Dr. y Gral. don Tiburcio Carías Andino, para quien guardo profundo respeto y admiración. **ING. ALFREDO PINTO,** Diputado Propietario por el Departamento de Ocotepeque.

La paz de Honduras fue un bien deseado y esperado por el pueblo durante más de un siglo. Por la paz y a sus aras se sacrificaron millares de vidas inocentes y, mientras más sangre hondureña se derramaba, parecía alejarse más.

Gobernantes y caudillos la tomaron como resorte impulsor de las masas para satisfacer ambiciones personales o de camarilla; pero el pueblo jamás supo de las bendiciones de la paz, encontrándose, en cambio, al borde del desconcierto más profundo, que terminaría hasta con su propia libertad.

Como un predestinado se levanta la magna figura del Gral. Tiburcio Carías A., y ese pueblo dolorido, pobre, avergonzado, defraudado en sus sanas aspiraciones, fijó su mirada en él. Lo llevó a la Primera Magistratura de la Nación y oyó de sus labios por primera vez el «Hágase la paz», y la paz fue un hecho.

Un nuevo sol brilla hoy en el cielo hondureño, y al suave calor de sus vivificantes rayos, se alza en todo el país el eco unánime de los himnos de gratitud para el Fundador y Sostenedor de la Paz, Dr. y General Tiburcio Carías Andino, confundidos en armoniosos giros con el sonoro pitazo de la locomotora, el zumbar metálico del avión, el golpe seco del martillo y el sordo crujido de la tierra herida por el brillante arado.

El pueblo hondureño, hoy feliz y tranquilo, por medio de su Representación, consagró a su eximio Presidente, dándole un voto de confianza y declarándolo «Benemérito de la Patria, Fundador y Sostenedor de la Paz de Honduras». **PROF. FELIPE E. AUGUSTINUS,** Diputado Propietario por el Departamento de Valle.

EL HOMBRE que ha salvado a Honduras de todas las calamidades criminosas, como asesinatos, destierros, prisiones y toda clase de vejámenes es TIBURCIO CARÍAS ANDINO, quien por su valor, talento, buen tino, su alta visión política y su gran corazón de hombre honrado, a toda prueba, ha merecido de la inmensa mayoría de los ciudadanos hondureños, el más alto tributo del Honorable Congreso Nacional, declarándolo "BENEMÉRITO DE LA PATRIA Y FUNDADOR Y DEFENSOR DE LA PAZ NACIONAL". **GRAL. FEDERICO ORDÓÑEZ P.,** Diputado Propietario por el Departamento de Colón.

PACIFISTAS por temperamento, nada más acorde con el peculiar modo de ser de los habitantes del departamento de Islas de la Bahía, a quienes tengo el honor de representar, que rendir merecido tributo de admiración y simpatía al Señor Presidente de la República, Dr. y Gral. Don Tiburcio Carías Andino, por su afán incansable de cimentar la Paz en la República, que es la base firme y única del Progreso y Grandeza de los pueblos. **P.M. EARL COOPER,** Diputado Propietario de Islas de la Bahía.

DÍA DE LA PAZ Y DE DAR GRACIAS A DIOS

TELEGRAMA-
CIRCULAR DEL PROFESOR
J. EFRAÍN CASTELLANOS

Santa Rosa de Copán, 17 de enero
de 1945.

Don Fernando Zepeda Durón.
Tegucigalpa

Para su conocimiento y demás fines, permítome trascribirle:
"Santa Rosa de Copán, 13 de enero de 1945. -Presidentes Comités
y Subcomités Nacionalistas, Alcaldes Municipales, Concejos de
Distrito, Comandantes de Armas y Gobernadores Políticos. -Siendo
el 15 de Marzo, aniversario natal del Excmo. Señor Presidente,
Doctor y General Don Tiburcio Carías Andino, Padre de la Paz y
Restaurador de nuestra querida Honduras, de la manera más atenta
excito a usted, a efecto nos dirijamos al Soberano Congreso Nacional,
para que tan magna fecha sea decretada "DÍA DE LA PAZ", creando
al mismo tiempo la orden de tan divino lema y condecorar con la
medalla o insignia tenga a bien acordar, a todos aquellos ciudadanos
que ,como nuestro actual Gobernante, consagran su amor y
abnegación a ese pedestal sublime en que descansa el progreso
material y cultural de los pueblos y perpetuar de esta manera la fecha
en que naciera el Fundador y Sostenedor de la nuestra.-
Respetuosamente. -J. Efraín Castellanos, Director Departamental de
E.P.".

ACTA NÚMERO TREINTA DEL CONGRESO NACIONAL

Tegucigalpa, D. C., veintisiete de enero de mil novecientos cuarenta y cinco.

Se abrió la sesión presidida por el diputado Muñoz P., con asistencia de los señores representantes Agüero, Alvarado, Amaya R., Augustinus, Bustillo, Cálix Moncada, Cedillo, Cooper, Cruz Zambrano, Chirinos Z., Fiallos, González, Hernández, Jiménez, Landa Blanco, Lardizábal, Leiva, Lobo, Luna C., Medina Laínez, Membreño, Mena, Mendoza, Milla, Murillo Díaz, Murillo Soto, Ordóñez P., Pinto, Portillo, Romero Ayala, Romero Guifarro, Suazo, Tábora Solares, Torres, Triminio (don J. Inocente), Triminio (don Pedro), Valenzuela, Vásquez, Valladares, Velásquez, Villela Vidal, Zelaya y de los Secretarios Zepeda Durón y Raudales.

1. Se leyó y aprobó el acta de la sesión anterior.
2. La Secretaría dio cuenta de la correspondencia recibida, así:
a) Mensajes telegráficos suscritos por Felipe Sauceda, José M. Lagos E., Jenaro C. Sarmiento, H. Pavón R., P. Salazar Membreño, Juan B. Herrera, J. A. Durón, Mariano Murillo, Salvador Salguero, Martín Hernández, Próspero Arceaga, Andrés Gutiérrez, Salvador Banegas, Presentación Murillo Rosales, Dionisio Domínguez, Nicolás Flores Ramos y Rafael Alvarado, excitando a la Augusta Cámara a que emita decreto que declare el 15 de marzo "Día de la Paz", haciendo honor al aniversario natal del más denodado luchador por el mantenimiento de la Paz.
b) Mensajes telegráficos firmados por Ramón Guevara, Máximo Lardí, Pablo Cruz y Cruz, Salatiel Zelaya, Manuel H. Martínez, Ramón Bustillo h. y F. Alfredo Paz, solicitando del Congreso Nacional el restablecimiento del Art. 128 de la Ley de Municipalidades y del Régimen Político.
c) Certificación del Acta de la sesión celebrada con fecha quince de los corrientes por la Municipalidad de Guarita, en la que se acordó excitar al Soberano Congreso Nacional a fin de que decrete "Día de la Paz" el 15 de marzo, fecha en que nació el Doctor y General don

199

Tiburcio Carías Andino, Fundador y Sostenedor de la Paz de Honduras y Benemérito de la Patria.

3. La Secretaría, con la autorización de la Presidencia, manifestó que habiéndose presentado ciertos inconvenientes y para evitar conflictos posteriores, como el ya conocido de la Comisión Dictaminadora sobre la redacción del proyecto favorable a la creación del Día de la Paz, se nombró para integrar la Segunda Comisión de Legislación a los representantes Chirinos Z., Murillo Díaz y Valladares.

4. Se dio lectura a un trabajo del Dr. Ángel D. Vargas, conducente a que se introduzca una reforma al Código Civil para que se establezca la exigencia del Certificado Médico Prenupcial.

MENA: Como el Dr. Vargas menciona su nombre en el trabajo que se acaba de leer, va a tomar la idea como asunto propio, después de estudiarlo con los colegas de la Cámara y de esta capital. El asunto parece sencillo, pero no lo es. Aquí, aunque ya estamos civilizados, nos hace falta mucho. Esta idea puede beneficiarnos, poniéndola en detenido estudio. En su oportunidad presentará el correspondiente proyecto de ley.

5. La Secretaría dio lectura al Dictamen de la Comisión de Legislación sobre la Exposición y Proyecto de Decreto, tendiente a declarar DÍA DE LA PAZ el 15 de marzo, aniversario natal del Señor General don Tiburcio Carías Andino.

Fue puesto a discusión en primer debate.

ALVARADO: Se trata de un asunto de trascendental importancia y por tener mucho trabajo las Comisiones del Congreso y por haberse señalado en el Proyecto de Decreto la vigencia para el primero de febrero, pide que se le dispensen dos debates y sea discutido en uno solo este asunto.

Tomada en consideración la moción del diputado Alvarado, se practicó votación sobre los extremos URGENCIA y CONTRA, resultando unanimidad de votos en favor de la urgencia. En consecuencia, se puso a discusión en un solo debate, artículo por artículo, el Proyecto de Decreto.

La Secretaría dio lectura al artículo primero de los Proyectos de Decreto de la Comisión Especial y de la Comisión Dictaminadora.

MUÑOZ P.: Creemos, señores diputados, que todos estaremos de acuerdo en aprobar la ley que se pone a discusión. No significa nada el valor intrínseco de esa medalla, la que debe ser apreciada en su valor de afección, por su trascendencia, ya que es un reconocimiento sincero y de gratitud nacional a favor de quienes, como presidentes, se empeñen por la seguridad de la Patria y sostenimiento de la Paz.

La medalla, tal como se indica, es sencilla, porque se le va a ofrecer a un hombre por primera vez en nuestro país, que es además de demócrata auténtico, humilde, de costumbres sencillas, como lo es el actual Presidente de la República, General don Tiburcio Carías Andino, que ojalá Dios quiera no sea el único que se haga acreedor a tan alto y honroso galardón. Considero que a la medalla quizá convenga ponerle algo que signifique los productos de la paz, por ejemplo: el cuerno de la abundancia, aviones, carreteras, edificios nacionales, fincas, ganado, etc.

Me permito excitar al diputado Mena para que estudie la dimensión y alegorías que correspondan a la medalla. Expone que más le gusta el artículo 1.º de la Comisión Dictaminadora que el artículo del proyecto, sin que por el momento se decida por ninguno de ellos.

ZEPEDA DURÓN: Aplaude que el Congreso haya tomado en consideración la idea del profesor Castellanos, aunque sabe que al Gral. Carías no le gustan estas cosas, porque es un hombre humilde, un hombre sin aspavientos. Se manifiesta de acuerdo con el artículo primero del proyecto de Decreto del Dictamen.

Continúa diciendo que, interpretando el sentir del Señor Presidente de la República, cree que ese homenaje debe ser una cosa sencilla, sin mucha ceremonia y, como a él se lo dijo el Señor Presidente, sería bueno que una Comisión del Congreso llegara a entregarle la condecoración por la noche, sin hacerle mucha solemnidad.

Advierte que el paso que se está dando es un compromiso que se contrae para el mañana; que todos, al firmar este Decreto, quedan obligados a asegurar y defender la paz.

CHIRINOS Z.: Le tocó formar parte de la Comisión que elaboró el Proyecto, la cual estimó que era innecesario el uso de considerandos y tomó por ejemplo el Decreto de la Orden y Condecoración "Francisco Morazán".

Como los pueblos han clamado que el 15 de marzo se declare "Día de la Paz", creyó la Comisión que rememorando esa fecha debía decir por qué se decreta "Día de la Paz" el 15 de marzo, sin necesidad de decir "de todos los años", porque esto es una redundancia, ya que los años se repiten con sus meses y sus días.

Eso que se agrega de "República de Honduras" es también una redundancia, puesto que quien emite el Decreto es un Cuerpo Colegiado de la República de Honduras.

Razona que nadie es perfecto en la tierra y que todos son susceptibles de error, y que si la Cámara considera mejor la forma del Decreto del Dictamen, sea en buena hora, teniendo por seguro que en el fondo de ese Decreto toda la Cámara estará de acuerdo.

MUÑOZ P.: Lo que acaba de exponer Chirinos Z. está en la razón. No queda descartado el General Carías en la redacción del Dictamen. Da lectura al Proyecto de Decreto. Expresa que esa fecha y condecoración se crean en reconocimiento de los esfuerzos, muchas veces titánicos, del Señor Presidente de la República, Gral. Carías, empleados en el mantenimiento de la Paz, patrimonio inapreciable e insustituible del pueblo hondureño. El Decreto de la Comisión Dictaminadora es bastante explícito y, por el contrario, es bastante «limpio» el Decreto en cuya redacción intervino el Dr. Chirinos Z.

Cree que en este caso especial sí caben los considerandos, ya que es necesario explicar por qué razones se crea «Día de la Paz» el aniversario natal del Señor Presidente de la República, y se crea la Condecoración de la Paz.

TORRES: El artículo primero del Proyecto de la Comisión Especial tiene por patrón la Orden Morazán, que no tiene tanto adorno. En ese artículo está expuesta la razón por la cual se crea el 15 de marzo «Día de la Paz». Solo hay que fijarse en la construcción.

Espera que la Cámara esté en favor de ese proyecto, que se fije bien en la forma correcta como está expresado. Está de acuerdo con el representante Muñoz P. en que la leyenda de la medalla no es lo suficientemente expresiva, ya que se podía grabar un cuerno de la abundancia, unos avioncitos o unos implementos de agricultura.

TÁBORA SOLARES: En este Decreto hay que observar dos aspectos: la creación del «Día de la Paz» y la creación de una medalla que perpetúe el 15 de marzo como «Día de la Paz».

Considera que la condecoración no será solo para el Gral. Carías Andino, sino para cualquier otro Presidente que tenga la felicidad de sostener la Paz.

No tiene la pretensión de decir que el Proyecto de la Comisión Dictaminadora es perfecto, ya que esto queda completamente al parecer de la Cámara.

Todas las causas de la creación del «Día de la Paz» están detalladas y explicadas en los considerandos, porque la Comisión quiso hacerlo con la mayor elegancia y concisión.

Se dice que es una redundancia mencionar las palabras «de todos los años», pero en esa forma está redactado el Decreto del Día de las Américas y el del Día de Washington.

También se cita en otros decretos el nombre de la República donde se emite el decreto.

Advierte, sin embargo, que si la Cámara no considera castiza la redacción del Proyecto de Decreto de la Comisión Dictaminadora, puede disponer lo que crea conveniente.

Hace resaltar que es muy hermosa la mención que se hace por la Paz y por la Patria.

Está de acuerdo con el representante Muñoz P. en que se busque algo que ilustre el significado de la medalla.

MENA: No puede terciar en este asunto porque es miembro de la Comisión Especial que redactó lo concerniente a la creación del «Día de la Paz» y desearía que uno de los señores diputados mocionara en el sentido de que se corrigiera la expresión «de todos los años».

El diputado Muñoz P. tiene la razón cuando pide que se explique el motivo del «Día de la Paz».

Explica que el símbolo de la Paz es la paloma, alusión que no se hizo porque podía prestarse para algunas bromas y el asunto es muy serio; tal vez se puede poner en la medalla un avión, que también es paloma.

El cuerno de la abundancia es sinónimo de prosperidad; el trabajo está representado por el martillo y el yunque; la agricultura suele personificarse con la diosa Ceres.

Pero eso no puede significar ni expresar la Paz.

Por eso cree que está bien redactada la leyenda de la medalla.

La sola mención de la Paz tiene gran significado, y mucho mayor cuando se le agrega «la Patria».

MUÑOZ P.: Es mejor suspender la discusión de este asunto para estudiarlo detenidamente.

En Estados Unidos de Norteamérica el Congreso inaugura sus sesiones dando gracias a Dios por los bienes recibidos y suplicando su intercesión para lo futuro.

Si no fuera que en Honduras hay tanto libre pensador, aunque su pensar no lo dé a conocer y quizás quisiera llamarlo cachureco, propone que el artículo primero se redacte así:

«Artículo 1.º — Declarar el 15 de marzo "Día de la Paz y de Dar Gracias a Dios".»

Ruega a los señores diputados que se fijen en lo que hacen los diputados del gran país que dirige y gobierna el Gran Hombre, Franklin Delano Roosevelt.

Todos los grandes hombres se sienten inclinados hacia Dios como lo hace Roosevelt, quien va con mucha frecuencia a la Iglesia a dar Gracias a Dios; lo cual no sucede entre nosotros que somos tan liberales, tan libres, que no vamos a misa y por eso no somos ni católicos, ni mahometanos: nada, salvo herejes.

Alguien habló de que con este Decreto asumiremos una gran responsabilidad, a lo cual puede decir que el Congreso Nacional ya asumió esa responsabilidad en muchos decretos anteriores.

Mantiene su criterio en el sentido de que se debe grabar en la medalla: «Día de la Paz y de Dar Gracias a Dios».

CHIRINOS Z.: No nos hemos referido al preámbulo del Decreto de la Comisión Dictaminadora, lo cual es necesario antes de entrar a discutir el articulado.

Para la Comisión Especial hubiera sido lo más sencillo formular considerandos, pero pensó que tratándose del aniversario de la muerte del General Morazán, no los hubo.

Cree que este Decreto será una consecuencia del sentir hondureño, lo cual constituye el considerando más elocuente.

Pero si se quieren dejar los considerandos en el Decreto, que se redacten en otra forma.

Añade que se está complicando el asunto de la medalla al decir que debe llevar esta o aquella leyenda y que debe tener tal o cual dimensión, ya que se conoce la dimensión corriente de las medallas, que no pueden pasar del tamaño de una moneda lempira.

Recalca que no hay nada más hermoso ni más expresivo que decir: «Por la Paz y por la Patria» y que es otro símbolo también mencionar el 15 de marzo, ya que ese día personaliza a un hombre que ha podido, con energía sobrenatural, mantener y sostener la Paz en Honduras.

Para coordinar pareceres sobre la forma en que debe ser redactada la leyenda de la medalla, la Secretaría, con instrucciones de la Presidencia, manifestó que se suspendía la discusión para continuarla en la próxima sesión.

TORRES: Aplaude la idea del representante Muñoz P., porque estima que el premio de la Paz es enorme motivo para dar gracias a Dios.

De antemano manifiesta que estará con el diputado Muñoz P. si presenta esa idea en forma de moción.

6.º—El representante Dr. don Emigdio Mena dio lectura a una exposición tendiente a que se conceda franquicia al señor Abelino Perdomo, de la ciudad de Colinas, Santa Bárbara, a fin de que pueda introducir al país, libre de derechos arancelarios e impuestos fiscales, con excepción del servicio consular, el acarreo y el muellaje, un armonio procedente de la ciudad de New York, Estados Unidos de Norteamérica, que destinará al servicio de la Iglesia Católica de Colinas.

7.º—Orden del día: continuación de la anterior;

Dictamen de la Comisión de Fomento sobre la Memoria del señor Ministro respectivo;

Dictamen de la Comisión de Hacienda sobre la dispensa que solicita el señor Alfredo León Gómez;

Dictamen de la Comisión de Fomento sobre el Acuerdo del Poder Ejecutivo referente a la concesión otorgada a la Empresa Nacional de Transportes; y,

8.º—Se levantó la sesión.

PLUTARCO MUÑOZ P.,
Presidente.

FERNANDO ZEPEDA D., — Secretario.
MARCO A. RAUDALES, — Secretario.

ACTA NÚMERO TREINTA Y UNO DEL CONGRESO NACIONAL

Tegucigalpa, D. C., veintinueve de enero de mil novecientos cuarenta y cinco.

Se abrió la sesión presidida por el diputado Muñoz P., con asistencia de los representantes Agüero, Alvarado, Amaya R., Augustinus, Bustillo, Cálix Moncada, Cedillo, Cooper, Cruz Zambrano, Chirinos Z., Fiallos, González, Hernández, Jiménez, Landa Blanco, Lardizábal, Leiva, Lobo, Luna C., Medina Laínez, Membreño, Mena, Mendoza, Milla, Murillo Soto, Ordóñez P., Pinto, Portillo, Romero Ayala, Romero Guifarro, Suazo, Tábora Solares, Torres, Triminio (don J. Inocente), Triminio (don Pedro), Valenzuela, Vásquez, Velásquez, Zelaya, y de los Secretarios Zepeda Durón y Raudales.

1.º Se leyó y aprobó el acta de la sesión anterior.

2.º La Secretaría dio cuenta de la correspondencia en cartera, así:

a) Mensajes telegráficos firmados por Anacleto L. Mendoza, Raimundo S. Gómez, J. Antonio Gómez, Inés Nelson, Guillermo C. Nelson, Juan F. Moncada, Pedro P. Vásquez, B. Bustamante Sierra, J. Inés Sánchez S., Andrés Abelino Ayala, Ramón Raudales Zelaya, T. Grádiz Valladares, Higinio Ordóñez, Trinidad Colindres, Manuel J. Castellanos, Rafael A. Elvir, Juan Alvarenga, Abel Borjas, Manuel Castellanos h., H. Manuel Romero Sosa, Humberto Vindel, Porfirio J. Girón, Félix Villanueva, Jorge López, Ramón V. Mendoza, Juan Zerón, Santiago Matamoros, Santos Cruz, Miguel A. Ayestas, Demetrio Rodríguez, Arturo Reyes, Abraham H. Álvarenga, Anselmo Amaya, José Ángel Díaz, José Ángel Martínez, Jorge A. Alvarenga, Raúl A. Rodríguez, J. Antonio Cruz, José Ángel Cruz, Eulogio Torres, Ramón Alvarenga, Antonio Rodríguez, Gilberto Rodríguez, Antonio Izaguirre, Ismael Ochoa Funes, Víctor Rodríguez, Juan G. Moncada, Francisco Cabrera, Efraín Gallegos Lanza, Patrocinio Cruz, J. Ezequiel Banegas, Gilberto Flores, A. Ramón Salgado, Ramón Cruz B., Salomón L. Vásquez, Pedro Antonio Durón V., Simón García B.,

José C. González, Bonfilio V. Ventura, Pedro Vásquez y J. Antonio Cruz, excitando al Congreso Nacional a que decrete DÍA DE LA PAZ el 15 de marzo, en honor al aniversario natal del Dr. y Gral. don Tiburcio Carías Andino, bajo cuya Administración se ha mantenido en nuestro país ese preciado don de la paz en forma inalterable.

b) Mensaje telegráfico del señor Gobernador Político del departamento de Choluteca, don Rubén Sánchez, manifestando la conveniencia de restablecer el Artículo 128 de la Ley Municipal y del Régimen Político.

c) Mensaje telegráfico de don M. López Núñez, de Comayagua, pidiendo, en su carácter de Tesorero del Asilo de Huérfanos, que la Augusta Cámara decrete un subsidio de cien o ciento cincuenta lempiras mensuales para aquella institución.

d) Solicitud de aumento de sueldo firmada por los mensajeros Victoriano Viera, Benjamín Castellanos, Octavio Matamoros, José María Andino, L. Banegas V., José García, Guillermo Núñez H., Adán Hernández P., Isidro García P., Ubaldo Juárez Fiallos, Cristóbal Alvarenga y Gustavo Zelaya.

Como esta solicitud modifica la estructura del Presupuesto General de Gastos y como los solicitantes no tienen iniciativa de ley, la Secretaría manifestó que, con todo sentimiento, pasaría al Archivo.

3.º La Secretaría dio lectura a la moción del diputado Velásquez, tendiente a que, estando pendientes de resolución el Presupuesto General de la República, varias contratas, la Ley Orgánica Militar y muchos proyectos de los señores diputados, se prorroguen las actuales sesiones por cuarenta días más.

Fue puesta a discusión. Suficientemente discutida, la moción del representante Velásquez fue aprobada.

4.º La Secretaría leyó el dictamen y el proyecto de decreto de la Comisión de Fomento, favorable a que se aprueben los actos realizados por el Poder Ejecutivo en los ramos de Fomento, Obras Públicas, Agricultura y Trabajo, efectuados durante el ejercicio fiscal de 1943 a 1944.

Fueron puestos a discusión en un solo debate.

CHIRINOS Z.: En días pasados estuvo consultando la Memoria de Fomento y encontró dos renglones que le llamaron mucho la atención, en lo que se refiere al timbre que están obligados a poner en las botellas las empresas fabricantes de cerveza. Esos timbres son dos: uno de ocho centavos y otro de dos. El de ocho centavos arroja un total de ciento y pico de lempiras, mientras que el de dos centavos solo llega a dos lempiras y cuarenta centavos, de lo cual se desprende que es que los datos están equivocados o que los timbres no se vendieron, lo que quiere decir que esas empresas no cumplen con las obligaciones que estipulan las concesiones. Termina diciendo que más bien quiere creer que hay equivocación en los datos.

Suficientemente discutido el dictamen y proyecto de decreto, fueron aprobados.

5.º La Secretaría dio lectura al dictamen y proyecto de decreto de la Comisión de Hacienda, favorable a que se conceda al Casino Teleño, S. A., franquicias para que importe, libre de derechos arancelarios, impuestos y sobreimpuestos, a excepción de los irredimibles y servicios del Estado, hasta por la suma de cinco mil lempiras, los materiales que necesite para construcción de su edificio y los muebles de que será dotado.

Fue puesto a discusión el proyecto de decreto, artículo por artículo.

CHIRINOS Z.: El diputado Presidente, antes de ahora, ha sido opuesto a esta clase de dádivas. La última que se dio al Country Club fue por simpatías. La Exposición dice que esa franquicia no será usada para licores, sino para materiales de construcción, con lo cual está de acuerdo; no estándolo en lo que se refiere a los muebles. En la Costa Norte y aquí en Tegucigalpa hay magníficos talleres que producen muebles de buena calidad, al gusto del cliente, los cuales podrían ser adquiridos por el Casino Teleño, logrando con esto que el dinero no se vaya fuera del país. No se beneficia a la Nación con franquicias de esa clase, no se le da oportunidad a las industrias hondureñas, que necesitan de nuestra cooperación. Está de acuerdo con que se dé la franquicia, mas no en lo que atañe a mobiliario.

LANDA BLANCO: Al Country Club se le dio franquicia para mobiliario, lo mismo que a otros centros sociales del país, y no hay razón para que ahora se le niegue a uno, si es que se quiere proceder con equidad. Anota que el mobiliario no comprende solo las sillas, sino también refrigeradoras, radios, billares, servicio sanitario, lo cual no se produce en Honduras.

CHIRINOS Z.: No es una razón fundamental la que expresa el representante Landa Blanco. Somos imperfectos, susceptibles de error. Pero si se ha cometido un error y se llega a reconocerlo, la experiencia nos obliga a rectificarlo. No se puede cambiar la palabra «mobiliario» del Decreto, y como un radio entra dentro de este término también entran muchos radios, que podrían venir al Casino Teleño, porque caen dentro de la franquicia. Está de acuerdo en que se le conceda libre introducción de un radio, de una refrigeradora, pero no en la forma generalizada de «mobiliario». La prudencia nos aconseja no dar esas franquicias en tal forma; presenta moción en el sentido de que se suprima del artículo primero el renglón que se refiere a mobiliario.

La Secretaría practicó votación sobre si tomaba o no en consideración la moción del representante Chirinos Z., obteniéndose 34 votos en favor y 4 en contra.

Razonó su voto el diputado Leiva.

LEIVA: Vamos a perder tiempo en este asunto. Por un acto de cortesía con el representante Chirinos Z., se va a votar porque se tome en consideración su moción, aunque no está de acuerdo con el fondo de la misma, ya que el dictamen está, en el fondo, de acuerdo.

Se puso a discusión la moción del diputado Chirinos Z.

MUÑOZ P.: Hace uso de la palabra por haberlo mencionado el diputado Chirinos Z. Tiene que decir que es cierto que nunca ha estado en favor de las franquicias, pero como a todos esos estancos grandes se les ha concedido, no hay razón para que se le niegue al Casino Teleño, que solo la pide hasta por cinco mil lempiras. Siendo consecuente con la lógica, no se le debe negar a Tela lo que se le ha dado a La Ceiba, Puerto Cortés, San Pedro Sula, etc. Ya el diputado Landa Blanco explicó también que son muebles los inodoros, radios, mesas de billar, como lo son también las mesas de mármol, que no se fabrican aquí. Hay que fijarse que Tela es un puerto, por lo que le llegarían con facilidad los muebles del exterior, sin estropearse, y le costaría mucho llevarlos de Tegucigalpa, y le llegarían muy estropeados. Manifiesta que va a estar en favor de la franquicia.

LANDA BLANCO: Los casinos son convenientes y de ellos necesitamos para muchos fines. Hubiera aceptado la moción Chirinos Z., si expresara «mobiliario para uso exclusivo del Casino Teleño».

La introducción de esos muebles se hará bajo la vigilancia del Ministerio de Hacienda. A él le habían hablado sobre el asunto, pero le habían dicho que iban a pedir franquicia hasta por quince mil lempiras y pensó que no iba a estar de acuerdo. Sin embargo, como lo que piden es bastante módico, estará en favor de la franquicia.

MURILLO SOTO: Ya se dijo que iguales dádivas o exenciones se concedieron a otros centros sociales y no hay motivo para que se le niegue al Casino Teleño; se dijo también que, llevando los muebles de aquí, les llegarían estropeados al lugar de destino. Hay en la petición una bondad, puesto que no pide exención para licores. Se pronuncia en favor del dictamen.

La Secretaría procedió a tomar votación sobre los extremos, dictamen con moción, dictamen solo y contra todo, resultando 32 votos por el dictamen solo y 2 en favor del dictamen con moción. En consecuencia, quedó aprobado el dictamen y proyecto de decreto de la Comisión de Hacienda.

6.º Continuó la discusión sobre los proyectos de decreto de la Comisión Especial y de la Comisión Dictaminadora, relativos a la creación del DÍA DE LA PAZ y de una medalla que perpetúe esa fecha, 15 de marzo, aniversario natal del Señor Presidente de la República, Dr. y Gral. Tiburcio Carías A.

Se procedió a dar lectura, uno a uno, a los considerandos expuestos por la Comisión Dictaminadora, que fueron aprobados.

La Secretaría leyó el artículo primero del proyecto de decreto de la Comisión Especial y el artículo primero del proyecto de decreto de la Comisión Dictaminadora. Fueron puestos a discusión.

MUÑOZ P.: En la sesión del sábado insinuó la conveniencia de incluir en la redacción del Decreto la expresión «y de dar gracias a Dios», puesto que la gratitud es uno de los grandes atributos de la humanidad; nunca puede ser tomado como un defecto el hecho de rendir gracias a quien nos favorece.

Mociona porque el artículo primero sea redactado en la siguiente forma:

«Artículo 1.º — Declarar el 15 de marzo DÍA DE LA PAZ Y DE DAR GRACIAS A DIOS».

CHIRINOS Z.: Ya había manifestado que no quería seguir terciando en esta discusión; pero ya que se introduce una novedad, quiere referirse a la parte religiosa del artículo. La Constitución Política establece la libertad de cultos. En la República la religión católica, apostólica y romana la practica quien quiere; hay además adventistas, evangelistas, etcétera; pero la moción Muñoz P., por más que sea simpática en ese fondo cristiano, se opone a la libertad de cultos, es una imposición al espíritu, puesto que obliga a rendir gracias en determinada forma, en determinado día. Existe en Estados Unidos de Norteamérica un DÍA DE GRACIAS, pero no menciona a ningún Dios especial. Está completamente en desacuerdo con la moción Muñoz P., por más de que el proponente goza de múltiples simpatías en la Cámara.

MUÑOZ P.: Sigue desconociendo la forma de argumentar del representante Chirinos Z. en este año. Él no está hablando de religiones, no está imponiendo una nueva religión y no es que la gente irá forzosamente a rezar ese día a la Iglesia. Están tratando de rendir tributo a un hombre que se lo merece: al General Carías A., y de agradecer a Dios los premios concedidos. No está tan rezagado como para venir a pedir una ley que obligue a la gente a que vaya a rezar. Él está encabezando el homenaje al Mandatario y la religiosidad a que se refiere Chirinos Z. queda del fuero interno de cada quien. Cree que la moción pasará con gran mayoría.

LEIVA: En todos estos asuntos se forma su creencia por propias convicciones. La simpática moción Muñoz P. lo eleva en su concepto, porque arrostra los prejuicios que por espacio de muchos años han prevalecido en nuestro medio. La Constitución norteamericana garantiza la libertad de cultos y no ha habido oposición entre esa libertad de cultos y el hecho de haber creado un día en que las criaturas dan gracias a su Creador.

VALENZUELA: Parece que el diputado Chirinos Z. quiere darle un giro de inconstitucionalidad a este asunto, pero está completamente equivocado. La idea de Dios es una idea absoluta. El diputado Muñoz P., en su moción, no especifica ningún Dios, por lo cual cada quien podrá darle gracias a Dios, sea cual sea su religión. Está perfectamente de acuerdo con la idea del diputado Muñoz P. y se permite felicitarlo.

CHIRINOS Z.: No está discutiendo ninguno de los proyectos de decreto sobre la creación del DÍA DE LA PAZ. Que no se varíen las palabras ni se tergiversen los conceptos. Si decimos «Gracias a Dios» en la moción, se nos está imponiendo una obligación de carácter piadoso. La Iglesia está separada del Estado y el Congreso Nacional no puede obligar a nadie a que un día determinado vaya a dar gracias a Dios. Estará con el Decreto, cualquiera que sea el proyecto que se escoja. Y aunque el representante Muñoz P. ha dicho que extraña la forma de que él (Chirinos Z.) argumenta en este año, él no se permite decir al diputado Muñoz P. que le extraña su forma de argumentar.

ZELAYA: Hace referencia a que los diputados mexicanos Maldonado y Madrazo dijeron que les causó gran sorpresa el Presidente del Congreso Nacional de Honduras, saludándoles en nombre de Dios y la Virgen de Guadalupe. Advierte que el concepto de religión es tradicional, que en Estados Unidos no hay una fecha fija para dar gracias a Dios, porque eso nadie lo ha introducido en la Cámara, sino que al Presidente de la República le concede la facultad de señalar qué jueves del mes de noviembre se dan gracias a Dios. Cree que no cabe en el Decreto la parte propuesta por el diputado Muñoz P.

MUÑOZ P.: El representante Valenzuela ya explicó que la idea de Dios es general y priva a cualquier religión. Todos tienen fe en alguien, sea Dios o el Diablo. Ya ha oído al mismo representante Chirinos Z. mencionar a Dios en sus dolores. No es nada penoso, ni ridículo, como dijo un honorable diputado. Cree que todos en la Cámara y el pueblo en general estarán de acuerdo con agregar esas palabras al artículo primero, como también, está seguro, de que todos darán gracias a Dios, porque de lo contrario se los lleva el Diablo. No es cierto que él saludó a los diputados mexicanos, que dice el representante Zelaya, sino que en nombre del pueblo de Honduras, agregando que si México tenía una Virgen de Guadalupe, Honduras tenía su Virgen de Suyapa; que si ellos tenían un Padre Morelos, nosotros teníamos un Padre Reyes. Termina pidiendo, muy cortésmente, a la Secretaría, que tome votación con consignación de nombres en este asunto.

BUSTILLO: Desde que se lanzó la idea de la creación del DÍA DE LA PAZ el 15 de marzo, estuvo de acuerdo, porque se trata de un homenaje a un hombre que lo merece. Está de acuerdo con la innovación del representante Muñoz P., por su intención de «Dar

Gracias a Dios», por haber hecho posible la paz de Honduras por medio del hombre a quien se va a honrar con el homenaje.

La Secretaría tomó votación sobre los extremos MOCIÓN y CONTRA.

VELÁSQUEZ (votando): Como miembro de la Comisión Especial tiene que decir que el Decreto de ahora y el del 13 del mes pasado llevan el mismo fondo, ambos tienden a homenajear a un hombre que cimentó la paz en Honduras y ha hecho levantar el criterio de esa paz en nuestro pueblo, tomando por base la intención de dar gracias a Dios porque vivimos en paz; está de acuerdo con la moción.

MENA (votando): Un compañero le está diciendo en ese momento que nadie puede votar contra Dios, y por eso vota en favor de la moción del diputado Muñoz P.

TÁBORA SOLARES (votando): Todos los Congresos del mundo en la actualidad son políticos y por eso nada extraño es que el de Honduras también lo sea. Esa luminosa idea del diputado Muñoz P. parece que ataca la Constitución Política, pero solo lo parece. Si nos fijamos que eso de dar gracias a Dios es un concepto general, sabremos que no está obligando un culto a determinado Dios. Todos los hondureños, amigos o no amigos del Gral. Carías A., tienen que dar gracias a Dios por haber propiciado la felicidad de llevar al solio presidencial a un hombre ejemplar como es el General Carías, propulsor de la cultura, fundador y defensor de la paz, honrado, activo y emprendedor. Si bien es cierto que no vamos a la iglesia los hombres con tanta frecuencia, sí van las mujeres, que integran un gran porcentaje del pueblo. Está completamente de acuerdo con la moción Muñoz P.

TORRES (votando): Ya había manifestado su entusiasmo por esa idea. Ha estudiado el caso y ve que no se lastima en nada la Constitución Política, puesto que no se obliga a nadie a que dé gracias a Dios, sino que se designa un Día de la Paz y de dar gracias a Dios. Cree que el diputado Muñoz P. debería redactar su moción diciendo: «Gracias a Dios por los bienes recibidos». Esta innovación tiene una gran trascendencia porque toca al alma del pueblo. Vota por la moción.

ZELAYA (votando): Son dos cosas muy separadas el DÍA DE LA PAZ Y EL DE DAR GRACIAS A DIOS. Recalca que no hay tal decreto de Gracias a Dios en los Estados Unidos de Norteamérica, por lo que esto que se está haciendo aquí es una imitación sin fundamento. Va a resultar ridículo porque esa es una tradición propia de los Estados Unidos, que nació en las playas de Nueva Inglaterra. Quisiera que la moción recibiera por lo menos unos cinco votos en contra.

MURILLO SOTO (votando): Las palabras que el diputado Presidente introduce a la redacción del decreto vienen a perfeccionarlo, a hacerlo más puro y más sano. Colón dio las gracias a Dios cuando le libró del peligro cerca del cabo hondureño que desde entonces se llama Cabo de Gracias a Dios; cuando se iba a hacer la invasión aliada a la fortaleza de Europa, Roosevelt y su pueblo invocaron a Dios y le rindieron gracias; el Kaiser decía: «Voy con Dios y con mis fuerzas», como los hondureños podemos decir: «Voy con Dios y con Tiburcio Carías». Vota por la moción.

CHIRINOS Z. (votando): Está bueno que se haya tomado votación nominal porque así todos los representantes asumen su propia responsabilidad. No estamos votando a Dios ni a ningún concepto religioso, sino la moción del representante Muñoz P. El Día de Gracias a Dios lo tenemos todos los días. En los templos, en nuestros ritos religiosos, se da gracias a Dios en cada momento. La fe la tenemos desde antes de nacer, desde que recibimos el primer átomo de vida en el seno materno. Hitler e Hirohito también, cuando invadieron a los países europeos o a la China, y bombardearon Pearl Harbor, lo hicieron en nombre de Dios, por lo cual no es novedad el espíritu de gratitud hacia Dios. Está opuesto a la moción Muñoz P. en lo que hace referencia a dar gracias a Dios. Pide que se inserte el proyecto de la Comisión Especial en el acta del día.

ALVARADO (votando): Gracias a Dios que la moción del diputado Muñoz P. ha tenido tan magnífica acogida. Habiéndose rajado los demás miembros de las Comisiones Especial y Dictaminadora, él no puede quedar como lunar y vota por la moción Muñoz P.

TRIMINIO, don J. Inocente (votando): No voy a discutir sobre religión, porque desde mi niñez figuro en esa legión que llamamos catolicismo, ni tampoco voy a combatir el ideal, muy sublime por cierto, de consagrar el día 15 de marzo de cada año como DÍA DE LA PAZ, en honor al feliz nacimiento de nuestro ilustre Mandatario, Gral. Carías A., porque lo admiro y sé que muy bien se lo merece. Pero sí debo manifestar mi desacuerdo, expresado ya por otros representantes, acerca de la moción del honorable diputado Muñoz P., porque ella, con las palabras que alude a dar gracias a Dios, por más fe que en Él tenga, viene a afear la finalidad de su iniciador y a diferir del deseo de nuestros comitentes.

Por otra parte, separada está la Iglesia del Estado; entiendo que en ningún documento oficial suscrito por cualquiera de los Poderes del Estado debe citarse el nombre de Dios. Cita los documentos públicos que antes de la vigencia de nuestra Constitución Política se encabezaban con las palabras siguientes: «En el nombre de Dios Todopoderoso, amén», las cuales habían sido modificadas. Por consiguiente, vota por el mantenimiento íntegro del Proyecto de Decreto formulado por la Comisión Especial y, por tanto, contra el agregado introducido por el mocionante diputado Muñoz P.

LEIVA (votando): Va a votar por la moción Muñoz P. Lo que ha dicho el representante Chirinos Z. contra la moción no prueba nada. Eso de que el Japón y Alemania invoquen y den gracias a Dios no prueba más que el hecho de que salvajes y civilizados tienen fe en un Dios. No hay nada contra la Constitución, ni la moción tiene carácter de imposibilidad ni visos de inconstitucionalidad.

MUÑOZ P. (votando): Gracias a Dios que pasó la moción y gracias a Dios porque no se enoje nadie. Su idea ha sido que se rinda gracias a Dios por el premio de la Paz y por ese varón egregio que está en la presidencia de Honduras. Desde que estudiaba los problemas del Derecho sabía lo que significaban las ficciones de la ley, una de las cuales es que la Iglesia está separada del Estado, porque en la realidad él no va a creer que la Iglesia de Comayagüela o la de Suyapa están fuera de Honduras. En la moción no se exige a nadie que vaya a la Iglesia a dar gracias a Dios, y el diputado Chirinos Z. bien puede hacerlo desde su casita.

Se ha dicho que debemos responsabilizarnos y que por ello está bien que se tomara votación con consignación de nombres. Él se responsabiliza, y si se quiere achacarle toda la responsabilidad de ese

Decreto, sea en buena hora. Al juez sumario que lo vaya a sentenciar le dirá que le aplique toda la pena, 3 o 4 años que sean, porque tiene esperanza de vivir muchos años.

No sigue hablando más, aunque podría escribir un libro sobre esto, pero ya la moción pasó.

Terminada la votación resultaron votando en su favor los representantes Agüero, Alvarado, Amaya R., Augustinus, Bustillo, Cálix Moncada, Cedillo, Cooper, Cruz Zambrano, González, Jiménez, Landa Blanco, Lardizábal, Leiva, Lobo, Luna C., Medina Laínez, Membreño, Mena, Mendoza, Milla, Muñoz P., Murillo Soto, Ordóñez P., Pinto P., Portillo, Raudales, Romero Ayala, Romero Guifarro, Suazo, Tábora Solares, Torres, Triminio (don Pedro), Valenzuela, Valladares, Vásquez, Velásquez y Zepeda Durón; y votaron en contra de la moción los diputados Chirinos Z., Fiallos, Triminio (don J. Inocente) y Zelaya.

En consecuencia, quedó aprobada la moción Muñoz P.

Se suspendió la discusión para continuarla en la próxima sesión.

7.º Orden del día: continuación de lo anterior; y

8.º Se levantó la sesión.

PLUTARCO MUÑOZ P.,
Presidente

FERNANDO ZEPEDA D., — Secretario
MARCO A. RAUDALES, — Secretario

ACTA NÚMERO TREINTA Y DOS DEL CONGRESO NACIONAL

Tegucigalpa, D. C., treinta de enero de mil novecientos cuarenta y cinco.

Se abrió la sesión presidida por el representante Muñoz P., con asistencia de los diputados Agüero, Alvarado, Amaya R., Augustinus, Bustillo, Cálix Moncada, Cedillo, Cooper, Cruz Zambrano, Chirinos Z., Fiallos, González, Hernández, Jiménez, Landa Blanco, Lardizábal, Leiva, Lobo, Luna C., Medina Laínez, Membreño, Mena, Mendoza, Milla, Murillo Díaz, Murillo Soto, Ordóñez P., Pinto, Portillo, Romero Ayala, Romero Guifarro, Suazo, Tábora Solares, Torres, Triminio (don J. Inocente), Triminio (don Pedro), Valenzuela, Valladares, Vásquez, Velásquez, Villela Vidal, Zelaya y de los Secretarios Zepeda Durón y Raudales.

1.º Se leyó y aprobó el acta de la sesión anterior.

2.º La Secretaría dio cuenta de la correspondencia en cartera, así:

a) Mensaje telegráfico del señor Salvador Uclés Rosales, pidiendo a la Augusta Cámara que se decrete el 15 de marzo DÍA DE LA PAZ, como un reconocimiento a las grandes virtudes democráticas del Señor Presidente de la República, Dr. y Gral. don Tiburcio Carías Andino.

b) Mensajes telegráficos de los señores Gerardo Mendoza S., A. Romero Z. y Modesto Quaintanilla, excitando al Soberano Congreso Nacional a que restablezca el Art. 128 de la Ley de Municipalidades y del Régimen Político.

c) Mensajes telegráficos firmados por Julián Mejía h. y Nathaniel Wheeler, comunicando al señor Presidente del Congreso que están entendidos de su circular del 26 del corriente mes, en la que se sirve manifestar que algunas Municipalidades están gestionando ante la Cámara Legislativa la reforma del Decreto N.º 67 del año recién pasado.

d) Telegrama del señor Elías F. Pacheco, en el que opina que si queda suprimida la contribución subsidiaria, las Municipalidades tendrán que atenerse al Decreto N.º 67 del 6 de marzo del año próximo pasado, para crear fondos al erario municipal.

3.º La Secretaría dio lectura a una solicitud de permiso del Honorable representante por el departamento de Copán, don Manuel Luna C., para retirarse de las sesiones de la presente Legislatura, por razones muy importantes de familia.

Fue puesta a discusión la solicitud. Suficientemente discutida, fue aprobada y se dispuso llamar, para llenar la vacante del diputado Luna, al diputado suplente por aquel departamento, Licenciado don Manuel Luna Mejía.

4.º El diputado por el departamento de Copán, Licenciado don Alfredo Tábora Solares, dio lectura a una exposición y proyecto de decreto, contraídos al restablecimiento y reforma del artículo 128 de la Ley de Municipalidades y del Régimen Político, derogado por Decreto N.º 67 de 6 de marzo de 1944, que se leerá así:

«En el único caso de no bastar para las necesidades municipales los impuestos ordinarios, se podrá establecer, subsidiaria y temporalmente, una contribución vecinal personal que se pagará mensualmente y que no excederá de L 0.25 para los proletarios, jornaleros y labradores con bienes que valgan de cien a mil lempiras; de L 0.50 para los artesanos con taller; de L 1.00 para los que tengan bienes de más de mil lempiras hasta cinco mil; y de L 2.00 para los capitalistas cuyos bienes exceden de un valor de L 5,000.00.

Lo establecido en el artículo anterior no comprende al Distrito Central, ni a los Distritos Departamentales, Seccionales y Locales, así como a aquellos municipios que no necesiten de la contribución subsidiaria, a juicio de los Concejos Departamentales correspondientes.»

Pasó a la Comisión Segunda de Legislación.

5.º La Secretaría dio lectura al dictamen y proyecto de decreto de la Comisión de Gobernación, favorables a la aprobación de los actos realizados por el Poder Ejecutivo en los ramos de Gobernación, Justicia, Sanidad y Beneficencia, durante el año fiscal de 1943 a 1944, encerrados en el Informe correspondiente.

Dictamen y proyecto de decreto fueron puestos a discusión en un solo debate y, suficientemente discutidos, fueron aprobados.

6.º Continuó la discusión del proyecto de Decreto que se contrae a declarar el 15 de marzo DÍA DE LA PAZ Y DE DAR GRACIAS A

DIOS y a la creación de una medalla que encierre y perpetúe tal simbolismo.

La Secretaría dio lectura al artículo 2.° de la Comisión Especial y al artículo 2.° de la Comisión Dictaminadora.

TORRES: La única diferencia entre los dos artículos consiste en que el de la Comisión Especial divide en dos ese artículo; de modo que se puede aprobar cualquiera y da lo mismo, con excepción de que la referida Comisión no puso «República de Honduras», porque lo consideró una redundancia.

MURILLO SOTO: La creación de la medalla tiene una trascendencia cívica para el presente y para el futuro. La Comisión Dictaminadora propone que en el anverso vaya el Escudo Nacional, que ya se sabe muestra los pinos hondureños, implementos de trabajo, etc. Las condecoraciones deben ser sobrias, simples, sin mucho adorno ni redundancias.

A su parecer, la otra cara de la medalla debía llevar grabadas las palabras siguientes: «DÍA DE LA PAZ Y DE DAR GRACIAS A DIOS. — 15 de marzo de 1945». Termina diciendo que ojalá los señores representantes quieran pensar como él.

MUÑOZ P.: Lo que apunta el diputado Murillo Soto tiene concordancia con el artículo primero que fue aprobado ya. Cree que en la medalla debe condensarse algo que evidencie el progreso alcanzado por Honduras durante el régimen nacionalista actual, a la cabeza del cual está el General Carías.

TÁBORA SOLARES: Los representantes Torres y Muñoz P. se han estado confundiendo en esta discusión, porque la Comisión Dictaminadora dividió el artículo 2.° propuesto por la Comisión Especial en dos artículos.

TORRES: Cuando estudiaban este asunto tuvieron a la vista el Decreto de la Orden y Condecoración FRANCISCO MORAZÁN. Él cree que en el artículo se debe expresar que se establece la Condecoración y, punto y seguido, explicar en qué consistirá.

MUÑOZ P.: Ha leído detenidamente el artículo de la Comisión Dictaminadora. Está de acuerdo con él, pero quitándole la parte final, con el propósito de que en el artículo 3.° se le dé cabida a lo que propone el representante Mena. Sería mejor que se suspendiera esta discusión para que las Comisiones respectivas, junto con el diputado

Mena, se reunieran hoy por la tarde y se pusieran de acuerdo sobre la medalla.

TÁBORA SOLARES: Nada importa que en un solo artículo se refundan los dos. La Comisión Dictaminadora creyó mejor ponerlos aparte, porque se referían a asuntos distintos. Está de acuerdo en que se suspenda la discusión para analizar mejor el asunto.

TORRES: No va a asistir a la reunión de la tarde, a que se ha referido el representante Muñoz P., porque ninguna opinión le hará desistir de la suya, ya que una cosa es un homenaje cívico y otra el aspecto religioso. El articulado de la Comisión Especial fue bien pensado y redactado, pensando palabra por palabra, por un parlamentario tan distinguido como es el diputado Chirinos Z., quien piensa mejor que los demás miembros de la Comisión designada.

La Secretaría, con instrucciones de la Presidencia, manifestó que se suspendía la discusión y se excitaba a los miembros de las Comisiones Especial y de Legislación, al representante Dr. Mena y a todos los honorables representantes que lo tuvieran a bien, para que asistieran a las dos de la tarde a fin de que pudieran coordinar pareceres sobre la forma y redacción de la medalla. Quedaron con el uso de la palabra los diputados Cruz Zambrano y Murillo Soto.

7.º — Orden del día: continuación de lo anterior; dictamen de la Comisión de Hacienda sobre la dispensa de derechos arancelarios solicitada por el diputado Mena, para introducir al país un armonio para uso de la Iglesia de Colinas, Santa Bárbara; y,

8.º Se levantó la sesión.

PLUTARCO MUÑOZ P.,
Presidente.

FERNANDO ZEPEDA D., — Secretario.
MARCO A. RAUDALES, — Secretario.

ACTA NÚMERO TREINTA Y TRES DEL CONGRESO NACIONAL

Tegucigalpa, D. C., treinta y uno de enero de mil novecientos cuarenta y cinco.

Se abrió la sesión presidida por el diputado Muñoz P., con asistencia de los representantes Agüero, Alvarado, Amaya R., Bustillo, Cálix Moncada, Cedillo, Cooper, Cruz Zambrano, Chirinos Z., Fiallos, González, Hernández, Jiménez, Landa Blanco, Lardizábal, Leiva, Lobo, Medina Laínez, Membreño, Mena, Mendoza, Milla, Murillo Díaz, Murillo Soto, Ordóñez P., Pinto, Portillo, Romero Ayala, Romero Guifarro, Suazo, Tábora Solares, Torres, Triminio (don J. Inocente), Triminio (don Pedro), Valenzuela, Valladares, Vásquez, Velásquez, Zelaya, y de los Secretarios Zepeda Durón y Raudales.

1.º Se leyó y aprobó el acta de la sesión anterior.

2.º La Secretaría dio lectura a la correspondencia en cartera, así:

a) Mensajes telegráficos de los señores Melitón Alcerro, Herminio Ortega C., Emilio Núñez G., M. Porfirio Oyuela y Rosalío Benítez M., aplaudiendo que el Congreso esté acuerpando la idea de declarar el 15 de marzo DÍA DE LA PAZ, en honor al día natal del Dr. y Gral. don Tiburcio Carías Andino, y la creación de la medalla que, perpetuando aquella designación, le será impuesta al Señor Presidente de la República y a todo aquel Gobernante que, como él, garantice durante su período el imperio de la Paz.

b) Mensajes telegráficos de los señores Esteban Lanza, Carlos R. López Pineda, Salomón L. Vásquez, R. Vijil P., Leonardo S. Caballero, A. Cálix O., J. M. Velásquez, Guillermo García B., Francisco Ramos L. y Francisco Rivera R., acusando recibo de la circular del señor Presidente de la Cámara Legislativa, fechada el 26 de los corrientes, y manifestando la inconveniencia de restablecer el artículo 128 de la Ley de Municipalidades y del Régimen Político.

c) Mensaje telegráfico del señor Guillermo Madrid, respaldando la iniciativa del diputado Licenciado don Alfredo Tábora Solares, tendiente a restablecer el artículo 128 de la Ley de Municipalidades y del Régimen Político.

3.º La Secretaría dio lectura al dictamen y proyecto de decreto de la Comisión de Presupuesto, favorables a la iniciativa y proyecto de decreto presentados por el señor Ministro de Gobernación, Justicia y Sanidad, por medio de la Secretaría de Hacienda, Crédito Público y Comercio, contraída a pedir la creación en el Presupuesto General de Egresos e Ingresos vigente y en el Departamento de Sanidad, Capítulo I, Sección 12.ª, Gastos Diversos, la Partida número 77, que se denominará:

«Cuota del Gobierno para la extensión del Contrato celebrado con el Instituto de Asuntos Interamericanos para el funcionamiento del Servicio Cooperativo Interamericano de Salud Pública, pagadera en el mes de mayo de 1945, L 200,000.00».

Dictamen y proyecto de decreto fueron puestos a discusión en primer debate.

TORRES: Este acuerdo es sobre una cantidad que ya ha sido gastada y es necesario legalizar ese gasto, por lo que se permite mocionar en el sentido de que se declare la urgencia, se le dispensen dos debates y se proceda a discutirlo en uno solo.

Tomada en consideración la moción del representante Torres, se procedió a tomar votación sobre los extremos URGENCIA y CONTRA, resultando unanimidad de votos en favor de la urgencia y, en consecuencia, se puso a discusión en un solo debate.

La Secretaría dio lectura al artículo único del proyecto de decreto. Suficientemente discutido, fue aprobado.

4.º El representante Cálix Moncada manifestó que desde hace algunos días la Secretaría dio lectura a los oficios que contienen el dictamen del Tribunal Superior de Cuentas y de los Ministerios de Hacienda y Relaciones Exteriores, sobre la iniciativa del representante Bustillo, que tiende a restablecer el artículo 39 de la Ley Orgánica del Tribunal Superior de Cuentas; que como la Comisión que estudia este asunto considera que afecta el Presupuesto General de Gastos, suplica a la Mesa que lo ponga pronto a discusión.

Acta número treinta y dos del Congreso Nacional

Tegucigalpa, D. C., treinta de enero de mil novecientos cuarenta y cinco.

Se abrió la sesión presidida por el representante Muñoz P., con asistencia de los diputados Agüero, Alvarado, Amaya R., Augustinus,

Bustillo, Cálix Moncada, Cedillo, Cooper, Cruz Zambrano, Chirinos Z., Fiallos, González, Hernández, Jiménez, Landa Blanco, Lardizábal, Leiva, Lobo, Luna C., Medina Laínez, Membreño, Mena, Mendoza, Milla, Murillo Díaz, Murillo Soto, Ordóñez P., Pinto, Portillo, Romero Ayala, Romero Guifarro, Suazo, Tábora Solares, Torres, Triminio (don J. Inocente), Triminio (don Pedro), Valenzuela, Valladares, Vásquez, Velásquez, Villela Vidal, Zelaya y de los Secretarios Zepeda Durón y Raudales.

1.º Se leyó y aprobó el acta de la sesión anterior.

2.º La Secretaría dio cuenta de la correspondencia en cartera, así:

a) Mensaje telegráfico del señor Salvador Uclés Rosales, pidiendo a la Augusta Cámara que se decrete el 15 de marzo DÍA DE LA PAZ, como un reconocimiento a las grandes virtudes democráticas del Señor Presidente de la República, Dr. y Gral. don Tiburcio Carías Andino.

b) Mensajes telegráficos de los señores Gerardo Mendoza S., A. Romero Z. y Modesto Quaintanilla, excitando al Soberano Congreso Nacional a que restablezca el Art. 128 de la Ley de Municipalidades y del Régimen Político.

c) Mensajes telegráficos firmados por Julián Mejía h. y Nathaniel Wheeler, comunicando al señor Presidente del Congreso que están entendidos de su circular del 26 del corriente mes, en la que se sirve manifestar que algunas Municipalidades están gestionando ante la Cámara Legislativa la reforma del Decreto N.º 67 del año recién pasado.

d) Telegrama del señor Elías F. Pacheco, en el que opina que si queda suprimida la contribución subsidiaria, las Municipalidades tendrán que atenerse al Decreto N.º 67 del 6 de marzo del año próximo pasado, para crear fondos al erario municipal.

3.º La Secretaría dio lectura a una solicitud de permiso del Honorable representante por el departamento de Copán, don Manuel Luna C., para retirarse de las sesiones de la presente Legislatura, por razones muy importantes de familia.

Fue puesta a discusión la solicitud. Suficientemente discutida, fue aprobada y se dispuso llamar, para llenar la vacante del diputado Luna, al diputado suplente por aquel departamento, Licenciado don Manuel Luna Mejía.

4.º El diputado por el departamento de Copán, Licenciado don Alfredo Tábora Solares, dio lectura a una exposición y proyecto de decreto, contraídos al restablecimiento y reforma del artículo 128 de la Ley de Municipalidades y del Régimen Político, derogado por Decreto N.º 67 de 6 de marzo de 1944, que se leerá así:

«En el único caso de no bastar para las necesidades municipales los impuestos ordinarios, se podrá establecer, subsidiaria y temporalmente, una contribución vecinal personal que se pagará mensualmente y que no excederá de L 0.25 para los proletarios, jornaleros y labradores con bienes que valgan de cien a mil lempiras; de L 0.50 para los artesanos con taller; de L 1.00 para los que tengan bienes de más de mil lempiras hasta cinco mil; y de L 2.00 para los capitalistas cuyos bienes exceden de un valor de L 5,000.00.

Lo establecido en el artículo anterior no comprende al Distrito Central, ni a los Distritos Departamentales, Seccionales y Locales, así como a aquellos municipios que no necesiten de la contribución subsidiaria, a juicio de los Concejos Departamentales correspondientes.»

Pasó a la Comisión Segunda de Legislación.

5.º La Secretaría dio lectura al dictamen y proyecto de decreto de la Comisión de Gobernación, favorables a la aprobación de los actos realizados por el Poder Ejecutivo en los ramos de Gobernación, Justicia, Sanidad y Beneficencia, durante el año fiscal de 1943 a 1944, encerrados en el Informe correspondiente.

Dictamen y proyecto de decreto fueron puestos a discusión en un solo debate y, suficientemente discutidos, fueron aprobados.

6.º Continuó la discusión del proyecto de Decreto que se contrae a declarar el 15 de marzo DÍA DE LA PAZ Y DE DAR GRACIAS A DIOS y a la creación de una medalla que encierre y perpetúe tal simbolismo.

La Secretaría dio lectura al artículo 2.º de la Comisión Especial y al artículo 2.º de la Comisión Dictaminadora.

TORRES: La única diferencia entre los dos artículos consiste en que el de la Comisión Especial divide en dos ese artículo; de modo que se puede aprobar cualquiera y da lo mismo, con excepción de que la referida Comisión no puso «República de Honduras», porque lo consideró una redundancia.

MURILLO SOTO: La creación de la medalla tiene una trascendencia cívica para el presente y para el futuro. La Comisión Dictaminadora propone que en el anverso vaya el Escudo Nacional, que ya se sabe muestra los pinos hondureños, implementos de trabajo, etc. Las condecoraciones deben ser sobrias, simples, sin mucho adorno ni redundancias.

A su parecer, la otra cara de la medalla debía llevar grabadas las palabras siguientes: «DÍA DE LA PAZ Y DE DAR GRACIAS A DIOS. — 15 de marzo de 1945». Termina diciendo que ojalá los señores representantes quieran pensar como él.

MUÑOZ P.: Lo que apunta el diputado Murillo Soto tiene concordancia con el artículo primero que fue aprobado ya. Cree que en la medalla debe condensarse algo que evidencie el progreso alcanzado por Honduras durante el régimen nacionalista actual, a la cabeza del cual está el General Carías.

TÁBORA SOLARES: Los representantes Torres y Muñoz P. se han estado confundiendo en esta discusión, porque la Comisión Dictaminadora dividió el artículo 2.º propuesto por la Comisión Especial en dos artículos.

TORRES: Cuando estudiaban este asunto tuvieron a la vista el Decreto de la Orden y Condecoración FRANCISCO MORAZÁN. Él cree que en el artículo se debe expresar que se establece la Condecoración y, punto y seguido, explicar en qué consistirá.

MUÑOZ P.: Ha leído detenidamente el artículo de la Comisión Dictaminadora. Está de acuerdo con él, pero quitándole la parte final, con el propósito de que en el artículo 3.º se le dé cabida a lo que propone el representante Mena. Sería mejor que se suspendiera esta discusión para que las Comisiones respectivas, junto con el diputado Mena, se reunieran hoy por la tarde y se pusieran de acuerdo sobre la medalla.

TÁBORA SOLARES: Nada importa que en un solo artículo se refundan los dos. La Comisión Dictaminadora creyó mejor ponerlos aparte, porque se referían a asuntos distintos. Está de acuerdo en que se suspenda la discusión para analizar mejor el asunto.

TORRES: No va a asistir a la reunión de la tarde, a que se ha referido el representante Muñoz P., porque ninguna opinión le hará desistir de la suya, ya que una cosa es un homenaje cívico y otra el aspecto religioso. El articulado de la Comisión Especial fue bien pensado y redactado, pensando palabra por palabra, por un parlamentario tan distinguido como es el diputado Chirinos Z., quien piensa mejor que los demás miembros de la Comisión designada.

La Secretaría, con instrucciones de la Presidencia, manifestó que se suspendía la discusión y se excitaba a los miembros de las Comisiones Especial y de Legislación, al representante Dr. Mena y a todos los honorables representantes que lo tuvieran a bien, para que asistieran a las dos de la tarde a fin de que pudieran coordinar pareceres sobre la forma y redacción de la medalla. Quedaron con el uso de la palabra los diputados Cruz Zambrano y Murillo Soto.

7.º — Orden del día: continuación de lo anterior; dictamen de la Comisión de Hacienda sobre la dispensa de derechos arancelarios solicitada por el diputado Mena, para introducir al país un armonio para uso de la Iglesia de Colinas, Santa Bárbara; y,

8.º Se levantó la sesión.

PLUTARCO MUÑOZ P.,
Presidente.

FERNANDO ZEPEDA D., — Secretario.
MARCO A. RAUDALES, — Secretario.

ACTA NÚMERO TREINTA Y TRES DEL CONGRESO NACIONAL

Tegucigalpa, D. C., treinta y uno de enero de mil novecientos cuarenta y cinco.

Se abrió la sesión presidida por el diputado Muñoz P., con asistencia de los representantes Agüero, Alvarado, Amaya R., Bustillo, Cálix Moncada, Cedillo, Cooper, Cruz Zambrano, Chirinos Z., Fiallos, González, Hernández, Jiménez, Landa Blanco, Lardizábal, Leiva, Lobo, Medina Laínez, Membreño, Mena, Mendoza, Milla, Murillo Díaz, Murillo Soto, Ordóñez P., Pinto, Portillo, Romero Ayala, Romero Guifarro, Suazo, Tábora Solares, Torres, Triminio (don J. Inocente), Triminio (don Pedro), Valenzuela, Valladares, Vásquez, Velásquez, Zelaya, y de los Secretarios Zepeda Durón y Raudales.

1.º Se leyó y aprobó el acta de la sesión anterior.

2.º La Secretaría dio lectura a la correspondencia en cartera, así:

a) Mensajes telegráficos de los señores Melitón Alcerro, Herminio Ortega C., Emilio Núñez G., M. Porfirio Oyuela y Rosalío Benítez M., aplaudiendo que el Congreso esté acuerpando la idea de declarar el 15 de marzo DÍA DE LA PAZ, en honor al día natal del Dr. y Gral. don Tiburcio Carías Andino, y la creación de la medalla que, perpetuando aquella designación, le será impuesta al Señor Presidente de la República y a todo aquel Gobernante que, como él, garantice durante su período el imperio de la Paz.

b) Mensajes telegráficos de los señores Esteban Lanza, Carlos R. López Pineda, Salomón L. Vásquez, R. Vijil P., Leonardo S. Caballero, A. Cálix O., J. M. Velásquez, Guillermo García B., Francisco Ramos L. y Francisco Rivera R., acusando recibo de la circular del señor Presidente de la Cámara Legislativa, fechada el 26 de los corrientes, y manifestando la inconveniencia de restablecer el artículo 128 de la Ley de Municipalidades y del Régimen Político.

c) Mensaje telegráfico del señor Guillermo Madrid, respaldando la iniciativa del diputado Licenciado don Alfredo Tábora Solares, tendiente a restablecer el artículo 128 de la Ley de Municipalidades y del Régimen Político.

3.º La Secretaría dio lectura al dictamen y proyecto de decreto de la Comisión de Presupuesto, favorables a la iniciativa y proyecto de decreto presentados por el señor Ministro de Gobernación, Justicia y Sanidad, por medio de la Secretaría de Hacienda, Crédito Público y Comercio, contraída a pedir la creación en el Presupuesto General de Egresos e Ingresos vigente y en el Departamento de Sanidad, Capítulo I, Sección 12.ª, Gastos Diversos, la Partida número 77, que se denominará:

«Cuota del Gobierno para la extensión del Contrato celebrado con el Instituto de Asuntos Interamericanos para el funcionamiento del Servicio Cooperativo Interamericano de Salud Pública, pagadera en el mes de mayo de 1945, L 200,000.00».

Dictamen y proyecto de decreto fueron puestos a discusión en primer debate.

TORRES: Este acuerdo es sobre una cantidad que ya ha sido gastada y es necesario legalizar ese gasto, por lo que se permite mocionar en el sentido de que se declare la urgencia, se le dispensen dos debates y se proceda a discutirlo en uno solo.

Tomada en consideración la moción del representante Torres, se procedió a tomar votación sobre los extremos URGENCIA y CONTRA, resultando unanimidad de votos en favor de la urgencia y, en consecuencia, se puso a discusión en un solo debate.

La Secretaría dio lectura al artículo único del proyecto de decreto. Suficientemente discutido, fue aprobado.

4.º El representante Cálix Moncada manifestó que desde hace algunos días la Secretaría dio lectura a los oficios que contienen el dictamen del Tribunal Superior de Cuentas y de los Ministerios de Hacienda y Relaciones Exteriores, sobre la iniciativa del representante Bustillo, que tiende a restablecer el artículo 39 de la Ley Orgánica del Tribunal Superior de Cuentas; que como la Comisión que estudia este asunto considera que afecta el Presupuesto General de Gastos, suplica a la Mesa que lo ponga pronto a discusión.

La Secretaría manifestó que el asunto a que se refiere el diputado Cálix Moncada está a la orden del día y que cuando se salga de otros asuntos importantes, con mucho gusto se pondrá a discusión lo que él suplica.

5°—La Secretaría dio lectura al dictamen y proyecto de decreto de la Comisión de Hacienda, favorables a la exposición introducida por el representante Dr. don Emigdio Mena, que se contrae a solicitar dispensa de derechos arancelarios e impuestos fiscales, con excepción del servicio consular, acarreo y muellaje, para la introducción al país de un armonio obsequiado a la Iglesia Católica de Colinas, Santa Bárbara, por el señor Abelino Perdomo.

Dictamen y proyecto de decreto fueron puestos a discusión en primer debate.

MENA: Con motivo de que esto es un asunto de poca importancia para el Congreso Nacional y de mucha para la Iglesia de Colinas, mociona en el sentido de que se le dispensen dos debates y se discuta en uno solo.

Tomada en consideración la moción del representante Mena, se procedió a tomar votación sobre los extremos URGENCIA y CONTRA, obteniéndose unanimidad de votos en favor de la urgencia y, en consecuencia, quedó a discusión en un solo debate.

6°—Continuó la discusión sobre el artículo 2.° del Proyecto de Decreto de la Comisión Especial y el artículo 2.° del Proyecto de Decreto de la Comisión Dictaminadora, sobre la declaratoria del 15 de marzo como DÍA DE LA PAZ Y DE DAR GRACIAS A DIOS y la creación de la medalla que perpetúe esta designación.

CRUZ ZAMBRANO: Ayer venía al caso lo que tenía que decir, pero no hoy, por lo tanto renuncia a la palabra.

MURILLO SOTO: Quería referirse ayer a este asunto. No pudo asistir a la reunión de la tarde por motivos de enfermedad, pero ha tenido la satisfacción de saber que se tomó en cuenta su idea sobre la alegoría de la medalla.

MUÑOZ P.: Da lectura al artículo 2.° del Proyecto de Decreto de la Comisión Especial y al artículo 2.° de la Comisión Dictaminadora. Refiere que se reunieron ayer varios de los interesados en este asunto, los señores diputados Lardizábal, Mena, Leiva, Tábora Solares, Alvarado, Amaya R., Velásquez y el que habla, no habiendo tenido a bien asistir los representantes Chirinos Z. y Torres. Después de cambiar pareceres acordaron redactar el artículo 2.° en la siguiente forma:

«Crear la Condecoración de la Paz, que perpetúe la declaración hecha en el artículo anterior».

Mociona en el sentido de que el artículo 2.° quede de la manera expresada.

Tomada en consideración la moción del diputado Muñoz P., fue puesta a discusión.

TORRES: Así traía redactado ese artículo 2.° la Comisión Especial y no sabe qué se pensó con el agregado de DAR GRACIAS A DIOS. Esta condecoración es solamente para remarcar el premio de la Paz y nada tiene que ver con asuntos de Iglesia. En su oportunidad manifestó que solo estaba contra lo que llevara alusión a Dios.

La Mesa llamó la atención al diputado Torres por hallarse fuera de orden.

MUÑOZ P.: La Mesa ha llamado la atención al diputado Torres, porque está fuera de orden. Él (Muñoz P.) ha mocionado sobre la redacción del artículo 2.°, que es el mismo hijo del representante Torres. Más claro no canta un gallo, como el diputado Torres dijera en días pasados, a lo que puede agregar: más claro no canta una gallina clueca.

La Mesa manifestó que como la moción del representante Muñoz P. es excluyente, se procedería a tomar votación sobre los extremos MOCIÓN y CONTRA, la cual, una vez practicada, resultó por unanimidad de votos favorable a la moción.

La Secretaría dio lectura al artículo 3.° de la Comisión Especial y al artículo 3.° de la Comisión Dictaminadora.

MUÑOZ P.: Coordinando estos dos artículos que acaban de escuchar, los diputados que se reunieron ayer por la tarde acordaron redactar un artículo 3.° que se lea así:

«Esta condecoración es un símbolo de estímulo y alto honor; consistirá en una medalla de oro y esmalte, pendiente de una banda de seda, con los colores del Pabellón Nacional, y la que llevará grabado, en el anverso, el Escudo Nacional; y en el reverso, las inscripciones DIOS, PATRIA, PAZ, en la parte superior, "15 de Marzo de 1945", en la parte inferior, y en el centro, un árbol».

Continúa diciendo que la idea de que la medalla sea impuesta a los Gobernantes que se hagan dignos de ella es objeto de un artículo especial, después del Art. 3.º. Hace moción en el sentido de que se introduzca al Decreto el artículo antes expresado.

Tomada en consideración, se puso a discusión la moción del representante Muñoz P. y, suficientemente discutida, fue aprobada.

La Secretaría dio lectura al artículo 4.º de la Comisión Especial y al artículo 4.º de la Comisión Dictaminadora, los cuales fueron puestos a discusión.

MUÑOZ P.: Los señores diputados que se reunieron ayer por la tarde, para buscarle coordinación al Decreto, estuvieron de acuerdo en agregar al artículo de la Comisión Dictaminadora la palabra «concedida», porque entiende que es el Congreso Nacional el que debe conceder la condecoración. Hace moción en el sentido de que el artículo 4.º del Decreto se redacte como sigue:

«La Condecoración de LA PAZ será concedida e impuesta por el Congreso Nacional al Presidente de la República que se haga digno de ella, por sostener, firme y estable, durante todo su período, el imperio de la paz».

Tomada en consideración la moción del representante Muñoz P., fue puesta a discusión.

LANDA BLANCO: Quiere una explicación. No cree que solo los Mandatarios sean dignos de la condecoración. Pone el ejemplo de que en 1928 hubo un ciudadano que, sin ser Presidente de la República, evitó que la paz se trastornara en Honduras: el General Carías Andino. Es de parecer que la imposición de la medalla no debe ser tan restringida.

MUÑOZ P.: Landa Blanco ha hecho una sugerencia, no una moción. Explica que la condecoración es puramente local y solo para los Presidentes que, en la forma que se detalla en el artículo, se hagan dignos de ella, y no para ciudadanos que presten servicios eminentes.

Suficientemente discutida la moción Muñoz P., fue aprobada.

La Secretaría dio lectura al artículo 5.º respectivo de la Comisión Especial y de la Comisión Dictaminadora, que fueron puestos a discusión. Suficientemente discutidos, quedó aprobado el artículo 5.º de la Comisión Dictaminadora, que dice:

«La Secretaría del Congreso llevará un LIBRO DE REGISTRO donde figuren las condecoraciones que se decreten; y la Mesa Directiva extenderá y refrendará los respectivos diplomas».

La Secretaría dio lectura al artículo 6.º del proyecto de la Comisión Dictaminadora, el cual fue puesto a discusión.

CÁLIX MONCADA: No ha habido suficiente atención para la redacción de este artículo, que dice que los gastos que impenda el Decreto serán pagados por la oficina que designe el Ministerio de Hacienda. En su parecer, estos gastos deben ser imputados a la Partida «Gastos Extraordinarios del Poder Legislativo», y en tal sentido hace moción.

Tomada en consideración la moción del diputado Cálix Moncada, fue puesta a discusión. Suficientemente discutida, se tomó votación sobre los extremos artículo y moción, resultando unanimidad de votos en favor de la moción.

La Secretaría leyó el artículo 7.º del dictamen, que viene redactado del modo siguiente:

«El presente Decreto entrará en vigencia diez días después de su sanción».

Suficientemente discutido, fue aprobado.

ACTA NÚMERO TREINTA Y SEIS DEL CONGRESO NACIONAL

Tegucigalpa, D. C., tres de febrero de mil novecientos cuarenta y cinco.

Se abrió la sesión presidida por el representante Muñoz P., con asistencia de los representantes Agüero, Alvarado, Amaya R., Bustillo, Cálix Moncada, Cedillo, Cooper, Cruz Zambrano, Chirinos Z., Fiallos, González, Hernández, Landa Blanco, Lardizábal, Leiva, Lobo, Luna M., Medina Laínez, Membreño, Mena, Mendoza, Milla, Murillo Díaz, Murillo Soto, Ordóñez P., Portillo, Romero Ayala, Romero Guifarro, Tábora Solares, Torres, Triminio (don J. Inocente), Triminio (don Pedro), Valenzuela, Valladares, Vásquez, Velásquez, Villeda Vidal, y de los Secretarios Zepeda Durón y Raudales.

1°–Se leyó y aprobó el acta de la sesión anterior.

2°–La Secretaría dio lectura a la correspondencia recibida, así:

a) Contestaciones enviadas al diputado Cálix Moncada y a la Secretaría de la Cámara, en las que manifiestan que celebran la gira de los señores diputados y les piden que señalen el itinerario que seguirán. Y un mensaje telegráfico de don Enrique B. Uclés, de San Pedro Sula, en el que se permite insinuar que se haga iniciativa para que la Honorable Asamblea Legislativa celebre una o dos sesiones en aquella ciudad.

b) Nota del Instituto Hondureño de Cultura Interamericana, invitando a la Augusta Cámara a que se haga presente en aquella institución a cerciorarse de la marcha de sus actividades.

c) Oficio del señor Secretario de Relaciones Exteriores, comunicando que por Acuerdo No 244 del Poder Ejecutivo, emitido el 31 de enero último, fue nombrado Subsecretario de Estado en el Despacho de Relaciones Exteriores el señor Lic. don Alejandro Alfaro Arriaga, quien suscribe también el oficio para conocimiento de su firma.

3°–La Secretaría dio lectura al oficio No 1443 de la Secretaría de Relaciones Exteriores, con el cual se remite el Acuerdo No 248, dictado por el Señor Presidente de la República, en el Ramo de

Relaciones Exteriores, por el cual se aprueba el Convenio celebrado por el cambio de notas entre el Embajador de Honduras en Washington, Lic. don Julián R. Cáceres, y el Director General interino de las Naciones Unidas para el Socorro y la Rehabilitación, señor Roy F. Hendrickson.

Pasó a las Comisiones unidas de Relaciones y Primera de Legislación.

4°–La Secretaría dio lectura a una exposición y proyecto de decreto presentados por el diputado por el departamento de Islas de la Bahía, don Earl C. Cooper, conducente a reformar la fracción arancelaria No 2387 del Arancel de Aduanas vigente, que se leerá así: «2387.–Tejamanil, L 0.05 K.».

Pasó a la Comisión de Hacienda.

5°–La Secretaría, con instrucciones de la Presidencia, manifestó que estando presente el Lic. don Manuel Luna Mejía, se excitaba a la Comisión de Credenciales para que emitiera dictamen sobre los documentos que acreditan al Lic. Luna Mejía como diputado por el departamento de Copán.

6°–La Secretaría manifestó que se habían encontrado algunos inconvenientes en el Decreto recientemente emitido para declarar DÍA DE LA PAZ Y DE DAR GRACIAS A DIOS, el 15 de marzo, como también en la parte que atañe a la creación de la medalla condecorativa.

Dio lectura al Decreto, agregando en seguida que los inconvenientes encontrados por la Directiva consisten en que el Considerando final se refiere a que el General Carías A. es acreedor al mérito de ser considerado como un luchador en la conservación edificante y reconstructiva de la Nación, mediante el concurso de la paz, el trabajo y el orden, y sin embargo, este Considerando no encaja en el articulado del Decreto. Otro inconveniente es que para la imposición de la medalla se exige que el Gobernante termine su período en paz, y como el Dr. y Gral. Carías A. termina su período en 1948, no sería este Congreso el que le impondría la condecoración. En vista de lo anterior, se pone a la consideración de la Cámara un nuevo proyecto de Decreto, elaborado por la Directiva, manifestando que la Directiva ha procedido en esta forma de acuerdo con el Reglamento.

Se dio lectura al nuevo proyecto de Decreto y fue puesto a discusión.

MUÑOZ P.: Aclara que tal como quedó el Decreto no se impondría al actual Presidente, sino pidiendo la reforma del mismo. Por razones que nadie desconoce es necesario que se le imponga el 15 de marzo al Gral. Carías. Da lectura al Reglamento Interior en su artículo 31, que autoriza a la Directiva a proceder en la forma apuntada, en casos no previstos. Dice que se hacía necesario introducir una aclaración al artículo 4° y elaborar el artículo 5°. Da lectura a los dos artículos en la forma como conviene que queden. Agrega que a sotto voce ha oído decir que se necesita una reconsideración y repite que la Directiva se basó en el Reglamento, ya que él (Muñoz P.) no sería capaz de obrar en contra del Reglamento. El Decreto tal como quedó, está choco y terebeque. Ya la medalla está confeccionándose y solo resta nombrar la Comisión que, en su oportunidad, impondrá la condecoración al Señor Presidente Carías A.

CHIRINOS Z.: No quiso intervenir en la discusión de este proyecto durante las últimas sesiones; pero la no intervención suya no quiere decir que estuvo en desacuerdo con el propósito del proyecto, ya que siempre manifestó su entusiasmo en tal sentido. Como todos están de acuerdo con ese homenaje al Gral. Carías, no ve ningún inconveniente para una especie de revisión del Decreto. Estamos en un Congreso tan homogéneo, que no cabe el disenso en actos que tienden a honrar a un Presidente como el Gral. Carías Andino. Está de acuerdo con que se corrija la redacción del Decreto. Advierte que si se tratara de otra ley estaría en contra, pero no puede estarlo en este caso. Agrega que la Comisión Especial que redactó el proyecto tuvo en mira lo que ahora se está corrigiendo. Cree que precediendo el Decreto en que se declara al Gral. Carías, FUNDADOR Y DEFENSOR DE LA PAZ DE HONDURAS Y BENEMÉRITO DE LA PATRIA, podría perfectamente imponérsele la medalla al ser aprobado el proyecto de Decreto. Pensó también que después del Decreto que se discute vendría una petición al Congreso para que se le impusiera la medalla al Gral. Carías. No se le escapó anteriormente que el Congreso estaría en receso, pero pensó que en este caso tan especial podrían acordarse tres o cuatro sesiones extraordinarias, ya que se trata de un acto de mucha solemnidad que no trascenderá solo nacionalmente, sino internacionalmente. En este parecer estuvo de acuerdo la Comisión Especial.

MUÑOZ P.: Celebra que Chirinos Z. esté de acuerdo en este asunto. Y dijo que como ya estaba aprobada el acta del Congreso en que pasó el Decreto, no cabía reconsideración, pero sí una especie de revisión. Eso es lo que hizo la Directiva, porque el Decreto estaba sonso, choco y terebeque. El General Carías, por su propia modestia, no aceptaría sesiones extraordinarias para la imposición de la medalla. Explica que está abierta la discusión, pero cree innecesario que se vuelva a discutir el Decreto, artículo por artículo, y excita a la Secretaría para que lea las modificaciones introducidas al Decreto.

La Secretaría dio lectura al artículo 4°, que dice:

«La Condecoración de la Paz será concedida e impuesta por el Congreso Nacional, al Presidente de la República que se haga digno de ella, por sostener firme y estable, durante todo su período, el imperio de la paz, excepto el actual Presidente, que en los doce años que lleva de gobernar al país se ha hecho digno de tal distinción».

CÁLIX MONCADA: Se permite mocionar en el sentido de que, después de Presidente, se agreguen estas designaciones: DOCTOR Y GENERAL DON TIBURCIO CARÍAS ANDINO, FUNDADOR Y DEFENSOR DE LA PAZ DE HONDURAS Y BENEMÉRITO DE LA PATRIA.

Tomada en consideración la moción del diputado Cálix Moncada, fue puesta a discusión.

LANDA BLANCO: Está de acuerdo con Cálix Moncada. Él habría deseado que se dijera que la condecoración sería impuesta al Presidente de la República y a todo ciudadano que se haga digno de ella. Explica que hay hombres que, no siendo Mandatarios, empeñan sus energías en servicio de la paz, tales como Constancio C. Vijil, quien ganó el «Premio de la Paz», la madre de los Rostchild y otros más. Puede ser que en Honduras se presente alguien que sea digno de ese homenaje. Tenemos aquí un ejemplo: don Fernando Zepeda Durón, quien ha dedicado todos los años de su vida activa de periodista a desarrollar las más patrióticas campañas por la paz de nuestro país y por la armonía y confraternidad de los hondureños.

Suficientemente discutido, fue aprobado el artículo 4° con la moción Cálix Moncada.

La Secretaría dio lectura al artículo 5°, que dice:

«Conceder al Señor Presidente Constitucional de la República, Dr. y Gral. don Tiburcio Carías A., la condecoración a que se refiere este Decreto, la que le será impuesta el 15 de marzo del corriente año por una Comisión Especial nombrada al efecto, en virtud de encontrarse en receso, en esa fecha, el Congreso Nacional».

Suficientemente discutido, fue aprobado.

7°–La Secretaría dio lectura al dictamen de la Comisión de Credenciales sobre las presentadas por el diputado Lic. Manuel Luna Mejía, como diputado por el departamento de Copán.

Puesto a discusión fue aprobado, y se excitó al Lic. Luna Mejía a que pasara a prestar la promesa de ley, lo que una vez efectuado, quedó incorporado constitucionalmente a la Augusta Cámara Legislativa.

8°–El diputado por el departamento de Yoro, Profesor don Francisco Murillo Soto, hizo uso de la palabra para despedirse de los compañeros de Cámara, por ser este el último día de sus funciones parlamentarias. Agradeció las simpatías que se le prodigaron y manifestó que lleva las mejores impresiones del Congreso, por sus cualidades espirituales y sus inquietudes políticas. Terminó deseando que el Congreso siga, como hasta hoy, de la mano con el Señor Presidente Constitucional de la República, Dr. y Gral. Carías Andino.

9°–Orden del día: continuación de lo anterior; dictamen de la Comisión de Hacienda sobre la iniciativa del diputado Valenzuela, contraída a modificar una fracción del Arancel de Aduanas; y

10°–Se levantó la sesión.

PLUTARCO MUÑOZ P.,
Presidente.

FERNANDO ZEPEDA D., — Secretario.
MARCO A. RAUDALES, — Secretario.

PROYECTOS DE DECRETO: DÍA DE LA PAZ

Por los cuales se declara el 15 de Marzo,
aniversario del natalicio del Dr. y Gral. Tiburcio Carías Andino,
«DÍA DE LA PAZ Y DE DAR GRACIAS A DIOS».

Tegucigalpa, D. C., enero 25 de 1945.

Soberano Congreso Nacional:

La Comisión nombrada para elaborar el proyecto de Decreto, designando como DÍA DE LA PAZ el 15 de marzo, aniversario del nacimiento del ciudadano Presidente de la República, Dr. y General don Tiburcio Carías Andino, y creando la condecoración de «La Paz» que perpetúe aquella designación, cumple su cometido poniendo en vuestras manos el proyecto que ha elaborado, esperando que merezca vuestra soberana aprobación.

Soberano Congreso Nacional.

TIMOTEO CHIRINOS Z.
JOSÉ ANTONIO TORRES
EMIGDIO MENA
RODOLFO Z. VELÁSQUEZ
LUIS F. LARDIZÁBAL

DECRETO No...

EL CONGRESO NACIONAL,

DECRETA:
Artículo 1.°–Declárase DÍA DE LA PAZ el 15 de marzo de todos los años.
Art. 2.°–Créase la condecoración de LA PAZ que perpetúe la declaración hecha en el artículo anterior.

Art. 3.º–La condecoración consistirá en una medalla de oro y esmalte, pendiente de una banda de seda con los colores del PABELLÓN NACIONAL. Dicha medalla llevará grabados, en el anverso, el Escudo de la República de Honduras; y, en el reverso, esta inscripción: POR LA PAZ Y POR LA PATRIA, en el centro; y, en el contorno, esta: 15 de marzo de 1945.

Art. 4.º–La condecoración de LA PAZ será impuesta por el CONGRESO NACIONAL, al Presidente de la República que se haga digno de ella, por sostener, firme y estable, durante todo su período, el imperio de la paz.

Art. 5.º–La Secretaría del Congreso llevará un LIBRO DE REGISTRO donde figuren las condecoraciones que se decreten; y la MESA DIRECTIVA extenderá y refrendará los respectivos diplomas.

Art. 6.º–Los gastos que impenda este Decreto serán pagados por la Oficina que designe el Ministerio de Hacienda.

Art. 7.º–El presente Decreto entrará en vigencia diez días después de su sanción.

Dado en Tegucigalpa, D. C., en el Salón de Sesiones, etc.

Tegucigalpa, D. C., 26 de enero de 1945.

Soberano Congreso Nacional:

Vuestra Comisión de Legislación especialmente comisionada para revisar el Decreto que declara DÍA DE LA PAZ el 15 de marzo, aniversario del nacimiento del ciudadano Presidente de la República, Dr. y Gral. don Tiburcio Carías Andino, creando la condecoración de «La Paz», que perpetúe aquella declaración, propuesto a la consideración de la Cámara por los honorables diputados, doctores don Timoteo Chirinos Z., José Antonio Torres, Emigdio Mena y los profesores don Rodolfo Z. Velásquez y don Luis F. Lardizábal, comisionados para elaborar el proyecto, es de parecer que se apruebe, pero conforme el decreto que se acompaña, salvando el mejor criterio de la Cámara.

ALFREDO TÁBORA SOLARES, ANDRÉS J. ALVARADO, PEDRO AMAYA R.

DECRETO No...

EL CONGRESO NACIONAL,

CONSIDERANDO: que es un deber del Estado consagrar el nombre de los ciudadanos que han sabido sacrificar sus energías al servicio de la Patria, colocándola en un puesto de alta jerarquía ante el concepto internacional;

CONSIDERANDO: que uno de los grandes méritos que distinguen a un gobernante es el de luchar con verdadero éxito en la conservación edificante y reconstructiva de la Nación, mediante el concurso de la paz, el trabajo y el orden;

CONSIDERANDO: que el Señor Presidente Constitucional de la República, doctor y general don Tiburcio Carías Andino, es acreedor a tales méritos, reconociéndolo así el pueblo hondureño, y que este eximio ciudadano vino al mundo el día 15 de marzo como un predestinado para redimir a su Patria;

POR TANTO,

DECRETA:

Artículo 1.º–Declarar el 15 de marzo, DÍA DE LA PAZ.

Art. 2.º–Crear la condecoración de LA PAZ que perpetúe la declaración hecha en el artículo anterior.

Art. 3.º–Esta condecoración es un símbolo de estímulo y alto honor, consistirá en una medalla de oro y esmalte, pendiente de una banda de seda, con los colores del Pabellón Nacional; llevará grabado, en el anverso, el Escudo Nacional, y en el reverso las inscripciones: DIOS, PATRIA, PAZ, en la parte superior; 15 de marzo de 1945, en la parte inferior; y en el centro, un árbol.

Art. 4.º–La Condecoración de LA PAZ será impuesta por el CONGRESO NACIONAL, al Presidente de la República que se haga digno de ella, por sostener, firme y estable, durante todo su período, el imperio de la paz.

Art. 5.º–Los gastos que impenda este decreto serán pagados por la Oficina que designe el Ministerio de Hacienda.

Art. 6.º–El presente decreto entrará en vigencia diez días después de su sanción.

Dado en Tegucigalpa, D. C., en el Salón de Sesiones, etc.

DECRETO

en que se declara el 15 de marzo, aniversario del natalicio del Excmo. Señor Presidente de la República, Dr. y Gral. Tiburcio Carías Andino,

«DÍA DE LA PAZ Y DE DAR GRACIAS A DIOS».

DECRETO No...

EL CONGRESO NACIONAL,

CONSIDERANDO: que es un deber del Estado consagrar el nombre de los ciudadanos que han sabido sacrificar sus energías al servicio de la Patria, colocándola en un puesto de alta jerarquía ante el concepto internacional;

CONSIDERANDO: que uno de los grandes méritos que distinguen a un Gobernante es el de luchar con verdadero éxito en la conservación edificante y reconstructiva de la Nación, mediante el concurso de la Paz, el Trabajo y el Orden;

CONSIDERANDO: que el Señor Presidente Constitucional de la República, Dr. y Gral. don Tiburcio Carías Andino, es acreedor a tales méritos, reconociéndolo así el pueblo hondureño, y que este eximio ciudadano vino al mundo el día 15 de marzo como un predestinado para redimir a su Patria;

POR TANTO,

DECRETA:

Artículo 1.º–Declarar el 15 de marzo DÍA DE LA PAZ Y DE DAR GRACIAS A DIOS.

Art. 2.º–Crear la Condecoración de la Paz, que perpetúe la declaración hecha en el artículo anterior.

Art. 3.º–Esta Condecoración es un símbolo de estímulo y alto honor; consistirá en una medalla de oro y esmalte, pendiente de una banda de seda, con los colores del Pabellón Nacional; llevará grabado, en el anverso, el Escudo Nacional, y en el reverso, las inscripciones: «DIOS, PATRIA, PAZ», en la parte superior; 15 de marzo de 1945, en la parte inferior; y en el centro, un árbol.

Art. 4.º–La Condecoración de la Paz será concedida e impuesta por el Congreso Nacional, al Presidente de la República que se haga digno de ella, por sostener, firme y estable, durante todo su período, el imperio de la Paz, excepto el actual Presidente Constitucional de la República, doctor y general don Tiburcio Carías Andino, «Fundador y Defensor de la Paz y Benemérito de la Patria».

Art. 5.º–Conceder al Señor Presidente Constitucional de la República, doctor y general don Tiburcio Carías Andino, la Condecoración a que se refiere este Decreto, la que le será impuesta el 15 de marzo del corriente año, por una Comisión Especial, nombrada al efecto, en virtud de encontrarse en receso, en esa fecha, el Congreso Nacional.

Art. 6.º–Los gastos que impenda este Decreto se imputarán a la Partida 13, Extraordinarios, Capítulo Único, Poder Legislativo, del Presupuesto de Egresos e Ingresos vigente.

Art. 7.º–El presente Decreto entrará en vigencia diez días después de su sanción.

Dado en Tegucigalpa, D. C., en el Salón de Sesiones, a los cinco días del mes de febrero de mil novecientos cuarenta y cinco.

PLUTARCO MUÑOZ P.,
Presidente.

FERNANDO ZEPEDA D., — Secretario.
MARCO A. RAUDALES, — Secretario.

Al Poder Ejecutivo.

Por tanto: Ejecútese.

Tegucigalpa, D. C., 5 de febrero de 1945.

TIBURCIO CARÍAS A.

El Secretario de Estado en los Despachos de Gobernación, Justicia, Sanidad y Beneficencia,
ABRAHAM WILLIAMS

APOYO EN TODO EL PAÍS

EL PUEBLO HONDUREÑO acuerpa la iniciativa para que se declare el 15 de marzo, aniversario del natalicio del Señor Presidente de la República, Dr. y Gral. don Tiburcio Carías Andino, "DÍA DE LA PAZ Y DE DAR GRACIAS A DIOS".

Tela, 22 de enero de 1945.–Secretarios del Soberano Congreso Nacional.–Si la Augusta Representación Nacional, feliz intérprete del sentir de sus representados, declara «Día de la Paz» el próximo 15 de marzo, día natal de nuestro querido Presidente Gral. Carías Andino, por ser la voluntad libremente expresa de sus propios representados, hará un acto de merecida justicia a quien, del caos y escombros ha podido forjar una nueva Patria con contornos de grandeza moral y material que es y será orgullo de los hondureños adictos a tan insigne luchador; así, pues, a la Soberana Representación Nacional pedimos dar a sus representados lo que pedimos.–E. Rosales H.

Utila, 26 de enero de 1945.–Secretarios del Congreso Nacional.– Este Subcomité Nacionalista acuerpa iniciativa Profesor Castellanos que el 15 de marzo, aniversario natal de nuestro Ilustre Presidente, Gral. Carías, sea decretado «Día de la Paz» por esa Honorable Cámara.–Afmo.–Damon Cooper, Presidente Subcomité Nacionalista.

Yuscarán, 24 de enero de 1945.–Secretarios Honorable Congreso Nacional.–Por el distinguido medio de Uds. la Directiva del Comité Departamental Nacionalista que represento, tiene la honra de dirigirse a esa Honorable Representación Nacional para que, satisfaciendo el ardor patriótico del nacionalismo hondureño, sea muy servida oír petición de que en su oportunidad decrete el 15 de marzo venidero «Día de la Paz», en virtud de ser ese día radiante cumpleaños de nuestro grande hombre General Tiburcio Carías Andino, el hombre que veneramos por su labor pacifista y progresista reconocida por todos. ¡Viva la Paz de Honduras!–Respetuosamente.–José María Carías, Presidente Comité Departamental Nacionalista.

El Real, 22 de enero de 1945.–Soberano Congreso Nacional.–En nombre de esta Municipalidad que presido y Subcomité Nacionalista, conociendo la obra de progreso y lealtad del eximio Presidente Constitucional de la República, Dr. y General Tiburcio Carías Andino, pedimos a ese Ayuntamiento para que en las presentes sesiones declare «Día de la Paz de Honduras» el 15 de marzo próximo, aniversario del nacimiento del Gran Hombre hondureño, demostrándole una vez más el agradecimiento por la paz y merecida labor administrativa.–Emilio V. Martínez, Alcalde Municipal.–León F. García, Presidente del Subcomité Nacionalista.

Aguanqueterique, 22 de enero de 1945.–Secretario del Congreso Nacional.–La Municipalidad de esta población, Concejo y vecinos, muy atentamente nos dirigimos a ese Soberano Congreso Nacional, pidiéndole decretar «Día de la Paz» el 15 de marzo, en homenaje al cumpleaños de nuestro Mandatario, Dr. y Gral. don Tiburcio Carías Andino A., como justo homenaje a su decidido empeño en el sostenimiento de la bendita paz que felizmente disfrutamos, y engrandecimiento de nuestra amada Patria. Respetuosamente.–Celso Medina.–M. Martínez A., Secretario.–Alberto Moreno, Alcalde; Regidores, Juan Nieto G., Andrés Chezer, Felícito Ramos, Leopoldo Figueroa y José Santos Figueroa.–Pedro Castro, Síndico.

San Jerónimo, Comayagua, 23 de enero de 1945.–Secretario del Congreso Nacional.–Es acertado, propicio, justo y patriótico que el Congreso Nacional decrete el 15 de marzo «Día de la Paz», en ocasión del natalicio del Dr. y Gral. Carías Andino, Presidente de la República, en vista de su alta personalidad y labor meritoria en bien del país. Municipalidad unánime acuerpa gran idea. Respetuosamente.–Leónidas Hernández, Alcalde Municipal.

Catacamas, 23 de enero de 1945.–Secretario del Congreso Nacional.–Esta Municipalidad y pueblo que represento pide a ese Alto Cuerpo Legislativo que, como un homenaje de admiración y gratitud nacional, se decrete «Día de la Paz», el 15 de marzo, aniversario del natalicio de nuestro probo Gobernante, Dr. y Gral. don Tiburcio Carías A. Respetuosamente.–Juan Sinclair, Alcalde Municipal.

Tocoa, enero 23 de 1945.–Secretario del Congreso Nacional.– Obedeciendo a los imperativos del patriotismo y excitativa de las Municipalidades y centros políticos del nacionalismo pedimos a la Augusta Cámara sea decretado «Día de la Paz» el 15 de marzo de cada año, por ser esta la fecha en que en el hogar de todo buen hondureño se celebra con alegría el natalicio del más esclarecido patriota de nuestro país, Dr. y Gral. don Tiburcio Carías A., y que se erija un monumento en memoria de tan feliz acontecimiento, el cual debe ser colocado por cuenta del Estado en Zambrano, cuna de la política salvadora de nuestra Patria.–R. Hernández, Alcalde Municipal y Presidente del Subcomité Nacionalista.–José A. Grande, Secretario.

Santa Ana, F. M., 22 de enero de 1945.–Secretario Congreso Nacional.–Esta Municipalidad que tengo el honor de presidir, ve con simpatía la idea lanzada por el Prof. Castellanos, de que el Soberano Congreso Nacional decrete «Día de la Paz», el 15 de marzo, como una demostración más de la gratitud del pueblo hondureño por los beneficios recibidos del Gral. Carías A., y rogamos a ese Alto Cuerpo tomar en cuenta dicha idea y dar el decreto que se pide. Respetuosamente.–Miguel C. López, Alcalde Municipal.

Trujillo, 22 de enero de 1945.–Secretario Congreso Nacional.–El Concejo de este Distrito se asocia al justo reclamo general del pueblo hondureño, de que esa Honorable Cámara decrete el «Día de la Paz» y de que ese día sea necesariamente el 15 de marzo que recuerda el natalicio de nuestro eximio Gobernante, Dr. y Gral. don Tiburcio Carías A., como un homenaje a su obra cumbre de redención nacional. Respetuosamente.–Juvenal Acosta, Jefe del Concejo.

El Negrito, 22 de enero de 1945.–Secretario Congreso Nacional.– Me complace manifestar, por su digno medio al Congreso Nacional, que el próximo 15 de marzo corriente sea declarado «Día de la Paz», en honor de ser ese día el cumpleaños de nuestro ilustre Mandatario, Gral. Carías, de quien tenemos que agradecer la bendita labor de buen Gobernante.–Gregorio Ramos, Presidente del Subcomité Nacionalista.

San Francisco de Yojoa, 19 de enero de 1945.–Secretario Congreso Nacional.–En representación de esta Municipalidad y vecindario en general, suplicamos al Soberano Congreso Nacional decrete «Día de la Paz» el 15 de marzo, en honor al feliz natalicio de nuestro Jefe Gral. Carías A.; asimismo la orden condecorativa de la Paz, para condecorar a los virtuosos Gobernantes de la Paz del país y de las otras Repúblicas amigas.–Respetuosamente.–Félix Paz P., Alcalde Municipal.

Victoria, Yoro, 22 de enero de 1945.–Secretario Congreso Nacional.–Este Subcomité y pueblo en general, por mi medio os ruega decretar «Día de la Paz» el 15 de marzo de este año, perpetuándolo como justo homenaje de admiración y reconocimiento al mérito de nuestro invicto caudillo, Dr. y Gral. Tiburcio Carías A.– Miguel Valdés, Secretario del Subcomité.

Santa Bárbara, 19 de febrero de 1945.–Secretario Congreso Nacional.–Rindiendo un tributo de gratitud al Excelentísimo Señor Presidente de la República, Gral. Tiburcio Carías A., porque sus múltiples virtudes las ha prodigado en bien del país, cimentando la paz, mejorando la cultura de su pueblo, evitando la guerra, mejorando las industrias, el comercio, vías de comunicación, defendiendo la Soberanía Nacional, encauzando al Partido Nacional por senderos de orden, respeto, disciplina, procurando la fraternidad hondureña e impulsando el progreso en todas sus proyecciones, manteniendo firmes los tratados internacionales, todo ello por su espíritu sereno, comprensivo y mediante su palabra, sus prédicas y sus obras. Es por todo lo expuesto que nuestro sentir se identifica de manera franca, sincera y veraz, a que ese Augusto Cuerpo Legislativo emita el decreto auspiciado por la mayoría de los pueblos, declarando «Día de la Paz» el 15 de marzo y que de este honor gocen los Presidentes venideros, siempre que concuerden las causas que motivan el decreto que se pide. Afmo.–Cleofas C. Caballero.

Reitoca, enero 23 de 1945.–Secretario del Congreso Nacional.– En nombre de este Subcomité Nacionalista, que representa este pueblo en general, pedimos a ese Alto Cuerpo decretéis «Día de la Paz» el 15 de marzo, día dichoso para Honduras por haber nacido nuestro ilustre Presidente; es día que debemos enaltecerlo, haciéndole justicia el pueblo hondureño, que así pedimos para corresponderle a nuestro Gobernante, quien ha brindado su abnegado amor a todos sus gobernados, dándonos la bendita paz que disfrutamos.–Afmo.– Alejandro Zelaya, Secretario Comité Nacionalista.

Meámbar, 19 de enero de 1945.–Secretario del Congreso Nacional.–Muy atentamente y con todo respeto este Subcomité Nacionalista pide a esa Augusta Asamblea decrete «Día de la Paz» el 15 de marzo, fecha gloriosa del nacimiento de nuestro Benemérito Gobernante, Dr. y Gral. don Tiburcio Carías A., quien con su sabia política ha salvado a Honduras de la tiranía con que algunos de sus malos hijos quisieron ensangrentarla.–Respetuosamente.–Félix Oviedo M., Presidente Subcomité.

Trinidad, 19 de enero de 1945.–Presidente del S. Congreso Nacional.–La iniciativa del señor Efraín Castellanos, del departamento de Copán, ha merecido en nuestro seno su más alta acogida. Nuestro Benemérito Ciudadano, Dr. y Gral. don Tiburcio Carías A., autor de la Paz de Honduras, bien merece que se le consagren los más grandes tributos porque, como Gobernante de la Nación, se ha señalado como el mejor de los Presidentes que hemos tenido por espacio de largos años, y ha demostrado, además, su definido altruismo para todos sus gobernados, sin distinción de partidos políticos.–Atentamente.–Santos E. Paz, Alcalde Municipal.

Teupasenti, 19 de enero de 1945.–Diputado por el Depto. de El Paraíso, Miguel M. Laínez.–En representación de esta Municipalidad y pueblo Teupasenti, con beneplácito acogemos iniciativa hecha por el Prof. J. Efraín Castellanos, tendiente a solicitar al S. C. N. decrete el 15 de marzo «Día de la Paz», honrando el feliz natalicio de nuestro eximio Mandatario, Gral. Tiburcio Carías A., y que al propio tiempo se elabore el himno de este nombre. Por tal motivo, en mi nombre propio y en el de la Municipalidad, excitamos al S. C. N. a efecto de que se lleve a cabo dicha iniciativa, a fin de que sea una realidad. Ese es el alto deseo de nosotros.–Atentamente.–Adrián Martínez, Alcalde Municipal.

San Manuel, Cortés, 22 de enero de 1945.–Secretario del Congreso Nacional.–Acuerpamos en todas sus partes la buena idea del Director Departamental de E. P. de Santa Rosa de Copán, don J. Efraín Castellanos, con relación a pedirle al Soberano Congreso Nacional decrete el 15 de marzo «Día de la Paz», en honor del cumpleaños de nuestro querido Gobernante, Dr. y Gral. Tiburcio Carías Andino, en reconocimiento que solo él ha podido mantener inalterable la paz en todo nuestro querido país.–Respetuosamente.–Pablo Moya Gutiérrez, Presidente del Subcomité Nacionalista.

La Labor, Ocotepeque, 22 de enero de 1945.–Honorables Representantes del Congreso.–Los miembros de este Subcomité Nacionalista que tengo el honor de presidir, muy atentamente se permiten excitar a Uds. a fin de que sea decretado el 15 de marzo «Día de la Paz», como un merecido honor al Benemérito de la Patria, Dr. y Gral. Tiburcio Carías Andino.–Saúl Morán, Presidente.

Sulaco, 22 de enero de 1945.–Secretarios del H. Congreso Nacional.–Solidario este Subcomité con el sentir de los demás centros políticos nacionalistas del país sobre iniciativa circulante de que se pida a ese Cuerpo Legislativo decrete «Día de la Paz» el 15 de marzo, fecha magna del nacimiento del egregio varón Dr. y Gral. Tiburcio Carías Andino, actual Mandatario nuestro; por vuestro honorable medio, este Subcomité pide a esa H. Cámara Legislativa decrete «Día de la Paz» la fecha antes expresada, y a partir de este año.–Trinidad Castro, Presidente del Subcomité Nacionalista.

Orocuina, 30 de enero de 1945.–Soberano Congreso Nacional.–Nada más justo e histórico que esa Honorable Cámara de Diputados decrete el 15 de marzo, fecha del natalicio de nuestro Excelentísimo Dr. y Gral. Tiburcio Carías Andino, «Día de la Paz». Ojalá que cuando aparezca el «Himno a la Paz de Honduras» se manden copias a las Escuelas de la República, pues nosotros, los que servimos el apostolado hondureño, inculcaremos en las mentes de la niñez la idea de que con la paz nuestro pueblo progresará en todas sus formas.–M. Porfirio Oyuela, Director de la Escuela de Varones.

Florida, Copán, 22 de enero de 1945.–Secretarios del Soberano Congreso Nacional.–Respetuosamente y por el digno medio de Uds., pedimos a esa Augusta Representación Nacional decretar «Día de la Paz» el próximo 15 de marzo, con motivo de ser el aniversario de la preciosa existencia del ilustre Señor Presidente, como un acto de reconocimiento a sus relevantes méritos de sin par Gobernante.– Atentamente.–Simón Santos, Alcalde.–Rodolfo Valdivieso M., Secretario Mpal.

Santa Rosa de Copán, 31 de enero de 1945.–Secretarios Soberano Congreso Nacional.–Con verdadera complacencia hemos recibido la noticia de que esa Augusta Cámara, interpretando el sentir de la inmensa mayoría del pueblo hondureño y como sincero reconocimiento, ha emitido Decreto Legislativo instituyendo el «Día de la Paz» de los hondureños el 15 de marzo de cada año y creando al mismo tiempo la «Orden de la Paz» para nuestro Excmo. Señor Presidente, Dr. y Gral. Tiburcio Carías Andino. Por trascendental, como tan justiciero acto, nos permitimos presentar nuestras efusivas felicitaciones a la Augusta Representación Nacional.– Respetuosamente.–Vicente Ayala, Comandante de Armas.–Ernesto Ascensio, Secretario.

Roatán, 22 de enero de 1945.–Secretario Marco A. Raudales.– Nacionalismo de Roatán apoya iniciativa del Profesor Castellanos de Santa Rosa de Copán y por nuestro medio muy respetuosamente pide al Soberano Congreso Nacional decretar «Día de la Paz» el 15 de marzo, fecha en que conmemoramos el nacimiento de nuestro querido Presidente, Dr. y Gral. Tiburcio Carías Andino, por ser él el fundador y sostenedor de ella.–Atentamente.–Cástulo Rivera, Presidente del Comité Nacionalista.

Olanchito, 22 de enero de 1945.–Secretarios del Soberano Congreso Nacional.–Como elemento integrante de la prensa justiciera del país, expreso por su medio a ese Alto Cuerpo mis simpatías sinceras por la sugerencia llevada al seno de la Cámara para que sea decretado el 15 de marzo «Día de la Paz». Todo cuanto se haga por honrar a nuestro Mandatario es justicia.–M. Soto Ramírez, La Voz de Olanchito.

Jutiapa, 22 de enero de 1945.–Secretarios Soberano Congreso Nacional.–Por su digno medio tengo el honor de comunicar a esa Augusta Representación Nacional que esta Corporación Municipal que presido, en sesión solemne celebrada en esta fecha, por unanimidad de votos acordó excitar al Soberano Congreso Nacional para que en sus próximas sesiones del presente año decrete «Día de la Paz» el 15 de marzo, en honor al feliz aniversario de nuestro probo Mandatario, Dr. y General Tiburcio Carías Andino, como un homenaje también de justicia al Benemérito de la Paz pública y por los grandes progresos realizados en bien de la Patria que hoy admiramos.–Respetuosamente.–Rafael Rodríguez.

El Porvenir, Atlántida, 22 de enero de 1945.–Secretario del Honorable Congreso Nacional.–Respetuosamente excitamos a esa Augusta Cámara para que sea decretado «Día de la Paz», el 15 de marzo, en honor al Hombre Símbolo que ha mantenido la Paz en la República.–Froylán Cruz, Presidente del Subcomité Nacionalista.

La Libertad, enero 22 de 1945.–Marco A. Raudales.–Secundando la valiosa y noble actitud del Profesor Castellanos, de buena voluntad y en honor al mérito, ruego al Soberano Congreso Nacional, por su digno medio, secundéis o acuerpéis el proyecto de Decreto por el que se pide que la fecha del natalicio del Señor Presidente de la República se decrete día de fiesta nacional, «Día de la Paz», como justa recompensa de su fecunda labor en pro de la paz.–Jeremías Álvarez, Subcomandante Local.–Esteban Vásquez, Presidente del Subcomité Nacionalista.

Potrerillos, Cortés, 22 de enero de 1945.–Secretarios del S. Congreso Nacional.–Esta Municipalidad y vecindario acoge con simpatía la iniciativa de crear el «Día de la Paz» y que sea el 15 de marzo de cada año, ya que en esa fecha cumple años nuestro digno

Mandatario, Dr. y Gral. Tiburcio Carías Andino. En tal virtud pido a la Augusta Asamblea que se digne aprobar el proyecto de ley respectivo.–Tomás Torres, Alcalde Municipal.

Soledad, 1° de febrero de 1945.–Soberano Congreso Nacional.–Gustosamente aplaudimos iniciativa lanzada al pueblo hondureño por el Profesor J. Efraín Castellanos. Respetuosamente.–Alonso Cabrera, Subcomandante Local.

Belén, Lempira, 22 de enero de 1945.–Presidente del Soberano Congreso Nacional.–Esta Municipalidad y Subcomité Local que presido, se dirige a ese Alto Cuerpo pidiendo que el día 15 de marzo, día del natalicio del Señor Presidente, Gral. Tiburcio Carías Andino, se decrete «Día de la Paz de Honduras». Atentamente respetuoso suscríbome.–Pedro N. Benítez, Alcalde Municipal.–Toribio Membreño, Subcomandante Local.

Yauyupe, 28 de enero de 1945.–Representantes Soberano Congreso Nacional.–Con justo reconocimiento pido a esa Legislación decrétese «Día de la Paz», el 15 de marzo, día glorioso, aniversario de nuestro Jefe Supremo, Dr. y Gral. don Tiburcio Carías Andino. Atentamente.–J. Antonio Cruz, Subcomandante Local.

Chamelecón, 23 de enero de 1945.–Secretario Congreso Nacional.–Vemos con singular complacencia que la gratitud nacional se expresa en formas indubitables, haciendo honor a un connacional que se ha dado en pensamiento y acción, impelido por su gran amor patrio, al servicio del bienestar nacional, con los resultados sorprendentes que todos podemos ver y apreciar; cuando se abrigan sentimientos de gratitud y se manifiestan en tales formas, pueblos e individuos marchan con paso de vencedores por la senda verdadera que los conduce a su redención definitiva; al General Carías, el pueblo hondureño, su amado pueblo, se afana en demostrarle de todas las maneras posibles, que le quiere y que es justo y agradecido; por esto también clama porque el día de su natalicio sea decretado «Día de la Paz», y que en la fecha próxima sea condecorado, y mirando hacia el porvenir de la unidad centroamericana, y para fortalecer vínculos fraternales, movido por su unionismo sincero y tradicional, pide que se decrete el Premio de la Paz, para honrar a los Presidentes de las hermanas Repúblicas centroamericanas que se hagan dignos de tal distinción. Nosotros nos solidarizamos con estos grandes anhelos populares, porque somos del mismo sentir y pensar, y aplaudimos a quienes se significan haciendo estas iniciativas loables en grado máximo.–Afmo. amigo.–Marcelino Murillo P., Presidente Subcomité Nacionalista.

Nueva Ocotepeque, 19 de enero de 1945.–Secretario del Honorable Congreso Nacional.–Estimamos de interés nacional la idea del Profesor J. Efraín Castellanos, relacionada con la creación de un Decreto Legislativo por el cual se declare «Día de la Paz», el 15 de marzo de cada año, conmemorando el natalicio de nuestro ilustre y querido Mandatario, Dr. y Gral. Tiburcio Carías Andino. La Augusta Representación Nacional, al tomar en cuenta el sentir del señor Castellanos, que es el de la universalidad de los hondureños, hará, una vez más, justicia al ciudadano probo que se sacrifica en bien de la Patria, en procura de su bienestar, preparando un futuro de grandeza por medio de la cultura de su pueblo y del crédito y apreciación internacional que recoge con su acertada acción democrática en aras de la paz cuyo símbolo debe patentizarse hoy y siempre el 15 de marzo.–Respetuosamente.–Julián Mejía.

Ilanga, 15 de enero de 1945.–Honorable Congreso Nacional.– Nada más justo que los hondureños y amigos del Gral. Carías secundemos la patriótica idea del Director Departamental de Enseñanza Primaria, Efraín Castellanos, pidiendo que esa Augusta Cámara decrete «Día de la Paz» el 15 de marzo, fecha en que, para felicidad de nuestra Patria, vino al mundo el varón mejor nacido, General don Tiburcio Carías Andino, quien con la mano en el corazón dirige los destinos de la Nación, llevándola al rango de Nación civilizada.–Afmos. correligionarios.–Camilo Banegas V., Comandante Local.–M. Alvarado, Presidente del Subcomité Nacionalista.

Trujillo, 23 de enero de 1945.–Soberano Congreso Nacional.– Siendo la paz uno de los principales beneficios que el actual régimen, presidido por el Excmo. Señor Presidente de la República, Dr. y Gral. don Tiburcio Carías Andino, ha brindado al pueblo hondureño, estimo verdaderamente justa la iniciativa de que se declare un día del año como «Día de la Paz», para todos los hondureños, y siendo además el 15 de marzo la fecha del cumpleaños del Sr. Presidente, ninguno más a propósito que este para tal fin. En tal virtud, acuerpo sinceramente la idea de declarar el 15 de marzo «Día de la Paz» y pido al Soberano Congreso Nacional la emisión del Decreto respectivo.–Afmo.–Carlos R. López Pineda.

Nacaome, 16 de enero de 1945.–Secretarios del Congreso Nacional.–Las grandes acciones y sacrificios que un Mandatario pone al servicio de la Nación y de donde se desprende el bienestar, progreso y la felicidad de sus gobernados, como lo ha sabido hacer nuestro querido Gobernante, General don Tiburcio Carías Andino, merecen el reconocimiento de su pueblo; por lo que acuerpamos y sostenemos la magna idea del Director Departamental de Enseñanza Primaria de Santa Rosa de Copán, J. Efraín Castellanos, de pedir al Soberano Congreso Nacional que decrete «Día de la Paz» la fecha del 15 de marzo, en honor al feliz natalicio de nuestro Jefe General Carías, creando asimismo la Orden condecorativa de la Paz, para condecorar a los virtuosos gobernantes sostenedores de la paz del país y demás gobernantes de los países amigos. Como una sugerencia que coordina con la feliz idea del Sr. Castellanos, agrego que debe acordarse un concurso para letra y música del Himno a la Paz, optando por el mejor, a juicio de críticos en la materia, y decretarlo Himno Oficial de la Paz. Así haremos honor a quien honor merece.–Atto.–Julio César Vijil.

Curarén, 31 de enero de 1945.–Soberano Congreso Nacional.– Justo es que esa Augusta Cámara decrete declarando «Día de la Paz» el 15 de marzo de cada año, como un tributo y reconocimiento de la grandiosa obra llevada a cabo por nuestro Gobernante, Dr. y Gral. don Tiburcio Carías Andino, durante su larga Administración Presidencial, ya que es esa la fecha de su natalicio. Así lo pide y lo desea la Municipalidad que tengo el honor de presidir.–Juan F. García, Alcalde Municipal.

Jocón, 25 de enero de 1945.–Secretarios del Congreso Nacional.– Estamos de acuerdo con iniciativa del Prof. Castellanos, de Santa Rosa de Copán, que se pida al Soberano Congreso Nacional decrete «Día de la Paz» el 15 de marzo de cada año, fecha en que cumple años el Presidente del Estado, Dr. y Gral. Tiburcio Carías A.– Atentamente.–T. Torres, Corresponsal.

Guaimaca, 25 de enero de 1945.–Secretarios del Congreso Nacional.–Subcomité de este pueblo, por mi medio, excita muy atentamente a esa Augusta Representación Nacional, decrete el día 15 de marzo «Día de la Paz», en honor de nuestro eximio Gobernante, Dr. y Gral. Tiburcio Carías A., atendiendo a sus innegables méritos de patriota y estadista íntegro.–Respetuosamente.–Leonidas Carías P., Secretario del Subcomité Nacionalista.

El Níspero, 25 de enero de 1945.–Secretario del Congreso Nacional.–La Honorable Corporación que presido vería con agradecimiento que ese Alto Cuerpo decrete «Día de la Paz» el 15 de marzo, fecha del nacimiento de nuestro progresista Gobernante, Dr. y Gral. Tiburcio Carías A.–Atentamente.–Antonio Romero H., Alcalde Municipal.

Corquín, 25 de enero de 1945.–Secretarios del Congreso Nacional.–En nombre de la Corporación Municipal que presido, con todo respeto tengo el honor de pedir a esa Augusta Representación Nacional decrete «Día de la Paz» el 15 de marzo, fecha en que cumple años nuestro Presidente, Dr. y Gral. Carías, como un homenaje de reconocimiento a tan esclarecido hombre público.–Atentamente.– Joaquín Rosa L., Alcalde Municipal.

Potrerillos, Cortés, 25 de enero de 1945.–Secretarios del Congreso Nacional.–Respetuosamente manifiesto a Uds. que esta Municipalidad y vecindario se adhiere a la oportuna sugerencia del Comandante Local de San Lorenzo, Coronel Carlos González, tendiente a que esa Augusta Representación Nacional autorice la erección de un monumento que perpetúe el «Día de la Paz», cuya creación va en proyecto, en homenaje de simpatía, reconocimiento y cariño hacia nuestro Ilustre Mandatario, Gral. Carías.–Respetuosamente.–Tomás Torres, Alcalde Municipal.–Raúl Collart, Vicepresidente del Subcomité Nacionalista.–Eduardo A. Cerrato, Comand. Local.

Santa Rita, Santa Bárbara, 22 de enero de 1945.–Secretarios del Congreso Nacional.–Nosotros también estamos de acuerdo con la iniciativa lanzada por el Profesor Castellanos, acogida por ese Alto Cuerpo, por considerarla muy beneficiosa y de bastante estímulo para nuestro querido Gobernante, Dr. y Gral. don Tiburcio Carías Andino. Respetuosamente.–Heriberto Reyes, Alcalde Municipal.–Francisco Rodríguez, Presidente del Comité Nacionalista.

Yoro, 19 de enero de 1945.–Presidente del Soberano Congreso Nacional.–En vista del movimiento que cunde ya por todos los ámbitos del país para declarar «Día de la Paz» el 15 de marzo de cada año, aunándolo al natalicio del ilustre Doctor y General don Tiburcio Carías Andino, esta Comandancia de Armas y los empleados de su dependencia acogen con mucho ardor tan magna idea, y piden al Soberano Congreso Nacional, por su digno medio, sea decretado.–Afmo.–F. P. Cálix.

Sensenti, 19 de enero de 1945.–Secretarios del Honorable Congreso Nacional.–La iniciativa de crear el «Día de la Paz» y que esta fecha sea el 15 de marzo, día del natalicio de nuestro querido Gobernante, Dr. y Gral. don Tiburcio Carías Andino, ha sido acogida con el mayor beneplácito por esta Corporación y vecindario. Deseamos, pues, que la Augusta Representación Nacional, interpretando el sentir del pueblo hondureño, haga este cálido homenaje al Gobernante que tanto se ha preocupado por el bien de la Patria.–Respetuosamente.–Alejandro López Rodezno, Alcalde Municipal.–Eliseo Mejía H., Presidente del Subcomité Nacionalista.

Jocón, 23 de enero de 1945.–Soberano Congreso Nacional.– Secundando entusiastamente el sentir del pueblo hondureño respecto a que ese Soberano Congreso decrete «Día de la Paz» el 15 de marzo, en honor al natalicio de nuestro preclaro Presidente, Dr. y Gral. don Tiburcio Carías Andino, este Subcomité acuerpa dicha iniciativa implorando llévese a cabo tan importante decreto.–Bartolo Hernández, Presidente del Subcomité Nacionalista.

Teupasenti, 19 de enero de 1945.–Soberano Congreso Nacional.– El suscrito, Corresponsal de «La Época», de acuerdo con el parecer unánime de todos los colegas de la República y de todos los ciudadanos comprensivos y amantes del orden, bienestar y engrandecimiento de la Patria, pide a esa Honorable Asamblea decrete la creación del «Día de la Paz» el 15 de marzo, fecha del cumpleaños de nuestro eximio Gobernante.–Respetuosamente.– Gustavo M. Lagos, Corresponsal de «La Época».

Gracias, 20 de enero de 1945.–Secretarios del Soberano Congreso Nacional.–Me adhiero con el mayor entusiasmo a la iniciativa del Profesor Castellanos, del departamento de Copán, para crear el «Día de la Paz» en la propia fecha del cumpleaños del Excmo. Señor Presidente, Dr. y Gral. don Tiburcio Carías Andino, ya que él ha sido el primer Presidente que ha sostenido y afianzado la Paz en Honduras.–Jerónimo Pineda Mejía.

San Jerónimo, Copán, 19 de enero de 1945.–Presidente Honorable Congreso Nacional.–Muy atentamente y en nombre y representación de esta Municipalidad, suplicamos a esa Augusta Cámara Legislativa se decrete «Día de la Paz» el día 15 de marzo, en memoria y honor de nuestro digno Jefe Supremo, Dr. y Gral. don Tiburcio Carías Andino, con motivo de ser la fecha del cumpleaños, el único hombre sostenedor de la Paz de nuestra querida Patria.– Respetuosamente.–Ernesto Hernández, Alcalde Municipal.

Choluteca, 16 de enero de 1945.–Secretario del Congreso Nacional.–La excitativa del señor Director Departamental de Enseñanza Primaria de Santa Rosa de Copán, respecto a que el 15 de marzo, aniversario natal del Excmo. Señor Presidente de la República, Dr. y Gral. don Tiburcio Carías Andino, sea decretado por el Soberano Congreso Nacional «Día de la Paz», es una sublime idea que encarnará en el corazón de los hondureños como una recompensa a sus grandes y elevados méritos, ya que su vida la ha consagrado en beneficio de la Patria; el Gral. Carías Andino es el llamado a recibir ese tributo de distinción; por consiguiente, muy atentamente por el digno medio de Ud., pido al Soberano Congreso Nacional se tome en consideración lo expuesto, decretando «Día de la Paz» en la fecha indicada, que con ello hará merecida justicia.–Atentamente.–J. Antonio Ortega.

Arada, 23 de enero de 1945.–Secretarios del Congreso Nacional.– Este Subcomité Nacionalista y Municipalidad que presidimos, secundando sinceramente iniciativa del Profesor Castellanos, por nuestro medio piden a esa Augusta Cámara decrete «Día de la Paz» el 15 de marzo de cada año, perpetuando así en el calendario cívico hondureño la magna fecha del feliz advenimiento de nuestro Patricio, Dr. y Gral. don Tiburcio Carías Andino, que ha sido para Honduras lo que Cristo fue para la humanidad, su redentor.–Atentamente.–Manuel Amaya C., Presidente del Subcomité Nacionalista.–Octavio Paredes E., Alcalde Municipal.

Lepaterique, 24 de enero de 1945.–Secretarios del Soberano Congreso Nacional.–Secundando la feliz idea del Prof. Efraín Castellanos, Director e Inspector Departamental de E. P., del departamento de Copán, nos permitimos, por su digno medio, excitar al Soberano Congreso Nacional, para que decrete «Día de la Paz» el día 15 de marzo, aniversario del nacimiento de nuestro ilustre Mandatario, Dr. y Gral. don Tiburcio Carías Andino, correspondiendo en algo a su gran labor de organizar el orden, el trabajo y el progreso de nuestra Patria, que sin eso tal vez ya ni figurara como nación digna de aprecio. Es justicia que pedimos.–Respetuosamente.–José F. Martínez, Alcalde Municipal.–Vicente Martínez y Martínez, Presidente del Subcomité Nacionalista.–Enrique Chávez, Secretario.

San Lorenzo, 22 de enero de 1945.–Secretarios del Soberano Congreso Nacional.–Como un justo reconocimiento que hacemos los verdaderos amigos del orden y la paz nacional, pedimos en nombre del nacionalismo de este puerto, que es el noventa por ciento, que esa Augusta Asamblea Nacional declare el día 15 de marzo «Día de la Paz», fecha en que nació el gran patriota Tiburcio Carías Andino, a quien el pueblo hondureño aprecia, quiere y respeta sobre todas las cosas y, de antemano, rogamos al Todopoderoso porque conserve esa preciosa vida para bien de este pedazo de suelo que tanto queremos.– Respetuosamente.–Rafael P. Molina, Presidente del Subcomité Nacionalista.–Carlos González, Comandante Local.

Chamelecón, 23 de enero de 1945.–Secretario del Congreso Nacional, don Fernando Zepeda Durón.–Me adhiero a la exposición hecha por elementos honoríficos al S. Congreso Nacional, pidiéndole emisión de Decreto declarando día 15 de marzo, fecha del natalicio de nuestro digno Gobernante, Dr. y Gral. Tiburcio Carías Andino, como «Día de la Paz». Así, Asamblea Legislativa hará honor a los excesivos méritos que tiene el Hombrón de Zambrano.–José Sarmiento, Comandante Local.

San Miguelito, Depto. Morazán, 16 de enero de 1945.–Secretario del H. Congreso Nacional.–Esta Municipalidad, asociada del Subcomandante Local de este, el amigo García D., y pueblo, como un solo hombre, reconociendo los grandes méritos de nuestro ilustre Mandatario, Dr. y Gral. don Tiburcio Carías Andino, en sesión solemne acordó pedir al Soberano Congreso Nacional que el día 15 de marzo, fecha del natalicio del Hombre-Símbolo, quede y se declare por decreto «Día de la Paz» en honor del restaurador de nuestra querida Honduras.–Respetuosamente.–Máximo Lardí, Alcalde Municipal.–Manuel H. Martínez h., Secretario.–Esteban Cruz Ochoa, Subcomandante Local.–Antonio Bárcenas C.–Pablo Cruz y Cruz.– Ramiro Posadas.–Santiago Ochoa.–Carlos A. García D.

San Buenaventura, Depto. de Morazán, 24 de enero de 1945.– Soberano Congreso Nacional.–El Soberano Congreso Nacional, oyendo el justo y sincero reclamo del pueblo hondureño, debe emitir el histórico Decreto, declarando el 15 de marzo, aniversario del natalicio del Señor Presidente de la República, «Día de la Paz», pues el nombre de Tiburcio Carías Andino es símbolo de paz, progreso y libertad.–Julián Ordóñez B., Presidente del Subcomité Nacionalista.

Guaimaca, 19 de enero de 1945.–Secretario del Congreso Nacional, don Fernando Zepeda Durón.–Municipalidad que represento muy de acuerdo en que el Congreso Nacional, en nombre y representación del pueblo hondureño, decrete el día 15 de marzo de cada año, fecha en que se celebra en el país el cumpleaños de nuestro eximio Mandatario, Dr. y Gral. don Tiburcio Carías Andino, «Día de la Paz», en atención a sus relevantes méritos como patriota y sostenedor de la paz, progreso y bienestar general.–Afmo.–Cruz R. Miralda, Alcalde Municipal.

San Nicolás, Copán, 19 de enero de 1945.–Secretarios del H. Congreso Nacional.–Municipalidad y pueblo en general suplica a esa Augusta Asamblea Nacional sea decretado «Día de la Paz» el 15 de marzo próximo, fecha en que cumple años nuestro probo Mandatario, Dr. y Gral. don Tiburcio Carías Andino, como un justo homenaje a su decidido empeño por el sostenimiento de la bendita paz que disfrutamos y también por el engrandecimiento de nuestra amada Patria.–Afmos.–Rogelio C. Chacón, Alcalde Municipal.–H. Mejía, Secretario.–Cecilio Escobar, Presidente del Subcomité Nacionalista.

San Lorenzo, 19 de enero de 1945.–Secretario Soberano Congreso Nacional.–Haciendo honor a los méritos y virtudes cívicas del fundador de la paz hondureña, Dr. y Gral. don Tiburcio Carías Andino, me permito en nombre de este Concejo elevar a la honorable consideración de esa Augusta Representación Nacional, por el digno medio de Ud., sea decretado «Día de la Paz» el 15 de marzo, fecha de su cumpleaños. Este acto de justicia y gratitud de un pueblo que vive bajo la sombra del árbol fecundo de la paz, merecerá sin duda alguna la aprobación y aplauso de las naciones del continente que saben y conocen la labor progresista de este varón ilustre que bien puede llamarse EL GRAN REFORMADOR DE NUESTRA PATRIA.

Pedimos justicia para quien justicia tiene.–Augusto Mendoza M., Presidente del Concejo.

Yocón, 17 de enero de 1945.–Soberano Congreso Nacional.– Tengo el honor de dirigirme a Vos, Soberano Congreso Nacional, en representación del centro político de este pueblo que presido y en nombre del Nacionalismo de este lugar y en el mío propio, correspondiendo a las aspiraciones de la acrisolada labor de nuestro ilustre Gobernante y Benemérito de la Patria, Dr. y Gral. Tiburcio Carías Andino, pido a Vos, Soberano Congreso Nacional, declaréis por medio de un decreto, como «Día de la Paz» el 15 de marzo, aniversario del nacimiento del Dr. y Gral. Tiburcio Carías Andino, Presidente Constitucional de la República.–Respetuosamente.–R. Isaías Reyes, Presidente Subcomité Nacionalista.

Gualaco, 17 de enero de 1945.–Secretarios Soberano Congreso Nacional.–La idea del pueblo copaneco lanzada a la consideración nacional para que el 15 de marzo, aniversario de nacimiento de nuestro ilustre Mandatario, Gral. Carías, se decrete «Día de la Paz» y sea condecorado con medalla u otra insignia de mérito, es grandiosa; y nosotros estamos en un todo de acuerdo, y por su medio hace presente a ese Soberano Congreso Nacional su satisfacción por tan merecida recompensa a quien lo sacrifica todo por los intereses patrios.–Lorenzo Pagoaga B., Comandante Local.–Gregorio Cálix, Alcalde Municipal.–Samuel Gálvez, Secretario Subcomité Nacionalista.

Marcala, 31 de enero de 1945.–Secretarios del Congreso Nacional.–Con gran regocijo celebramos y felicitamos por su digno medio al Soberano Congreso Nacional por haber decretado «Día de la Paz» de los hondureños el 15 de marzo de cada año, fecha en que se recuerda y se recordará siempre el aniversario natal del ilustre Mandatario, Dr. y Gral. Tiburcio Carías Andino, y por haber creado a la vez la Orden de la Paz, para nuestro querido Presidente y para todo aquel Gobernante sucesor que defienda y sostenga la paz de Honduras.–Roque J. Pérez.

Teupasenti, 25 de enero de 1945.–Honorable Congreso Nacional.–El suscrito, de acuerdo con todos los Comandantes Locales de la República y demás ciudadanos comprensivos, amantes del orden, bienestar y tranquilidad de la Patria, pide a esa Honorable Asamblea decrete «Día de la Paz» el próximo 15 de marzo, pues es un acto de justicia para nuestro eximio Jefe, el Dr. y Gral. Carías Andino.–Afmo.–Benito Rojas, Comandante Local.

Gracias, 31 de enero de 1945.–Secretarios del Congreso Nacional.–Felicitaciones, honorables diputados Torres, Mena, Lardizábal y Z. Velásquez, que acogieron iniciativa de decretar «Día de la Paz» el 15 de marzo, aniversario del nacimiento de nuestro Gobernante Gral. Carías, como un homenaje más para el que ha sabido mantenerla y la mantendrá por muchos años como una necesidad para engrandecimiento patrio; aplausos en general a la Honorable Cámara por haber hecho declaratoria.–Luis Alonso Pineda.

Naranjito, 23 de enero de 1945.–Secretario Congreso Nacional.– Esta Corporación considera muy justo se decrete «Día de la Paz» en la fecha a que se refiere el Profesor Efraín Castellanos.–Afmo.– Domingo Torres, Alcalde Municipal.

Cantarranas, 29 de enero de 1945.–Presidente del Congreso Nacional.–En nombre del Subcomité Nacionalista que presido y en el mío, acatando el sentir de todos los demás Centros Políticos del país, pedimos a ese Honorable Congreso Legislativo se digne decretar el 15 de marzo «Día de la Paz», como un reconocimiento a las grandes virtudes altamente democráticas llevadas a feliz término por nuestro probo y querido Gobernante, Dr. y Gral. Tiburcio Carías Andino, en bien del país, con todo acierto; todo lo que se haga en su honor lo merece bien, pues es de justicia que el pueblo rinda homenaje a sus benefactores tal como lo merecen; queremos ser oídos. Por su medio enviamos un atento saludo a los dignos representantes del pueblo, incluyéndolo a Ud. que bien lo merece.–Atento servidor.–Salvador Uclés Rosales, Presidente del Subcomité Nacionalista.

Marcala, 20 de enero de 1945.–Secretarios del Soberano Congreso Nacional.–Significativa expresión de patriotismo nacional es la acertada iniciativa sobre la creación del hermoso «Día de la Paz» hondureña. Derecho suficiente nos asiste y con ella estamos, y también aceptamos que ese día debe ser el 15 de marzo, fecha magna en la cual empezó a desarrollarse la vida real del ciudadano preclaro que con mano hábil y certera dirige los destinos de la Honduras redimida, pues es Tiburcio Carías Andino el fundador y defensor de la bendita paz que tanto hemos anhelado. Esta es la voz y el pedimento de los habitantes de la sierra.–José Nicolás Pineda, Secretario del Subcomité Nacionalista.

Yarula, 25 de enero de 1945.–Presidente del Congreso Nacional.– Rogamos haga representación en esa Asamblea para que se decrete el día 15 de marzo «Día de la Paz», en honra del feliz natalicio de nuestro Jefe y Mandatario, Gral. Carías A.–Atentamente.–Juan C. Gutiérrez, Alcalde Municipal.

Ajuterique, 25 de enero de 1945.–Secretarios del Congreso Nacional.–Acuerpando la patriótica iniciativa del Profesor Castellanos, muy atentamente pido a ese Soberano Congreso Nacional instituir «Día de la Paz» el 15 de marzo, en homenaje al cumpleaños del ilustre Presidente, Dr. y Gral. Tiburcio Carías A.– Atentamente.–Jerónimo Montes M., Subcomandante.

Yorito, 25 de enero de 1945.–Secretarios del Congreso Nacional.– Este corresponsal informa que la Honorable Corporación Municipal de este pueblo está unánime en su aprobación para que decretéis «Día de la Paz» la fecha del natalicio de nuestro caudillo y encuentra también plausible la idea de condecorar ese mismo día a su leal amigo personal, político y periodista, don Fernando Zepeda Durón, quien secunda hombro a hombro aquellos ideales de paz y conciliación nacional, base de nuestro progreso y engrandecimiento.–C. C. Salazar, Corresponsal.

San Marcos de Colón, 22 de enero de 1945.–Secretarios del Congreso Nacional.–En nombre de la Municipalidad de esta ciudad que me honro presidir, pido a esa Augusta Asamblea se decrete «Día de la Paz» el día 15 de marzo, en honor al natalicio de nuestro Gobernante, Dr. y Gral. Tiburcio Carías A., y que tan justamente lo merece.–Respetuosamente.–Alejandrino Mejía, Alcalde Municipal.

San Juan de la Paz, 22 de enero de 1945.–Soberano Congreso Nacional.–Nuestro Jefe Gral. Tiburcio Carías A. cumple años el 15 de marzo; rogamos al Soberano Congreso Nacional decrete esa fecha «Día de la Paz»; son los deseos de los hombres agradecidos y que hacen honor a los grandes beneficios que nos han hecho y que disfrutamos, principalmente en este pueblo.–Afmo.–Melitón Alcerro, Secretario del Subcomité Nacionalista.

Goascorán, 22 de enero de 1945.–Secretario del Congreso Nacional.–Este Subcomité Nacionalista únese a la brillante idea del Profesor J. Efraín Castellanos. En consecuencia, pide al Honorable Congreso Nacional que el día 15 de marzo sea decretado «Día de la Paz», en honor a nuestro ilustre Mandatario, Gral. Carías.–Herminio Ortega C., Presidente del Subcomité Nacionalista.

Lauterique, 26 de enero de 1945.–Soberano Congreso Nacional.– En vista de la voz popular del pueblo hondureño, amante de la paz que nuestro Mandatario sostiene, este Subcomité Nacionalista que tengo el honor de presidir acuerpa idea lanzada y pedimos a esa Augusta Representación que el 15 de marzo, fecha del natalicio del Gral. Carías A., sea decretado «Día de la Paz», en recompensa a los grandes sacrificios por vernos disfrutando de esa paz que es el engrandecimiento de la Patria.–Emilio Núñez G., Presidente del Subcomité Nacionalista.

Yuscarán, 30 de enero de 1945.–Secretario del Congreso Nacional.–En nombre de mis subalternos y el mío propio, pláceme felicitar a la Honorable Cámara por importantes labores legislativas llevadas a cabo en el presente año y muy especialmente por haber acordado, creando al mismo tiempo la Orden de la Paz para el Presidente Dr. y Gral. Carías A., y para todo Gobernante que al sucederle ponga toda su energía al servicio de la Paz Nacional.

Considero que todo acto que conmemore la actuación del Gral. Carías es poco para corresponder a sus grandes sacrificios por legarnos una Patria digna de figurar a la cabeza de los países más avanzados del continente.–Atentamente.–Rosalío Benítez M.

Nacaome, 22 de enero de 1945.–Secretario del Congreso Nacional.–Acuerpando idea del Prof. Castellanos, vería con agrado que ese Augusto Cuerpo decrete «Día de la Paz» el 15 de marzo, con ocasión del cumpleaños de nuestro insigne Presidente, Dr. y Gral. Tiburcio Carías A.–Respetuosamente.–J. Cleofe Molina, Alcalde Municipal.

Roatán, 22 de enero de 1945.–Secretario don Fernando Zepeda Durón.–Nacionalismo de Roatán apoya iniciativa del Prof. Castellanos, de Santa Rosa de Copán, y por nuestro medio, muy respetuosamente pide al Soberano Congreso Nacional decrete «Día de la Paz» el 15 de marzo, fecha en que se conmemora el nacimiento de nuestro querido Presidente, Dr. y Gral. Tiburcio Carías A., por ser el Fundador y Sostenedor de ella.–Atentamente.–Cástulo Rivera, Presidente del Comité Nacionalista.

Concepción del Sur, 22 de enero de 1945.–Presidente del Soberano Congreso Nacional.–Esta Corporación Municipal que presido, y por el digno medio de Ud., acordó pedir al Soberano Congreso Nacional decrete «Día de la Paz» el 15 de marzo, fecha del aniversario del nacimiento de nuestro Gobernante y Hombre-Símbolo de Honduras, Dr. y Gral. don Tiburcio Carías A., como ejemplo vivo que resplandezca en las futuras generaciones.–Atentamente.–Nicolás Castellanos, Alcalde Municipal.

Roatán, 22 de enero de 1945.–Secretarios del Congreso Nacional.–Por el digno medio de Uds., me permito dirigirme a esa Augusta Representación Nacional, en atenta excitativa a efecto de que sea convertida en realidad la idea del Prof. Castellanos, respondiendo así a los deseos del pueblo hondureño, decretando «Día de la Paz» el 15 de marzo, aniversario del nacimiento del

Excelentísimo Sr. Presidente de la República, Dr. y Gral. don Tiburcio Carías A.–Atentamente.–Ernesto Cruz G.

La Venta, 20 de enero de 1945.–Soberano Congreso Nacional.–El Subcomité Nacionalista y pueblo en general acuerpa la idea lanzada por el Director Departamental de E. P., don J. Efraín Castellanos, para que se declare «Día de la Paz» el aniversario del nacimiento del fundador y sostenedor de nuestra paz, Dr. y Gral. don Tiburcio Carías Andino.–Baltazar Sierra, Presidente del Subcomité Nacionalista.– David Coello H., Secretario.

Yauyupe, 22 de enero de 1945.–Presidente del Soberano Congreso Nacional.–Esta Municipalidad, por mi medio, suplica a ese Alto Cuerpo decrete «Día de la Paz» el 15 de marzo, fecha del feliz natalicio de nuestro digno Mandatario, Dr. y Gral. don Tiburcio Carías A., en honor al mérito.–Afmo. amigo.–Rafael Rodríguez, Alcalde Municipal.

Goascorán, 19 de enero de 1945.–Secretario del Honorable Congreso Nacional, don Fernando Zepeda Durón.–Esta Municipalidad, en sesión, acordó dirigirse a esa Augusta Representación Nacional, para que, como fiel intérprete del sentir hondureño, decrete el 15 de marzo de cada año «Día de la Paz», en honor a nuestro preclaro Mandatario, Dr. y Gral. don Tiburcio Carías Andino, fundador y defensor de esa deidad, fuente del progreso humano. En tal virtud, hágole presente los sinceros deseos de esta Municipalidad.–Respetuosamente.–M. A. Vásquez, Srio.

La Venta, 23 de enero de 1945.–Secretario del Congreso Nacional.–Siendo el día del nacimiento del Benemérito de la Patria, Ciudadano Presidente de la República, Dr. y Gral. don Tiburcio Carías Andino, un acontecimiento que bien puede considerarse histórico, porque ello implica una evolución completa en la vida de nuestra cara patria Honduras, sacándola del caos y la ruina en que yacía por la vida desordenada que llevaba, imprimiéndole nuevos derroteros y tornándola a la vida ciudadana, merecido es que ese fausto día sea conmemorado jubilosamente y que perdure a través de las nuevas generaciones, debiendo ser designado como el «Día de la Paz».–Respetuosamente.–F. Irías R.

Chamelecón, 23 de enero de 1945.–Secretario del Congreso Nacional, don Fernando Zepeda Durón.–Estamos de acuerdo con la exposición hecha por el Profesor Castellanos al Soberano Congreso Nacional, sobre emisión de decreto declarando día 15 de marzo, fecha del natalicio de nuestro digno Mandatario, Dr. y Gral. don Tiburcio Carías Andino, como «Día de la Paz», homenaje bien merecido al Hombrón de Zambrano por sus excesivos méritos.–Rosendo López h., Secretario del Subcomité Nacionalista.

Yocón, 17 de enero de 1945.–Soberano Congreso Nacional.–En nombre de la Honorable Corporación Municipal que tengo el honor de presidir y del pueblo en general y en el mío propio, y correspondiendo así a las altas aspiraciones y progreso desarrollado en todo el país por nuestro enérgico Mandatario, Dr. y Gral. don Tiburcio Carías Andino, vengo a pedir a Vos, Soberano Congreso Nacional, decretéis como «Día de la Paz» el 15 de marzo, aniversario del nacimiento del eminente hombre público, Dr. y Gral. Tiburcio Carías Andino, Presidente Constitucional de la República, creando al mismo tiempo la orden de tan divino lema y condecorándolo con la medalla o insignia que tenga a bien hacerlo.–Respetuosamente.–Juan E. Oviedo, Alcalde Municipal.

Cedros, 19 de enero de 1945.–Soberano Congreso Nacional.–A nombre del Subcomité Nacionalista «Viva Cedros», que accidentalmente tengo el honor de presidir, y uniéndome a la inmensa mayoría del pueblo, tengo la honra de pedir a ese Alto Poder Legislativo la creación del «Día de la Paz» en Honduras, indicando que este día sea señalado el 15 de marzo, fecha en que celébrase el cumpleaños de nuestro querido Presidente, Gral. Tiburcio Carías Andino, creador y sostenedor de dicha paz.–Respetuosamente.–Pedro López Trejo, Vicepresidente del Subcomité Nacionalista.

Belén, Lempira, 19 de enero de 1945.–Honorable Congreso Nacional.–Con gran satisfacción ha sido acogida la iniciativa del

Profesor J. Efraín Castellanos, referente a que el día 15 de marzo, aniversario natal del Excmo. Señor Presidente de la República, Dr. y Gral. don Tiburcio Carías Andino, sea declarado «Día de la Paz». En tal virtud, tenemos a bien dirigirnos a ese Honorable Cuerpo Legislativo, que en las sesiones que actualmente tienen verificativo, que tan magna fecha se decrete «Día de la Paz», el natalicio del Gral. Carías A., por los grandes beneficios que ha prestado a la nación, en recompensa de sus grandes merecimientos y con probabilidades que es estable la paz, y que se fijen los adversarios que en Honduras hay unión, y más tratándose del Partido Nacional.–Pedro N. Benítez, Alcalde Municipal.–Simeón Nolasco, Secretario.–Catarino Miranda, Regidor 2°.

Intibucá, vía La Esperanza, 19 de enero de 1945.–Honorable Congreso Nacional.–Siendo el 15 de marzo fecha del nacimiento de nuestro ilustre Mandatario General Carías Andino, y como un homenaje al fundador de la paz, rogamos a ese Alto Cuerpo decretar esa fecha «Día de la Paz».–Catarino Vásquez, Alcalde Municipal.

Amapala, 19 de enero de 1945.–Secretarios del Soberano Congreso Nacional.–Puesto que la paz en nuestra Patria es una realidad que beneficia a propios y extraños, lógico es que esa paz se simbolice ocupando un día en nuestro calendario cívico. Y si el Excelentísimo Señor Presidente de la República, Doctor y General don Tiburcio Carías Andino, es el creador y sostenedor de esa paz, por razones de justicia, civismo y gratitud, para ese «Día de la Paz» debe escogerse la grandiosa fecha en que nació su creador y sostenedor, Tiburcio Carías Andino, el prototipo de la entereza y del civismo hondureños. Por ello, en nombre del Concejo de este Distrito Seccional, pedimos a esa Augusta Cámara, representativa del sentir y pensamiento hondureños, la emisión de un decreto instituyendo el «Día de la Paz» como un acto de justicia hacia nuestro Mandatario General Carías Andino.–Afectísimo.–Miguel Pineda F., Jefe del Concejo.–Daniel Martínez S., Secretario.

La Esperanza, 19 de enero de 1945.–Secretarios del Congreso Nacional.–En vista de la especial acogida que ha tenido la iniciativa del Director Departamental de Enseñanza Primaria de Santa Rosa de Copán, Prof. Efraín Castellanos, me permito, por el digno medio de ustedes, solicitar a ese Alto Cuerpo la consideración y aprobación de la misma, para que el día 15 de marzo se decrete «Día de la Paz», fecha del nacimiento del Excmo. Señor Presidente de la República, Doctor y General don Tiburcio Carías Andino, quien es el Fundador y Sostenedor de esa bendita paz que disfruta el pueblo hondureño.– Filiberto Flores Canales.

Yuscarán, 15 de enero de 1945.–Secretario del Congreso Nacional.–Muy oportuna y patriótica juzgo iniciativa del Director e Inspector Departamental de Enseñanza Primaria de Santa Rosa de Copán, acerca de celebración de natalicio del Excmo. Señor Presidente, Dr. y Gral. don Tiburcio Carías Andino, el próximo 15 de marzo. De mi parte, vería con especial satisfacción que el Soberano Congreso Nacional la tomara muy en cuenta y decretara «Día de la Paz» esta importante fecha, creando al mismo tiempo la Orden de tan divino lema y condecorar con la medalla o insignia que tenga a bien acordar a todos aquellos ciudadanos que, como nuestro actual Gobernante, consagren su amor y abnegación a la perpetuación de la paz.–Atentamente.–Abel Fonseca Flores.

Yoro, 19 de enero de 1945.–Secretario del Congreso Nacional.– Permítome el honor de comunicarle que la Municipalidad que tengo el honor de presidir, en sesión celebrada el 15 de los corrientes, acordó: 1°–Que para perpetuar la fecha en que naciera el Fundador y Sostenedor de la Paz de nuestra querida Patria, se solicite atentamente al Congreso Nacional por medio de sus Representantes y en nombre del de Yoro, para que sea consagrado en el decreto respectivo «Día de la Paz» la magna fecha del 15 de marzo, creando la Orden de dicho lema para condecorar con la medalla o insignia que a bien tenga acordar a todos aquellos ciudadanos que, con amor y abnegación, consagran su vida al mantenimiento de la paz, pedestal sublime en que descansa el progreso material y cultural de los pueblos; y, 2°– Enviar copia de esta acta al Soberano Congreso Nacional y a los Representantes por este departamento.–Respetuosamente.–Francisco Ramos L.

Choloma, 19 de enero de 1945.–Secretarios del Congreso Nacional.–En esta fecha somos informados que el Congreso Nacional nombró una Comisión para el estudio previo a la exposición correspondiente y un proyecto de decreto respectivo a fin de que decrete el 15 de marzo de cada año «Día de la Paz», en la forma que todas las Municipalidades y centros políticos lo hemos pedido. Suplicamos una vez más al Soberano Congreso Nacional tomar muy en cuenta el estímulo que se ofrece al Señor Presidente de la República, Dr. y Gral. don Tiburcio Carías Andino, y tratar de que tan magna fecha venga a ejemplarizar en lo futuro.–Afmo.–Ernesto Tejada, Alcalde Municipal.–Raimundo Tejada, Presidente del Comité Nacionalista.–L. Erazo B., Secretario.

San Lucas, El Paraíso, 19 de enero de 1945.–Secretario del Congreso Nacional.–La Municipalidad que presido, en atención a los méritos y justa recompensa en los diferentes aspectos del progreso nacional que ostenta nuestro ilustre Gobernante, Doctor y General don Tiburcio Carías Andino, pedimos a la Augusta Cámara para que el 15 de marzo, aniversario del nacimiento de nuestro Gobernante, sea decretado «Día de la Paz», en la forma que se refiere el Profesor J. Efraín Castellanos.–Marcelo Zúniga, Alcalde Municipal.–I. Sánchez Zúniga, Comandante Local.

Gualala, 19 de enero de 1945.–Soberano Congreso Nacional.– Municipalidad que tengo el honor de presidir, ante esa Honorable Representación Nacional, pide se decrete el «Día de la Paz», que debe ser este el 15 de marzo, ya que en esa fecha celebra natalicio el Sr. Presidente de la República, Doctor y General don Tiburcio Carías Andino, honrándole así su nacimiento y por ser él «Fundador y Sostenedor de la Paz y Benemérito de la Patria», quien ha legado para esta su corazón de oro y sus músculos de acero para los hondureños; como asimismo crear la Orden condecorativa de la Paz, para condecorar a los elegidos.–Respetuosamente.–R. S. Sabillón, Alcalde Municipal.

Santa Rosa de Copán, enero 19 de 1945.–Secretario Soberano Congreso Nacional.–Pueblo copaneco vería con hondo regocijo la buena acogida por el Soberano Congreso la idea y solicitud presentada por el señor Director Departamental Prof. J. Efraín Castellanos, relativa a que declarase «Día de la Paz» el 15 de marzo, fecha del natalicio de nuestro ilustre Gobernante, Doctor y General Tiburcio Carías Andino, ya que tan merecida tiene esta distinción como Sostenedor y Defensor decidido de la misma. Nos sentimos honrados con ser esta noble idea nacida en nuestro pueblo, al calor de la admiración y sincero reconocimiento hacia nuestros valores nacionales.–Benigno Robles M.

Jalaca, 23 de enero de 1945.–Soberano Congreso Nacional.–Este centro político nacionalista, interpretando fielmente el sentir casi unánime del pueblo hondureño, pide y así lo desea, a esa Augusta Representación Nacional, decrete «Día de la Paz» el 15 de marzo, día del natalicio de nuestro «Benemérito de la Patria», Dr. y Gral. don Tiburcio Carías Andino, honra y gloria entre los Gobernantes que ha tenido el país.–Afmo.–Julio López C., Presidente del Subcomité Nacionalista.

Nueva Ocotepeque, 23 de enero de 1945.–Honorable Congreso Nacional.–En nombre de los Comités Nacionalistas del departamento, muy atentamente me permito comunicar a esa Honorable Cámara la conveniencia de que se decrete «Día de la Paz» el 15 de marzo, por ser esta la gloriosa fecha en que cumple años nuestro digno Jefe Supremo de la Nación.–Respetuosamente.–J. Inés Pérez, Presidente del Subcomité Nacionalista.

San Luis, Santa Bárbara, 23 de enero de 1945.–Soberano Congreso Nacional.–Corporación Municipal que presido, por mi medio, os excita decretéis «Día de la Paz» el 15 de marzo, fecha del natalicio de nuestro querido Gobernante, Dr. y Gral. don Tiburcio Carías Andino, como fiel tributo a su fecunda labor.–Respetuosamente.–Alberto Castellanos, Alcalde Municipal.

Comayagua, 23 de enero de 1945.–Secretario del Soberano Congreso Nacional.–En vista de que todos los empleados civiles y militares de la República se han dirigido al Soberano Congreso Nacional, pidiendo decrétese el 15 de marzo «Día de la Paz», conmemorando esa fecha el aniversario del nacimiento de nuestro Hombrón de Zambrano, querido Jefe Dr. y Gral. Carías Andino, lo hago en la misma forma en nombre de todos los subalternos y milicias de este departamento para que el 15 de marzo se decrete lo solicitado por todos los amigos personales y políticos de nuestro ilustre Mandatario.–Afmo. amigo.–M. López Núñez, Comandante de Armas.

Petoa, 20 de enero de 1945.–Secretario del Soberano Congreso Nacional.–Estamos de acuerdo con hermosa excitativa cívica lanzada por el Profesor J. Efraín Castellanos Fajardo, y tomada en consideración por la Augusta Cámara y pueblo en general; satisfechos celebraremos dignamente el gran «Día de la Paz» republicana.– Atentamente.–Santos Rivera, Alcalde Municipal.

Sinuapa, 23 de enero de 1945.–Secretario del Congreso Nacional, don Fernando Zepeda Durón.–La Corporación Municipal que tengo la honra de presidir acuerpa con entusiasmo la idea del Profesor Castellanos a fin de pedir al Soberano Congreso Nacional decrete «Día de la Paz» el 15 de marzo, cumpleaños del Excmo. Presidente de la República, Dr. y Gral. don Tiburcio Carías Andino, como justo homenaje al «Benemérito de la Patria».–Rubén Salguero, Alcalde Municipal.

La Ceiba, enero 20 de 1945.–Secretarios del Congreso Nacional.– Iniciativa del Prof. Castellanos involucra justo reconocimiento de los méritos indiscutibles del predestinado de la Patria, Dr. y Gral. don Tiburcio Carías Andino. Sinceramente hacemos propio también tan magna idea, la que justamente es acuerpada por todo el pueblo hondureño, dispuesto siempre a tributar su homenaje de gratitud y lealtad al «Fundador y Sostenedor de la Paz». Consecuente con el anhelo de petición del pueblo hondureño, el Soberano Congreso Nacional, sin demora alguna, debe decretar «Día de la Paz» la gloriosa fecha del nacimiento del ciudadano Presidente Constitucional de la República, Dr. y Gral. don Tiburcio Carías Andino.–Afmo. correligionario.–Guillermo J. Pinel, Director de Policía.–Humberto Bertrand, Secretario Dirección de Policía.

Colorado, 20 de enero de 1945.–Secretario del Congreso Nacional.–Muy oportunamente justa y necesaria para la posteridad, creemos la iniciativa del Prof. Castellanos respecto a que decrete ese Alto Cuerpo «Día de la Paz» el 15 de marzo, fecha también del natalicio del más esclarecido Soldado de Honduras, «Sostenedor de la Paz y Reformador», así como también la medalla condecorativa e Himno de «La Paz»; aquí todos los amigos sinceros del Dr. y Gral. don Tiburcio Carías A. acuerpamos feliz idea solidariamente y anticipamos gracias al Soberano Congreso Nacional.–Daniel Tábora h., Comandante Local.

Siguatepeque, enero 20 de 1945.–Secretario del Congreso Nacional.–Las apreciaciones de que hace mérito la excitativa del Profesor E. Castellanos, Director Departamental de Enseñanza Primaria de Santa Rosa de Copán, haciendo nuestra tan laudable iniciativa y secundándole los nobles sentimientos del nacionalismo de este sector, suplicamos al Soberano Congreso Nacional decrete el 15 de marzo «Día de la Paz», fecha en que cumple años nuestro probo Mandatario, Dr. y Gral. don Tiburcio Carías A., como un justo homenaje a su decidido empeño en el sostenimiento de la bendita paz, como por el engrandecimiento de nuestra amada Honduras.–R. Díaz M., Secretario del Subcomité Nacionalista.

La Venta, enero 20 de 1945.–Secretarios del Congreso Nacional.– Como un justo homenaje y haciendo honor al mérito, por los grandes beneficios aportados a nuestra Patria, suplicamos a ese Honorable y Soberano Congreso Nacional se digne decretar el 15 de marzo «Día de la Paz», en honor al natalicio de nuestro ilustre y patriota Gobernante, Dr. y Gral. don Tiburcio Carías A. Esta súplica la hacemos en nombre y representación de la Corporación Municipal de este pueblo, que al amparo de la paz vive infinitamente agradecido.–

Respetuosamente.–Amado Flores A., Alcalde Municipal.–Marcial Maradiaga Valdivia, Secretario Municipal.

Trinidad, Copán, 20 de enero de 1945.–Secretario del Honorable Congreso Nacional.–Siendo el día 15 de marzo próximo el feliz natalicio de nuestro eximio y probo Mandatario, Dr. y Gral. don Tiburcio Carías A., esta Corporación Municipal, como un justo reconocimiento al interés de nuestro ilustre Jefe por el sostenimiento de la paz bienhechora y fructífera, acordó pedir por mi medio a esa Augusta Asamblea se decrete esa fecha «Día de la Paz», la cual deberá celebrarse anualmente.–Respetuosamente.–Miguel Pineda M., Alcalde Municipal.

San Nicolás, 20 de enero de 1945.–Secretario del Honorable Congreso Nacional.–En nombre de la Municipalidad de este pueblo que tengo el honor de presidir y en el mío propio, por digno medio de Ud., muy respetuosamente pedimos al Soberano Congreso Nacional decretar «Día de la Paz» el 15 de marzo, como justo reconocimiento debérsele el sostenimiento y fundación de la misma, y por ser día del nacimiento de nuestro probo Mandatario, Gral. don Tiburcio Carías A.–Respetuosamente.–Fidel Caballero, Alcalde Municipal.

Concepción del Norte, enero 20 de 1945.–Soberano Congreso Nacional.–Como un homenaje al Excmo. Sr. Presidente Constitucional de la República, Gral. Tiburcio Carías A., animados en optimista opinión a la desbordante aclamación del pueblo hondureño, rogamos a esa Augusta Cámara decretar «Día de la Paz» el 15 de marzo, fecha del natalicio del eminente estadista Gral. Carías A., Fundador de la Paz.–Respetuosamente.–Guillermo Madrid, Alcalde Municipal.

Juticalpa, 23 de enero de 1945.–Secretarios del Congreso Nacional.–Vuestra actual Legislatura ha sido de grandes proyecciones benéficas al pueblo, y más alto será vuestro patriotismo si, haciendo honra al pensar y sentir de todos los hondureños, emitís un Decreto declarando el 15 de marzo «Día de la Paz», en honor de la fecha en que el gran estadista Gral. Carías A. celebra su cumpleaños. Omito consignar las razones que me alientan, por ser ampliamente conocidas por todos nosotros.–Respetuosamente.–Antonio Romero Z.

Tela, 23 de enero de 1945.–Honorable Congreso Nacional.–Este Concejo de Distrito, muy respetuosamente se permite el honor de excitar a ese Alto Cuerpo que aceptéis la luminosa idea del Prof. Efraín Castellanos y decretéis «Día de la Paz» el 15 de marzo, en homenaje al Gran Patriota y Sostenedor de la Paz de Honduras, General Tiburcio Carías Andino, quien celebra el aniversario de su nacimiento en esa fecha.–A. Cálix O., Jefe del Concejo.–Emilio Murillo, Vocal.–Rubén Suazo M., Vocal.–José Ángel López, Fiscal.–Ricardo Gavidia, Secretario.

Langue, 19 de enero de 1945.–Secretarios del Congreso Nacional.–La Municipalidad y Concejo que presido, sinceramente solidarios con el Gobierno que para felicidad de Honduras ejerce el querido e ilustre Dr. y Gral. don Tiburcio Carías Andino, interpretando fielmente el pensar y sentir de este vecindario, en sesión extraordinaria que celebró el 16 del presente mes, y por unanimidad acordó acoger la idea hermosa del Sr. Director e Inspector Departamental de Enseñanza Primaria de Santa Rosa de Copán, distinguido Prof. don J. Efraín Castellanos, y la muy oportuna sugerencia introducida en la misma por el honorable señor Gobernador Político de este departamento, caballero don Julio César Vijil; razones bien fundadas por las cuales muy respetuosamente, por vuestros dignos medios, piden a ese Honorable Congreso Nacional que en su debida oportunidad se digne decretar «Día de la Paz» el 15 de marzo, fecha magna en que tuvo verificativo el glorioso advenimiento al mundo del más grande y virtuoso hijo de Honduras, Tiburcio Carías Andino, querido y dignísimo Presidente Constitucional de la República; creando asimismo la Orden Condecorativa respectiva para que el muy querido y esclarecido Gobernante Gral. Carías Andino y demás mandatarios de los países amigos de la paz sean dignamente condecorados, y que, previo concurso que deberá estudiar la letra y música, se declare un Himno consagrado a fecha tan justamente patriótica y de gratos recuerdos para el pueblo hondureño. La Municipalidad, Concejo y vecindario en general, por mi medio, rinden a esa Augusta Representación Nacional sus más cumplidos y anticipados agradecimientos en espera de que su justa petición merecerá la atención debida.– Respetuosamente.–J. Antonio López, Alcalde Municipal.

San Antonio de Flores, El Paraíso, 20 de enero de 1945.– Secretarios del Soberano Congreso Nacional.–Esta Municipalidad vería con el mayor agrado que ese Alto Cuerpo acepte la iniciativa hecha por el Prof. Efraín Castellanos, declarando «Día de la Paz» el 15 de marzo, fecha del cumpleaños del Benemérito de la Patria, Dr. y Gral. don Tiburcio Carías Andino.–Respetuosamente.–Elías Vásquez, Alcalde Municipal.

Tutule, 24 de enero de 1945.–Soberano Congreso Nacional.– Estoy de acuerdo con la idea lanzada por el Prof. Castellanos. Pido a esa Honorable Representación Nacional decrete «Día de la Paz» el 15 de marzo, fecha gloriosa del nacimiento de nuestro Gobernante, además de que acuerde la confección de una medalla de oro conmemorativa para condecorar a nuestro querido Presidente, General Carías, en reconocimiento sincero del pueblo hondureño por sus grandes sacrificios en obsequio al progreso que ha impulsado y la paz que ha sabido sostener.–Atentamente.–Alejandro Claros S., Comandante Local.

Puerto Cortés, 19 de enero de 1945.–Secretario del Congreso Nacional.–Este Subcomité Nacionalista acoge con entusiasmo la feliz idea del Prof. Efraín Castellanos, de Santa Rosa de Copán, de que se celebre e inmortalice la fecha del 15 de marzo, en que cumple años nuestro ilustre Jefe y Presidente de la República, Dr. y Gral. don Tiburcio Carías Andino, creando en tal ocasión el «Día de la Paz» de Honduras y la Orden de tan patriótico lema, condecorando con él tanto a nuestro eximio Gobernante, como fundador y sostenedor de ella, como a todos aquellos ciudadanos que en el futuro se distingan como tales. En tal virtud, pedimos, Soberano Congreso Nacional, que se decrete el día 15 de marzo «Día de la Paz».–R. González h., Vicepresidente del Subcomité Nacionalista.

La Trinidad, Comayagua, 20 de enero de 1945.–Secretario del Soberano Congreso Nacional.–Municipalidad que presido y vecindario en general, por mi medio acordaron dirigirse al Soberano Congreso Nacional para que decrete el 15 de marzo de cada año «Día de la Paz», en vista de ser el día del natalicio de nuestro ilustre Gobernante, Dr. y Gral. don Tiburcio Carías Andino.– Respetuosamente.–Valentín Castro, Alcalde Municipal.

Siguatepeque, 21 de enero de 1945.–Secretario del Congreso Nacional.–Todos los buenos nacionalistas estamos de acuerdo con la iniciativa del Prof. Efraín Castellanos, rogando a esa Honorable Asamblea decrete «Día de la Paz» el 15 de marzo, fecha que cumple años nuestro Preclaro Gobernante, Dr. y Gral. don Tiburcio Carías Andino.–Emilio Pavón, Comandante Local.

La Esperanza, 16 de enero de 1945.–Secretario del Congreso Nacional.–En nombre de la Corporación Municipal que presido, excito a esa Augusta Representación Nacional a fin de que decrete «Día de la Paz» el 15 de marzo de cada año, en conmemoración del natalicio de nuestro Gobernante, General Carías Andino, en compensación a sus múltiples sacrificios en aras de la paz.–Reginal Aguilar, Alcalde Municipal.

Sabanagrande, 19 de enero de 1945.–Secretario del Congreso Nacional.–Esta Municipalidad, acuerpando patriótica idea del Prof. Efraín Castellanos, pide al Soberano Congreso Nacional se decrete «Día de la Paz» el quince de marzo de cada año, para perpetuar la fecha en que nació el «Fundador de la Paz y Benemérito de la Patria», Dr. y Gral. Tiburcio Carías Andino. Que asimismo se decrete la Orden correspondiente para condecorar no sólo a los gobernantes, sino también a aquellos hondureños o centroamericanos eminentemente patriotas que se sacrifiquen por el mantenimiento de la paz, en aras de la cultura y el buen nombre de la Patria.–Atentamente.–Felipe Barahona, Alcalde Municipal.–L. Núñez M., Secretario Municipal.

Gualala, 24 de enero de 1945.–Honorable Congreso Nacional.– Este Subcomité Nacionalista, haciéndose eco del sentir general y por estimarlo de justicia, se toma la libertad de rogar a la Augusta Representación Nacional sea servida decretar el 15 de marzo «Día de la Paz», en justo reconocimiento al mérito indiscutible del Excelentísimo Sr. Presidente de la República, Dr. y Gral. Tiburcio Carías Andino, por celebrar ese día el esclarecido patricio su natalicio y por ser él quien ha cimentado bases sólidas y sostenido hasta la fecha la bendita paz que hemos disfrutado y seguiremos disfrutando, Dios mediante.–Fraternalmente.–Miguel Sabillón F., Presidente del Comité Nacionalista.

San Andrés, Lempira, 24 de enero de 1945.–Soberano Congreso Nacional.–En nombre de la Municipalidad que presido, atentamente pedimos a la Augusta Representación Nacional decrete «Día de la Paz» el 15 de marzo, conmemorando la fecha en que nació el «Benemérito de la Patria y Fundador de la Paz de Honduras», el perínclito ciudadano Dr. y Gral. don Tiburcio Carías Andino.– Respetuosamente.–Robustiano Pérez E., Alcalde Municipal.

Yoro, enero 23 de 1945.–Secretario del Congreso Nacional.–Este Comité está muy de acuerdo con la brillante idea del Profesor Castellanos, de Santa Rosa de Copán.–M. Medina, Vicepresidente del Comité Nacionalista.

La Libertad, 20 de enero de 1945.–Lic. don Marco A. Raudales.– Secundando clarinada cívica del Profesor Castellanos, me asocio a su valiosa petición, rogando, por su digno medio, a esa Augusta Representación Nacional acuerpe proyecto de Decreto por el cual se declara el 15 de marzo, fecha del natalicio de nuestro ilustre Mandatario, Dr. y Gral. don Tiburcio Carías A., «Día de la Paz», como símbolo de reconocimiento a sus grandes méritos.– Respetuosamente.–Marcelino García, Alcalde Municipal.

Ceguaca, 19 de enero de 1945.–Don Mariano Jiménez.–En nombre de la Municipalidad que presido, ruego a Ud. gestionar porque el Soberano Congreso Nacional decrete 15 de marzo «Día de la Paz», fecha hermosa y aniversario natal del Excmo. Señor Presidente, Dr. y Gral. don Tiburcio Carías A., fundador y sostenedor de esa tranquilidad nacional que nos ha redimido; así acuerpamos iniciativa del ilustre copaneco J. Efraín Castellanos.–Porfirio Orellana, Alcalde Municipal.

Jesús de Otoro, enero 20 de 1945.–Secretarios del Congreso Nacional.–Este Subcomité Nacionalista aplaude y acuerpa la noble y justa idea del inteligente Profesor Efraín Castellanos de que el día 15 de marzo, fecha feliz del aniversario natal del Señor Presidente, Dr. y Gral. don Tiburcio Carías A., sea decretado por el Soberano Congreso Nacional «Día de la Paz» y condecorar al Benemérito Carías A. con una simbólica medalla de oro que ostente la sagrada insignia de la Paz, y crear a la vez esa impoluta condecoración para los Gobernantes de los países amigos. Digno y merecedor de este homenaje y mucho más es nuestro querido y prestigioso Gobernante, que ejemplarmente ha sabido corresponder a la confianza que la mayoría del pueblo hondureño depositó en él al llevarlo al solio presidencial. Esperamos que el Soberano Congreso Nacional sabrá interpretar los anhelos muy justos de la mayoría de los hondureños para con su idolatrado Jefe.– Correligionarios y amigos.–Jesús Inestroza, Presidente Subcomité Nacionalista.–Arquímedes Zelaya.–Gualberto Girón.–Rigoberto Palacios M.

Esparta, Atlántida, enero 20 de 1945.–Secretarios del Congreso Nacional.–Esta Corporación Municipal, identificada espontáneamente con la política constructiva de nuestro ilustre Mandatario, Dr. y Gral. don Tiburcio Carías A., acuerpa la feliz iniciativa del Profesor Efraín Castellanos para que se decrete por el Soberano Congreso Nacional «Día de la Paz» el 15 de marzo, fecha natal de nuestro esclarecido Presidente Constitucional, como un homenaje a sus méritos y tesonera labor por el progreso de nuestra amada Patria.–V. Cárcamo h., Alcalde Municipal.

Siguatepeque, enero 20 de 1945.–Secretarios del Congreso Nacional.–Por el digno medio de ustedes, pedimos a la Augusta Cámara Nacional que el 15 de marzo, aniversario del nacimiento del

Excmo. Señor Presidente de la República, Gral. Carías A., sea decretado «Día de la Paz», como gratitud del pueblo hondureño al Gobernante más progresista que, con su abnegación y patriotismo, ha levantado a la Patria de la postración en que la sumieron sus malos hijos.–Atentamente.–Luis Melara M., Alcalde Municipal.–Arturo Toledo.–Efraín Flores.–Max. Flores.–Efraín Baires.–José S. Rodríguez.–Rafael Cortés, Secretario.

Tela, 20 de enero de 1945.–Presidente del Congreso Nacional.– Con gusto secundamos generosa idea de consagrar 15 de marzo, fecha del nacimiento de nuestro ilustre Mandatario, Dr. y Gral. don Tiburcio Carías Andino, como «Día de la Paz», en reconocimiento a la actuación esencialmente pacifista de este hombre, republicano o monárquico en la historia de la humanidad, que ha tenido serenidad, evitando así derramar la sangre de sus súbditos. Bien ha dicho este hombre predestinado, que vale más la vida de un hondureño que mil presidencias de la República.–Arturo Álvarez, Corresponsal.

San Juan, Intibucá, 20 de enero de 1945.–Secretarios del Congreso Nacional.–Excito a Uds. para que el Soberano Congreso Nacional decrete como «Día de la Paz» el 15 de marzo y que hagan un Himno en nombre del Gral. Carías, para que quede en la historia patria y para que sea cantado en las Escuelas Primarias de la República de Honduras, como a Francisco Morazán, por ser el sostenedor de la paz. ¡Viva el Partido Nacional!–Francisco Girón Torres, Secretario.

Marcala, 20 de enero de 1945.–Secretarios del Congreso Nacional.–Oyendo y acuerpando decididamente la justa petición de la universalidad de los hondureños, respetuosamente y por el digno medio de ustedes, en nombre de la Municipalidad que presido, excito a la Augusta Cámara para que, en conmemoración al natalicio de nuestro Mandatario, Dr. y Gral. Tiburcio Carías A., el 15 de marzo sea decretado como «Día de la Paz». La paz es una bendición de Dios, por lo cual debemos consagrarla, lo mismo que a su paladín y sostenedor, Gral. Carías.–Respetuosamente.–Lázaro Bautista M., Alcalde Municipal.–Evaristo A. Martínez V., Secretario.

Ajuterique, enero 20 de 1945.–Secretarios del Congreso Nacional.–Esta Municipalidad, tomando en cuenta los grandes sacrificios que ha tenido nuestro querido Mandatario, Dr. y Gral. don Tiburcio Carías A., para darnos la bendita paz que venimos disfrutando durante 12 años, y como un acto de merecida justicia, pedimos al Soberano Congreso Nacional decretar «Día de la Paz» el 15 de marzo, fecha en que vino al mundo tan preclaro varón.– Atentamente.–Mariano Cardona V., Alcalde Municipal.

San Sebastián, Comayagua, enero de 1945.–Secretario del Soberano Congreso Nacional.–El pueblo hondureño, deudor siempre con su probo Gobernante, Dr. y Gral. don Tiburcio Carías Andino, por su gigantesca obra de progreso realizada durante su administración, enaltece a la Patria; en recompensa para el Jefe del Estado, esta Municipalidad suplica al Soberano Congreso Nacional decrete «Día de la Paz» el 15 de marzo, honrando así el natalicio de nuestro Presidente.–Respetuosamente.–Sebastián Chávez Salinas, Alcalde Municipal.

Cofradía, 18 de enero de 1945.–Secretario Congreso Nacional.– Este Subcomité Nacionalista y amigos amantes de la paz, estamos de acuerdo en que el Honorable Congreso Nacional decrete «Día de la Paz» el 15 de marzo, natalicio de nuestro Jefe, Dr. y Gral. Tiburcio Carías Andino, Fundador y Sostenedor de ella.–Donaldo Sabillón, Secretario del Subcomité Nacionalista.

San José, Comayagua, 18 de enero de 1945.–Presidente del Congreso Nacional.–La idea del Profesor Efraín Castellanos es plausible y la Municipalidad que presido excita respetuosamente a ese Cuerpo Legislativo para que se lleve a feliz término, dando el Decreto para que el 15 de marzo sea designado «Día de la Paz», como justo homenaje de admiración a nuestro integérrimo Gobernante, General Carías Andino.–Respetuosamente.–Guillermo Espino, Alcalde Municipal.

Manto, 18 de enero de 1945.–Presidente del Congreso Nacional.–
Este Subcomité, considerando que es un acto de justicia declarar «Día
de la Paz» el 15 de marzo, fecha del aniversario del nacimiento del
Gran Sostenedor de la Paz, Dr. y Gral. Tiburcio Carías Andino, muy
atentamente se permite excitar a ese Alto Cuerpo en ese sentido.–
Afectísimo.–José María Fernández, Presidente del Subcomité
Nacionalista.

Salamá, 18 de enero de 1945.–Presidente del Congreso
Nacional.–En mi carácter de Presidente de esta Corporación
Municipal, comunico a tan Alto Cuerpo que esta Municipalidad, con
el más vivo entusiasmo, se suma a la idea lanzada por el Director
Departamental de E. P. de Santa Rosa de Copán, a fin de que el 15 de
marzo, reminiscencia del natalicio del ilustre Gobernante, Dr. y Gral.
Carías A., sea decretado por ese Soberano Congreso Nacional «Día
de la Paz», ya que no podremos condecorar en otra forma mejor al
Hombre que por mil títulos merece el agradecimiento de sus
gobernados, por su labor y bienestar establecidos en la República.–
M. A. Gross.

Manto, 18 de enero 1945.–Secretario Congreso Nacional.–La
Corporación Municipal que tengo el honor de presidir, unánimemente
ha acordado dirigirse a esa Honorable Asamblea, en el sentido de que
el 15 de marzo, aniversario del nacimiento del Doctor y General don
Tiburcio Carías Andino, Excelentísimo Señor Presidente
Constitucional de la República, sea declarado «Día de la Paz», pues
así lo sentimos y nos sumamos a tan noble idea lanzada por el pueblo
copaneco.–Respetuosamente.–Tranquilino Chirinos, Alcalde
Municipal.

Tela, 24 de enero de 1945.–Soberano Congreso Nacional.–
Acuerpando iniciativa lanzada por el Profesor Castellanos al
nacionalismo de la República, para que se declare «Día de la Paz» el
15 de marzo próximo, aniversario del cumpleaños de nuestro querido
Gobernante, general Carías, es digna de loa, y en mi propio nombre
y en el del Subcomité Nacionalista de este puerto, pedimos al

Soberano Congreso Nacional que nuevamente oiga la opinión popular y se solidarice para tributarle un homenaje más de gratitud y cariño que con justicia reclama el pueblo hondureño, para quien ha sabido salvaguardar sus intereses, honor y prestigio de la Patria.–Juan A. Mendoza, Presidente del Subcomité Nacionalista.

Oropolí, 23 de enero de 1945.–Secretarios del Congreso Nacional.–Este Subcomité Nacionalista se adhiere a la idea de que sea declarado el día 15 de marzo «Día de la Paz» por la Augusta Representación Nacional, como homenaje rendido a nuestro ilustre Gobernante en su natalicio.–F. Mendoza R., Presidente del Subcomité Nacionalista.–M. Castellanos J., Secretario.

Jesús de Otoro, 23 de enero de 1945.–Soberano Congreso Nacional.–Reunidos varios elementos importantes y amigos sinceros de corazón, muy respetuosamente pedimos se decrete, además del «Día de la Paz» el próximo 15 de marzo, Benemérito único del siglo XX al ilustre y dignísimo Jefe, general Tiburcio Carías Andino, y que se diga que es el único soldado hondureño, después de Morazán y Cabañas, que ha levantado el estandarte blanco como la nieve en su Administración.–Ángel M. Campos.–Jesús Inestroza.–Laureano Campos.–Ángel Jacinto Campos.–Ezequiel Meléndez.–Guillermo Campos.

Marcala, 24 de enero de 1945.–Secretario del Congreso Nacional.–El nacionalismo de esta sierra verá con toda complacencia que el Honorable Congreso Nacional decrete el día 15 de marzo de cada año «Día de la Paz» de Honduras, como un homenaje más a los relevantes méritos del Señor Presidente de la República, Dr. y Gral. don Tiburcio Carías Andino, por ser la fecha en que se celebra el aniversario de su nacimiento.–Respetuosamente.–Roque J. Pérez.

La Masica, 18 de enero de 1945.–Señor Diputado Fernando Zepeda Durón.–El nacionalismo de este pueblo ve con beneplácito la sugerencia hecha por el Profesor Castellanos, contraída a pedir al Soberano Congreso Nacional que se decrete «Día de la Paz» el 15 de marzo, fecha del nacimiento del ilustre Jefe del Partido Nacional y

Presidente Constitucional de la República, Benemérito Dr. y Gral. don Tiburcio Carías Andino. Uds., honorables diputados, que acuerpan con tanta lealtad y decisión al general Carías, son los llamados a propiciar el camino para que se le dedique ese nuevo y merecido homenaje.–De Uds. afectuosamente.–Alejandro Madrid F., Presidente del Subcomité Nacionalista.

Guayape, 18 de enero de 1945.–Honorable Congreso Nacional.– El Subcomité Nacionalista y milicias de este pueblo, por vuestro medio, pedimos respetuosamente que os sirváis declarar el día 15 de marzo, aniversario del nacimiento de nuestro querido Presidente, «Día de la Paz»; es como manifestamos nuestro humilde afecto a nuestro ilustre Jefe de la Nación.–Respetuosamente.–Miguel Vivas, Presidente del Subcomité Nacionalista.–Emilio Licona B., Subcomandante Local.

Pespire, 20 de enero de 1945.–Soberano Congreso Nacional.– Pláceme comunicar a usted que, en sesión celebrada por esta Municipalidad y Alcaldes Municipales de los pueblos de este Distrito, el catorce del corriente, por unanimidad de votos se acordó dar Voto de Confianza al «Fundador de la Paz y Benemérito de la Patria», Doctor y General Tiburcio Carías Andino, acordando asimismo ponerlo en conocimiento del Soberano Congreso Nacional y la prensa.–Víctor M. Narváez.

Guayape, 17 de enero de 1945.–Secretario Congreso Nacional.– Esta Municipalidad y amigos, verdaderos nacionalistas, acuerpamos con mucho entusiasmo la idea del Profesor J. Efraín Castellanos, a fin de que el 15 de marzo, aniversario del nacimiento de nuestro querido Mandatario, Doctor y General don Tiburcio Carías Andino, sea decretado «Día de la Paz», por su digna labor de haber forjado una nueva Honduras.–Respetuosamente.–Ángel Ruiz, Alcalde Municipal.

Lamaní, 23 de enero de 1945.–Presidente Soberano Congreso Nacional.–Esta Corporación Municipal miraría con agrado que esa Augusta Cámara decrete 15 de marzo «Día de la Paz», por ser el

natalicio de nuestro querido Gobernante, general Carías.–
Respetuosamente.–Pablo R. Barahona, Alcalde Municipal.

San Rafael, Lempira, 18 enero de 1945.–Presidente Soberano
Congreso Nacional.–Por su digno medio, ruego al Soberano
Congreso Nacional decretar «Día de la Paz» el 15 de marzo, feliz
natalicio de nuestro Jefe, general Carías, creando, además, la Orden
para condecorar a los venturosos Gobernantes de los países amigos.–
Pedro Barahona, Alcalde Municipal.

San Lorenzo, enero 17 de 1945.–Secretarios del Congreso
Nacional.–La idea del caballero Profesor don J. Efraín Castellanos,
de que el día 15 de marzo, fecha del aniversario natal del más grande
de los hondureños, Doctor y General Tiburcio Carías Andino,
Presidente de la República, sea decretado por el Soberano Congreso
Nacional «Día de la Paz», y condecorar al Benemérito Carías A. con
una medalla con la insignia de la Paz, y crear esa condecoración para
los demás Gobernantes de los países amigos, como un homenaje al
día en que nació nuestro querido Jefe, Fundador de la Paz de
Honduras y Gran Benefactor del engrandecimiento y civilización de
este pedazo de suelo que tanto queremos, y así habremos perpetuado
en oro nuestro agradecimiento al Reformador Nacional. Ojalá
nuestras gestiones ante la Honorable Asamblea Nacional tengan el
efecto del anhelo de la generalidad de los hondureños.–Carlos
González, Comandante Local.

San Francisco de la Paz, 17 de enero de 1945.–Soberano
Congreso Nacional.–Con el fervor más ardiente de patriotismo,
manifiesto a esa Soberanía Nacional que estoy de acuerdo en todo
con la idea que el pueblo copaneco ha lanzado a la consideración
nacional en favor de nuestro querido Gobernante, general Carías.–
Alfonso Gálvez, Jefe de Resguardo.

Copán, 18 de enero de 1945.–Secretario Congreso Nacional,
Marco A. Raudales.–Esta Corporación Municipal y miembros del
Subcomité «General Bonilla», acuerpan con entusiasmo la patriótica
iniciativa del Profesor Efraín Castellanos, de Santa Rosa de Copán,

de pedir al Soberano Congreso Nacional decrete «Día de la Paz» el próximo 15 de marzo, creando al mismo tiempo la Orden de tan divino lema y condecorar con la insignia que tenga a bien acordar a todos aquellos ciudadanos que, al igual que nuestro Gobernante, Dr. y Gral. Carías A., consagran su amor, con devoción, a solidificar ese pedestal en que descansa el progreso cultural de los pueblos, y perpetuar de esta manera la fecha gloriosa en que nació el «Reformador y Sostenedor de la Bendita Paz» que disfrutamos. En tal virtud, e identificados con el Profesor Castellanos, pedimos al Soberano Congreso Nacional haga suya tan justiciera y patriótica iniciativa, como un justo homenaje al conspicuo de los gobernantes hondureños, el integérrimo Dr. y Gral. Tiburcio Carías Andino.–Arnulfo Cueva, Alcalde Municipal.–Eusebio Flores, Secretario Municipal.–Bonifacio Reyes, Secretario Subcomité Nacionalista.–Juan R. Cueva, Prosecretario.

La Libertad, Comayagua, 19 de enero de 1945.–Secretario Honorable Congreso Nacional.–Municipalidad que presido y pueblo en general veríamos con agrado fuera cristalizada la iniciativa del Profesor J. Efraín Castellanos, de Santa Rosa de Copán, creando «Día de la Paz» el 15 de marzo, fecha en que nació el Redentor de Honduras, Dr. y Gral. Tiburcio Carías Andino.–J. Casto Padilla, Alcalde Municipal.

Choluteca, D. D., 22 de enero de 1945.–Señor Secretario del Soberano Congreso Nacional.–Tegucigalpa, D. C.–Cumpliendo instrucciones del Concejo de este Distrito Departamental, tengo el honor de enviar al Soberano Congreso Nacional, por su digno medio, copia certificada del punto de acta de la sesión celebrada el 15 del mes en curso, que acordó pedirle a ese Soberano Congreso decrete el 15 de marzo «Día de la Paz», creando a la vez una medalla de oro para condecorar al Sr. Presidente de la República, Dr. y Gral. don Tiburcio Carías Andino.–Con toda consideración y alto aprecio, soy del Sr. Secretario su muy atento servidor.–F. Rodríguez Aguilera, Jefe del Concejo del D. D.

San Juancito, 19 de marzo de 1945.–Soberano Congreso Nacional.–En nombre del Subcomité que presido y nacionalismo en general, respetuosamente pedimos a la Honorable Representación Nacional se digne declarar el 15 de marzo, cumpleaños del «Benemérito de la Patria», Doctor y General Tiburcio Carías A., «Gran Día de la Paz», gloriosa y bendita conquista del más grande de los Presidentes que ha tenido Honduras. Hacer el honor al mérito es justicia y estímulo.–Respetuosamente.–Juan José Molina, Presidente del Subcomité Nacionalista.

Quimistán, 19 de enero de 1945.–Secretarios Honorable Congreso Nacional.–Acuerpamos patriótica iniciativa para creación «Día de la Paz» en Honduras, el 15 de marzo de cada año, fecha natal del Excelentísimo Señor Presidente, Dr. y Gral. don Tiburcio Carías Andino.–Respetuosamente.–Anastasio Pacheco, Alcalde Municipal y Presidente del Subcomité Nacionalista.

San Francisco, Atlántida, 19 de enero de 1945.–Soberano Congreso Nacional.–El nacionalismo de este sector, encabezado por este Subcomité, unánimemente acuerpa iniciativa tan justa del Profesor Efraín Castellanos, merecido homenaje a nuestro Mandatario, «Fundador de la Paz», para que el 15 de marzo, día de su natalicio, sea declarado por el Soberano Congreso Nacional «Día de la Paz».–Leandro Garau S., Presidente del Subcomité Nacionalista.–Carlos Hernández, Secretario.–Presentación Quesada.

Veracruz, Copán, 19 de enero de 1945.–Secretarios del Soberano Congreso Nacional.–En nombre de esta Municipalidad que presido y vecindario de este pueblo, del cual soy representante, atentamente me dirijo a esa Augusta Representación pidiéndole que el día 15 de marzo próximo, aniversario natal del Excelentísimo Señor Presidente de la República, Dr. y Gral. don Tiburcio Carías Andino, sea declarado «Día de la Paz», en honor a tan preclaro hombre que ha sabido mantener inalterable la paz de nuestra querida Honduras.–Fulgencio Figueroa, Alcalde Municipal.

Morazán, 15 de enero de 1945.–Honorable Congreso Nacional.– Como Presidente del Subcomité de este pueblo y en representación de los miembros y a excitativa del señor Efraín Castellanos, Director Departamental de Enseñanza Primaria de Santa Rosa de Copán, y secundando los buenos sentimientos de éste, este Subcomité excita y suplica al Honorable Congreso Nacional se sirva decretar el 15 de marzo del presente año «Gran Día de la Paz», con motivo de ser día del natalicio del Excelentísimo Señor Presidente, Doctor y General don Tiburcio Carías Andino, restaurador de la Paz en nuestra Honduras, y crear la Orden para condecorar con la medalla o insignia que ese Soberano Congreso Nacional tenga a bien acordar.–Afmo.– Justo George, Presidente del Subcomité Nacionalista.

Jocón, 18 de enero de 1945.–Soberano Congreso Nacional.– Estamos muy de acuerdo con la iniciativa del Profesor Efraín Castellanos, tendiente a declarar «Día de la Paz» el 15 de marzo de cada año, por haber nacido en esa fecha nuestro ilustre Mandatario, Dr. y Gral. Tiburcio Carías Andino, el Presidente que la paz y el progreso ha dado a nuestra amada Patria.–Afmo.–Casto Martínez R., Alcalde Municipal.

Alauca, 17 de enero de 1945.–Secretarios del Soberano Congreso Nacional.–En nombre de la Municipalidad que presido, de todos los vecinos de este municipio y mío, por su digno medio respetuosamente elevo al Soberano Congreso Nacional la siguiente solicitud: que, siendo el 15 de marzo aniversario del natalicio del Excmo. Señor Presidente, Dr. y Gral. don Tiburcio Carías Andino, Padre y Sostenedor de la Paz y restaurador de nuestra amada Honduras, para que tan magna fecha sea decretada «Día de la Paz» y ordenar sea condecorado con la medalla o insignia que a bien tenga acordar, como una muestra de sincera lealtad y agradecimiento del pueblo hondureño.–Respetuosamente.–Casimiro Sevilla, Alcalde Municipal.

Esquías, 19 de enero de 1945.–Secretario del Congreso Nacional.–En nombre de esta Municipalidad y pueblo en general, pedimos fundación «Día de la Paz», en homenaje a nuestro ilustre

Gobernante, general Carías Andino.–Afmo.–Marcelino Banegas, Alcalde Municipal.

Dulce Nombre, Copán, 17 de enero de 1945.–Secretarios del Congreso Nacional.–Interpretando nobles sentimientos patrióticos, Director Departamental de Enseñanza Primaria, Profesor don J. Efraín Castellanos, para hacer justicia una vez más a nuestro Excmo. Gobernante, general Carías Andino, por el digno medio de ustedes pedimos Soberana Cámara Legislativa decrete «Día de la Paz» el próximo 15 de marzo, fecha gloriosa aniversario de su feliz nacimiento, creando a la vez condecoración de la Orden de la Paz.– Encarnación Portillo, Alcalde Municipal.–Ramón M. Castellanos, Presidente del Subcomité.

Santa Cruz de Yojoa, 20 de enero de 1945.–Secretarios del Soberano Congreso Nacional.–En sesión extraordinaria celebrada por esta Municipalidad el día de ayer se resolvió dirigirse a ese Soberano Congreso Nacional, por intermedio de Uds., pidiéndole decreto «Día de la Paz» el 15 de marzo, fecha del natalicio de nuestro probo y querido Mandatario, general Carías Andino, acuerpando así la plausible iniciativa lanzada por el Profesor Castellanos.– Atentamente.–Ángel S. Leiva, Alcalde Municipal.–J. R. Ardón, Secretario.

CERTIFICACIÓN

El infrascrito, Secretario Municipal del pueblo de La Libertad, departamento de Francisco Morazán, certifica: que a las páginas 236 a 241 del Libro de Actas y Acuerdos Municipales que esta Corporación lleva desde el año de 1942, inclusive, se encuentra el Acta que, copiada a la letra, literalmente dice:

"Acta No 30.–Sesión extraordinaria celebrada a Cabildo Abierto por la Honorable Corporación Municipal de La Libertad, en el departamento de Francisco Morazán, a las diez a. m. del día sábado nueve de diciembre de mil novecientos cuarenta y cuatro.–Presidió el señor Alcalde Municipal, don Víctor M. Canales, con la asistencia del Vocal único, don Antonio Baca; el Síndico de la Corporación, don

Ernesto Vásquez, habiendo concurrido además los señores Concejeros, don Pedro Vásquez, Jeremías Álvarez, Tomás Pineda Paz, el señor Presidente del Subcomité Nacionalista, don Esteban Vásquez, en unión de los demás miembros de la Directiva de dicho Centro Político, por excitativa que se les hizo, para que hicieran acto de presencia a esta sesión solemne, lo mismo que un considerable número, como de ciento cincuenta nacionalistas que se hallan inscritos en el registro de dicho Subcomité, por ante el infrascrito Secretario que da fe.

19- Abierta la sesión bajo la presidencia del señor Alcalde, fue leída, aprobada y firmada el acta de la sesión anterior, sin ninguna modificación.

29- El señor Alcalde Municipal hizo uso de la palabra y expuso: toda la concurrencia que he tenido a bien convocar a esta sesión es para ponerle de manifiesto: los mensajes telegráficos que se han recibido y se están recibiendo de los Presidentes de los Concejos Departamentales, Distritales, Seccionales y Alcaldes Municipales de toda la República, en los cuales se excita para que, conjuntamente, nos dirijamos al Soberano Congreso Nacional, pidiendo que, como un lauro bien merecido para nuestro ilustre y probo Mandatario, Dr. y Gral. don Tiburcio Carías Andino, quien con su tino político de un verdadero estadista y único Gobernante en Honduras que se ha esforzado por darnos a los nacionalistas hondureños, con sacrificio de su propia vida, una era de paz duradera e indestructible que ha transformado a nuestra cara y amada Patria en una nación digna, por estos atributos, para poder figurar en el concierto de los países civilizados, la Alta Representación Nacional lo declare como «Benemérito, Reformador de Honduras y Luchador de la Paz».

39- Considerando: que esas excitativas tan espontáneas son el sentir de la admiración y la gratitud que en estos momentos palpita en los corazones de todos los buenos y leales nacionalistas. La Municipalidad, por unanimidad de votos y al unísono sonoro de ¡Viva el general Carías! ¡Viva el Fundador de la Paz Hondureña!, Acuerda: acuerpar la excitativa de referencia, pidiendo al Soberano Congreso

Nacional decretar lo que pedimos los pueblos, dándole a la vez a nuestro Patricio Gobernante de Honduras un nuevo Voto de Confianza, y facultando a la Secretaría para que certifique esta Acta, sacando tres copias y remitir una a la Secretaría del Congreso Nacional, otra al Excmo. Señor Presidente de la República, Dr. y Gral. don Tiburcio Carías Andino, y la última para el señor Director del Diario «La Época», para su publicación.

49- No habiendo otra cosa más de qué tratar, se levantó la sesión.– (Sello) Víctor M. Canales.–Antonio Baca, Ernesto Vásquez, Pedro Vásquez, Jeremías Álvarez, Tomás Pineda Paz, Domingo Oliva, Omar Trinidad Martínez, Sinforiano Baca, Tomás Bonilla M., Moisés Vásquez, Pedro Flores, Abraham Hernández, Santos María Romero, Filiberto Núñez, Cupertino Romero, Marcelino García, Cayetano Meza, Leonidas Oyuela, Tomás Flores, Santos Núñez, Juan E. Chamalé, Eduardo Canales, Norberto Baca, Héctor Julián Lazo, Benjamín Álvarez, Juan Gutiérrez, Leonardo Cruz.–Por sí, y a ruego de los señores Adolfo Velásquez, Audilio Ledezma, Cleto Castillo, Policarpo Rosadas, Figuración Baca, Vicente Flores, José Martu Álvarez, José Isaac Martínez, Leonardo Suazo, Juan Manuel Ledezma, Simeón Pérez, Rosendo Gutiérrez, Alejandro Meza, Leonardo Izaguirre, Nazario Castillo, Avelino Medrano. Por sí, y a ruego de los señores Antonio Espinoza, Cruz Flores, Juan Gutiérrez C., Pedro Baca, Alejandro Bonilla, Santos Funes, Jesús Canales, Juan Baca, Emeterio Baca, Eulogio Baca, Nazario Flores, Agustín Villatoro, Francisco Aguilar, Leonardo Aguilar, Figuración Gutiérrez, Antonio Molina, Joaquín Bentancourt, Félix Corea, Félix Hernández, Roque Meza, Felícito López, Segundo López, Esteban Hernández, Maximiliano Baca, Santos Baca, Longino Gutiérrez, Antonio Baca M., Félix Medrano, Arturo Gutiérrez, Balbino Gutiérrez, Salvador Corea, Rodolfo Corea, José María Maldonado, Aurelio Flores, Miguel Oyuela Álvarez, que no saben firmar, Cruz Canales. Por sí, y a ruego de los señores Transfiguración Baca, Rosa Baca, Pedro Molina, Mateo Suazo, Ciriaco Baca, Lucío Rosadas, Leovigildo Álvarez, Sebastián Romero, Hipólito Suazo, Leonidas Hernández, Gabriel Hernández, que no saben firmar, Juan de la Cruz Flores.–Por sí, y a ruego de los señores Marcos Zelaya, Cresencio Romero, Juan

Baca Ordóñez, Lucio Gutiérrez y Fernando Baca, que no saben firmar, Teófilo Canales.–Por sí, y a ruego de los señores Florentino Funes, Martín Bonilla, que no saben firmar, Teodoro Hernández; Santos Martínez, Terencio Oliva, Enecón Gutiérrez, Abraham Hernández, Agustín Chamalé, Obdilio Chamalé, Ruperto Baca, J. Ramón Martínez.–(Sello) Alfredo Morales, Secretario".

Es conforme.–La Libertad, 10 de diciembre de 1944.–Alfredo Morales.

CERTIFICACIÓN

José Antonio Cruz Pineda, Secretario Municipal de Guarita, departamento de Lempira, certifica: que en el Libro de Actas de la Municipalidad, correspondiente al presente año, a folios 277, 278, 279, 280, 281, 282 y 283, se encuentra la que literalmente dice así:

"Tercera Sesión de la Municipalidad de Guarita, departamento de Lempira.–Sesión ordinaria celebrada en el Salón Municipal, a quince de enero de mil novecientos cuarenta y cinco.–Presidió el señor Alcalde Propietario, Romero Cruz, con asistencia de los Vocales, López Cartagena, Núñez López, Pérez, Ayala, Hernández, Síndico Menjívar y el Secretario Cruz Pineda, que da fe.

Primero.–El señor Alcalde declaró abierta la sesión.

Segundo.....

Tercero.–El señor Alcalde Municipal, Cruz Romero, hizo la siguiente moción: «Honorable Corporación Municipal: Es sabido de todos vosotros, que el Excelentísimo Señor Presidente de la República, Doctor y General don Tiburcio Carías Andino, es indiscutiblemente el Presidente más patriota, más honrado, más enérgico, más progresista, más querido del pueblo hondureño y, sobre todo, el único que ha podido establecer y sostener en nuestra amada Honduras la bendita Paz, de que gracias a él disfruta el pueblo hondureño, por lo cual, en justicia, interpretando la voluntad de la mayoría, el Soberano Congreso Nacional lo declaró FUNDADOR Y

SOSTENEDOR DE LA PAZ Y BENEMÉRITO DE LA PATRIA, por lo cual, Honorable Corporación Municipal, en mi carácter de Alcalde Municipal, verdadero y leal amigo del Señor Presidente de la República, vengo a pediros que nos dirijamos al Soberano Congreso Nacional, pidiéndole decretar y crear el DÍA DE LA PAZ, y que sea consagrado como tal el quince de marzo, por ser esa fecha el glorioso aniversario natal del Excelentísimo Señor general don Tiburcio Carías Andino.–(f) J. Joaquín Romero C.–Guarita, enero 15 de 1945». La Municipalidad, por aclamación, dispuso: aprobar íntegramente la moción presentada por el señor Alcalde Municipal, ordenando se certifique este punto de acta y se envíe al Soberano Congreso Nacional, por medio de los honorables señores Secretarios de aquel Alto Cuerpo, para los fines consiguientes.

Cuarto.... Quinto.... Sexto.... Séptimo.... Octavo.... Noveno.... Décimo.... Décimo Primero..... Décimo Segundo...... Décimo Tercero..... Décimo Cuarto.... Décimo Quinto.... Décimo Sexto.... Décimo Séptimo.... y Décimo Octavo.–No habiendo más de qué tratar, se levantó la sesión, firmando para constancia.–Sello de la Alcaldía Municipal.–J. Joaquín Romero C.–Eusebio López C.–Carlos Núñez.–Andrés Pérez.–Pedro Ayala.–Federico Hernández.–Sello de la Sindicatura.–Dolores Menjívar.–Sello de la Secretaría Municipal.– J. Antonio Cruz, Secretario".

En cumplimiento de lo ordenado y para remitir al Soberano Congreso Nacional por medio de los honorables señores Secretarios, libro, sello y firmo la presente, en la Secretaría Municipal de la ciudad de Guarita, departamento de Lempira, a los quince días del mes de enero de mil novecientos cuarenta y cinco.–José Antonio Cruz, Secretario.–J. Joaquín Romero C., Alcalde Municipal.

CERTIFICACIÓN

El infrascrito, Secretario Municipal de Gualala, certifica: que del folio 61 al 65 vueltos, del Libro de Actas que lleva la Municipalidad en el corriente año, se encuentra el preámbulo y punto de acta que dice:

"Acta No 2.–Sesión ordinaria celebrada a las nueve de la mañana del día lunes, quince de enero de mil novecientos cuarenta y cinco, en el Salón Municipal, por la Municipalidad de Gualala. Presidió el señor Alcalde Municipal, don Ramón Servio Sabillón, concurriendo los Vocales, señores Regidores 1° y 2°, por su orden, don Porfirio Fernández Sabillón y don Julio Toro Aguilar; el señor Síndico Municipal, don Ángel Trejo Sabillón; los Alcaldes Auxiliares, propietario y suplente, de la aldea de El Arenal, don Julio Pineda Sabillón y don Mercedes Hernández, y el infrascrito Secretario.

19- Abierta la sesión, no se leyó, aprobó y firmó el acta de la precedente, por haberlo hecho con anterioridad.

2..... 3..... 4°.... 5..... 6..... 7°.... 8°.... 9°....

10.- Al dar cuenta la Secretaría con la correspondencia telegráfica recibida, la Corporación quedó enterada de la circular del Director Departamental de E. P. de Copán, don J. Efraín Castellanos, relativa a que, siendo el 15 de marzo aniversario natal del Excelentísimo Señor Presidente, Doctor y General don Tiburcio Carías Andino, «Fundador y Sostenedor de la Bendita Paz de que disfrutamos y Benemérito de la Patria», el gran obrero de la reconstrucción nacional, tanto en lo material como en lo intelectual y moral, en la que excita que nos dirijamos al Soberano Congreso Nacional, para que la fecha del natalicio del Señor Presidente sea decretada el «Día de la Paz», creando asimismo la orden de tan divino lema, y que con esta medalla o insignia acuerde condecorar a aquellos hijos de la Patria que, como el actual Gobernante, han dedicado su amor y abnegación por el bien de la misma, viéndose en la actualidad correr el carro del progreso por todos los ámbitos de la República y perpetuar así la fecha del nacimiento del general Tiburcio Carías Andino; y la Municipalidad,

Considerando: que hacer esta petición al Soberano Congreso Nacional es la más justa aspiración de los hondureños, como una recompensa a la labor de la reconstrucción nacional, obra emprendida por el actual Gobernante al darnos paz y tranquilidad en nuestros hogares, apagando el cañón de la guerra fratricida, sembrando los hondureños, en vez de cadáveres de hermanos, nuestros campos con la simiente que da vida.

Considerando: que el pueblo hondureño, al hacer esta petición, es para patentizar una vez más su lealtad, adhesión y confianza que tiene en su probo Gobernante, quien con gran tino de estadista lo ha llevado a una era de paz y progreso, trabajo y libertad.

Por tanto, la Municipalidad, Acuerda:

1°- Pedir al Soberano Congreso Nacional decrete «Día de la Paz» el 15 de marzo de cada año, por ser el aniversario natal del Excelentísimo Señor Presidente, Doctor y General Tiburcio Carías Andino, creando asimismo la orden de tan divino lema, para condecorar, con la medalla o insignia, al acordarlo, como una recompensa a aquellos ciudadanos que, como nuestro actual Gobernante, han hecho una labor nacional, edificante y constructiva.

2°- Que, por quien corresponda, se saque copia autorizada de este punto de acta, para remitirla a la Secretaría del Soberano Congreso Nacional, para que dé cuenta al Congreso.

11.- Se levantó la sesión.–Sello.–R. S. Sabillón, Porfirio Fernández Sabillón, Julio Toro A.–Sello Sindicatura.–Ángel T. Sabillón.–Felipe Toro A., Tesorero.–Sello Secretaría.–Pablo Enamorado, Secretario".

Es conforme.–Gualala, enero 24 de 1945.–Pablo Enamorado, Secretario.–R. S. Sabillón, Alcalde Municipal.

CERTIFICACIÓN
El infrascrito, Secretario del Concejo del Distrito Departamental de Choluteca, certifica: el principio, parte conducente y parte final del acta que se encuentra inscrita en los folios 179 y 183 del Libro de

Acuerdos de este Concejo, que lleva durante el presente año, que literalmente dice:

"Acta No 17.- Sesión ordinaria celebrada por el Concejo del Distrito Departamental de Choluteca, a las dos p. m., del día lunes quince de enero de mil novecientos cuarenta y cinco, en el salón del edificio del Concejo. Presidió don Francisco Rodríguez Aguilera, Jefe del Concejo, con asistencia de los Vocales, señores Rodolfo A. Calderón, Rodolfo Portillo R.; Fiscal don León Leiva S. y el Secretario del Concejo.

1°......

2°- El Jefe del Concejo dio lectura al mensaje telegráfico que dice:

«Señor Jefe de Distrito de Choluteca.- Por telégrafo de Santa Rosa de Copán, 14 de enero de 1945.- Siendo el 15 de marzo aniversario natal del Excmo. Señor Presidente, Doctor y General Tiburcio Carías Andino, Padre de la Paz y Restaurador de nuestra querida Honduras, de la manera más atenta excito a Ud., a efecto nos dirijamos al Soberano Congreso Nacional, para que tan magna fecha sea decretada "Día de la Paz", creando al mismo tiempo la Orden de tan divino lema y condecorar con la medalla e insignia que tenga a bien acordar, a todos aquellos ciudadanos que, como nuestro actual Gobernante, consagren su amor y abnegación a ese pedestal sublime en que descansa el progreso material y cultural de los pueblos y perpetuar de esta manera la fecha en que naciera el Fundador y Sostenedor de nuestra Paz. J. Efraín Castellanos, Director Departamental de Enseñanza Primaria».

El Concejo, en vista de la excitativa del señor J. Efraín Castellanos, Director Departamental de Enseñanza Primaria de Santa Rosa de Copán, y tomando en consideración que es de justicia lo que manifiesta, que por el constante esfuerzo del actual Gobierno está restaurada nuestra Nación, disfrutamos de sólida Paz y progreso en general de nuestro país; que a tan importante y beneficiosa administración debe correspondérsele con verdadero reconocimiento y gratitud, unánimemente, Acuerda: Pedir al Soberano Congreso Nacional, decrete el 15 de marzo de cada año, «Día de la Paz», creando a la vez una medalla de oro para condecorar al Señor Presidente, Doctor y General Tiburcio Carías Andino, y a los que, como él, en la Presidencia, sostengan y defiendan la Paz de la República.- Envíese copia certificada de este Acuerdo al Soberano Congreso Nacional, por medio del órgano correspondiente.- F. Rodríguez Aguilera.- Rodolfo A. Calderón.- Rodolfo Portillo R.- León Leiva S.- Rafael J. Pinel, Secretario".

Es conforme con su original.- Extendida en Choluteca, D. D., a los veinte días del mes de enero de mil novecientos cuarenta y cinco.- Rafael J. Pinel, Secretario del Concejo del D. D.- F. Rodríguez Aguilera, Jefe del Concejo del D. D.

HIMNO A LA PAZ DE HONDURAS

Por ALEJANDRO ALFARO ARRIAGA/Premiado en el Concurso promovido por el Concejo del Distrito Central)

CORO

Vibren mil ecos de música henchidos
como en un límpido coro triunfal,
que hoy en Honduras cantamos unidos
himnos sublimes de amor a la paz.

VOCES

Paz bendita que has hecho a mi Patria
más potente, más culta y más grande;
a tu influjo el progreso se expande
y el trabajo se ve florecer;
la enseñanza se imparte en las aulas
inspirada en un sano civismo
y las voces de un fiel patriotismo
oye el niño hondureño al nacer.

CORO

Vibren mil ecos de música henchidos
como en un límpido coro triunfal,
que hoy en Honduras cantamos unidos
himnos sublimes de amor a la paz.

VOCES

Paz, proclama el obrero en la empresa,
paz, repite el labriego en los montes,
y de Honduras los cuatro horizontes
se prolongan en himnos de paz.
Dios bendiga al viril gobernante
que acabó con la pérfida guerra
y plantó con firmeza en mi tierra
el olivo frondoso de paz.

LA PRENSA NACIONAL

Los periódicos hondureños recogen el sentimiento del pueblo hondureño, que expresa gratitud y reconocimiento hacia el probo Mandatario, Defensor de la Paz y Benemérito de la Patria, Dr. y Gral. don Tiburcio Carías Andino.

Se pide se declare al general Tiburcio Carías Andino, Fundador de la Paz y Benemérito de la Patria

El infrascrito, Secretario del Comité Departamental Nacionalista, certifica: que en el Libro de Actas de este centro político, se encuentra la que, en lo conducente, dice:

"Acta N° 17.- La Esperanza, veintisiete de noviembre de mil novecientos cuarenta y cuatro.- Sesión solemne celebrada conjuntamente por la Corporación Municipal de La Esperanza, la Directiva del Comité Departamental Nacionalista, la Municipalidad y el Subcomité de Intibucá.

I.- Varios ciudadanos nacionalistas de esta ciudad presentaron la iniciativa, cuyo texto es el siguiente:

Compañeros: Confiados en vuestro reconocido interés patriótico, con base nacionalista, os proponemos una actuación, en los términos siguientes:

"La Corporación Municipal de La Esperanza, la de Intibucá, la Directiva del Comité Departamental Nacionalista y la del Subcomité de Intibucá, en comunidad de ideales y sentimientos, consideran: Que el señor Dr. y General don Tiburcio Carías Andino, con su conducta como Administrador Constitucional del país y con su política activa de paz, obras públicas, cultura popular, amparo al trabajo y crédito nacional, es singularmente merecedor de perdurables distinciones que expresen gratitud para él y sean estímulo previo para los futuros gobernantes que consagren su pensamiento, su corazón y su voluntad al engrandecimiento y al prestigio de la Patria.

Que es satisfactorio elevar ante el Soberano Congreso Nacional una voz informativa, con homenaje de respetos.

Que la conservación y el bien de los intereses primordiales de Honduras, en lo porvenir, necesitan la más grande y generosa atención del Partido Nacional y de todos los hondureños pacifistas, trabajadores y honestos. En consecuencia, Resuelven:

1°.- Encargar especialmente a los honorables diputados por este departamento, para que pidan al Soberano Congreso Nacional, en sus próximas sesiones, que declare: "Fundador de la Paz de Honduras y Benemérito de la Patria", al señor Dr. y Gral. don Tiburcio Carías Andino y le dé un nuevo Voto de Confianza.

2°.- Testimoniar a la muy Honorable Representación Nacional que los pueblos del departamento de Intibucá han estado durante la Administración presente y estarán en completo orden, dedicados a sus trabajos habituales, prestando su cooperación vecinal y dando su contingente de buenos nacionalistas.

3°.- Contribuir siempre, en toda la extensión de sus facultades, a que el Nacionalismo intibucano se mantenga organizado y en pie de acción para cumplir sus deberes cívicos, y evitar que una minoría ofuscada y ambiciosa, que adversa al Gobierno, cometa los crímenes que se empeña en ejecutar contra la vida humana, las instituciones patrias y las cosas queridas que son productos directos de esfuerzos y afanes cotidianos y que constituyen el objeto esencial de la existencia del hombre.

4°.- Expresar que la prolongación del período presidencial del señor Dr. y Gral. don Tiburcio Carías Andino, está completamente justificada y debe servir de sólido fundamento para meditar a conciencia, desde hoy, acerca de quién es el llamado a desempeñar la Presidencia de la República en el próximo período constitucional que comenzará el 10 de enero de 1949, conforme a los principios y prácticas de la soberanía y de la democracia.

5°.- Comunicar lo anterior a los Honorables Diputados por este departamento, a los organismos políticos y administrativos de la República y a la prensa nacional».

II.- Después de fraternal y suficiente discusión, dicha iniciativa fue aprobada íntegramente por aclamación, habiendo resonado la palabra entusiasta de varios ciudadanos asistentes.– O. V. Velásquez, Alcalde Municipal de La Esperanza; Fernando López, Domingo Pineda, Rodolfo Z. Velásquez, Presidente del Comité Departamental; Marco A. López, Filiberto Flores Canales, G. Cantarero P., José Salvador Mejía Flores, Jorge D. Lara, M. Pacheco B., Juan Miguel Rodríguez, J. Ramón Medina, J. Natividad Aguilar, Reginaldo

Aguilar M., Anacleto Mejía h., L. Rodríguez A., Tomás Palacios C., José Guevara, Raúl Consuegra, Juan López G., Francisco López Pineda, Miguel Ángel O. Padilla, M. Jesús Portillo, Baltazar Vijil, José D. Flamenco, Pedro Pineda, Santiago Morales, Francisco Tosta R., Benjamín Martínez, Máximo Bejarano, Miguel Manzanares A., Simeón Aguilar, Carlos M. González, Marciano Orellana, Antonio Vásquez G., Alcalde Municipal de Intibucá; Enrique Gutiérrez, Cecilio Orellana, Cesáreo Jirón, Alejandro Hernández G., T. Cabrera R., Feliciano Domínguez, Presidente del Subcomité Nacionalista de Intibucá; Cristóbal Vásquez R., Leonidas Jirón, Carlos Vásquez, Ricardo Vásquez, Santos Tito Meza, Próspero Gómez N., Francisco Osorio, Adán del Cid, Jacobo García, Catarino Vásquez, Federico Mejía Cruz, Carlos Nolasco Padilla, Nicolás García G., Santos Rodríguez, Jesús Sánchez, Tranquilino García G., Francisco Vásquez, Ignacio Meza, Pablo Domínguez G., Cleofes Méndez D., José N. Henríquez, Doroteo López D., Bruno Meza, Ricardo Meza, J. Ángel Vásquez D., Modesto Meza, Félix Hernández G., Hilario Sánchez, J. Reyes Domínguez, José Santos González, Lucas Domínguez, Genaro Sánchez, Secretario del Subcomité de Intibucá; Marcos Meza G., Secretario del Subcomité de Intibucá; José Ma. Palacios h., Secretario del Comité Departamental; Manuel Matute A., Secretario del Comité Departamental".

Extendida en la ciudad de La Esperanza, a los veintiocho días del mes de noviembre de mil novecientos cuarenta y cuatro.– José María Palacios h., Secretario.– Vº Bº– Rodolfo Z. Velásquez, Presidente.

Es un acto de justicia el que se pide para el General Carías

La Esperanza, 30 de noviembre de 1944.- LA ÉPOCA.- Iniciativa de declarar «Fundador de la Paz de Honduras y Benemérito de la Patria» al Señor Presidente, General Carías Andino, lanzada por el Comité Departamental, Municipalidad de La Esperanza, Municipalidad y Subcomité de Intibucá, ha tenido gran resonancia en todo el pueblo hondureño por ser un acto de justicia y estímulo para el Gobernante que más se ha esforzado por la grandeza de su Patria.- Corresponsal.

Colomoncagua, 30.- Esta Municipalidad y Subcomité Nacionalista, de común acuerdo y en sesión celebrada ayer, acordaron: Excitar atentamente a diputados de este departamento para que mocionen a fin de que el Soberano Congreso Nacional en sus primeras sesiones dé un voto de confianza y decrete «Benefactor de la Patria» al Excelentísimo Sr. Presidente, General Carías.- Corresponsal.

San Juancito, 19 de diciembre de 1944.- Los valientes intibucanos, los primeros en la guerra, primeros en la paz por lealtad y agradecimiento, están elevando solicitud a nuestra Soberana Representación Nacional, para que como acto de justicia se declare «Benemérito de la Patria y de la Paz» al dinámico y honrado Gobernante, Doctor y General Tiburcio Carías Andino; nosotros, en nombre del Subcomité y Nacionalismo local, con todo entusiasmo nos unimos a esta merecida petición, declarando que con esta pequeña demostración de justicia escasamente probaremos nuestra inmensa gratitud al grande hombre que sin vacilar ha sacrificado la tranquilidad y mejores años de su preciosa vida por el bienestar del pueblo, grandeza y prosperidad de esta amada Patria.- Juan José Molina, Presidente del Subcomité Nacionalista.

JEFES Y SOLDADOS SE DIRIGEN AL SEÑOR PRESIDENTE

Jesús de Otoro, 30 de noviembre de 1944.- LA ÉPOCA.- Plácenos comunicarle que en esta fecha dirigimos al Señor Presidente de la República el siguiente mensaje:

Con sincera devoción nacionalista y cuidadoso detenimiento hemos leído su exhortación patriótica al pueblo hondureño y muy especialmente a todos los nacionalistas, como Jefe Supremo del Partido Nacional. El Nacionalismo de aquí, leal y solidario en todo con Ud., muy respetuosamente le manifestamos que, comprensivos de nuestros ineludibles deberes y responsabilidad, sabremos responder con valor y abnegación a su sincero y patriótico llamamiento. No omitiremos ningún sacrificio para sostener ese lábaro santo de la paz que Ud., con clara visión de gran estadista, ha hecho tremolar sobre el cielo de nuestra querida Honduras. Sinceramente agradecido, el Nacionalismo de este pueblo reitera a Ud. su cordial saludo y le deseamos prolongada vida para bien de la Patria y los suyos.- Respetuosamente.- Jesús Hinestroza, G. Manzanares G., Eligio Guevara, Fernando Palacios, Manuel Pineda

P., Lorenzo Amador, Simón Sánchez, J. Tosta R., Rigoberto Palacios, P. S. Membreño, Feliciano Guevara, Quintín Palacios, Arquímedes Zelaya, Tomás Guevara Sánchez, Doroteo Rivera, Edgardo Rivera, Arturo Sánchez, Antonio Sánchez, Jesús Enamorado, Isidro Rivera, Tomás Hinestroza, Aurelio Velásquez, Alberto Castillo, Manuel Calderón Valle, Olayo Salazar, Gualberto Girón Palacios y Felipe Palacios.

Idea bien acogida

Reitoca, 29 de noviembre de 1944.- LA ÉPOCA.- La circular dirigida por Alcalde Municipal y Presidente del Comité Nacionalista de La Esperanza a las demás Municipalidades de la República, es acogida con beneplácito en este vecindario. Nada más justo que hacer justicia al mérito, bien lo merece nuestro Mandatario, declararlo «Benemérito de la Patria», por los múltiples beneficios prestados a la Patria. El Gral. Carías está impreso en el corazón de nosotros los hondureños que amamos la paz.- Guillermo Álvarez S., Alcalde Municipal.- M. Euceda Amador, Secretario Municipal.

FUNDADOR DE LA PAZ Y BENEMÉRITO DE LA PATRIA

Potrerillos, Cortés, 2 de diciembre de 1944.- LA ÉPOCA.- La excitativa del Lic. Cantarero P. y Prof. Z. Velásquez de pedir en su oportunidad al Soberano Congreso Nacional dar un voto de confianza al Señor Presidente de la República y que lo declare «Fundador de la Paz y Benemérito de la Patria» ha sido acogida por el Nacionalismo de éste con gran beneplácito, y este Subcomité y la Municipalidad, con concurrencia del Nacionalismo, se reunirán en sesión solemne para acordar tal petición a la Cámara Legislativa. Toda demostración de lealtad y reconocimiento hacia nuestro eximio Presidente, General Carías A., será poca, ya que a tan esclarecido varón se debe el que Honduras sea en la actualidad una Nación trabajadora, próspera, pacifista y feliz y con perspectivas admirables para el futuro. El Nacionalismo debe aprovechar toda oportunidad para exaltar públicamente el cariño que se le profesa a este probo hombre, cuyo patriotismo y parquedad en todos sus actos, tanto públicos como privados, le han hecho merecedor de figurar a la par de aquellos hombres, cuyos nombres están escritos con letras de oro en la historia de América.- J. R. Ardón, Presidente del Subcomité Nacionalista.

San Manuel, Cortés, 3.- Plácenos informar a Ud., que este Subcomité Nacionalista, Corporación Municipal y pueblo en general, en sesión de ayer, acordamos pedirle al Soberano Congreso Nacional, por medio de nuestros representantes por este departamento, que declare «Fundador de la Paz de Honduras y Benemérito de la Patria», al Dr. y Gral. Tiburcio Carías Andino, y se le dé un voto de confianza por ser el Gral. Carías Andino el único que hasta la fecha ha podido mantener inalterable la paz que tanto beneficio ha hecho a nuestra querida Honduras. Esto lo hacemos siguiendo las ideas del pueblo intibucano.- Rosalío Gutiérrez, P. Moya G., Presidente del Subcomité Nacionalista; Andrés Hernández Chacón, Alcalde Municipal; Agustín Castro, Eustaquio Oviedo, Raimundo G. Gómez, Agapito Gutiérrez, F. C. Romero, Ubaldo Castillo, Rodrigo Reyes, Julio Martínez M., Ámbrosio Gutiérrez, Alejandro Hernández, Gerardo Gutiérrez, G. Pineda Castillo, Miguel A. Rivera O., Constantino Castillo, Marcelino B. Cruz, Juan C. Ulloa, Asunción Moya, José Maldonado, Valentín Murillo, Reinaldo Pineda, Santos Contreras, Raúl Pineda, Ramón Turcios, Ángel Licona.

San Juan, Intibucá, 4.- En sesión celebrada el 1° del presente, lo nombramos a Ud., para que manifieste ante el Soberano Congreso Nacional: 1°- Que los pueblos han estado en completa tranquilidad y que los adelantos, con la paz, muchos de ellos están a la altura. 2°- Que esta Corporación Municipal, de acuerdo con el Subcomité Nacionalista y el Alcalde de este pueblo, resuelven; 3°- Aclamar por la Paz de que disfrutamos, Fundador de ella en Honduras, al Doctor y General Tiburcio Carías Andino; 4°- Que el Soberano Congreso Nacional, apruebe la solicitud que todos los hondureños pedimos por no haber otro quien sostenga la paz de Honduras, y que con otros doce años de paz, Honduras sería la más grande de Centroamérica. De Ud. sus muy atentos, nos suscribimos.- Eduardo Díaz, Alcalde Municipal; Francisco Girón Torres, Secretario Municipal; Félix López Gómez, Síndico Municipal; Genaro Nolasco C., Alcalde Municipal Electo; Cosme D. Gómez, Presidente del Subcomité Nacionalista.

La Masica, 4.- No hay gesto más justo y más patriótico que el de las Municipalidades de La Esperanza e Intibucá, de acuerdo con el Comité Departamental Nacionalista, en que excitan a las demás Municipalidades y Centros Políticos para hacer lo mismo que ellos: pedir al Soberano Congreso Nacional, declare al Excelentísimo Señor Presidente de la República, Dr. y Gral. Tiburcio Carías A. y Jefe Supremo del Partido Nacional, «Fundador de la Paz de Honduras y Benemérito de la Patria». Como lo que se pide es algo justo, algo que todo el pueblo consciente agita en sus corazones para rendir demostración de simpatía hacia el hombre que ha dado garantías a todos sus compatriotas hondureños, todos estamos en acción para dirigir en una sola voz al Soberano Congreso Nacional, rinda tan justo homenaje al ilustre Jefe de nuestro grandioso Partido Nacional.- Ismael L. Cruz, Secretario del Subcomité Nacionalista.

Jesús de Otoro, 4.- En sesión solemne de ayer, jubilosamente, este Subcomité Nacionalista y autoridades locales, unánimemente aprobaron resolución acordada por el Comité Departamental y Subcomité Nacionalista, en conjunto Alcaldes Municipales Cabecera Departamental, sus cuatro puntos tendientes: 1°- Encargar a los honorables diputados de este departamento, pidan al Soberano Congreso Nacional, declare «Fundador de la Paz y Benemérito de la Patria», al Dr. y Gral. don Tiburcio Carías Andino, dándole un voto de confianza. 2°- Informar que los intibucanos permanecen en orden y dedicados a sus trabajos habituales; 3°- Mantener al Nacionalismo organizado en pie de acción para defender las instituciones patrias y expresar que el Continuismo del General Carías A., está plenamente justificado, y 4°- Meditar a conciencia que él es el llamado a dirigir los destinos del país en el actual período constitucional mediante la práctica de la soberanía y democracia. Afmo.- Jesús Inestroza, Presidente del Subcomité Nacionalista.

La Lima, 4.- La idea lanzada por el nacionalismo esperanzano, de que el Soberano Congreso Nacional declare al General Carías A., «Benemérito de la Paz y de la Patria», es hacer merecida justicia al Reformador de Honduras. Ojalá Honorables Diputados Intibucanos tomen nota y actúen presentando el proyecto de decreto en primeras sesiones.- Corresponsal Especial.

Santa Rita, Yoro, 4.- Este Subcomité, admirador sincero de la obra magna llevada a cabo por el actual Presidente de la República, General don Tiburcio Carías A., en beneficio de la colectividad hondureña, acuerpa entusiastamente la sugerencia hecha por el Comité Departamental Nacionalista de La Esperanza, tendiente a que el Honorable Congreso Nacional declare al Doctor y General Tiburcio Carías Andino, «Fundador de la Paz y Benemérito de la Patria».- J. R. Salgado, Presidente del Subcomité Nacionalista.

EL NACIONALISMO CEIBEÑO TIENE FE EN EL GENERAL CARÍAS

La Ceiba, 2 de diciembre de 1944.- LA ÉPOCA.- El nacionalismo ceibeño, desde los altos empleados públicos hasta el más humilde de los azules, tienen fe ciega en la personalidad política del General Carías, que cada día se supera y en su gestión gubernativa que cada día se agiganta. La fe puesta en el gran Jefe del Partido Nacional se ajusta a una realidad palmaria. El General Carías continúa siendo el gran imán que atrae y adhiérese al pueblo hondureño. Continúa siendo el faro de luz que ilumina la senda del bien de la Nación Hondureña. La estructura de su Gobierno es acerada y su política interna y externa es sabia.

Aquí en Honduras se ha respetado la vida de todos y cada uno sin excepción alguna, no importa que fueren enemigos acérrimos y obcecados y aun aquellos que han sido empujados por los ambiciosos para atentar por varias veces contra la vida del magnánimo Mandatario. Los problemas de clases sociales no existen aquí en este país, hay garantías para todo el mundo y respeto a los asuntos internacionales; el Gobierno del General Carías cumple en todas sus partes la línea del deber a cumplir y observar con nobleza el derecho que le asiste como Gobierno de libertades, de democracia y decidido aliado y leal miembro combatiente en esta guerra que nos impuso el nazifascismo totalitario, así como decíamos, que la fe ciega que tienen las columnas del Partido Nacional y el nacionalismo en general aquí en La Ceiba, como en el resto del país, se ajusta a razones básicas y fehacientes. Aquí siempre ha estado compacto el Partido Nacional. No existen divisiones entre todos aquellos que han militado con divisa azul y que han sido y siguen siendo devotos partidarios y subalternos del Excelentísimo Señor Presidente Carías. Muchos liberales, buenas personas, guardan respeto y siguen una buena línea de conducta en su diario vivir, relacionándose fraternalmente con los empleados y miembros del Partido Nacional. Eso es lo que anhela el General Carías, que la familia hondureña viva en paz, viva tranquila, observe cordura sincera y respeto mutuo para bien de todos.- CORNELIO R. ALVARADO.

DESPIERTA ENTUSIASMO PATRIÓTICO LA IDEA DE DECLARAR

«Benemérito de la Patria» al Sr. Presidente Carías

Progreso, 4 de diciembre de 1944.- LA ÉPOCA.- Este Subcomité Nacionalista acuerpa con todo entusiasmo la idea de pedir al Soberano Congreso Nacional, declare en sus próximas sesiones, «Benemérito de la Patria y Fundador de la Paz de Honduras», al distinguido hombre público, General Carías Andino. Nada más meritorio y oportuno. El Partido Nacional de Honduras es amigo de la Paz. El profesional, el artesano, el campesino, todos, sin excepción, son fervientes partidarios de que la Paz perdure en el país. El probo Mandatario ha cimentado la Paz que nosotros la estimamos como base fundamental para que los destinos de la República estén al abrigo de dificultades y zozobras, y exista libremente el trabajo, la riqueza y el bienestar social.- Enrique Peña, Presidente del Subcomité; G. R. Aguilar, Vicepresidente; Carlos Arturo Izaguirre, Secretario del Subcomité Nacionalista.

Quimistán, 4.- Los suscritos, Alcalde Municipal y Presidente Subcomité Nacionalista, se muestran solidarios con los miembros del Comité, Subcomités y Municipalidades de La Esperanza e Intibucá, Camasca, Goascorán y demás centros políticos en el sentido de solicitar de la Honorable Representación Nacional, se declare «Benemérito de la Patria» al Eximio Dr. y Gral. don Tiburcio Carías Andino, y dársele un Voto de Confianza por medio de

Municipalidades y Subcomités, por su actuación de verdadero Demócrata y Patricio de reconocidos quilates en estos momentos de conflagración mundial. Ya nos dirigimos al Congreso.- Miguel Enamorado, Alcalde Municipal; Anastasio Pacheco, Presidente Subcomité Nacionalista.

Cedros, 4.- Compláceme comunicarle que ayer, en sesión conjunta y solemne, la Honorable Corporación Municipal, presidida por el Alcalde don Álvaro Luque, y el Subcomité Nacionalista «Viva Cedros», que accidentalmente tengo el honor de presidir, entre otras cosas, resolvieron: encargar a los señores diputados, por este departamento, para que pidan al Soberano Congreso Nacional que declare, «Fundador de la Paz de Honduras y Benemérito de la Patria» a nuestro digno Presidente Dr. y Gral. Tiburcio Carías Andino, y le dé un Voto de Confianza.- Afmo.- Pedro López Trejo, Vicepresidente del Subcomité Nacional.

Omoa, 4.- Con sumo agrado comunicamos a Ud., que en sesión solemne celebrada por esta Corporación y pueblo en general, acuerpando la iniciativa de las Municipalidades de La Esperanza e Intibucá, con el mayor entusiasmo se acordó dar un Voto de Confianza a nuestro Ilustre Mandatario, Dr. y Gral. Carías; y dirigirse al Soberano Congreso Nacional, para que en sus próximas sesiones declare al Dr. y Gral. don Tiburcio Carías Andino, «Fundador de la Paz de Honduras y Benemérito de la Patria», en recompensa del pueblo como de los mejores Gobernantes que hasta la fecha ha tenido nuestra cara Patria; al mismo tiempo excitamos a todas las Municipalidades y pueblo en general para que se lleve a feliz término nuestra campaña.- Afmos. amigos y correligionarios.- Manuel Riera, Alcalde Municipal; Pedro G. Prince, Presidente del Subcomité Nacionalista.

DESPIERTA ENTUSIASMO EL DECRETO DEL CONGRESO, DECLARÁNDOLO "BENEMÉRITO Y FUNDADOR DE LA PAZ"

Cololaca, 5 de diciembre de 1944.- LA ÉPOCA.- La iniciativa de algunos municipios de Intibucá de que se pida al Soberano Congreso

Nacional declarar al General Carías «Fundador de la Paz de Honduras y Benemérito de la Patria», es un ideal plausible, y todos acuerparemos dicha solicitud, debiendo erigir un monumento alegórico que inmortalice nuestra bendita época de paz.- Corresponsal.

San Luis, Santa Bárbara, 5.- Esta Corporación dirigióse hoy al Soberano Congreso Nacional, pidiéndole dar un Voto de Confianza a nuestro querido Mandatario, General Carías, declarándolo «Fundador de la Paz y Benemérito de la Patria», como una muestra de imperecedera gratitud por su labor de engrandecimiento y reconstrucción nacional.- Hilario Rodríguez S., Alcalde Municipal; F. Salomón Rodríguez, Secretario.

Sensenti, 5.- Con verdadero entusiasmo y satisfacción hemos acogido la idea de pedir al Soberano Congreso Nacional que se declare «Benemérito de la Patria y Fundador de la Paz» de nuestra querida Honduras al Excelentísimo Señor Presidente Constitucional de la República, Dr. y Gral. don Tiburcio Carías Andino, como todos los demás honores que la Augusta Cámara crea justos en homenaje de los indiscutibles méritos de nuestro querido Gobernante. Cordialmente.- Eliseo Mejía H., Presidente del Subcomité Nacionalista; Manuel Carvajal, Alcalde Municipal.

Campamento, 6.- Ser patriota es el caríista y caríista es nacionalista defensor de Honduras, amante a la paz y libertad. Los hondureños han cifrado sus esperanzas en el Dr. y Gral. don Tiburcio Carías Andino, el único que ha podido y podrá guiarnos. Apreciemos lo que tenemos y compactémonos más porque el nacionalismo compacto siempre será victorioso.- Corresponsal.

Guanaja, 6.- Me permito el honor de transcribirle el siguiente radiograma: «Guanaja, 6 de dic. de 1944.- Secretario del Honorable Congreso Nacional, Tegucigalpa, D. C.- Para que por su digno medio llegue al conocimiento de esa Augusta Representación Nacional, tenemos el honor de comunicarle, que este Subcomité Nacionalista y Honorable Corporación Municipal de esta comprensión, en sesión solemne respectivamente y acordes a los ideales y sentimientos justicieros de parte de las Municipalidades de La Esperanza e Intibucá y asimismo de aquel Comité Departamental Nacionalista, que desean que legalmente se declare al Ilustre Ciudadano Dr. y Gral. don Tiburcio Carías Andino, «Fundador de la Paz de Honduras y Benemérito de la Patria», por tanto, este Subcomité y Corporación Municipal, acordaron dirigirse por este medio y en actas certificadas que llegarán al seno de ese Honorable Congreso Nacional oportunamente, pidiendo se emita el decreto respectivo en favor del más grande de los exponentes hondureños como es el Dr. y Gral. don Tiburcio Carías Andino, y que sin reserva alguna se emita tal decreto. Y eso se hace como un acto de reconocimiento a los múltiples beneficios que ese hombre predestinado, incorruptible y recto, ha hecho a nuestra Patria, al colocarla en un nivel de cultura y adelanto superior. Justicia y honor al mérito pedimos. Respetuosamente.- A. B. Merren, Alcalde Municipal; M. L. Borden, Presidente del Subcomité Nacionalista; Julio C. Alcerro, Secretario». - A. B. Merren, Alcalde Municipal.

DE ACUERDO CON LOS ESPERANZANOS
Puerto Cortés, 5 de diciembre de 1944.- LA ÉPOCA.- Nos asociamos de todo corazón a la feliz sugerencia de notables esperanzanos que en representación de aquel próspero sector del país, piden para el Señor Presidente de la República el título de «Fundador de la Paz y Benemérito de la Patria». El Dr. y Gral. don Tiburcio Carías Andino, bien se merece esa honrosa consagración y mucho más, dada su calidad de Gobernante Eximio, sostenedor de la tranquilidad interna, del prestigio internacional y propulsor incansable del progreso de Honduras.- Manuel de J. Bueso.

EL GENERAL CARÍAS MERECE QUE SE LE CONSAGRE
San Lorenzo, 5 de diciembre de 1944.- LA ÉPOCA.- Que el General Tiburcio Carías Andino goza de simpatía popular y se ha encarnado en el corazón de los hondureños, que admiran y agradecen los benditos frutos de la paz que hemos cosechado durante más de once años de vida tranquila y edificante, lo prueba el hecho de que

muchos Comités Nacionalistas y Municipalidades de la República estén solicitando al Soberano Congreso Nacional declare al Primer Magistrado de la Nación, «Fundador de la Paz y Benemérito de la Patria» y le dé asimismo un voto de confianza.

El pueblo, agradecido con el hombre que ha hecho el milagro de levantar el nivel cultural y material del país, que ha sentado las sólidas bases de la escuela de civismo y nacionalismo bien entendido ante la cual se estrellan y se estrellarán siempre las ambiciones bastardas de los políticos del crimen, del robo y del desastre administrativo, desea patentizar al Presidente Carías, por medio de la Augusta Representación Nacional, su simpatía y solidaridad en momentos en que cuatro inconformes y traidores hijos de Honduras tratan de obstaculizar su inmensa obra de progreso.

Hacemos nuestra la iniciativa para homenajear al General Carías y solicitamos al Congreso la convierta en una hermosa realidad. Eso y más se merece el Padre de la Paz, del Progreso y de la Conciliación Nacional.- Rafael P. Molina, Presidente Subcomité Nacionalista.

Tocoa, 5.- El Subcomité Nacionalista y ciudadanos netamente nacionalistas de este lugar estamos de acuerdo con que el Soberano Congreso Nacional declare «Benemérito de la Patria» al Dr. y General Tiburcio Carías A. El Nacionalismo hondureño demostrará una vez más a su querido Jefe que permanece unido y vivo para defenderlo de esos cuatro envidiosos que morirán de esa enfermedad de Presidencia. ¡Adelante, correligionarios! Que así lograremos que nuestra amada Honduras sea una Patria grande, próspera y feliz.- R. Hernández M., A. Banegas, Gustavo Recarte.

Balfate, 5.- No ha quedado Municipalidad ni centro Nacionalista en la República que no acuerpemos la luminosa idea de declarar a nuestro digno Jefe, Gral. Carías, «Fundador de la Paz y Benemérito de la Patria»; no dudamos que el Soberano Congreso Nacional, interpretando anhelos fervientes del pueblo hondureño hacia su ilustre Mandatario, sabrá corresponder a sus deseos.- Leopoldo C. Puerto, Secretario del Subcomité Nacionalista.

Chamelecón, 5.- Este Subcomité Nacionalista y pueblo en general recibió con entusiasmo la feliz excitativa de los distinguidos ciudadanos de Intibucá, Lic. Cantarero P. y Profesor Z. Velásquez, contraída a pedir nuestro concurso a fin de que el Soberano Congreso Nacional dé un voto de confianza y declare Benemérito de la Patria al Sr. Presidente Constitucional de la República, Dr. y Gral. don Tiburcio Carías Andino; con alguna modificación en la forma de la iniciativa, entablaremos más gestiones pertinentes.

Lo que ahora se pide para el primer Ciudadano de Honduras es un complemento obligado de aquel otro tributo de honor que se le rindió hace poco al declararlo Bienhechor y Reformador de la Patria, idea que surgió de este pueblo humilde, pero justo y agradecido; en el primer caso, la Patria proclama las excelencias de su hijo predilecto que le hacen digno de sus honores.- Afmos. amigos.- Marcelino Murillo P., Presidente del Subcomité Nacionalista; Andrés A. Fernández, Miguel Delgado G., Emilio Gómez, J. Rosendo López h., Secretario.

Sonaguera, 5.- Cariístas verdaderos de este Distrito no sólo estamos de acuerdo porque el Soberano Congreso Nacional declare «Benemérito de la Patria» al Dr. y Gral. Tiburcio Carías Andino, sino que os invita a contribuir para erigirle estatua para que futuras generaciones conozcan al único Gobierno que, despreciando las flaquezas de unos cuatro que lo envidian, está haciendo de Honduras una patria grande, próspera y feliz, al contrario de los que solicitan el poder por la fuerza para envilecerla; que no le haga justicia la posteridad, ¡hagámosla nosotros!- J. Andrés Escaleras, Vicente Rivera, Presidente del Subcomité Nacionalista.

VOTO DE CONFIANZA Y DE RECONOCIMIENTO PARA EL GENERAL CARÍAS

Camasca, 6 de diciembre de 1944.- Señor Fernando Zepeda Durón.- El sentir general de estos pueblos fronterizos y la República en general, según mensajes telegráficos que estamos recibiendo, es laudable ante situación política, económica y social del país, pidiendo al Soberano Congreso Nacional declarar «Fundador y Sostenedor de la Paz de Honduras y Benemérito de la Patria» al Dr. y Gral. don

Tiburcio Carías A., dándole un voto de confianza y reconocimiento a su identidad como personalidad en el continuismo y como Presidente Constitucional de la República.- Afmo.- Juan Francisco Vásquez, Secretario del Subcomité Nacionalista.

Sabanagrande, 6.- Esta Municipalidad y Subcomité Nacionalista, ya se dirigió al Soberano Congreso Nacional a fin de que declare a nuestro Ilustre Presidente, Dr. y Gral. Carías Andino, «Fundador de la Paz y Benemérito de la Patria», como una recompensa del pueblo hondureño por tantos años de paz y las múltiples obras que hablan por la prosperidad de Honduras.- Afmo.- Luis R. Zúniga, Presidente del Subcomité Nacionalista y Alcalde Municipal.

Guaimaca, 6.- Tenemos el honor de manifestar que estas autoridades y Subcomité Nacionalista, en sesión de hoy, acordamos acuerpar la iniciativa del Departamento de Intibucá, tendiente a que el Soberano Congreso Nacional, a nombre y representación del pueblo hondureño sensato, declare «Fundador de la Paz y Benemérito de la Patria» al Excelentísimo Señor Presidente de la República, Dr. y Gral. Tiburcio Carías A., porque su estancia en el Poder ha sido para Honduras de benéficos resultados en el orden interno y externo. Ya excitamos a nuestra Augusta Representación Nacional para que emita el respectivo Decreto.- Afmos.- J. Augusto Inestroza, Jefe del Resguardo Militar; Macario Licona, Presidente del Subcomité Nacionalista; Serapio Zúniga R., Alcalde Municipal; Leonidas Carías P., Secretario.

Marcala, 6.- La iniciativa lanzada a la consideración del pueblo hondureño, patrocinada por el Nacionalismo del departamento de Intibucá, es digna de ser acogida con todo entusiasmo por el Partido Nacional. El General Carías A. es merecedor de la alta distinción que se desea hacerle. El Soberano Congreso Nacional debe emitir el respectivo decreto, resumiendo en él la petición unánime del heroico Partido Nacional. Los valientes intibucanos y los soldados no menos de esta sierra, guiados por su denodado General Roque J. Pérez, estarán siempre listos a defender al digno Mandatario hondureño,

General Carías A., en todo momento difícil.- José Nicolás Pineda, Secretario del Subcomité Nacionalista.

Maraita, 6.- En sesión celebrada por esta Corporación y pueblo, en el sentido de acuerpar la iniciativa de la mayoría de las Municipalidades del país, se acordó: dar un voto de confianza a nuestro Ilustre Mandatario, Dr. y Gral. Carías Andino, y dirigirse al Soberano Congreso Nacional para que en sus próximas sesiones declare al General Carías, «Fundador de la Paz de Honduras y Benemérito de la Patria», como una prueba, una vez más, de lealtad y adhesión.- Afmo.- C. López O., Alcalde Municipal.

LA VOZ GENERAL ES QUE SE DECLARE AL GENERAL CARÍAS

«Fundador de la Paz y Benemérito de la Patria»

La Ceiba, 7 de diciembre de 1944.- LA ÉPOCA.- El Cuerpo de Profesores y la mayoría del estudiantado del Instituto Normal «Manuel Bonilla», son partes integrantes de los centros de cultura donde se cimientan los principios básicos de acendrado patriotismo, de la más pura democracia, como de la gratitud y admiración hacia todo lo que tienda al engrandecimiento y prestigio de la nación; por ésta y otras razones poderosas, consideran de justicia que el Soberano Congreso Nacional, en su actual Legislatura, emita Decreto declarando «Fundador de la Paz y Benemérito de la Patria» a nuestro ilustre Gobernante, Dr. y Gral. Tiburcio Carías Andino, como un alto honor que se merece su acertada dirección política e internacional, por su celo patriótico, por el magno problema de la paz nacional, por su constante preocupación en el desarrollo de la cultura, industria y agricultura del país, por la implantación de la majestad de nuestras leyes. Y que este gesto patriótico sirva de orientación a los futuros gobernantes que, como el General Carías, ha sacrificado todos sus esfuerzos por sacar a Honduras del caos, de la miseria y desprestigio en que la encontró, para colocarla a un alto grado de cultura, respeto y consideraciones de que actualmente goza en el concierto internacional de los países de avanzada civilización.- Atentamente.- Justo R. Spilsbury.

El Real, Olanchito, 7.- Considerando que es un deber de todo buen hondureño agradecido rendirle el más sincero homenaje a nuestro eximio Mandatario, Dr. y Gral. Tiburcio Carías Andino, por la obra de reconstrucción nacional que, al amparo de la bendita paz que felizmente gozamos, ha llevado a cabo, esta Municipalidad y Subcomité Nacionalista, en sesión solemne del día de ayer, acordó: que por su digno medio pida al Soberano Congreso Nacional que en sus sesiones próximas declare «Fundador de la Paz y Benemérito de la Patria» al Dr. y Gral. don Tiburcio Carías Andino. Respetuosamente.- J. Santos Sánchez, Alcalde Municipal; León F. García, Presidente del Subcomité Nacionalista.

Yocón, 6.- En diciembre de 1942 pedimos al Soberano Congreso Nacional que declarase al General Tiburcio Carías A., «Padre de la Paz». Hoy, que Municipalidades de La Esperanza y demás de la República patrocinan idea de pedir declárese al mismo General Carías, «Benemérito de la Patria», unímonos a tan patriótico ideal.- Corresponsal.

San Francisco, Atlántida, 6.- Subcomité «Presentación Quesada», que presido, y Municipalidad de este pueblo, en sesión conjunta, tomando en consideración lo acordado por la Directiva del Comité Departamental y Municipalidad de La Esperanza y las respectivas de Intibucá, se acordó unánimemente acuerpar solidariamente lo dispuesto, excitando al Soberano Congreso Nacional para que emita el Decreto declarando «Fundador de la Paz de Honduras y Benemérito de la Patria» al Doctor y General don Tiburcio Carías A., en honor a sus altos méritos y excelsitudes de hombre público, baluarte inexpugnable de nuestra soberanía nacional. Fraternalmente.- Leandro Garay S., Presidente; Carlos Hernández, H. C. Montes, Alcalde Municipal.

La Libertad, F. M., 7.- Palpita en estos momentos en los corazones de los leales nacionalistas el sentimiento de la admiración y gratitud para nuestro digno Gobernante, General Carías Andino. Todas las Municipalidades están acordando pedir que el Soberano Congreso

Nacional declárelo «Benemérito y Fundador de la Paz». Esto es el fruto grandioso que recogen los buenos Mandatarios.- El Pollón.

Sulaco, 6.- Estamos muy de acuerdo con la idea de los intibucanos de que los nacionalistas pidamos al Soberano Congreso Nacional se declare a nuestro héroe y actual Mandatario, Dr. y Gral. don Tiburcio Carías A., «Fundador de la Paz y Benemérito de la Patria», en justa compensación a su cruenta batalla librada en el campo de las intransigencias de un pasado que los políticos logreros y enemigos del orden y el progreso habían creado, engendrando, con sus procedimientos, la consiguiente desconfianza en el pueblo, y que el Gral. Carías A., con sus maneras atrayentes y su férrea voluntad ha conseguido destruir para lograr el mantenimiento de la paz y el mejoramiento del país, traducido en obras de positivo progreso. En esa hermosa idea y en cuantas más sean justas para significar la egregia figura de nuestro probo Gobernante y agradecer su monumental obra de paz y progreso, estamos siempre y en un todo de acuerdo.- Atentamente.- J. A. Durón.

La Labor, 6.- Los miembros del centro político que presido han acogido con verdadero regocijo la luminosa idea del Comité Departamental intibucano, a fin de que esta Legislatura declare «Fundador de la Paz y Benemérito de la Patria» al Dr. y Gral. Tiburcio Carías Andino. Me permito excitar atentamente a los miembros de esa agrupación para que en su debida oportunidad comisionen a sus representantes por ese departamento para que pidan los honores merecidos a que es acreedor nuestro máximo Caudillo.- Saúl Morán, Presidente del Subcomité Nacionalista.

Nacaome, 7.- Si los enemigos sólo vierten ponzoña y epítetos de negación para el General Carías, sus amigos, no por servilismo, sino por justicia, cariño y gratitud, debemos reconocer esa vasta energía puesta al servicio y engrandecimiento de la Patria. Por eso vemos con simpatía la iniciativa de valientes y leales intibucanos, hoy ejemplares pacifistas.- El Príncipe Djalma.

Oropolí, 8.- El General Carías no es Presidente del Nacionalismo sino de los hondureños. La mayoría de éstos le pertenecemos; creemos muy justo que la Augusta Cámara a la mayor brevedad y sin vacilación alguna lo declare «Benemérito y Fundador de la Paz».- Mis felicitaciones para los iniciadores de tan magnífica idea.- Corresponsal.

JUSTA PETICIÓN

Oropolí, 16 de diciembre de 1944. — LA ÉPOCA. — Respetuosamente pedimos al Soberano Congreso Nacional que la fecha en que declaró al Excelentísimo General Carías, «Benemérito y Fundador de la Paz», sea declarada fiesta nacional, manera eficaz para hacer extensivo y latente tan justo homenaje en la conciencia de la niñez, con apoyo directo de Maestros de Escuela. — Corresponsal.

SESIONES PATRIÓTICAS

Hemos recibido copias de las Actas de las patrióticas sesiones celebradas por las Corporaciones Municipales y Comités y Subcomités Nacionalistas de la República, con el propósito de solicitar al Congreso Nacional emita decreto declarando al Excmo. Señor Presidente de la República, Dr. y Gral. don Tiburcio Carías Andino, «Fundador y Defensor de la Paz de Honduras y Benemérito de la Patria», honroso y justiciero título que la Representación Nacional Legislativa otorgó recientemente a nuestro Ilustre Gobernante. Acusamos recibo, ahora, de las Actas de las sesiones celebradas por las Municipalidades de Santa Cruz de Yojoa, Potrerillos y Alianza, y por los Subcomités Nacionalistas de los mismos lugares. Largas exposiciones explicativas de los motivos que tienen aquellos organismos para solicitar al Soberano Congreso Nacional el Decreto que hace justicia al más grande de los Mandatarios de Honduras, están contenidas en las Actas, y en ellas también se pide al Alto Cuerpo Legislativo se dé un Voto de Confianza al General Carías A.

PRUEBA INEQUÍVOCA DE SU POPULARIDAD

San Lorenzo, 10 de diciembre de 1944. — LA ÉPOCA. — Se está pidiendo con insistencia al Soberano Congreso Nacional, que se declare a nuestro digno Gobernante «Fundador de la Paz y Benemérito de la Patria», como justa recompensa a sus esfuerzos por conservar inamovible la posición envidiable que hemos alcanzado en el concierto de las naciones civilizadas. La idea ha emanado de algunos municipios y Comités Nacionalistas, de los valientes y patriotas pueblos occidentales y ha sido acogida con entusiasmo en toda la República, lo cual viene a demostrar de manera muy clara y convincente la enorme simpatía y popularidad de que goza el General Carías entre sus gobernados. Hermoso y elocuente es el homenaje que los pueblos agradecidos tratan de hacer al primer Mandatario de la Nación, principalmente en momentos difíciles en que se está jugando el destino de Honduras.

Esa demostración al que se le quiere, se le respalda y se le premian sus patrióticos esfuerzos tan merecidamente, tiene una muy grande significación política y llevará una inmensa satisfacción espiritual al corazón del Jefe Supremo y de sus dignos colaboradores que, como Fernando Zepeda Durón, desde las valientes páginas de LA ÉPOCA, ha orientado muy eficientemente la opinión pública y compactado las milicias nacionalistas en momentos cruciales que amenazaban destruir las conquistas del derecho, de justicia y de civismo, que son actualmente timbre de orgullo de los hondureños. — Redactor Corresponsal.

HA SIDO BIEN ACOGIDO EN EL PAÍS EL MENSAJE DEL PRESIDENTE CARÍAS

San Pedro Sula, 6 de diciembre de 1944. — LA ÉPOCA. — Altamente hemos considerado el Mensaje Presidencial del Dr. y Gral. don Tiburcio Carías Andino, leído el cinco del presente mes en la solemne inauguración de nuestro Augusto Congreso Nacional. En forma somera, como lo dice el Presidente Carías, esboza su gestión oficial como jefe del gobierno hondureño, que a la vista de la nación, ha sido fructífera en todos los ministerios que abarca. La prensa nacional ha venido ilustrando al pueblo hondureño sobre los beneficios que ha alcanzado el país gobernado por el Presidente Carías; por el solo hecho de haber mantenido la paz pública, merece como en efecto ha recibido, el Voto de Confianza de la nación hondureña.

Bajo el imperio de esa bendita paz, el gobierno ha desplegado todas sus energías; ha vibrado el pensamiento y la acción por doquiera en el país, la obra emprendida es vasta, se le ha dado cima a un halagador porcentaje y continúa sin quitar el dedo del renglón el Sr. Presidente Carías para darle feliz término a un programa fecundo, iniciado en 1933. La obra a que nos referimos es la reformación feliz de Honduras y sólo son capaces de hacerla los titanes como él. De espíritu fuerte, de regia voluntad, de patriotismo acendrado y pródigo, de gran valor moral y material, puestos a prueba en todos los problemas públicos que ha resuelto y en todas las situaciones en que ha sido atacada la patria hondureña, defendida por su genial y potente envergadura de gran Presidente. La Contestación al Mensaje Presidencial, por el honorable diputado Presidente, Doctor Plutarco Muñoz P., está acorde con sentimientos de peso y frases contundentes con el Mensaje Presidencial.

En lo que se refiere a los actos no políticos, sino subversivos, ocurridos en el presente año, en esta bendita tierra, el Dr. Muñoz P., como él lo sabe hacer, pone el termocauterio en la llaga fecunda en desaciertos profusamente cometidos por la oposición al gobierno, al Partido Nacional y al pueblo hondureño en general. Desde estas humildes cuartillas y allá por el mes de septiembre último vaticinamos la situación caótica por que atravesaría la república salvadoreña al conjuro de la fragilidad de su exgobernante el General Menéndez, al permitir la prostitución de cierta prensa cuscatleca y haber tolerado actos y movimientos de emigraciones maleantes dentro de su país, observando con esto poca amistad con los gobiernos vecinos y una política completamente divorciada de la pauta señalada en convenciones y tratados americanos, todos inspirados en la magnífica política de buena vecindad, que persigue el mantenimiento imperante o reinado de la paz en cada una de las naciones signatarias, como un principio básico y propósito de amistad sincera entre las naciones americanas, no intromisión en los asuntos internos de todos y cada uno de dichos países. Gracias a Dios debe darle el pueblo salvadoreño que surgiera el valeroso Coronel Osmín Aguirre y Salinas, tomando las riendas del gobierno de su país, salvándolo del estado anárquico en que lo estaban echando la prensa amarillista, los ambiciosos, los eslabones de doctrinas negativas que pueden ser fecundas en otros climas y en otras latitudes, menos en América y excepcionalmente en el istmo centroamericano. Nuestro atinado gobierno, respetuoso, amigo y aliado siempre ha observado una línea de conducta intachable para sus vecinos y amigos y practica fielmente la doctrina rooseveltiana y por ello nosotros siempre hemos pedido que «Nobleza Obliga». — Cornelio R. Alvarado.

Puerto Cortés, 9. — El Mensaje Presidencial del Dr. y Gral. don Tiburcio Carías Andino, presentado al Congreso Nacional en la inauguración de sus sesiones ordinarias, es un brillante documento público de vasta trascendencia política en la vida republicana de Honduras, que al amparo de la bendita paz que sostiene el insigne Mandatario, marcha a pasos lentos pero firmes y seguros, en busca del nivel que le corresponde en el concierto de los países civilizados. El estadista, el republicano, el caudillo, el ciudadano magnánimo y el genuino demócrata se delinean con caracteres visibles de alto relieve en la palabra franca, convincente, sincera, reposada y serena del hombre que al ascender al Poder, encontró la Nación sumida en la miseria y el desbarajuste más espantoso y que con tino y paciencia la está convirtiendo en un emporio de felicidad. — Manuel de J. Bueso.

La Venta, 9. — Con gran interés y satisfacción hemos leído el Mensaje Presidencial del Dr. y Gral. don Tiburcio Carías A., Presidente de la República, ante el Soberano Congreso Nacional el cinco del corriente; en verdad que es un documento histórico de gran valía y que revela a las claras la magna obra realizada por el dinámico Mandatario, a quien con justicia se pide sea declarado «Benemérito de la Patria». Nuestras calurosas felicitaciones. — F. Irías R.

EL NACIONALISMO DE TODO EL PAÍS PIDE UN ACTO DE JUSTO RECONOCIMIENTO PARA EL GENERAL CARÍAS

Juticalpa, 9 de diciembre de 1944. — LA ÉPOCA. — Trascríbole: "Juticalpa, 9. — Alcaldes Municipales entrantes y salientes y Presidentes de Comités Nacionalistas de la República. — Los últimos acontecimientos políticos ocurridos en Centro América han de servirnos de saludable ejemplo. En estos tiempos de crisis, los patriotas esclarecidos escasean. Honduras, tras de muchos desaciertos, encontró la figura mil veces gloriosa de un patricio que la ha sabido llevar por el sendero del honor y del prestigio internacionales. El actual Presidente Constitucional de la Nación, Doctor y General don Tiburcio Carías Andino, cuya actuación hacendaria es ampliamente conocida. Por las razones expuestas, en mi condición de nacionalista y ferviente admirador de la gloriosa personalidad del General Carías, de la manera más atenta lo excito para que celebre una sesión pública, acordando pedir al Congreso Nacional que actualmente sesiona, dar, en nombre del pueblo hondureño, un voto de confianza, lealtad y adhesión al Señor Presidente Carías. Este noble y patriótico gesto en premio de los merecimientos del Mandatario hablará muy claro a los adversarios que ayer no más lo quisieron asesinar, sin pensar en que ese crimen mancharía para siempre la historia patria, cuyas páginas iluminan soles de la talla de don José Cecilio del Valle, Morazán, Cabañas y el seráfico José Trinidad Reyes. Le agradeceré acusarme recibo". — Respetuosamente, — Ernesto Aguilar G.

Villanueva, Cortés, 8. — En nombre del Subcomité Nacionalista Francisco Martínez Funes, de este Distrito, acuerpamos de manera entusiasta la feliz idea de los nacionalistas intibucanos, para que el Dr. y Gral. Tiburcio Carías A., porte el Diploma de «Fundador de la Paz y Benemérito de la Patria». Bien merecida tiene esa distinción el Gran Reformador de nuestra querida Honduras. — Fraternalmente. — P. Madrid h., Presidente Subcomité Nacionalista; José I. Castañeda, Secretario.

Ojojona, 9. — Ayer reunióse en sesión extraordinaria la Municipalidad de este pueblo, con el objeto de elevar al Soberano Congreso Nacional la petición del decreto declarando al Señor Presidente Carías Andino «Fundador de la Paz de Honduras y Benemérito de la Patria». Estuvieron presentes el Presidente del Comité Nacionalista, Comandante Local y muchos nacionalistas que adherímonos pidiendo justicia. — Corresponsal.

Ojojona, 9. — Un grupo de verdaderos nacionalistas de La Esperanza e Intibucá piden al Soberano Congreso Nacional se declare a nuestro ilustre Gobernante, Dr. y Gral. Tiburcio Carías A.,

327

«Fundador de la Paz» de nuestra Nueva Honduras y «Benemérito de la Patria». Como buen nacionalista y servidor fiel a mi Gobierno, excítole para que como un solo hombre apoyemos la petición que el pueblo intibucano hace al Soberano Congreso Nacional, pues muy sabido es que lo que éstos piden para nuestro Gobernante es muy justo, así como todos los demás honores que el Soberano Congreso estime necesarios. — Jesús Velásquez M. y Antonio Hernández N.

Gracias, 9. — El Nacionalismo de esta cabecera departamental se reunió ayer en sesión solemne para pedir al S. C. N. J. declare al Señor Presidente de la República, General Carías A., en recompensa de su atinada gestión administrativa y de haber encauzado la Patria por senderos de orden y progreso, sosteniendo asimismo la paz de la República por doce años, «Benemérito de la Patria y Fundador de la Paz de Honduras». El pueblo hondureño ha llegado ya a educarse en esta escuela de paz implantada por el General Carías; odia la guerra y por lo tanto es enemigo de los trastornadores del orden, pues ha comprendido que solamente el Partido Nacional sabe honrar a la Patria, haciéndola figurar en el concierto de los países civilizados. — T. E. Landaverde.

Villa de San Antonio, 9. — Aplaudimos la iniciativa de los valientes y leales intibucanos, tendiente a pedir al Soberano Congreso Nacional que, atendiendo a sus virtudes ciudadanas y su fecunda y fructífera labor administrativa, se declare «Fundador de la Paz Nacional y Benemérito de la Patria» a nuestro ilustre Mandatario, Dr. y Gral. Tiburcio Carías Andino. — Corresponsal.

San Buenaventura, F. M., 9. — La hermosa idea lanzada en conjunto por Alcaldes y Presidentes de Comités de La Esperanza e Intibucá para que se declare «Benemérito de la Patria y Fundador de la Paz» al Excelentísimo Presidente, Dr. y Gral. Tiburcio Carías A., es el más justo reconocimiento a su fecunda labor en pro de la colectividad hondureña. Este Subcomité hace suya tan plausible iniciativa. — Julián Ordóñez B., Presidente del Subcomité Nacionalista.

Chamelecón, 11 de diciembre de 1944. — LA ÉPOCA. — Este Subcomité Nacionalista y pueblo en general están perfectamente de acuerdo, obedeciendo a sus sentimientos de gratitud y justicia, en que esa Honorable Representación Nacional emita un decreto en el cual conste un voto de confianza y la declaratoria de «Benemérito de la Patria» al Excmo. Señor Presidente Constitucional de la República, Dr. y General don Tiburcio Carías Andino, en atención a su probidad administrativa, al hecho de ser establecedor y sostenedor de la paz nacional, asentando sobre bases inconmovibles, y a su vasta obra de progreso general desarrollada en bien de la Patria; en tal virtud ruego a usted patrocinar la iniciativa introducida por el honorable diputado Profesor Rodolfo Z. Velásquez. Respetuosamente. — Marcelino Murillo P., Presidente del Subcomité Nacionalista.

San Francisco del Valle, 10. — El Nacionalismo de este sector acoge con entusiasmo la magnífica idea de dirigirse al Soberano Congreso Nacional a fin de que declare «Benemérito de la Paz de Honduras» al Dr. y Gral. don Tiburcio Carías Andino. Es muy justo que el pueblo hondureño le demuestre en alguna forma a nuestro Gobernante el cariño y aprecio que merece por tanto beneficio que ha hecho a Honduras. — Afmo. — Constantino Argeñal, Presidente del Subcomité Nacionalista.

Colomoncagua, 9. — Estamos completamente de acuerdo con las Municipalidades y Subcomités Nacionalistas que piden al Soberano Congreso Nacional se declare «Benemérito de la Patria y Fundador de la Paz» al Excmo. Señor Presidente de la República, Dr. Gral. Tiburcio Carías Andino. Magnífico; somos de opinión que honores, méritos y virtudes deben exaltarse en vida. — Corresponsal.

Comayagua, 11. — Entusiasmado acojo idea de rendir justo homenaje al General Carías A., Presidente Constitucional, declarándolo «Benemérito y Fundador de la Paz Hondureña»; bien merecido lo tiene. — Respetuosamente. — Francisco A. Boquín.

San Miguelito, F. M., 11. — Pláceme comunicarle que este Subcomité y la Municipalidad, con concurrencia del nacionalismo, se reunirán en sesión solemne para acordar la petición a la Cámara Legislativa de dar un voto de confianza al Señor Presidente de la República, y que lo declare «Fundador de la Paz y Benemérito de la Patria». — Corresponsal.

Aramecina, 11. — Nada más espléndido que nuestro Soberano Congreso Nacional, como fiel intérprete y legítimo representante del pueblo, declare «Fundador de la Paz de Honduras y Benemérito de la Patria» a nuestro Insigne e Ilustre Varón, Dr. y General Tiburcio Carías A., como justa recompensa a sus sacrificios en bien de esta Patria. — Corresponsal.

San Sebastián, Comayagua, 11. — En estos momentos estamos contemplando el clamor público que se mueve entusiasta en la República, con un ritmo continuo y creciente, haciendo justicia al máximo Gobernante, Dr. y General Carías Andino. Bien merecido es que se le declare «Benemérito de la Patria y Fundador de la Paz Hondureña». — Corresponsal.

El Corpus, 11. — Este Subcomité Nacionalista pide al Alto Cuerpo Legislativo emita decreto declarando al General Carías «Benemérito de la Patria y Fundador de la Paz de Honduras», por tantos beneficios recibidos en su administración. — Respetuosamente. — Juan C. Mondragón, Presidente del Subcomité Nacionalista.

San Pedro Sula, 11. — La atinada petición hecha al Congreso Nacional por el Comité Departamental Nacionalista y Municipalidad de La Esperanza, en sentido de declarar al Presidente de la República, Dr. y Gral. Carías A., ciudadano «Fundador de la Paz y Benemérito de la Patria», es bien aceptada por el laborioso pueblo hondureño. El General Carías Andino, por sus nobles esfuerzos en pro de la Paz y del mejoramiento del país, es digno de la honrosa distinción. El Nacionalismo de Cortés se une en tan justa petición a los valientes intibucanos. — Francisco Castillo O.

Progreso, 11. — Como nacionalistas genuinos y en atención a los méritos del Ilustre Dr. y Gral. don Tiburcio Carías A., pedimos al Soberano Congreso Nacional emita el correspondiente decreto, declarándolo «Benemérito de la Patria, Fundador y Sostenedor de la Paz» que disfruta nuestra querida Honduras. — Amigos. — Heriberto Gavidia, C. Romero, Juan G. Moya, E. Martínez F., A. Serrano Pineda, Julián Alemán, C. M. Alvarado.

ES DE JUSTICIA RECONOCER LOS MÉRITOS DE NUESTRO GOBERNANTE

San Pedro Sula, 12 de diciembre de 1944. — LA ÉPOCA. — Como sólo se sabe escuchar a los héroes, el Caríismo invariablemente leal, de pie, atento y respetuoso, oyó el Mensaje Presidencial pronunciado ante el Soberano Congreso Nacional, por el dilecto Jefe Supremo, Gral. Carías A. Como sus anteriores Mensajes, los cuales serán reducidos a una sola obra de grandes méritos y proyecciones, este último contiene bellos acápites, acerca de lo que realiza y ha realizado su Gobierno en provecho y prestigio de Honduras. Plena confianza tiene el Señor Presidente en que la fuerza, la grandeza y prestigios de su acertada gestión gubernativa residen en las manos del pueblo hondureño, que odia la destrucción y la barbarie y abraza con fervoroso entusiasmo la prolongación de la paz y el continuo éxito de todo aquello que tienda al progreso de nuestra patria. Es gloria para un hijo dignísimo de Honduras, comprender y gobernar a su pueblo en períodos sucesivos de paz, de orden y progreso y por lo que confiamos fundadamente y nos pronunciamos muy de acuerdo en que se le consagre desde hoy, como «Fundador de la Paz y Benemérito de la Patria», seguros de que el Gral. Carías Andino es acreedor a muchos méritos más, cuyos significados no alcanzarán el mérito que merece su amplia, delicadísima y trascendental obra. — Marco A. Rápalo.

La Venta, 12. — La Honorable Corporación Municipal de este pueblo, con asistencia de la Directiva del Subcomité Nacionalista, celebró ayer sesión solemne a pleno cabildo abierto para pedir al Soberano Congreso Nacional declare al Señor Presidente Constitucional de la República, Dr. y Gral. don Tiburcio Carías

Andino, «Benemérito de la Patria y Fundador de la Paz de Honduras», dándole asimismo un Voto de Confianza por sus grandes virtudes y su obra de redención nacional. Esto en honor al mérito. — F. Irías R.

Oropolí, 12. — Municipalidad, Subcomité Nacionalista y numerosos correligionarios dispusimos ayer unir nuestro propósito a los de varios centros políticos y Municipalidades del país, pidiéndole al Soberano Congreso Nacional que declare al Señor Dr. y Gral. don Tiburcio Carías Andino, «Fundador de la Paz y Benemérito de la Patria», en reconocimiento a sus esfuerzos y sacrificios hechos por alcanzar su engrandecimiento, por verla colocada al nivel de sus hermanas del Continente. — F. Mendoza R., Presidente; Arcadio López, Alcalde Municipal; M. Castellanos, Secretario; Juan B. Herrera.

Puerto Cortés, 12. — Estamos porque se conceda a nuestro digno y querido Mandatario el título de «Fundador de la Paz y Benemérito de la Patria». El Soberano Congreso Nacional al satisfacer ese anhelo popular hará justicia a quien justicia merece. — Juana Cerrato.

San Juan, Intibucá, 12. — He visto el libro de consultas hecho por el Coronel Manuel Salgado Z., una obra de importancia para los empleados públicos. Esos son los hombres que el gran «Fundador de la Paz de Honduras» tiene en su gobierno. Todos los hombres del Gobierno del Dr. y Gral. Carías Andino son de experiencia y de tino. Eso es el primer paso del General Carías: de la paz y el adelanto del pueblo hondureño. En este departamento, Intibucá, no hay uno solo que no esté con el General Carías Andino, porque los empleados departamentales, con mucho tino, han sabido llevarse a estos pueblos, a unificarlos en uno solo; nosotros los intibucanos somos los que queremos más al Fundador de la Paz y confiamos en los diputados de nuestro departamento, que en un solo voto, se declare «Fundador de la Paz de Honduras» al Dr. y Gral. don Tiburcio Carías A. ¡Viva el General Carías!, y abajo los enemigos de la paz. — Francisco Jirón Torres, Secretario Municipal.

Fundador y Defensor de la Paz Nacional y Benemérito de la Patria

La Libertad, Comayagua, diciembre 13 de 1944. — LA ÉPOCA. — Este Subcomité Nacionalista y pueblo en general acuerpan la patriótica iniciativa elevada ya por algunas Municipalidades y centros políticos nacionalistas de la República al Soberano Congreso Nacional, en el sentido de declarar «Fundador de la Paz de Honduras y Benemérito de la Patria» a ese gran conductor de pueblos, perínclito ciudadano, Dr. y general, mandatario hondureño, es acreedor a las más grandes y espontáneas muestras de gratitud por parte de sus gobernados. Idea tan feliz como la lanzada por la Municipalidad, Comité y Subcomité Nacionalista de La Esperanza e Intibucá merece el aplauso unánime de todos los buenos hijos de esta Patria que también fue la Patria de Lempira y Morazán, héroes inmortales de cruzadas admirables a quienes la Patria agradecida ha levantado monumentos que perpetuarán sus nombres excelsos a través de los siglos. El pueblo comprensivo de Honduras, haciendo honor al mérito y en justo reconocimiento, está efectuando hechos iguales con nuestro eximio Gobernante, General Carías Andino, que también es nuestro héroe. — Ambrosio Bueso F., Presidente del Comité Nacionalista.

Marale, 13. — La Municipalidad que presido, en sesión de ayer y con la concurrencia de los miembros del Subcomité Nacionalista y vecindario, acordamos pedir a la Augusta Representación Nacional se declare «Benemérito de la Patria y Fundador de la Paz Nacional» al Señor Presidente de la República, Dr. y Gral. don Tiburcio Carías Andino, como un justo homenaje por sus esfuerzos en pro de la paz y progreso espiritual y cultural de la nación hondureña, que vivirá altamente agradecida. — Afmos. — Isidoro Arteaga, Alcalde Municipal. — Ricardo Ramos C., Secretario Municipal.

Sabanagrande, 13. — Honesta, justa y conveniente consideramos la petición que hacen las Municipalidades y Comités Nacionalistas del país, al Soberano Congreso Nacional, rogándole declare al Señor General don Tiburcio Carías Andino, «Fundador de la Paz y Benemérito de la Patria». Nosotros, que hemos sido y somos siempre fieles admiradores de los méritos del General Carías, estamos sinceramente de acuerdo y aplaudimos tan merecido pedimento.

Nuestras entusiastas felicitaciones para el iniciador de esta magna idea. — Terencio Hernández.

Progreso, 13. — El año de 1932 fue una época de grandes sacrificios para Honduras; la sangre de sus hijos corrió a torrentes en todo el país, pero estos sacrificios no fueron estériles, sino que germinaron en una floración magnífica, traducida en una era de paz y grandeza. Embellecimiento de ciudades, propulsión a la educación pública, modernas vías de comunicación sin el costo exorbitante de otrora, incremento a las artes, a la agricultura, etc., todo por la administración honesta de un hombre humilde, pero enérgico: Tiburcio Carías A. Esta era de progreso y de auténtico bienestar nacional es una deuda enorme que gravita sobre los hombros de todos los hondureños y debemos recompensar en parte, pidiendo respetuosamente a ese Augusto Cuerpo emita el decreto respectivo, declarando al General Carías Andino «Benemérito de la Patria y Fundador de la Paz en Honduras». — Enrique Peña, Presidente del Subcomité Nacionalista. — Carlos Arturo Izaguirre, Secretario.

Amapala, 12. — Con verdadero entusiasmo acogemos noble idea del pueblo nacionalista de Intibucá, tendiente a pedir que el Soberano Congreso Nacional declare con sobrada justicia al Excmo. Señor Presidente Constitucional de la República, Dr. y General don Tiburcio Carías Andino, «Fundador de la Paz Nacional y Benemérito de la Patria» y que se le renueve un voto de confianza porque jamás han sido defraudadas las esperanzas del pueblo hondureño cifradas en el Ilustre y probo Mandatario. — Corresponsal.

Yocón, 12. — Como aguinaldo de Navidad anticipado envíoles mi felicitación por sus esfuerzos en bien de la comunidad, la paz y reconciliación nacional, y deseando que su actividad se cimiente en labores del Soberano Congreso Nacional en representación de la comunidad y declarando al General Carías Fundador de la Paz y Benemérito de la Patria. — Corresponsal.

Chamelecón, 12. — La Patria, agradecida, expresa su leal sentir y pensar por medio de la generalidad de sus hijos y quiere premiar a su hijo mimado, el Dr. y General don Tiburcio Carías Andino, quien en ejercicio de la Primera Magistratura de la Nación le prueba su amor ilimitado con un cúmulo inigualado de beneficios; quiere hacerlo legalmente digno de sus honores y por eso pide a sus genuinos Representantes que lo declaren «Benemérito de la Patria», fundando este excelso galardón en tres puntos concretos: probidad administrativa, restablecimiento y sostenimiento de la paz nacional sobre bases inconmovibles y una vasta obra de progreso general; la Patria espera y confía que sus dignos representantes interpretarán fielmente sus anhelos y aspiraciones supremas. — Afmo. amigo. — Marcelino Murillo P., Presidente del Subcomité Nacionalista.

JÚBILO PATRIO POR EL HOMENAJE AL SEÑOR PRESIDENTE GRAL. CARÍAS

Los detalles de la ceremonia fueron bien escuchados por la transmisión de la Estación H.R.N.

Choluteca, 14 de diciembre de 1944. — Señor Fernando Zepeda Durón. — Con verdadera devoción, lealtad y patriotismo bien sentido, escuchó el pueblo de Choluteca el homenaje con que el Soberano Congreso Nacional, obedeciendo al mandato del ochenta por ciento del pueblo hondureño honrado, ha hecho justicia al más ilustre de sus Gobernantes. Nosotros nos adherimos a ese homenaje de todo corazón. Al felicitar al Señor Presidente de la República, felicitamos al Augusto Soberano Congreso Nacional por haber obedecido la voz del pueblo y repetimos el viva difundido hoy en el Salón Azul: ¡Viva el General Carías! ¡Viva la Patria! ¡Viva el gran Partido Nacional! — J. Humberto Hernández.

San Pedro Sula, 14. — Sintiendo no estar con ustedes. Consagración realizada inspirará generaciones futuras. — Conrado Bonilla.

Villanueva, 14. — Alégranos hágasele justicia al querido Presidente. — R. Morel.

Camasca, 14. — Justamente aplaudimos el paso dado por el Soberano Congreso Nacional, declarando «Fundador y Sostenedor de la Paz» y dándole el título de «Benemérito de la Patria» a nuestro ilustre Mandatario, Dr. y Gral. don Tiburcio Carías A. Todo por la voluntad del pueblo hondureño, a quien ha beneficiado sin disputa alguna durante 12 años de paz, progreso y bienestar que es el lema de su Gobierno. Afmo. amigo. — Julián Manzanares G.

Amapala, 14. — Con entusiasmo escuchamos un fuerte núcleo de correligionarios la transmisión del solemnísimo acto de entrega del Decreto en que se da el título de «Benemérito de la Patria y Fundador y Sostenedor de la Paz» a nuestro Ilustre Jefe Gral. Carías. El pueblo amapalino con sinceridad da su aprobación a tan noble gesto, testimoniando una vez más su solidaridad con nuestro eximio Presidente y formulamos votos para que el Todopoderoso prolongue tan preciada existencia. Afmo. amigo y correligionario. — Pedro G. Leitzelar, Secretario del Subcomité Nacionalista «Manuel Bonilla».

Comayagua, 14. — Decreto de la Augusta Representación Nacional ayer, y acto solemnísimo de hoy, acatando la voluntad soberana del pueblo hondureño, hacen honor y justicia al mérito, dando mentís rotundo a la campaña de oprobios, nefasta y calumniosa, de los eternos enemigos de la democracia, lo cual aniquila completamente la perversidad de los cuatro «sacamuelas» emigrados y voluntarios, y destruye inmisericorde sus ambiciones bastardas de predominio y planes siniestros de venganza, odio y muerte. El patriotismo hondureño celebra jubiloso la elocuencia avasalladora del trascendental suceso. — Amílcar Tomé Flores.

Texiguat, 14. — La Municipalidad que presido acoge gustosamente con satisfacción que el Soberano Congreso Nacional en sesión de ayer haya decretado «Fundador de la Paz y Benemérito de la Patria» a nuestro digno Mandatario, Dr. y Gral. don Tiburcio Carías Andino. Jubilosamente celebraremos todo el Nacionalismo de la República tan fausto acontecimiento. Respetuosamente. — Juan A. Oyuela, Alcalde Municipal.

Amapala, 14. — Por todos los ámbitos de Honduras, un estremecimiento de emoción ha sacudido los pechos nacionalistas al saber por la radio que el Congreso Nacionalista, haciéndose eco del sentir general, acordó dar el título de «Benemérito de la Patria», al ilustre Jefe del Partido Nacional y Presidente de la República, General Carías A. Se ha hecho justicia a un patricio excelso con quien el pueblo hondureño tiene una inmensa deuda de gratitud. Afmo. amigo. — P. Aplicano M.

Juticalpa, 14. — Este Comité celebra con júbilo y entusiasmo sincero la muestra de reconocimiento dada a nuestro progresista Gobernante Carías A., al declararlo «Fundador y Sostenedor de la Paz». Los que le hemos acompañado por más de veinte años con verdadera lealtad, sentimos justo orgullo al tener participación en el merecido homenaje que hoy se tributa al hombre que ha hecho y logrado el mayor esfuerzo en favor de la paz, conquista que estamos dispuestos a sostener en todo momento. Afmo. amigo. — D. Bustamante Corrales.

Choluteca, 14. — Nuestro Jefe, el «Benemérito de la Patria y Fundador y Sostenedor de la Paz Nacional» pronunció hoy efusivas y calurosas frases para nuestros conciudadanos. Ellos, con la idea dispersada por el Excelentísimo Dr. y Gral. don Tiburcio Carías A., están unidos con la potente fuerza molecular, para defender en masa compacta el progreso y la paz que él ha sabido implantar a la «Nueva Honduras». Nosotros, como empleados del Gobierno actual, nos sentimos orgullosos de pertenecer a una causa inquebrantable a través de las centurias. Siempre unidos por el lazo indivisible de nuestro Partido Nacional y nuestro Jefe General Carías A. — Respetuosamente. — Tomás B. Narváez.

Es un acto de reconocimiento nacional muy justo y sincero
Santa Bárbara, 14 de diciembre de 1944. — LA ÉPOCA. — Los hondureños honrados que reconocemos el esfuerzo gigantesco y patriótico que viene haciendo nuestro Ilustre Mandatario, Dr. y Gral. don Tiburcio Carías Andino, desde el primer día en que asumió la Primera Magistratura del Estado, llenos de la mayor satisfacción nos

adherimos a la justa petición de los pueblos que piden de la Augusta Representación Nacional se le declare «Benemérito de la Patria». Al dar este paso, el Soberano Congreso Nacional responderá al buen sentir de los hondureños y hará justicia al Supremo Jefe de la Nación, que ha sabido mantenerla en la paz por espacio de largos años, encauzándola por el sendero del trabajo, base del progreso de los pueblos. — Afmo. amigo. — Manuel M. Trejo, Jefe del Concejo.

Curarén, 14. — Merecido es que el Soberano Congreso Nacional declare al Dr. y Gral. don Tiburcio Carías Andino, «Fundador de la Paz y Benemérito de la Patria»; nada más lógico ante su profícua labor durante sus once años de Administración Presidencial. Así lo pedimos en compensación a tan grandes favores hechos a la Nación. — Corresponsal.

Yuscarán, 14. — El Señor General Tiburcio Carías A. tendrá que aceptar las exigencias de su pueblo; su decoro, su vasta experiencia en la dirección administrativa y su recia integridad moral son perfectamente comprendidas por sus conciudadanos que ejercen el libre derecho de elegir; con el gesto unánime que culminó en decreto histórico emitido por el Soberano Congreso Nacional, declarándolo «Fundador y Defensor de la Paz y Benemérito de la Patria», queda indicada la conformidad y disposición del pueblo para sostenerlo en el poder y continuar obra de verdadera confraternidad nacional. — Rosalío Benítez M.

Tocoa, 14. — Honduras, nuestra amada Patria, se siente orgullosa porque uno de sus hijos ha sido declarado «Fundador y Defensor de la Paz y Benemérito de la Patria» por el Soberano Congreso Nacional en Decreto emitido el día de ayer, y es él nuestro Ilustre Gobernante, Dr. y Gral. Tiburcio Carías A., porque es el único hombre que, estando en la Presidencia de la República, ha sabido mantener durante casi 12 años la bendita paz de que disfrutamos. El Partido Nacional está de plácemes. — A. Banegas, Gustavo Recarte.

San Marcos de Colón, 14. — Con verdadero entusiasmo hemos escuchado los actos realizados en la entrega al Señor Presidente de la

República, Doctor y General Tiburcio Carías Andino, del decreto por el cual se le declara «Fundador y Defensor de la Paz de Honduras y Benemérito de la Patria», actos que con justicia es acreedor tan Ilustre Mandatario. Nacionalistas de plácemes por tan atinada disposición. — Afmo. — Félix Pedro Pinel Peña, Alcalde Municipal.

Juticalpa, 14. — Por radio escuchamos hoy vibrante discurso del Dr. Plutarco Muñoz P., en el Salón Azul de Casa Presidencial, al hacer entrega del Decreto emitido por la Asamblea Legislativa, declarando al Gral. Carías Andino «Fundador y Defensor de la Paz de Honduras y Benemérito de la Patria». También escuchamos la respuesta del Mandatario, toda sinceridad y elocuencia. — Corresponsal Especial.

Campamento, 14. — Este Corresponsal expresa su agradecimiento al Soberano Congreso Nacional, por haber oído la voz del Nacionalismo hondureño, pidiendo con verdadera justicia el decreto emitido ayer, honra trascendental para nuestro Ilustre Presidente y querido Dr. y Gral. don Tiburcio Carías Andino. La Patria reconocida conservará en su historia la fecha de ayer. — Corresponsal.

La Ceiba, 14. — El personal docente de la Escuela de Niñas «Atenea», sinceramente felicita a los miembros del Congreso Nacional por haber interpretado fielmente el sentimiento del pueblo hondureño, declarando en esta fecha «Fundador y Defensor de la Paz y Benemérito de la Patria» a nuestro Ilustre Gobernante, Dr. y Gral. Tiburcio Carías Andino, como un merecido honor a su patriótica, pacifista y magna administración. Este es un acto que demuestra el civismo del pueblo hondureño. — Rosa Isolina Meza, Directora.

Juticalpa, 14. — Muy merecido que el Soberano Congreso Nacional haya emitido decreto declarando al General Carías «Fundador y Defensor de la Paz y Benemérito de la Patria». Por ello enviámosle nuestra sincera felicitación, aprovechando la ocasión para reiterarle nuestra lealtad incondicional a su Gobierno. — Respetuosamente. — Fernando Figueroa, Director del Instituto «La Fraternidad»; Z. Álvarez G., Secretario.

Pespire, 14. — Con la paz, todos ganamos. Grandes y chicos necesitamos paz, para aprovechar sin zozobras el sudor de nuestro trabajo; por eso, brotan espontáneos y entusiastas aplausos por el Decreto del Soberano Congreso Nacional, declarando «Fundador y Defensor de la Paz Nacional y Benemérito de la Patria» al Excelentísimo Señor Presidente, General Carías Andino. — Corresponsal.

Nacaome, 14. — El Nacionalismo de este departamento ha recibido con júbilo el Decreto del Soberano Congreso Nacional declarando «Fundador de la Paz y Benemérito de la Patria» a nuestro querido Gobernante. — Afmo. — L. Chávez M.

Marcala, 14. — El pueblo hondureño, por medio del Soberano Congreso Nacional, ha patentizado una vez más su cariño, reconocimiento y lealtad al Ilustre Dr. y Gral. Tiburcio Carías Andino, proclamándolo «Fundador y Defensor de la Paz y Benemérito de la Patria», por sus excepcionales dotes para dirigir la Nación por el sendero del bien y prosperidad. — Evaristo Martínez V.

Sulaco, 14. — Conforme los deseos expresados por el pueblo hondureño, conocedor de las cualidades morales y capacidad del gran estadista, Dr. y Gral. Tiburcio Carías Andino, el Soberano Congreso Nacional lo declaró el día de ayer «Benemérito de la Patria, Fundador y Defensor de la Paz Nacional». Tan justo homenaje nos llena de placer, pues indiscutiblemente sus dotes de hombre de Estado han contribuido a que la paz se mantenga inalterable y a que Honduras resurja de la postración en que la dejaron las pasadas guerras intestinas. — Atentamente. — Corresponsal.

La Unión, Copán, 14. — Municipalidad que tengo el honor de presidir patentiza a Ud. calurosas felicitaciones por haberle declarado la Representación del pueblo hondureño «Fundador y Defensor de la Paz de Honduras y Benemérito de la Patria», en Decreto Legislativo emitido el día de ayer, aprovechando al mismo tiempo la oportunidad para darle un voto de confianza a su Gobierno, ofreciéndole verdadera lealtad y formulando votos por su ventura personal para bien de nuestra Patria. — Respetuosamente. — Eleuterio Valenzuela, Alcalde; Horacio Sánchez, Secretario; Miguel Tábora G., Presidente del Subcomité Nacionalista; J. Eliseo Reyes, Secretario.

San Pedro Sula, 14. — Pueblo hondureño es siempre leal a nuestro Jefe. Homenaje de hoy, por medio de los representantes de la voluntad popular, es elocuente y sincero. Lo saludo afectuosamente. — Rosalio C. Iraheta.

AMBAS COSAS SE PUEDEN

Santa Ana, F. Morazán, 12. — LA ÉPOCA. — De la mayoría de los pueblos se reciben circulares donde se refleja el agradecimiento que tienen para la atinada administración del Señor Presidente, General Carías Andino, y piden al Soberano Congreso Nacional lo declare «Benemérito de la Patria y Fundador de la Paz», todo eso y mucho más merece el General Carías Andino y lo agradecerá infinitamente, pero más agradecerá que se le sea fiel y que no se le estorbe en su labor de engrandecer al país, que no se le tienda la mano con sonrisa en los labios y ponzoña en el corazón. — Froylán S. Núñez, Secretario Municipal.

FERVOROSO REGOCIJO POPULAR EN TODO EL PAÍS POR EL JUSTO HOMENAJE DEL CONGRESO AL PRESIDENTE CARÍAS

Esparta, 15 de diciembre de 1944. — LA ÉPOCA. — El Decreto emitido por el Soberano Congreso Nacional, por unanimidad, declarando «Benemérito de la Patria, Fundador y Defensor de la Paz de Honduras», al Doctor y General Tiburcio Carías A., en actuación como Presidente Constitucional de la República, es una prueba elocuente de lealtad y cariño que el pueblo consciente profesa a nuestro probo Mandatario. Este Subcomité Nacionalista y Corporación Municipal felicita cordialmente a la Cámara Legislativa por ese acto de verdadera justicia que redundará siempre en beneficio de la Patria. — Afmo. — Candelario Baquedano, Alcalde Municipal y Presidente del Comité Nacionalista.

Choluteca, 15. — Nos ha llenado de inmensa satisfacción el acontecimiento trascendental de ayer, cuando el Soberano Congreso Nacional depositó en manos de nuestro Ilustre Gobernante, Dr. y Gral. Tiburcio Carías Andino, el Decreto declarándolo «Fundador de la Paz de Honduras y Benemérito de la Patria», documento firmado en momentos tan difíciles y que el pueblo ha querido demostrarle así su adhesión y reconocimiento por sus grandes sacrificios por la Patria. — Corresponsal.

San Pedro Sula, 15. — Pueblo intibucano ha conquistado puesto prominente en la historia de Honduras; fue allí donde nació la idea de declarar al Dr. y Gral. Carías «Fundador de la Paz y Benemérito de la Patria». A Intibucá le sonríen fulgores de un porvenir glorioso, desde que el Profesor don Rodolfo Z. Velásquez, el Licenciado G. Cantarero Palacios y Licenciado José María Palacios aparecieron en la escena política en tierra del durazno y han encauzado ese valiente pueblo por la senda del progreso, y hoy es el bastión formidable del gran Partido Nacional que ha venido a enriquecerse más con el ingreso a sus filas del talentoso escritor y financista Profesor Daniel Hernández. Nacionalismo de Cortés estrecha la mano fuertemente de sus hermanos intibucanos y felicítalos por loable consagración al Señor Presidente de la República. Intibucanos heroicos, que como odiáis la guerra, ¡defendéis la paz! — Juan E. Fajardo, Profesor de la Escuela «José Cecilio del Valle».

Puerto Cortés, 15. — La declaratoria de nuestro Excmo. Gobernante, «Fundador de la Paz y Benemérito de la Patria», nos llena de regocijo y lo felicitamos de todo corazón por tan merecido honor. — Juana Cerrato.

San Pedro Sula, 15. — Bien merecido tiene el Gobernante modelo el alto honor que le tributa la Nación por medio de sus legítimos representantes. En sereno y amplio análisis de la actuación de los Presidentes que ha tenido Honduras, honradamente debe admitirse que ninguno ha hecho por su Patria lo que el General Tiburcio Carías Andino. Sus méritos y sus virtudes lo han convertido en el hombre símbolo de la República, y ahora la Augusta Asamblea Nacional, haciéndose eco del sentir del pueblo hondureño, lo consagra e inmortaliza. Un hurra para el Soberano Congreso justiciero y loor al Caudillo ungido por los pueblos! — Napoleón Paz Paredes.

San Francisco, Atlántida, 15. — Este Subcomité y Nacionalismo de este pueblo, aunque no conoce el Decreto declarando «Fundador y Defensor de la Paz de Honduras y Benemérito de la Patria» a nuestro esclarecido Mandatario y Jefe Supremo del Partido Nacional, Doctor y General Tiburcio Carías A., aplaude tan merecida designación, agradeciendo sinceramente a la Augusta Representación de la Cámara Legislativa por haber satisfecho los anhelos del pueblo hondureño, emitiendo el decreto apetecido. Un saludo cordial para todos los patrocinadores de este glorioso y merecido honor. — Leandro Garay, Presidente del Subcomité Nacionalista; Carlos Hernández, Secretario.

En Centro América fue escuchada también la palabra del Mandatario

Managua, 14 de diciembre de 1944. — Señor Fernando Zepeda Durón. — Tegucigalpa. — Escuché la radiodifusión del brillante acto en que le fue entregado al Sr. Presidente Carías el Decreto en que el Congreso Nacional, haciéndole merecida justicia, le otorgó el título de «Fundador y Defensor de la Paz de Honduras y Benemérito de la Patria». Agradecido por haberme avisado a tiempo para oír los patrióticos discursos que se pronunciaron en aquel acto. — Afmo. amigo. — Julián López Pineda.

Guatemala, 15. — Sr. Fernando Zepeda Durón. — Tegucigalpa. — Complacido por la actitud del pueblo hondureño y esa Asamblea Legislativa. — Afmo. amigo. — L. Milla Cisneros.

Seguridad Pública, Costa Rica, 15. — Sr. Fernando Zepeda Durón. — Tegucigalpa. — Muy bueno y muy justo el homenaje que tributó el Congreso a nuestro querido Jefe. Que sirva eso para destruir las calumnias que le lanzan los enemigos desde el exterior. — Abrazos. — José María Zepeda, Ministro de Honduras.

EN TODO EL PAÍS SE APLAUDE EL DECRETO QUE CONSAGRA AL GRAL. CARÍAS COMO FUNDADOR Y DEFENSOR DE LA PAZ DE HONDURAS Y BENEMÉRITO DE LA PATRIA

Comayagua, 15 de diciembre de 1944. — LA ÉPOCA. — El Soberano Congreso Nacional, interpretando fielmente el sentir de la gran mayoría del pueblo hondureño, ha declarado «Benemérito de la Patria, Fundador y Defensor de la Paz» al Señor Presidente de la República, Dr. y General Tiburcio Carías Andino. El Jefe de la Nación debe sentirse muy satisfecho; satisfechos deben estar también los señores diputados y satisfecha está el alma colectiva de la nación, al contemplar realizados sus anhelos. Se ha hecho justicia al mérito; se ha dado al César lo que es del César, y se ha elevado con ese acto esplendoroso y magnífico la dignidad de la República. El gran patricio que dirige con mano certera los destinos de Honduras, ve traducido en un gesto de alto valor cívico el reconocimiento de su pueblo, y mañana, cuando su efigie del repúblico eminente sea recogida por el mármol y el bronce, carne de próceres, las generaciones futuras se detendrán a contemplarlo reverentes en su augusta serenidad, para escuchar de sus labios de piedra una muda pero elocuente lección de civismo. Francisco Morazán, el mártir de San José, inmolado en aras del ideal centroamericano, dijo al morir, desde las alturas del cadalso: LA POSTERIDAD NOS HARÁ JUSTICIA, y allí está mi México, ese gran país, como abanderado de América, erigiendo en Monterrey monumentos soberbios, dignos de la memoria del héroe. Tiburcio Carías Andino va también tras el ideal de una patria superior, a la que ha dedicado todas sus energías y debe estar seguro de que, al final, tendrá también su recompensa. Muchos serán los sinsabores que quizá le esperen, muy grandes los escollos que tendrá que vencer, pero debe tener presente que, si tras de cada idea de redención se perfila la silueta de una cruz, tras de la nube negra está la estrella y tras del martirologio está la gloria. El Partido Nacional está de plácemes y reagrupándose en estos momentos alrededor de su Jefe Supremo levanta en alto la bandera Azul y Blanco de la Patria y entona con delirante entusiasmo la Marsellesa de la paz. — Armando Bardales C., Secretario del Comité Departamental Nacionalista.

Tutule, 15. — El decreto de nuestro Soberano Congreso Nacional, declarando al Presidente General Tiburcio Carías Andino «Fundador y Defensor de la Paz de Honduras y Benemérito de la Patria», responde al sentimiento unánime del pueblo hondureño y realiza un acto de positiva justicia, reconociendo el acertado manejo que del gobierno ha hecho aquel Ilustre ciudadano. Ojalá todos los hondureños pudieran acudir a esta Honduras buena a colaborar honradamente por su engrandecimiento, tranquilidad y honor, antes que satisfacer ambiciones puramente personales, a costa de la salud de la patria. — J. Adán Suazo, Secretario del Subcomité Nacionalista.

San Manuel, Cortés, 15. — Pueblo de San Manuel, leal Nacionalista y furibundo cariísta, está de plácemes por designación hecha por el Soberano Congreso Nacional, llamando a nuestro amado Jefe General Carías A., «Fundador y Defensor de la Paz y Benemérito de la Patria». ¡Viva Honduras redimida! Correligionario. — Luis C. Sunsin.

Comayagua, 15. — Significativo decreto del Soberano Congreso Nacional, declarando al Señor Presidente de la República, Dr. y Gral. don Tiburcio Carías Andino, «Fundador y Defensor de la Paz de Honduras y Benemérito de la Patria», es plenamente justiciero y recoge y refleja a exactitud el sentir, pensar y querer de la inmensa mayoría del pueblo hondureño, que ve en el Gral. Carías el único hombre que, en más de cien años de vida libre del país, ha logrado fructuosamente mantener la tranquilidad nacional por casi tres lustros históricos, en que, como consecuencia, el progreso en todas sus fecundas manifestaciones es una realidad tangible y provechosa. Bello gesto de la Asamblea Nacional es muy democrático y pone de manifiesto alteza de corazón, palpitante a pleno diástole de amor por el caro terruño. Es confortante ver y tocar como el Partido Nacional y sus hombres hacen patria. — Jesús E. Alvarado Lozano.

Juticalpa, 15. — Con profundo regocijo, el nacionalismo de esta ciudad, en sesión celebrada al efecto, ha aplaudido el patriótico gesto de nuestra Representación Nacional, que interpretando la sagrada voluntad de todo un pueblo ha declarado al Gral. Carías «Fundador y Defensor de la Paz de Honduras y Benemérito de la Patria» y con delirante entusiasmo que producen las causas nobles y justas, ha acordado, como un reconocimiento a sus grandiosos esfuerzos en el logro del mantenimiento de la paz y tranquilidad pública, durante un período de once años y la incomparable labor que ha desarrollado en los distintos ramos de la administración pública, llevando a la práctica un plan de completa reconstrucción nacional, que toda la elocuencia será poca para ensalzar su nombre en las páginas límpidas de nuestra historia, elevar estas frases hasta su augusta persona como el fiel testimonio de la más fervorosa y cálida felicitación del nacionalismo olanchano. — Francisco R. Bú, J. Antonio Navarro, Yanuario Paz M., M. Reyes S., A. Cardona P., A. Romero Z., Pablo E. Ayes, Armando Sarmiento, Ramón Rodríguez, Melitón R. Barahona, José María Guifarro, Carlos González S., José Manuel Ayala, Ramón Cruz Q., C. Ulises Cruz, Z. Álvarez G., Edgardo Ayes R., R. Raudales O., Antonio Garay Guerrero, Arturo Cerna M., José Antonio Banegas A., Mónico Cardona, Rafael A. García, Miguel Ángel Osorio, Francisco Canales Santos, Arturo A. Castro, A. Lobo C., R. Ramos, J. Manuel Zelaya, Rafael Murillo Cruz, R. Cálix Palma, Tomás González, José Rodríguez M., Félix Cerna, Ismael Zapata Cálix, J. Antonio Matute, Ulises Miralda, H. Pavón R., Alfredo Cerna O., Alfonso Rosales G., Roberto Gálvez C., Francisco Cálix Cubas, E. Muñoz Z., Maximiliano Lanza M., Manuel Gálvez, José E. Sánchez, Miguel Castellanos R., P. Medina, Jesús Castro M., M. Mendoza G., R. H. García, Bonifacio Salinas, Miguel A. Cardona, Manuel J. Mejía, Adán Girón L., José María Figueroa, Encarnación Meza R., F. Antonio Padilla, Edgardo Mejía Cáceres, A. Sarmiento B., Guillermo García B., E. Mazzoni R., R. Mondragón, S. García, Ramón Castellón, Ricardo Funes, Juan A. Murillo, Francisco Montes A., Fausto Rivera, Luis Peralta, Néstor Montes, D. Mencía, Eduardo Montes A., Humberto Sarmiento, Ramón Lanza M., Héctor Tróchez. — Respetuosamente. — D. Bustamante Rosales, Fernando Figueroa, Presidente y Secretario del Comité Departamental Nacionalista.

Chamelecón, 15. — Ser justo es ser agradecido, es ser noble, es ser grande, es tener un corazón virtuoso propicio a todos los anhelos redentores; el justo resplandece como el sol en el cenit de su carrera y atrae hacia él, como el imán al hierro, la admiración y simpatía de los demás; el Poder Legislativo, representante de la Soberanía Nacional, ha observado una actitud tal que toda la nación admira y aplaude, al dar un voto más de simpatía y declarar «Benemérito de la Patria y Fundador y Defensor de la Paz Nacional» al Excelentísimo Señor Presidente de la República, Dr. y General Tiburcio Carías Andino; ha sabido interpretar fielmente el sentir y pensar de la inmensa mayoría de los hondureños que pidió a gritos honor y justicia para el hombre único que ha sabido corresponder con creces a sus anhelos de engrandecimiento nacional y de su propio bienestar; loores y admiración para nuestros dignos representantes y felicitación muy sincera para el hombre que es objeto de toda nuestra simpatía, agradecimiento, respeto y admiración. — Afmo. amigo. — Marcelino Murillo P., Presidente del Subcomité Nacionalista.

Juticalpa, 15. — Como una sola voz así pidieron los pueblos al Soberano Congreso Nacional declarara al Presidente de la República, Gral. Tiburcio Carías A., «Fundador y Defensor de la Paz y Benemérito de la Patria». El Honorable Congreso ha respondido a los ideales patrióticos del pueblo hondureño que tiene gratitud para el Mandatario. — Tomás González.

Guanaja, 15. — No hay duda que oír la voz del pueblo, es la voz de Dios, es justo y razonable, en este concepto al emitir decreto el Soberano Congreso Nacional, declarando «Fundador y Defensor de la Paz de Honduras y Benemérito de la Patria» al Ilustre ciudadano, Dr. y Gral. Tiburcio Carías Andino, habrá hecho justicia por ser muy razonable la petición de la mayoría de los hondureños. Por tan acertada resolución nuestras mayores congratulaciones. Atentamente. — A. B. Merren, Alcalde Municipal. — M. L. Borden, Presidente Subcomité Nacionalista. — Julio C. Alcerro, Secretario.

Pespire, 15. — Toda Honduras está de gala con motivo del Decreto Sexto del Honorable Congreso Nacional; con esto, lo que en verdad se ha hecho, es justicia con el General Carías. Hasta en el lugar más humilde se celebró con bailes y paseadas. Muy acertadas las insinuaciones de los diputados Alvarado y Tábora Solares. Hay muchos bamboleones y otros que deben sustituirse en bien y compactación de nuestra causa. ¡Viva Honduras. Viva nuestro Benemérito General Carías! — Víctor M. Narváez, Secretario del Subcomité Nacionalista.

Amapala, 14. — No debemos conformarnos con que el Soberano Congreso Nacional haya declarado solemnemente «Fundador y Defensor de la Paz de Honduras y Benemérito de la Patria» a nuestro digno Presidente Constitucional, Dr. y General Tiburcio Carías Andino, quien en doce años de labor administrativa ha hecho lo que en cincuenta años atrás no han hecho todos sus antecesores. Debemos establecer en nuestros centros de enseñanza y especialmente en la niñez, el culto a la estimación y veneración al General Carías Andino, enseñándoles prácticamente como una lección objetiva cuáles son los beneficios que ha hecho a la Patria. El Ministerio de Educación Pública debía de dar algunas disposiciones sobre el particular. El adoquinado y pavimentación de esa capital son dos obras gigantescas que inmortalizarán la Administración del Presidente Carías Andino, obras que por su grandeza y magnitud ningún Gobierno había tenido el valor y decisión de enfrentarlas. — Justo Abarca R., Presidente del Subcomité Nacionalista.

EL PUEBLO HONDUREÑO ACOGE CON BENEPLÁCITO EL DECRETO CONSAGRATORIO DEL GRAL. CARÍAS, COMO "FUNDADOR Y DEFENSOR DE LA PAZ DE HONDURAS Y BENEMÉRITO DE LA PATRIA". FELICÍTASE A LOS SEÑORES DIPUTADOS

Güinope, 14 de diciembre de 1944. — LA ÉPOCA. — Los amigos del gobierno que preside el Dr. y Gral. don Tiburcio Carías Andino felicitamos a los diputados del Soberano Congreso Nacional, por trascendental Decreto declarando «Fundador y Defensor de la Paz de Honduras y Benemérito de la Patria» al Excmo. Dr. y Gral. don Tiburcio Carías A., acto de reconocimiento ante los hechos y de merecida justicia en honor a sus ejecutorias, por lo que le damos nuestro voto de confianza a tan ilustre Gobernante; todo por el bien de Honduras. — Camilo E. Núñez, Alcalde Municipal.

Lamaní, 14. — En nuestra ubérrima tierra jamás un pueblo agradecido ha hecho patente su gratitud sincera a un Gobernante hondureño ni tampoco declarado «Fundador y Defensor de la Paz de Honduras y Benemérito de la Patria», como lo ha hecho la heroica y hermosa tierra de Lempira con el Gral. Carías Andino. Desde la época en que nuestros pueblos adquirieron su libertad y se dan gobiernos que merecen y desean, la historia política de los tiempos no guarda en sus páginas un acontecimiento en que un pueblo, como gratitud y voluntad, dé honor a un Gobernante ejemplar. Así también a Ud. impondrá el mismo pueblo una medalla de reconocimiento por su labor de avanzada en el periodismo. Atte. — T. M. Bulnes.

San José del Potrero, 14. — Pueblo regocíjase con el Decreto de la Honorable Asamblea Nacional haciendo justicia a nuestro querido Jefe Gral. Carías Andino, por sus altos e indiscutibles méritos. Deseamos a la Asamblea labor fructífera. — Corresponsal.

San Juancito, 14. — La voluntad soberana del pueblo ha sido fielmente cumplida, al declarar el Honorable Congreso Nacional «Fundador y Defensor de la Paz de Honduras y Benemérito de la Patria» a nuestro amado y probo Gobernante, Dr. y Gral. Tiburcio Carías Andino; ésta es la mejor y más concluyente contestación del trabajador y honrado pueblo hondureño a los insultos y ofensas de los pocos colorados y traidores, mercaderes de sangre y enemigos del orden, del bienestar y de la bendita paz de que actualmente goza esta amada Patria. Nuestro corazón entusiasmado bate palmas jubilosamente enviando en este histórico día un fuerte abrazo fraternal a todos los leales correligionarios y amigos. — Juan José Molina, Presidente del Subcomité Nacionalista.

Choluteca, 14. — Los pueblos de este departamento celebran con júbilo el justo homenaje que el Honorable Congreso Nacional ha hecho al Señor Gral. don Tiburcio Carías Andino, interpretando fielmente el sentimiento de los pueblos. Atentamente. — Rubén Sánchez.

La Esperanza, 14. — El Soberano Congreso Nacional decretó ayer trascendental acto de justicia y merecimiento, declarando al Presidente de la República Gral. Carías A., «Fundador y Defensor de la Paz de Honduras y Benemérito de la Patria», a pedimento de Municipalidades y centros políticos Nacionalistas del país. La Paz que disfrutamos es nuestro mejor y legítimo orgullo. — Corresponsal.

Morocelí, 14. — Con beneplácito recibimos noticia de que el Soberano Congreso Nacional, interpretando fielmente la voluntad de los nacionalistas, ha hecho honor al mérito declarando «Benemérito de la Patria y Fundador de la Paz» a nuestro digno Presidente Gral. Carías. Pueblo en general contento con la paz de que disfrutamos, que aunque los enemigos no lo crean es una tangible realidad. — J. Cruz Borjas, Alcalde Municipal.

La Paz, 14. — Batimos palmas jubilosamente porque en sesión de ayer el Soberano Congreso Nacional declaró «Benemérito de la Patria y Fundador de la Paz» a nuestro Eximio Mandatario, Gral. Tiburcio Carías A., satisfaciendo así los anhelos y aspiraciones del pueblo hondureño. Con esto queda desvirtuada una vez más la nefasta propaganda que, fuera del país, hacen los enemigos de Honduras y de su Gobierno. — Corresponsal.

Santa Ana, F. M., 14. — Llenos de profundo regocijo hemos recibido la circular en que nos comunica que el Soberano Congreso Nacional, haciendo justicia al reclamo de los pueblos, ha emitido Decreto declarando al Gral. Carías Andino «Fundador y Defensor de la Paz y Benemérito de la Patria». Agradecemos a los honorables representantes haber atendido la súplica de todos los hondureños honrados que reconocen la labor de nuestro querido Presidente, Gral. Carías Andino. — Abraham Ordóñez Z., Alcalde Municipal.

San Lorenzo, 14. — Ayer fue proclamado por la Augusta Asamblea Nacional y por mandato del pueblo hondureño, «Fundador de la Paz y Benemérito de la Patria», el Gral. don Tiburcio Carías Andino. El Partido Nacional está de plácemes y demuestra a los eternos enemigos de Honduras que los hondureños todos rodean, quieren y sostienen en el poder al Gran Patricio, Gral. Carías Andino. Así es que resignación cristiana les pedimos a Zúñiga Huete, Callejas y a todos los brazos caídos del cuatro de julio, pues la esperanza de llegar al poder deben borrarla para siempre. ¡Amén! — Corresponsal Especial.

Camasca, 14. — Entendido de su circular de ayer. El pueblo hondureño, haciendo justicia al varón más grande de la Patria, lo ha pedido así y porque lo merece, ese Soberano Congreso Nacional ha expedido un Decreto trascendental al declarar «Benemérito de la Patria» al Dr. y Gral. don Tiburcio Carías Andino y por tal, doy a Ud. y demás honorables representantes mi voto de felicitación, aplaudiendo dicho acontecimiento. Afmo. amigo. — Julián Manzanares G.

Nacaome, 14. — Entendido de su atenta circular de ayer. Estamos atentos a escuchar los actos que se llevarán a cabo en ese momento histórico, de muy justo y patriótico reconocimiento hacia la persona del querido Jefe, Dr. y Gral. don Tiburcio Carías Andino. Atte. — Julio César Vijil.

Oropolí, 14. — Nuestras felicitaciones para el gran Patricio Gral. Carías, por habérsele declarado «Benemérito y Fundador de la Paz». El Soberano Congreso Nacional deja escrito su nombre en el corazón de todos aquellos que ayer pedimos que hiciera tan justo homenaje al hombre máximo de esta Honduras querida. Sinceramente reitérole mi adhesión. — Corresponsal.

El Decreto consagratorio al Gral. Carías es acogido
con beneplácito por la Nación

Marcala, 15 de diciembre de 1944. — LA ÉPOCA. — Gratamente complacidos felicitamos al Soberano Congreso Nacional por haber declarado «Fundador y Defensor de la Paz de Honduras y Benemérito

351

de la Patria» al Dr. y Gral. don Tiburcio Carías Andino, homenaje bien merecido para tan ilustre y distinguido Gobernante. Bendita sea la paz. — Corresponsal.

Tela, 15. — Todo el Nacionalismo de este sector está de plácemes por la patriótica y trascendental resolución del Soberano Congreso Nacional, declarando al ciudadano Presidente de la República, General Tiburcio Carías Andino, «Fundador y Defensor de la Paz de Honduras y Benemérito de la Patria». Ese célebre Decreto del Congreso cristaliza las aspiraciones sinceras del pueblo hondureño honrado, amante de la paz y de la felicidad de la Patria. El día de ayer será de grandeza en nuestra historia porque marca la etapa de glorificación excelsa de un gobernante popular. ¿Qué dirán los enemigos del actual régimen y agitadores en el exilio con esta nueva muestra de lealtad y adhesión del pueblo hondureño a su digno Gobernante? Felicitamos muy cordialmente al General Carías y al Soberano Congreso Nacional por este acto patriótico. Afmo. amigo. — Juan A. Mendoza.

Lepaterique, 15. — Nada más justo que la Honorable Representación Nacional declare «Fundador y Defensor de la Paz de Honduras y Benemérito de la Patria» a nuestro probo Gobernante, Dr. y Gral. Tiburcio Carías Andino. Los siglos venideros no callarán la obra del patricio esclarecido, que está en el seno de los hondureños. — Corresponsal Viajero.

El Corpus, 15. — Hemos tomado nota de que el Soberano Congreso Nacional, atendiendo la voluntad del pueblo hondureño, declaró el 13 del corriente mes «Fundador y Defensor de la Paz de Honduras y Benemérito de la Patria» al Gral. Tiburcio Carías A., quien como piloto y Jefe Supremo del Gobierno ha sabido dirigir bien los destinos de nuestra querida Honduras. Afmo. — Francisco A. Mondragón, Secretario Municipal; Benicio Maradiaga, Alcalde Municipal.

San Lorenzo, 15. — Una vez más demuestra el pueblo hondureño su cariño al General Carías Andino. El Soberano Congreso Nacional entregó ayer el gran Decreto en que el Pueblo y Partido Nacional lo declara «Fundador y Defensor de la Paz y Benemérito de la Patria»; la obra del General Carías está palpable y no habrá medio de que los colorados y callejistas puedan desvirtuar la obra gigante de este gran Patricio y roguemos al Gran Arquitecto del Universo para que le dé más vida y para que de una vez por todas termine su obra de progreso nacional. El General Carías Andino ha sido el único Presidente de Honduras que ha sido merecedor de la más alta confianza de su pueblo y será en la Historia el más grande abanderado de la paz, progreso y libertad. Felicitamos al General Carías por la confianza que su pueblo le tiene y por ser ese día la entrega de tan valioso Decreto, y nosotros como sus verdaderos amigos compartimos tan inmensa alegría. — Corresponsal.

San Buenaventura, F. M., 15. — El pueblo hondureño amante de la paz y progreso, sumamente agradece al Soberano Congreso Nacional, en considerar el sinnúmero de peticiones de autoridades y nacionalistas, en declarar al Dr. y Gral. Tiburcio Carías A., «Fundador y Defensor de la Paz de Honduras y Benemérito de la Patria». Quedamos altamente complacidos. — Corresponsal.

La Ceiba, 15. — El Instituto Normal «Manuel Bonilla» ha visto con íntima complacencia que el Soberano Congreso Nacional, haciendo justicia a los elevados méritos del Gral. Carías, conquistados en el ejercicio de su atinada gestión administrativa, significándose como el primer estadista de Honduras, se permite expresarle su felicitación más sincera con motivo de haberse emitido decreto declarándolo «Fundador y Defensor de la Paz Nacional y Benemérito de la Patria». Honduras celebra con fervor patriótico tan trascendental acontecimiento, lo que demuestra que el General Carías se ha conquistado el amor, cariño, simpatía y admiración de todos los hondureños que como él aman a Honduras sobre todas las cosas. Respetuosamente. — Justo R. Spisbury, Director.

La Ceiba, 15. — Pueblo hondureño siéntese orgulloso y pletórico de alegría por la actitud del Soberano Congreso Nacional declarando «Fundador y Defensor de la Paz y Benemérito de la Patria» al primer estadista de la Nación, Dr. Tiburcio Carías Andino. Todo honor que Honduras e hijos hagan a la ya inmortalizada persona del creador de la paz y progreso hondureño, merécelo justamente. — León Úrtecho H., Director de El Sol.

Tela, 15. — Hemos escuchado con verdadero placer y orgullo el perifonema de las 10 a. m. de ayer de la HRN, transmitiendo el decreto emitido por la Honorable Asamblea Legislativa, concediendo a nuestro probo Mandatario, Gral. Tiburcio Carías Andino, con justificado acierto el título de «Fundador y Defensor de la Paz de Honduras y Benemérito de la Patria»; asimismo, me permito el alto honor de felicitar, por su digno medio, a la Cámara Legislativa por tan trascendental acto y hago fervientes votos por el buen suceso en sus elevadas funciones. Afmo. amigo. — A. Cálix O.

San Lorenzo, 15. — Entendido que ayer entregaron a nuestro querido Jefe General Carías, el Decreto por medio del cual el pueblo hondureño lo declara «Fundador y Defensor de la Paz de Honduras y Benemérito de la Patria». Homenaje tan merecido nos llena de inmensa satisfacción. — Rafael P. Molina.

Potrerillos, Cortés, 15. — Sírvase aceptar mi sincera felicitación con motivo del Decreto del Soberano Congreso Nacional, por la aclamación del pueblo hondureño, declarando al Gral. Carías «Fundador y Defensor de la Paz de Honduras y Benemérito de la Patria», en reconocimiento de sus altos méritos como ilustre Gobernante y como un acto de justicia de su labor única y grandiosa; reitero una vez más mi admiración, adhesión y simpatía a nuestro gobierno. Atentamente. — Raúl G. Nehring, Fiscal del Subcomité Nacionalista.

Langue, 15. — Pláceme informar a ese importante diario que Municipalidad y Subcomité Nacionalista de este pueblo se dirigen al Soberano Congreso Nacional, pidiendo se consigne su voto de confianza y lealtad al Señor Presidente de la República, General Carías Andino, y se le declare «Benemérito de la Patria y Fundador y Defensor de la Paz de Honduras», justo homenaje de reconocimiento a su fecunda labor administrativa. Afmo. — M. A. Rosales, Secretario del Subcomité Nacionalista.

San Pedro Sula, 16. — Rogándole publicación, trascríbole: «Señor Presidente de la República, Dr. y Gral. Tiburcio Carías Andino. — Casa Presidencial. — El pueblo hondureño se encuentra de plácemes y hay regocijo en sus corazones con motivo de habérsele conferido y declarado "Fundador y Defensor de la Paz de Honduras y Benemérito de la Patria". La sociedad de maestros de esta ciudad, organizada con maestros de las escuelas públicas, rinde a Ud. la más calurosa felicitación por el hecho consagratorio de su recia personalidad de estadista y Gobernante. Respetuosamente.» — Abraham Mejía Z.

Quimistán, 17. — Un paso tan justiciero y acertado, dado por el Soberano Congreso Nacional, secundando el sentir del conglomerado nacionalista hondureño, ha sido declarar al Señor Presidente de la República «Fundador y Defensor de la Paz de Honduras y Benemérito de la Patria», título que sólo lo han llevado los ínclitos varones de Honduras: José Santos Guardiola y Trinidad Cabañas. Mis felicitaciones. — Corresponsal.

La Labor, 16. — En los diferentes sectores de Honduras ha causado verdadero júbilo el Decreto del Soberano Congreso Nacional, declarando «Fundador y Defensor de la Paz de Honduras y Benemérito de la Patria» al Dr. y General don Tiburcio Carías Andino; nada más justo que al mejor Gobernante que hemos tenido los hondureños se le haga justicia en vida. — Saúl Morán.

Candelaria, 16. — Con regocijo recibimos comunicación de haberse emitido por la Augusta Cámara Legislativa el Decreto declarando «Fundador y Defensor de la Paz de Honduras y Benemérito de la Patria» al Excelentísimo Señor Presidente, Dr. y General Tiburcio Carías Andino, prominente estadista que se ha conquistado los más altos triunfos de gratitud de su pueblo por su constante empeño en proporcionarle bienestar, instrucción, trabajo y felicidad. — J. Justino Martínez, Alcalde Municipal; Francisco Antonio López, Secretario.

El Solemne Acto de la Consagración fue escuchado por radio en casi
todo el país y causan júbilo las palabras del Mandatario y
de los Honorables Diputados que hablaron

Puerto Castilla, 14 de diciembre de 1944. — LA ÉPOCA. — Una hora y quince minutos de entera emoción vivió hoy el pueblo hondureño al escuchar por control remoto, desde el Salón Azul de Casa Presidencial, la lectura del Decreto Legislativo en que esa Augusta Asamblea declara «Fundador y Sostenedor de la Paz de Honduras y Benemérito de la Patria» al Excelentísimo Señor Presidente Constitucional de la República, Doctor y General don Tiburcio Carías A., y a la serie de oradores parlamentarios que interpretaron de manera magistral el sentir de sus representados, pero ésta llegó al máximo cuando oímos la voz serena y paternal de nuestro digno Jefe, quien como siempre sabe hacerlo, adentró más y más en el corazón de su pueblo; y debe creer que desde el novecientos veintitrés tenemos confianza en él y no sería hoy que la perdiéramos cuando en verdad la hemos afirmado una vez más y esta fe en el hombre superior seguirá con nosotros hasta más allá de 1949, si se hace necesario. — Afectísimos amigos y correligionarios. — Manuel Mairena A., Presidente del Comité Nacionalista. — Marco A. Zepeda y Carlos G. Escobar, Secretarios.

El Sauce, 14. — Por medio de atentas circulares giradas por usted y por el Sr. Presidente del Honorable Concejo del Distrito Central, caballero don J. Tomás Quiñónez A., he sido informado que hoy a las 10 a. m., fue entregado al Señor Presidente de la República, Dr. y Gral. Tiburcio Carías Andino, el decreto dado por la Honorable Asamblea Legislativa, declarándolo «Fundador y Sostenedor de la Paz de Honduras y Benemérito de la Patria». Como leal servidor y admirador del Señor Presidente Carías, felicito a los iniciadores de tan loable idea y al Soberano Congreso Nacional, por haberla llevado a feliz término, colmando así los justos deseos de la mayoría del pueblo hondureño de hacerle justicia a quien justicia merece. — J. Faustino Laínez.

Guaimaca, 14. — El conglomerado nacionalista y autoridades de este pueblo se sienten vivamente complacidos con la resolución tomada por la Augusta Representación Nacional, quien interpretando el sentir del pueblo hondureño, ha emitido el decreto por el cual se consagra al Excelentísimo Señor Presidente de la República, Dr. y Gral. Tiburcio Carías Andino, «Fundador de la Paz de Honduras y Benemérito de la Patria». Que tomen debidamente muy en cuenta nuestros adversarios que es el pueblo el que agradece a nuestro Mandatario su notable actuación de una forma espontánea y sincera. Felicitámosles y felicitámonos por el triunfo obtenido. — Afmo. — J. Augusto Inestroza, Serapio Zúniga R., Alcalde Municipal; Macario Licona, Presidente del Subcomité Nacionalista; Leonidas Carías F., Secretario.

San Pedro Sula, 14. — En estos momentos estamos oyendo por medio de la radio la solemne ceremonia que se está llevando a cabo en el Salón Azul de la Casa Presidencial y en la cual participa todo el Congreso Nacional, que en cuerpo se trasladó a ese recinto a hacerle entrega del decreto en que fue declarado y proclamado «Fundador y Defensor de la Paz de Honduras y Benemérito de la Patria». Nosotros nos adherimos al regocijo que está experimentando todo el pueblo de Tegucigalpa, con motivo de tan trascendental acto y aprovechamos esta ocasión para reiterarle al Señor Presidente nuestra lealtad y ofrecerle una vez más toda nuestra cooperación para seguir laborando por el bien del país y manteniendo esa paz que tanto han querido interrumpir los criminales colorados. — Afmo. — Ramón Discua, Gobernador Político.

Colinas, Santa Bárbara, 14. — Hondamente emocionados escuchamos esta mañana la ceremonia del Soberano Congreso Nacional, al hacerle entrega al Señor Presidente, del decreto donde lo declaran «Benemérito de la Patria y Fundador y Sostenedor de la Paz». Su palabra sincera y verdadera vibró en nuestras almas, subrayando en nuestros corazones la esperanza cifrada en el

Mandatario por la nación hondureña. Que reciba nuestras felicitaciones muy sinceras. — Respetuosamente. — Trinidad Rivera h.; Rafael Perdomo, Secretario del Subcomité Nacionalista; Filiberto Perdomo F., Alcalde Municipal; Ramón Pineda R., Secretario.

Villanueva, Cortés, 14. — Oyendo la vibrante palabra de los honorables diputados nos hemos dado cuenta que la iniciativa del Comité Departamental Nacionalista de Intibucá, declarando al Gran Reformador de Honduras, Dr. y Gral. Tiburcio Carías A., «Benemérito de la Patria y Fundador de la Paz», se ha convertido en hermosa realidad; así premia el pueblo hondureño al hombre que ha sabido gobernar por su abnegación, valor moral y valentía en los momentos más difíciles que atravesamos. La Patria está de plácemes. — P. Madrid h., Presidente del Subcomité Nacionalista.

Nueva Ocotepeque, 14. — A las 11, aproximadamente, oímos los elocuentes discursos de los señores diputados Miguel Ángel Cruz Zambrano y Alfredo Tábora Solares, del señor Gobernador Gualberto Cantarero Palacios y del Señor Presidente de la República, en el brillante acto de entrega en el Salón Azul del Decreto Legislativo que inmortaliza al General Carías como «Benemérito y Fundador y Defensor de la Paz». Con ese acto se llenó una noble aspiración de la universalidad hondureña que se alegra intensamente. Con ese acto, el Soberano Congreso Nacional ha llevado un poco de alegría al corazón de nuestro probo Mandatario que posee incomparables virtudes cívicas. El discurso de agradecimiento del General Carías nos ha cautivado por su verdad refulgente y porque se ve claro dentro de su excelente corazón, emocionado y agradecido nos puso de manifiesto muchas cosas, nos delineó su conducta a seguir para felicidad de la Patria, fundada en la del gran Partido Nacional. «Quise —dijo— borrar las fronteras de los partidos, pero mis adversarios políticos no me supieron entender, no comprendieron mi carácter». Tenemos fe en Ud., General Carías, y la tendremos siempre. Los que fueron ingratos ha poco ya se manifestaron, y confíe en que la lealtad pura lo conservará en la Presidencia para mayor gloria de Honduras. ¡Viva el Señor Presidente de la República, Dr. y General don Tiburcio Carías

Andino! ¡Viva el gran Partido Nacional! — J. Ernesto Mejía, Director e Inspector Departamental de Educación Pública.

Olanchito, 14. — Hoy a las 10 a. m. fueron escuchados los interesantes actos que por la H. R. N. se transmitieron al pueblo hondureño, dando a conocer la solemne entrega del decreto emitido por el Soberano Congreso Nacional, en el cual se declara al Excelentísimo Señor Presidente de la República, Dr. y Gral. Tiburcio Carías A., «Fundador y Defensor de la Paz de Honduras y Benemérito de la Patria», satisfaciendo así el reclamo unánime de la mayoría de la opinión pública que así ha pedido. Se escucharon los conceptuosos y elocuentes discursos del Presidente del Congreso, Dr. Muñoz P., y de otros distinguidos representantes, del Lic. Gualberto Cantarero P., y el del Gral. Carías, que por lo emocionado y patriótico, sincero y hermoso, representa para el Nacionalismo y para todos en general la prueba fehaciente de que el Mandatario es un gran patriota y un gran corazón. — Afmo. — M. Soto Ramírez, Pro-Secretario del Comité Nacionalista.

Nacaome, 14. — Con inusitado interés sintonizamos radiación de la H. R. N. y oímos el merecido homenaje tributado al más virtuoso, íntegro y más abnegado Gobernante que hayamos tenido en Honduras. «Fundador de la Paz y Benemérito de la Patria», alto honor que merecidamente engarza en la personalidad de nuestro gran Gobernante. Loor al patriota. — Corresponsal.

Potrerillos, Cortés, 14. — Perfectamente bien escuchamos la transmisión por medio de la H. R. N. de los significativos actos desarrollados en el Salón Azul de Casa Presidencial, en el momento en que el Soberano Congreso Nacional en cuerpo ponía en manos del ilustre patriota, General Carías Andino, el decreto por medio del cual se le declara «Fundador de la Paz de Honduras y Benemérito de la Patria». La Representación Nacional merece nuestro sincero reconocimiento al acoger de manera tan espontánea nuestra solicitud y el Comité Nacionalista y Municipalidad de La Esperanza se han apuntado un sonoro triunfo con iniciativa tan noble y atinada. Pueden los enemigos de Honduras continuar en su insulsa tarea y en sus vanos intentos de alterar el magnífico estado de cosas hondureño, que este pueblo por cuyas venas corre sangre de patriotas, rodea hoy y siempre a nuestro esclarecido Mandatario y Jefe Supremo del Partido. — Afectísimo amigo y correligionario. — J. R. Ardón.

Olanchito, 14. — Con placer comunico que hoy fueron oídos claramente los discursos que fueron pronunciados en el Salón Azul de Casa Presidencial, con ocasión de la entrega que le fue hecha al Señor Presidente por la Cámara Legislativa del decreto por medio del cual el Congreso Nacional, a excitativa de todo el pueblo hondureño, declara al Señor Presidente Gral. Carías «Gran Sostenedor de la Paz y Benemérito de la Patria». Tales discursos, llenos del hondo patriotismo, estuvieron elocuentísimos, máxime el del Señor Presidente que en forma mesurada, sincera, franca, y haciendo notar su emoción, hizo sentir al pueblo hondureño que lo oía, la simpatía y la admiración que se ha hecho acreedor por sus grandes dotes de patriota y Gobernante modelo, bajo cualquier aspecto que se aprecie su obra eminentemente grande. Indudablemente que el General Carías sigue siendo el hombre prestigiado de esta Patria de Morazán y Cabañas y como candidato para su nuevo período no tiene quién se le apare. — Atto. — F. G. Ramírez, Jefe del Concejo.

EN TODO EL PAÍS SE APLAUDE EL ACTO DE RECONOCIMIENTO A LOS MÉRITOS Y VIRTUDES DEL GENERAL CARÍAS, POR MEDIO DEL DECRETO

San Pedro Sula, 16 de diciembre de 1944. — LA ÉPOCA. — No fue más grande Cicerón al merecer el título de Padre de la Patria, por haber hecho abortar la conjuración de Catilina, que el ilustre General Carías A., al ser proclamado como «Fundador y Defensor de la Paz de Honduras y Benemérito de la Patria». Nuestro esclarecido Gobernante ha desbaratado muchas conspiraciones, salvando con ello el decoro de la Nación e innumerables vidas útiles al conglomerado social. Por eso se le rinde este máximo tributo de reconocimiento y su nombre pasa a la Historia, aureolado por la admiración y cariño que inspiran los varones excepcionales. — Napoleón Paz Paredes.

San Pedro Sula, 16. — La Cámara Legislativa merece un voto de confianza de parte del pueblo hondureño, por haber convertido en realidad la sugerencia del pueblo intibucano, de declarar al Doctor y General Carías A., «Fundador de la Paz y Benemérito de la Patria». Agradecemos altamente a nuestro digno representante Cálix Moncada, por haber abrazado al Señor Presidente en nuestro nombre, en el momento de entrega del Decreto, y que tenga la confianza y seguridad una vez más el General Carías, que el Nacionalismo de Cortés estará con él en cualquier circunstancia, por difícil que sea. Su discurso, al recibir el documento histórico de manos de los señores diputados, es el vivo reflejo del sentimiento del pueblo hondureño. Entre el Gobierno de Honduras y su pueblo hay mutua comprensión; en esto consiste la victoria del General Carías sobre sus enemigos y todos los gobernantes habidos. — Juan E. Fajardo, Profesor de la Escuela «José Cecilio del Valle».

Concepción del Sur, 16. — El pueblo hondureño, en los actuales momentos, encuéntrase lleno de júbilo, ya que el Soberano Congreso, sin vacilación alguna, declara «Benemérito de la Patria y Fundador de la Paz» al Excmo. Señor Presidente General Carías. Circular girada por el distinguido amigo, diputado Pedro F. Triminio, tráenos la trascendental noticia de ese grandioso acontecimiento. — Corresponsal Viajero.

Siguatepeque, 16. — Este Subcomité y nacionalistas de este municipio se complacen en felicitar sobremanera a esa Augusta Asamblea Legislativa, por haber emitido Decreto en que se declara «Fundador de la Paz de Honduras y Benemérito de la Patria» a nuestro ilustre Jefe, Doctor y General Tiburcio Carías Andino, y por haber concurrido en cuerpo a la residencia del Señor Presidente, a depositar en sus manos ese noble y justo legado, que es la voluntad y sentir del Nacionalismo hondureño. Respetuosamente. — R. Díaz M., Secretario del Subcomité Nacionalista.

Tutule, 16. — Con gran entusiasmo hemos recibido la noticia de que el Soberano Congreso Nacional, en sesión solemne del 13 del corriente, declaró a nuestro supremo y querido Jefe, General Carías

A., «Fundador de la Paz Nacional y Benemérito de la Patria»; por tal motivo, los que somos verdaderos nacionalistas nos sentimos contentos y orgullosos. Afmo. — Alejandro Claros S.

San Lorenzo, 16. — Con motivo de haber sido el día de antier la entrega del Decreto del Poder Legislativo al Señor Presidente de la República, General don Tiburcio Carías Andino, en que el pueblo hondureño lo declara «Fundador de la Paz y Benemérito de la Patria», el Presidente del Comité Nacionalista de este puerto, Coronel don Rafael P. Molina, obsequió al puerto sanlorenzano con un precioso concierto en la plataforma del busto del gran Mandatario y Patricio, General Carías Andino, como un acto de solidaridad y afecto personal a tan eximio patriota. — Corresponsal especial.

Camasca, 16. — Con vecinos de este círculo recibimos con satisfacción el justiciero Decreto del Soberano Congreso Nacional, declarando «Benemérito de la Patria y Sostenedor de la Paz» al Señor Presidente de la República, General Tiburcio Carías Andino. Estoy completamente de acuerdo con iniciativa tendiente condecorar con medalla de oro al periodista Zepeda Durón; lista contribución. — Corresponsal.

San Pedro Sula, 16. — Gran satisfacción ha causado en el pueblo hondureño el Decreto del Soberano Congreso Nacional, declarando «Fundador y Sostenedor de la Paz y Benemérito de la Patria» al Doctor y General don Tiburcio Carías Andino, interpretando fielmente el sentimiento popular, que sabe reconocer la obra altamente patriótica del gran Reformador de Honduras. — Corresponsal de Tela.

La Masica, 17. — El inusitado entusiasmo con que el pueblo entero ha recibido la consagración hecha por el Soberano Congreso Nacional a nuestro querido Jefe, General Carías Andino, es la prueba más elocuente de que es el mimado del pueblo hondureño. Nada importa que cuatro mentecatos griten como chacales allende las fronteras; el noventa y cinco por ciento del electorado está con el General Carías Andino y de nada sirve que estén propalando especies falsas. Aquí todo es trabajo, paz y progreso. Nosotros queremos al General Carías Andino en el poder y creemos sin temor de equivocarnos que el pueblo querrá que después de este período continúe gobernando, porque hasta ahora no ha habido quién como él haya hecho vivir en paz la Nación por tanto tiempo. Dios le conserve por muchos años. Atentamente. — Alejandro Madrid F., Presidente del Subcomité Nacionalista.

La Ceiba, 14. — El patriotismo auténtico está de plácemes; la forma elocuente como el Soberano Congreso Nacional ha interpretado los anhelos del pueblo y del Nacionalismo hondureño, declarando al Doctor y General don Tiburcio Carías A., «Fundador de la Paz de Honduras y Benemérito de la Patria», debe ser motivo de justo regocijo para todo espíritu patriota, para todo hondureño consciente y capaz de reconocer con honradez y lealtad los méritos que dan lustre a sus más destacados varones; el General Carías Andino, como fiel encarnación del patriotismo hondureño, merece ese acto de justicia con que lo premia la conciencia nacional. ¡Viva el Fundador de la Paz y Benemérito de la Patria, General Tiburcio Carías Andino! Afectísimo correligionario. — Juan V. Moncada, Presidente del Comité Departamental Nacionalista. — Ángel Moya Posas, Secretario.

Balfate, 16. — Este pueblo siéntese complacido por justo homenaje tributado por el Congreso Nacional al ilustre Reformador, Doctor y General Tiburcio Carías A., en el Salón Azul de la Mansión Presidencial. Por tal motivo, nos descubrimos y presentamos nuestra atenta felicitación por la confianza merecida del pueblo hondureño para el digno Representante. — Corresponsal.

Corquín, 16. — Por su digno medio plácenos presentar a ese Alto Cuerpo Legislativo nuestras efusivas felicitaciones por haber correspondido a la voluntad soberana del pueblo hondureño, declarando a nuestro probo y querido Mandatario, Doctor y General Carías A., «Fundador de la Paz de Honduras y Benemérito de la Patria»; vecindario en general bate palmas de júbilo por significativa muestra de solidaridad y adhesión al más grande e ilustre Gobernante hondureño, que bien merece admirarlo siempre por su fecunda labor progresista y anhelos de redención, unificando a todos los hondureños honrados y amantes del trabajo, bajo el límpido pendón de la Paz. Atentamente. — Juan A. López, Alcalde Municipal; J. Humberto Alvarado C., Secretario; Rafael Fiallos C., Presidente del Subcomité Nacionalista; Francisco Rodríguez E.

Tela, 16. — Señor Fernando Zepeda Durón. — Contentísimos por el acto de verdadera justicia, concediendo el título de «Fundador de la Paz» al General Carías. Lo felicito. Afmo. amigo. — Alfredo León Gómez.

FELICITAN AL CONGRESO POR EL DECRETO CONSAGRATORIO

Cuyamelito, 18 de diciembre de 1944. — LA ÉPOCA. — Felicitamos a los miembros de la Cámara Legislativa por el Decreto declarando al General Carías A., «Fundador de la Paz de Honduras y Benemérito de la Patria». El pueblo hondureño lo pidió y así se le concedió. Nacionalismo está tan poderoso que hasta el propio Chángel está convencido al decir que no son suficientes los pinos de Honduras para colgar tanto nacionalista, prueba indiscutible que el General Carías está puesto y respaldado por el pueblo entero. Acuerpamos decididamente la iniciativa del Subcomité de San Lorenzo; la personalidad de Zepeda Durón está tan reconocida que no admite discusiones. Esperamos aviso del nombramiento de tesorero pro medalla para enviar inmediatamente la contribución de este Subcomité. — Luis Arturo Fuentes, Vicepresidente del Subcomité Nacionalista.

Ojojona, 18. — El nacionalismo de este municipio encuéntrase regocijado por la justicia tributada al Excelentísimo Señor Presidente, Doctor y General Tiburcio Carías A., con el Decreto del Soberano Congreso Nacional, declarándole «Benemérito de la Patria y Fundador de la Paz de Honduras», solicitado por todo el pueblo hondureño. Agradecemos el acto justiciero. — Corresponsal.

Siguatepeque, 18. — Subcomité y Nacionalismo de este sector, que patentiza su adhesión y simpatía a nuestro ilustre gobernante, Dr. y Gral. don Tiburcio Carías Andino, por medio de su prestigiado cotidiano, le envía sus felicitaciones por el estímulo y justa recompensa de que ha sido objeto por la Augusta Asamblea Legislativa, fiel intérprete del sentir del pueblo hondureño y conocedora de la magna obra material y espiritual realizada en más de dos lustros de su gobierno en donde ha laborado con honradez, patriotismo, energía y una firme voluntad nunca desmentida. Respetuosamente. — R. Díaz M., Secretario del Subcomité Nacionalista.

Flores, Comayagua, 18. — El departamento de Intibucá, baluarte formidable de invencibles guerreros y de hombres de talento, ha lanzado a la consideración de la opinión pública del país la dichosísima y oportuna idea de que el Soberano Congreso Nacional en sus actuales sesiones declare «Benemérito, Reformador y Fundador de la Paz» a nuestro único Jefe, Doctor y General don Tiburcio Carías Andino, como tributo de agradecimiento, admiración y simpatía hacia el gran estadista, político y militar. Los nacionalistas del término municipal de la Villa de San Antonio acuerpamos con entusiasmo la bellísima idea de los intibucanos. Los corresponsales de LA EPOCA en la República, como pulsadores del pueblo, suplicamos a los honorables diputados del Congreso Nacional no esperar a que la posteridad haga justicia a nuestro digno Mandatario actual, y colocarlo si posible fuera, en la cima de Los Andes para que pueda rozar con su límpido rostro la bóveda del cielo. — Corresponsal.

Olanchito, 18. — Con motivo de la consagración del Dr. y Gral. Carías Andino, yo lo felicito con la mayor lealtad y respeto, en la cual felicitación se involucra de manera espontánea el sentir acorde de las fuerzas a mi mando. Respetuosamente soy su Afmo. amigo. — Carlos C. Barahona, Comandante Local.

OBRAS QUE SE REALIZAN AL AMPARO DE LA PAZ

San Lorenzo, 18. — Bajo la sombra benefactora de la paz sostenida por el músculo macizo de nuestro querido Gobernante, Dr. y Gral. don Tiburcio Carías A., podemos admirar y contemplar cada día obras de progreso en todos los pueblos de la República. Aquí, en San Lorenzo, acaba de ser terminado el muelle de piedra y cemento; trabajo llevado a cabo bajo la dirección y constancia del Coronel Fausto Gómez Turcios, Guarda Marítimo de este Puerto. Es una obra hermosa, pintoresca y de gran duración, que por muchos años será testimonio vivo del plan constructivo y progresista que el Gral. Carías Andino ha dedicado a su pueblo. También está para terminarse la casa de escuela que el Concejo de este Distrito, con la aprobación del Supremo Poder Ejecutivo, mandó a construir en la aldea «El Comercio», de esta comprensión, que viene a salvar un gran inconveniente que se hacía sentir en pro de la enseñanza. Son éstos los frutos de una era de tranquilidad y orden que aclaman por todos los ámbitos del país a su benefactor, el «Benemérito de la Patria y Fundador de la Paz Hondureña», Dr. y Gral. Carías Andino. Afmo. — Augusto Mendoza M., Jefe del Concejo del Distrito Local.

EL DECRETO CONSAGRATORIO ES RECIBIDO CON BENEPLÁCITO

Santa Rosa, Copán, 18 de diciembre de 1944. — LA ÉPOCA. — Como sinceros nacionalistas, nuestros corazones palpitan de verdadero júbilo por el trascendental acto dado por el Soberano Congreso Nacional, al declarar en forma solemne «Fundador y Defensor de la Paz de Honduras y Benemérito de la Patria» al Excmo. Señor Presidente de la República, Dr. y Gral. don Tiburcio Carías A.; este magnífico acontecimiento, único en las páginas políticas de la Historia Patria, marca con destellos fulgurantes una de las formas espontáneas en que el pueblo agradecido de Honduras hace justicia al más preclaro de sus hijos, Dr. y Gral. Carías A., quien la ha conducido por el sendero del progreso. Felicitamos con todo el fervor patriótico a los ilustres representantes del pueblo hondureño por el encomiástico paso dado al honrar a nuestro querido Gobernante. — J. Efraín Castellanos, Director e Inspector Departamental de E. P.

Nueva Ocotepeque, 18. — Los miembros del Personal Docente de la Escuela de Varones «Tiburcio Carías Andino», de esta ciudad, han visto con agrado el acertado paso que la Honorable Cámara Legislativa ha dado de declarar al Señor Presidente de la República, Dr. y Gral. Tiburcio Carías Andino, «Fundador y Defensor de la Paz y Benemérito de la Patria». — Respetuosamente. — J. César Burgos, Miguel A. Cruz, María Cristina Mejía y Rafael Maldonado.

Santa Rita, Copán, 18. — Todo el pueblo hondureño debe estar satisfecho por declarar al Señor Presidente de la República, General Carías A., «Benemérito de la Patria, Fundador y Defensor de la Paz de Honduras», lo que merece por ser el único que ha sabido llevar a nuestra patria por el sendero de la paz. — Corresponsal.

Puerto Cortés, 19. — Como amigo y subalterno del Dr. y Gral. Tiburcio Carías Andino, me siento orgulloso por el alto honor con que el Soberano Congreso Nacional, interpretando el sentir de todos los hondureños, lo ha distinguido confiriéndole el título de «Fundador de la Paz de Honduras y Benemérito de la Patria». — Armando Reinaud, Fiscal del Concejo.

Concepción de María, 19. — Estoy en la Sierra, frontera de Nicaragua, desde donde van para los Representantes del Pueblo mis efusivas felicitaciones por acatar resolución de Comités y Subcomités de la República, declarando Benemérito de la Patria a nuestro Excmo. Presidente, Gral. don Tiburcio Carías Andino, «Fundador y Defensor de la Paz de la Nueva Honduras». — Afmo. — Félix Gámaz U., Mayor de Plaza del departamento.

BIEN MERECIDO ES EL HOMENAJE TRIBUTADO AL GENERAL CARÍAS A.

Amapala, 20 de diciembre de 1944. — LA ÉPOCA. — El pueblo hondureño por medio de la Augusta Representación Nacional ha puesto de relieve su gratitud, respeto y abnegado cariño para nuestro Ilustre Caudillo, Doctor y General don Tiburcio Carías Andino, con el trascendental suceso histórico que se efectuó en el Salón Azul de Casa Presidencial, el 14 del corriente mes. En cada corazón nacionalista vibra y vibrará siempre con inusitado entusiasmo y sinceridad, nuestra lealtad e ilimitado cariño hacia el egregio Mandatario que con sabiduría nos ha legado la actual era de Paz, Progreso y Libertad. — Corresponsal.

Santa Rosa, Copán, 20. — A su importante circular fecha quince del presente, recibida hoy, en que el Congreso Nacional, en acto consagrativo, tributó a nuestro Ilustre Gobernante el testimonio más elocuente de la gratitud nacional, acto en el cual vemos la grandeza del Gral. Carías A., quien, como dice Ud., viva y mande muchos años en el Poder o dirigiendo al Partido Nacional, lo que así será; siempre hemos dicho que nos sentimos orgullosos de nuestro Gran Presidente. He hecho saber a los amigos el trascendental acto, mostrándoles su telegrama. — Corresponsal.

Colomoncagua, 19. — Hemos visto con verdadero regocijo y celebrado en nuestros corazones, como buenos Nacionalistas, el gran homenaje de Honor a quien Honor merece, según su mensaje del 15, pues nuestro Presidente, Gral. Carías Andino, es merecedor de sostenerlo en el Poder hasta 1949, y por meritísimos homenajes que se le hagan, el pueblo hondureño nunca podrá pagarle la obra monumental de progreso en todos los aspectos de su administración. El Gral. don Tiburcio Carías Andino, pese a los recalcitrantes, es el único Presidente que pasará a la inmortalidad para conocimiento y modelo de futuras generaciones. — Miguel Ángel Trejo, Presidente del Subcomité Nacionalista.

Yuscarán, 20. — El pueblo hondureño, por medio del Soberano Congreso Nacional, ha significado una vez más a nuestro Jefe, Dr. y Gral. Tiburcio Carías Andino, su lealtad, declarándolo «Fundador de la Paz y Benemérito de la Patria»; tan justo homenaje llénanos de júbilo. — Corresponsal.

Nueva Ocotepeque, 20. — Las maestras de la escuela de niñas «Tiburcio Carías A.», de esta población, se permiten manifestar a Ud. que se sienten profundamente complacidas de darse cuenta de la resolución que tuvo la Augusta Cámara Legislativa, tributándole al

Sr. Presidente de la República, Doctor y General Tiburcio Carías Andino, el honroso homenaje de «Fundador y Defensor de la Paz y Benemérito de la Patria». — Atentamente. — María Victoria Villela, Zoila A. Chinchilla, Otilia G. de Pinto, Ernestina V. de Alfaro, Directora; Carmela Burgos.

Reitoca, 26 de diciembre de 1944. — LA ÉPOCA. — Todos los verdaderos nacionalistas y amantes de la paz, progreso y bienestar de Honduras, estamos llenos de júbilo. Felicitamos al Soberano Congreso Nacional por tan importante y merecido decreto que acaba de emitir, declarando «Benemérito de la Patria y Fundador de la Paz» a nuestro eximio Gobernante, General Carías Andino. — Corresponsal.

Concepción, Ocotepeque, 26. — El personal docente de esta Escuela Urbana mixta «Tiburcio Carías Andino» está de plácemes y felicita sinceramente al Soberano Congreso Nacional por haber comprendido el sentir del pueblo hondureño en declarar a nuestro insigne Gobernante, Doctor y General Tiburcio Carías Andino, «Defensor de la Paz y Benemérito de la Patria». Por tal motivo los que somos verdaderos nacionalistas nos sentimos contentos y orgullosos. Dios guarde por muchos años a nuestro probo Mandatario. — De Ud. Atte. — J. Reinerio Iriarte, Director de Escuela.

Danlí, 26. — El Subcomité Nacionalista de esta ciudad celebró el sábado pasado, en la noche, una reunión con motivo de haber declarado el Soberano Congreso Nacional «Fundador de la Paz y Benemérito de la Patria» al Excelentísimo Señor Presidente de la República, General Tiburcio Carías Andino. Después del acto, el grupo de Nacionalistas recorrió las principales calles con una paseada, vivando al General Carías. — Corresponsal.

Colomoncagua, 22. — El Soberano Congreso Nacional, siendo fiel intérprete de los sentimientos del pueblo hondureño, no tuvo dificultad para declarar «Fundador de la Paz y Benemérito de la Patria» al Excelentísimo Señor Presidente de la República, General

Carías A. Por esto, la Municipalidad y Subcomité Nacionalista de este pueblo rebozan de justo júbilo. — Corresponsal.

Juticalpa, 22. — El pueblo hondureño no quiere perder lo que ha ganado en 12 años de paz; no quiere volver atrás a llevar aquella vida de desorden, pillaje y desnaturalización. Nadie puede arrebatarle al pueblo el derecho que tiene de vivir tranquilo; nuestros campos no deben teñirse más de sangre hermana. — Tomás González.

SE HA HECHO JUSTICIA AL MANDATARIO

Cololaca, 23 de diciembre de 1944. — LA ÉPOCA. — Por su medio permítome felicitar a la Honorable Cámara Legislativa por declaratoria cumbre para nuestro «Fundador y Defensor de la Paz y Benemérito de la Patria», el Excelentísimo Gral. Tiburcio Carías A. El patriotismo hondureño, leal intérprete de los sentimientos, se encuentra de plácemes. La justicia se hace presente a quien la merece. — Corresponsal.

Teupasenti, 23. — Todos los ciudadanos comprensivos y amantes del Orden, Paz y Bienestar de Honduras, estamos complacidos porque el Soberano Congreso Nacional, atendiendo a la voz unánime de los verdaderos patriotas, declaró al Excelentísimo Señor Presidente «Fundador de la Paz de Honduras y Benemérito de la Patria», como justo homenaje bien merecido. — Corresponsal.

Colinas, 23. — Por su medio felicito a ese Alto Cuerpo por haber emitido Decreto unánimemente declarando al General Carías A. «Fundador de la Paz y Benemérito de la Patria». Bien merecido es este honroso título a iniciativa de los valientes y amorosos intibucanos. Francamente, Jesucristo es Salvador del Mundo y Tiburcio Carías Andino es el salvador de Honduras. — Respetuosamente. — Ignacio Guzmán, Secretario del Subcomité Nacionalista.

Nueva Ocotepeque, 23. — Este Subcomité Nacionalista y pueblo en general ruega a Ud., como un justo homenaje al Señor Presidente Constitucional de la República, Doctor y General don Tiburcio Carías

Andino, obtenga por medio de esa Honorable Asamblea Nacional la bien merecida distinción y porte el diploma de «Gran Reformador y Benemérito de la Patria», para complacencia de todos aquellos hondureños que admiramos al General Carías por su grandiosa obra de progreso y restauración nacional. — Respetuosamente. — Visitación Ventura, Presidente; Carlos N. Alvarado, Secretario.

Coray, 27. — La Asamblea Legislativa, en su fiel Representación del pueblo hondureño, hoy, más que nunca, ha sabido interpretar el sentimiento de sus representados, al declarar «Fundador y Defensor de la Paz de Honduras y Benemérito de la Patria» al General Carías; es la manera que el pueblo emplea para corresponder a su Mandatario los inmensos beneficios recibidos durante su fructífera Administración. — Manuel Núñez, Director de la Escuela de Varones.

Santa Ana, F. M., 27. — El Decreto Legislativo en el cual se declaró al Gral. Carías Andino «Fundador de la Paz y Benemérito de la Patria», patentiza el reconocimiento y gratitud del pueblo hondureño a nuestro actual Gobernante, quien en su magnífica actuación ha sabido encauzarnos por los senderos de la cultura y el progreso. — Corresponsal.

CARIÑO PARA EL MANDATARIO

Puerto Cortés, 29 de diciembre de 1944. — LA ÉPOCA. — Es indiscutible que el Gral. Tiburcio Carías Andino es un hombre mimado por el pueblo hondureño, por su gran corazón de patriota excelso y por su energía de hombre sin par. He visitado pueblos, aldeas y caseríos, asimismo, hablando con los muelleros y los campeños expresan su gratitud al Gobierno, pues la Compañía desde hace unos meses les aumentó sus sueldos. Todos me preguntan cómo está el Ilustre Jefe; muchos quieren saber bastante de él. Unánimemente felicitan y agradecen al Soberano Congreso Nacional por haberlo consagrado con el título de «Fundador y Defensor de la Paz de Honduras y Benemérito de la Patria». — José Zerón h.

Marcala, 30 de diciembre de 1944. — LA ÉPOCA. — El mejor galardón de año nuevo para el pueblo hondureño es la bendita paz que reina en el país; el mejor suceso histórico del año es la proclamación de «Fundador y Defensor de la Paz y Benemérito de la Patria» a nuestro insigne Gobernante Carías Andino. ¡Loor a Dios! — Corresponsal Especial.

EL LIC. MILLA GUIRST SE REFIERE A NUESTRA LABOR EN BIEN DE HONDURAS

Santa Bárbara, 30 de diciembre de 1944. — Señor Director de LA ÉPOCA. — Tegucigalpa. — Deseo a Ud. y distinguido cuerpo de redacción de su prestigiado diario un feliz y próspero año de 1945. Aprovecho esta oportunidad para reiterarle mis calurosas felicitaciones por su profícua labor periodística en pro del bienestar y felicidad del país, sobre todo en estos últimos tiempos en que Ud., con viril energía y honrado criterio, aceptando los riesgos eventuales en gracia de los beneficios ciertos, y haciendo uso de los concursos de persuasión que siempre tienen a la mano los apóstoles de la verdad y del bien, ha sabido denunciar los procedimientos que se oponen a las conquistas morales de la civilización; ha trabajado con ahínco porque la propaganda sincera lleve a todas las inteligencias el convencimiento y porque el patriotismo extinga las animosidades en todos los corazones. Las enseñanzas redentoras tienen que dar sus frutos opimos, y ese concurso laborioso y patriótico es el que necesita el digno Mandatario Gral. Carías para que todos, animados de intenso júbilo, podamos siempre elevar el hosanna de las victorias de la bendita paz entre las aclamaciones del pueblo agradecido. — Afmo. amigo. — José MILLA GUIRST.

VOTO DE CONFIANZA AL MANDATARIO

El Corpus, 2 de enero de 1945. — LA ÉPOCA. — Tenemos el gusto de comunicarle que la Corporación Municipal, en sesión extraordinaria de hoy, acordó por unanimidad darle un voto de confianza al Señor Presidente de la República, Dr. y Gral. Tiburcio Carías Andino, de común acuerdo con el Presidente del Subcomité Nacionalista. — Afmo. — Eligio Turcios, Alcalde Municipal; Angel M. Galindo, Regidor 1º; Pedro C. Ochoa, Regidor 2º; Andrés

Mondragón, Regidor 39; Alejo Zepeda, Regidor 49; Ignacio Moreno, Regidor 59; Edrulfo Rohn, Regidor 6º; Ramón Betancourt, Regidor 7º; Santos Rodríguez, Síndico Municipal; Francisco A. Mondragón, Secretario; Juan C. Mondragón, Presidente.

SU LABOR DE PAZ

Cololaca, 8 de enero de 1945. — LA ÉPOCA. — Viendo la gigantesca labor del Gral. Carías por sostener sin interrupción la paz de nuestra Patria, sus peores enemigos vendrán a sus pies, ofreciendo tributos de alta supremacía, le reconocerán como el super-hondureño, Fundador de la Nueva Honduras, hoy redimida, donde impera el trabajo, el orden y el respeto. — Corresponsal.

LA CANCIÓN DE LA PAZ

El Rosario, Comayagua, 10 de enero de 1945. — LA ÉPOCA. — El conglomerado hondureño se encuentra de plácemes por el gesto patriótico con que el Soberano Congreso Nacional declaró a nuestro eximio Gobernante, Dr. y General don Tiburcio Carías A., como «Fundador de la Paz y Benemérito de la Patria». Esto acaba de constatar que entre la masa enorme del gran Partido Nacional palpita jadeante el progreso colectivo de la Nueva Honduras y condena irremisiblemente a los desnaturalizados sin ocupación, de unos pocos adversarios políticos sanguinarios que cantan la canción nunca llegada del desastre pretérito que se esfumó para siempre con el canto bendito de la paz perdurable. Desde este laborioso pueblo de El Rosario envío a los legisladores del Congreso un aplauso sincero y como verdadero nacionalista que soy defenderé a capa y espada nuestra gran causa cariísta. — J. M. Castañeda p.

La Ceiba, 20 de enero de 1945. — LA ÉPOCA. — Iniciativa del Profesor Castellanos involucra justo reconocimiento de méritos indiscutibles del predestinado de la Patria, Dr. y Gral. Tiburcio Carías Andino. Sinceramente hacemos propia también la magna idea, la que justamente es acuerpada por todo el pueblo hondureño, dispuesto siempre a tributar su homenaje de gratitud y lealtad al «Fundador y Sostenedor de la Paz de Honduras y Benemérito de la Patria». Consecuente con el anhelo y petición del pueblo hondureño, el

Soberano Congreso, sin demora alguna, debe decretar «Día de la Paz» la gloriosa fecha del nacimiento del Ciudadano Presidente Constitucional de la República, Dr. y Gral. Tiburcio Carías Andino. — Afmos. correligionarios. — Guillermo J. Pinel y Humberto Bertrand.

Marcala, 20. — Significativa expresión de patriotismo nacional es la acertada iniciativa sobre la creación del hermoso «Día de la Paz Hondureña». Derecho suficiente nos asiste y con ella estamos, y también aceptamos que ese día debe ser el 15 de Marzo, fecha magna en la cual empezó a desarrollarse la vida real del ciudadano preclaro que, con mano hábil y certera, dirige los destinos de la Honduras redimida, pues es Tiburcio Carías Andino el Fundador y Defensor de la bendita Paz que tanto hemos anhelado. Esta es la voz y el pedimento de los habitantes de la Sierra. — José Nicolás Pineda, Secretario del Subcomité Nacionalista.

Santa Bárbara, 20. — Con vehemencia acuerpamos iniciativa de Comités y Subcomités para que el día 15 de Marzo, natalicio del Señor Presidente General Carías, se decrete «Día de la Paz»; también que se condecore con una medalla y su correspondiente inscripción. Esperamos que nuestro Congreso Nacional, por unanimidad de votos, dé el correspondiente Decreto. — J. Obando Morazán.

La Venta, 20. — Como un justo homenaje y haciendo honor al mérito, por los grandes beneficios aportados a nuestra Patria, suplicamos a ese Honorable y Soberano Congreso Nacional se digne decretar el 15 de Marzo «Día de la Paz», en honor al natalicio de nuestro ilustre y patriota Gobernante, Dr. y Gral. don Tiburcio Carías Andino. Esta súplica la hacemos en nombre y representación de la Corporación Municipal de este pueblo, que al amparo de la paz vive infinitamente agradecido. — Respetuosamente. — Amado Flores A., Alcalde Municipal. — Marcial Maradiaga Valdivia, Secretario.

Jocón, 21. — Con verdadero entusiasmo acuerpamos y sostenemos la grandiosa idea del Director Departamental de E. P. de Santa Rosa de Copán, contraída a solicitar del Soberano Congreso

Nacional decrete «Día de la Paz» el 15 de Marzo en honra al nacimiento del Señor Presidente de la República, Dr. y Gral. don Tiburcio Carías Andino. — Afmo. — Casto Martínez R., Alcalde Municipal.

Alubarén, 22. — Municipalidad que presido y Subcomité Nacionalista «Paz y Progreso», de este pueblo, estamos de acuerdo y secundamos el ideal del Profesor Castellanos, que se decrete el 15 de Marzo «Día de la Paz», fecha del natalicio de nuestro querido Gobernante, Dr. y Gral. de División, don Tiburcio Carías Andino. — Gerardo Mendoza S., Alcalde Municipal. — S. M. Lorenzana P., Secretario Municipal. — Alberto Ramírez, Presidente del Subcomité Nacionalista. — J. C. Espinoza, Secretario.

La Venta, 22. — La petición hecha al Soberano Congreso Nacional por el pueblo hondureño para la creación en Honduras del «Día de la Paz» y que ese día sea el 15 de Marzo de cada año, fecha del natalicio del Benemérito de la Patria, Dr. y Gral. don Tiburcio Carías Andino, encarna el reconocimiento y gratitud de este mismo pueblo, para el Fundador y Sostenedor de la Paz de Honduras. Nos adherimos a tan justa petición. — Corresponsal.

Juticalpa, 22. — Nada más grande y justiciero que crear el «Día de la Paz» de Honduras, con lo cual glorificaráse al Eximio Sr. Presidente, Gral. Tiburcio Carías A., y nada más apropiado que el 15 de Marzo, día en que vino al mundo el esclarecido patriota, el hombre más prominente de los tiempos actuales. — Corresponsal.

Goascorán, 22. — Muy de acuerdo y con todo gusto acepto iniciativa del Profesor Efraín Castellanos de que decrétese «Día de la Paz» el 15 de Marzo, fecha del natalicio de nuestro fundador de la bendita Paz, Benemérito de la Patria, Dr. y Gral. Tiburcio Carías Andino. — Respetuosamente. — Corresponsal.

Victoria, Yoro, 22. — Impulsados por iniciativa que hemos recibido, complácenos en manifestarles que estamos unánimemente de acuerdo en pedir a nuestra Honorable Representación Nacional decrete «Día de la Paz» el 15 de Marzo, natalicio de nuestro Benemérito el Reformador, Dr. y Gral. Tiburcio Carías A. Y así como en esto, estamos de una vez para siempre unidos y dispuestos a acuerpar cualquier disposición o medida que dicten en favor de nuestros caros intereses patrios, de nuestro Caudillo y nuestro Partido. — Fraternalmente. — Miguel Valdez H.

Trinidad, Santa Bárbara, 22. — La creación del «Día de la Paz» es un feliz acierto, por cuanto constituye un nuevo acto de reconocimiento al Fundador y Sostenedor de la Paz en Honduras. El solo hecho de haber logrado el General Carías mantener por tantos años el reinado de la paz le vale para ocupar un puesto brillante en nuestra historia patria. Venga en buena hora el 15 de marzo como «Día de la Paz». — Enrique F. Pérez, Secretario del Subcomité Nacionalista.

San Lorenzo, 22. — En estos momentos el pueblo hondureño pide al Soberano Congreso Nacional se decrete «Día de la Paz» el 15 de marzo; entendemos que esa declaratoria debe ser para toda la vida y no para tiempo determinado. El General Carías, ante la historia, tiene páginas brillantes que deben grabarse en oro y levantar un monumento de granito que simbolice la compactación del pueblo hondureño alrededor de ese gran Mandatario, de ese gran Reformador, de ese gran Amigo, de ese gran Hijo de Honduras. Cada hijo de esta tierra querida quisiéramos tener una reliquia de ese Hombrón, como lo hicieron los Apóstoles de Jesús al redimir al mundo, así como lo ha hecho el General Carías de salvar la Madre Patria de las garras de tanto Judas y Pilatos que ahora andan a la par de Samuel Belibet. ¡Que viva el 15 de marzo y que viva el General Carías Andino! — Corresponsal Especial.

OFRECEN SU ADHESIÓN AL GENERAL CARÍAS
Los vecinos del valle El Tular, de la jurisdicción de Nacaome, se declaran abiertamente partidarios de la Paz y del Gobierno de Orden del General Carías. Así lo expresan valientemente en este patriótico Manifiesto

Nosotros, vecinos del valle «El Tular», en la jurisdicción de Nacaome, espontáneamente nos hemos reunido en la casa de habitación del coronel don Guadalupe Umanzor, para declarar con la sinceridad que caracteriza a los humildes pero honrados y laboriosos campesinos del departamento de Valle, nuestra simpatía y solidaridad hacia el Gobierno del Dr. y General don Tiburcio Carías Andino, que nos garantiza Paz, Orden y Libertades amplias para dedicarnos sin estorbo de ninguna clase a nuestras sanas labores del campo. En los once años que tenemos de gozar de paz inalterable, nuestras familias han vivido tranquilas, sin inquietudes ni zozobras y nuestros haberes, es decir, el preciado fruto de nuestros esfuerzos, no han sufrido menoscabo. Ya podemos trabajar sin temores, seguros de que nuestras viviendas no han de ser saqueadas, que nuestras familias no han de ser ultrajadas ni destruidas nuestras cosechas, porque los esfuerzos del Presidente de la República se han encaminado a garantizar la paz y unificar la familia hondureña dentro de principios saludables de orden, cordura, civismo y conciliación. Fuerzas contrarias al bien nacional y al progreso de la República han desencadenado sus bajos instintos para socavar los sólidos cimientos en que descansa actualmente el hermoso destino de Honduras; pero han fracasado y fracasarán, en toda la línea, ante la barrera inexpugnable que constituye la opinión pública, la opinión honrada y desinteresada de los hombres que viven inclinados diariamente sobre el duro yunque del trabajo. Por la salvación y el progreso nacionales estamos hoy, y estaremos mañana, al lado del General Carías, el hombre providencial que ha hecho el milagro de hacernos olvidar y odiar nuestras antiguas e injustificadas revueltas intestinas y cobijarnos bajo el frondoso Árbol de la Paz que tantos frutos inapreciables nos está regalando.

Nuestra opinión, repetimos, es la opinión humilde de los hijos del campo que no desean empleos públicos, sino trabajar tranquilamente, como estamos trabajando ahora bajo la era de orden y progreso que ha implantado nuestro querido Gobernante, por el cual estamos dispuestos a sacrificar nuestras vidas como premio a sus esfuerzos patrióticos.

El Tular, 9 de diciembre de 1944. — Guadalupe Umanzor, Daniel Vega M., Santos Vega, Antonio Flores Hernández, Gregorio Aguilar

Cabrera, Pedro García M., Salustiano Bonilla, Santiago Aguilera, Marcial Reyes, Virgilio García, Martín García Morán, Jerónimo García F., Ramón Rosa García, Fernando García Alvarado, Teodoro Cruz G., Alberto Cruz L., José Gallo, Juan Gallo Romero, Justo Vargas R., Bruno Cruz Alvarado, Santiago Cárcamo, Ignacio Mejía L., Juan Escobar, Tomás Gallo, Guillermo Cruz, Cruz Rodríguez, Benjamín Suazo, Enrique García, Daniel Varela, Evaristo Turcios, Roberto Yanes, Pablo Zelaya, Simón Galo, Francisco García, Benito Rivera, Silverio Rivera Núñez, Germán Rivera Núñez, José Rivera Núñez, Agustín Ramos, Lázaro Santos A., Félix Miranda, Fernando Yanes, Benito Suazo, Antonio Canales, Cruz Binilla U., Agustín Ramos, Francisco Binilla, Felipe Herrera, Serafín Herrera, Francisco García, Félix Rodríguez, Pedro Zamora, Arcadio Fermán, Tomás Zamora, Fermán Zamora, Dolores Fernández C., Guadalupe Berríos, Perfecto Hernández, Atanasio Contreras.

También: Paulino Almendares, Juan Almendares, Gonzalo Almendares, León Martínez, Pedro Ponce, Aniceto Moreno, Gilberto Moreno, Santos Moreno, Juan Moreno, Félix Arias, Pedro Cáceres, Francisco Castillo, Salomón Castillo, Sabino Marcia, Jerónimo Escobar, Pedro Hernández, Victoriano Hernández, Guillermo Marquina, José Guerra, Manuel López Bonilla, Leonor E. Gutiérrez, Lorenzo Sandres, Ciriaco Reyes P., Ignacio Domínguez, Valentín Alvarado, Vicente Fernández, Catarino Ortiz, Gil Antonio Aguilera, Santos Berríos, Mercedes Berríos, Antonio Rodríguez, Félix García, Pedro Aguilera, José Alberto González, Santos Ordóñez, Marcelino Zelaya, Braulio Velásquez, Ramiro Banegas, Marcos Zamora, Claro Osorio, Pedro Cruz, quien ha protestado del Partido Liberal; Porfirio Montesinos, Nicolás Umanzor, Rosa Cáceres, Juan Umanzor, Higinio Mejía, Socorro Gómez, Luis Gómez, Graciano Gómez, Pedro Cornejo, Cirilo Quiroz, Juan Bonilla, Leandro Marcia, Agapito Rodríguez, José Miguel Ayala, Raimundo Carbajal, Aquilino Montesinos, Cirilo Montesinos, Julio Gallo, Silvano Boquín, Jerónimo Díaz, Andrés Suazo Alcerro, Santos Cabiera, Isidro Contreras, Vidal Contreras, Leoncio Cuevas, Pablo Flores, Manuel Fiallos, Indalecio Matamoros, Sinforiano Ochoa, Ambrosio Morales, Sabino Miranda, Ignacio Domínguez, G. Miranda, Esteban Miranda, Raimundo Morazán, Andrés Alemán, Gregorio Izaquirre, Bernardino

Reyes, Teófilo Mejía, Albino Umanzor, Tomás Rodríguez, Víctor Gallo, Hermenegildo Cruz, Maximino Molina, Brígido Paz, Santos Paz, Rafael Quiroz.

Además: Benjamín Quiroz, Trinidad García, Gonzalo Gutiérrez, Julio Martínez, Sabas Rodríguez, César García, Guillermo Gallo, Danilo Gallo, Pablo Díaz, Félix Álvarez, Juan López, Santos Funes, Eduviges Estrada, Santos Díaz, Catarino Zelaya, Calixto Álvarez Ortez, Luis Ramos, Eliseo Molina, Nazario Cruz, Ángel Murillo C., Eduardo Hernández, José Hernández, Cristóbal Rubio, Santos Galeas, Lorenzo Quiroz, Julio Mejía, Guadalupe Gómez, Hipólito Estrada, Francisco Estrada, Carmen Guardado, Enrique Hernández, Juan Ponce, Jesús Laínez, Narciso Sánchez, Marcos Romero, Gustavo Toribio Moreno, Otilio Montoya, Jerónimo Zelaya Salazar, Antonio Vega, Benito Domínguez, Danilo Montoya A., Antonio Núñez, Santos Alvarado, Francisco Aguilar, Hipólito Borjas, Feliciano Hernández, Santos Barahona, Santos Baca, Rogelio Domínguez, Hipólito Domínguez, Lucas Domínguez, Esteban Valdez, Fernando Galeas, Santiago Ortiz, Regino Vásquez, Ernesto Bonilla, Isaac Domínguez, Santos Galeas, Modesto Granados, Cleto Pereira, Santos Pereira.

Otros: Genaro Cruz, Antonio Gallo, Román Díaz, Miguel Gallo, Pedro Espinal, Antonio Flores, Carlos Vega, Herculano Pineda, Fausto Pineda, Cruz Romero, Fidel Romero, Purificación Lemus, Salomón Lemus, Gregorio Sarmiento, Francisco Gallo, Santos Cardona, Pastor Yánez, Faustino Domínguez, Francisco Domínguez, Pablo Cruz, Ángel Cruz, Santos Cruz, Antonio Cruz, Cristóbal Cruz, Antonio Alvarado, Timoteo Cálix, Genaro Domínguez, Juan Borjas, Pablo Ubence, Luis Corrales, Antonio Paredes, Rufino Aguilar, Santos Ortiz, Teófilo Izaguirre, José Campos, Carmen Galo, Francisco Jiménez, José Molina, Quirino Rivera Núñez, Daniel Rivera Núñez, Felícito Martínez.

Nacaome, 16 de enero de 1945. — LA ÉPOCA. — Las grandes acciones y sacrificios que un Mandatario pone al servicio de la nación y de donde se desprende el bienestar, progreso y la felicidad de sus gobernados, como lo ha sabido hacer nuestro querido Gobernante, Gral. don Tiburcio Carías Andino, merece el reconocimiento de su pueblo, por lo que acuerpamos y sostenemos la magna idea del Director Departamental de Enseñanza Primaria de Santa Rosa de Copán, J. Efraín Castellanos, de pedir al Soberano Congreso Nacional que decrete «Día de la Paz» la fecha del 15 de marzo, en honor al feliz natalicio de nuestro Jefe Gral. Carías, creando asimismo la orden condecorativa de la Paz para condecorar a los virtuosos gobernantes de los países amigos. Como una sugerencia que coordina con la feliz idea del señor Castellanos, agrego que debe acordarse un concurso para letra y música del Himno a la Paz, optando por el mejor, a juicio de críticos en la materia, y decretarlo Himno Oficial de la Paz. Así haremos honor a quien honor merece. — Atentamente. — Julio César Vijil.

BANDERA DE PAZ
Lamaní, 12. — La personalidad del Gral. Carías está perfilada dentro y fuera de Honduras como ciudadano de hechos cristalinos y como Gobernante impoluto; la honradez con que dirige los distintos ramos administrativos y el apego a la Santa y Bendita Paz como bandera del Partido y de la Democracia ponen de relieve sus sentimientos sanos de verdadero patriota; por eso su obra, como su nombre, perdurará en todo tiempo y en cualquier época como bandera de progreso y paz. — Atentamente. — T. M. Bulnes.

Santa Rosa de Copán, 17 de enero de 1945. — Sr. Fernando Zepeda Durón. — Para su conocimiento y demás fines, permítome trascribirle: — «Santa Rosa, Copán, 13 de enero de 1945. — Presidentes Comités y Subcomités Nacionalistas, Alcaldes Municipales, Concejos de Distrito, Comandantes de Armas y Gobernadores Políticos. — Circular la República. — Siendo el 15 de marzo aniversario natal del Excmo. Señor Presidente, Dr. y Gral. don Tiburcio Carías Andino, padre de la Paz y restaurador de nuestra querida Honduras, de la manera más atenta excito a Ud. a efecto nos dirijamos al Soberano Congreso Nacional para que tan magna fecha sea decretada «Día de la Paz», creando al mismo tiempo la Orden de tan divino lema y condecorar con la medalla o insignia que tenga a bien acordar, a todos aquellos ciudadanos que, como nuestro actual Gobernante, consagran su amor y abnegación a ese pedestal sublime en que descansa el progreso material y cultural de los pueblos, y perpetuar de esa manera la fecha en que naciera el «Fundador y Sostenedor de la nuestra». — J. Efraín Castellanos». Por los numerosos mensajes que he recibido, referida excitativa ha sido acogida con todo entusiasmo. Muy atentamente ruégole ser Ud. el portavoz de ella en el seno de la Augusta Cámara, para ver convertidos en realidad nuestro propósito. Afmo. amigo. — J. Efraín Castellanos, Director Departamental de E. P.

Santa Rosa, Copán, 16. — Siendo Ud. de los muchos amigos del Señor Presidente que más conoce la gran labor llevada a cabo por el ilustre Gobernante en beneficio de la paz de Honduras, muy atentamente, en nombre de los Corresponsales de esta zona de Occidente, le excito a acuerpar iniciativa hecha por el Profesor J. Efraín Castellanos, con fecha 13, excitando al Soberano Congreso Nacional para que decrete «Día de la Paz» el 15 de marzo, día en que cumple años el Gral. Carías, a quien no tenemos los hondureños cómo pagarle sus sacrificios en bien de la nación. Por correo de mañana le envío copia de la circular que motiva este telegrama. Lo saluda su Afmo. amigo. — Porfirio Villamil.

Villa de San Francisco, 17. — Que nuestra Augusta Representación Nacional decrete el 15 de marzo como «Día de la Paz» y rindámosle tributo, porque la paz es lo más grandioso que puede obtenerse, en este siglo en que más de medio mundo sufre las influencias de la guerra. Soberano Congreso Nacional: glorifiquemos la paz. — Corresponsal.

Reitoca, 17. — Gustosos acuerpamos la excitativa del Director Departamental de Santa Rosa de Copán: pediremos al Soberano Congreso Nacional declare «Día de la Paz» el 15 de marzo, porque es justo solemnizar así el día del natalicio de nuestro ilustre Gobernante, día que nos llenaremos de júbilo y, para mejor, que se confirme «Día de la Paz». Respetuosamente. — Alejandro Zelaya García, Secretario Subcomité Nacionalista.

Dulce Nombre, Copán, 17. — Interpretando los nobles sentimientos patrióticos del Director Departamental de E. P., Profesor J. Efraín Castellanos, para hacer justicia una vez más a nuestro Excmo. Gobernante, Gral. Carías Andino, por el digno medio de ustedes pedimos que la Soberana Cámara Legislativa decrete «Día de la Paz» el próximo 15 de marzo, fecha gloriosa del aniversario de su feliz nacimiento, creando a la vez la condecoración de la Paz. — Encarnación Portillo, Alcalde Municipal; Ramón M. Castellanos, Presidente del Subcomité Nacionalista.

Nueva Ocotepeque, 17. — La idea del Prof. copaneco J. Efraín Castellanos es muy feliz y no hay duda de que la Augusta Cámara declarará «Día de la Paz» el 15 de marzo, aniversario natal de nuestro excelente Mandatario, y condecorársele ese día la encontramos acertada. Este departamento celebrará solemnemente el cumpleaños del Dr. y Gral. Carías Andino. — Corresponsal.

San Lorenzo, enero, 17. - De acuerdo con la idea del caballero Prof. don Efraín Castellanos de que el 15 de marzo, fecha del aniversario natal del más grande de los hondureños, Gral. don Tiburcio Carías A., Presidente de la República, sea decretado por el Soberano Congreso Nacional «Día de la Paz» y condecorar al Benemérito Dr. y Gral. Carías A. con una medalla con la insignia de la paz, y crear esa condecoración para los demás Gobernantes de los países amigos, como un homenaje al día en que nació nuestro querido Gobernante y Fundador de la Paz de Honduras y Gran Benefactor del engrandecimiento y civilización de este pedazo de suelo que tanto queremos, y así habremos perpetuado de oro nuestro agradecimiento al Reformador Nacional. Ojalá nuestras gestiones ante la Honorable Asamblea Nacional tengan el efecto del anhelo de la generalidad de los hondureños. - Carlos González.

Copán, 17. - Esta Corporación Municipal y miembros del Subcomité «General Bonilla» acuerpan con entusiasmo la patriótica excitativa del Prof. Efraín Castellanos, de Santa Rosa de Copán, de pedir al Soberano Congreso Nacional decrete «Día de la Paz» el próximo 15 de marzo, creando al mismo tiempo la Orden de tan divino lema, y condecorar con la insignia que tenga a bien acordar a todos aquellos ciudadanos que, al igual que nuestro Gobernante, Dr. y Gral. don Tiburcio Carías A., consagren su amor con abnegación a solidificar ese pedestal en que descansan el progreso material y cultural de los pueblos y perpetuar de esta manera la fecha gloriosa en que nació el «Reformador, Sostenedor de esta Bendita Paz» que disfrutamos. En tal virtud e identificados con el Prof. Castellanos, pedimos al Soberano Congreso Nacional haga suya tan justiciera y patriótica iniciativa, como un justo homenaje al conspicuo de los gobernantes hondureños, el integérrimo Dr. y Gral. don Tiburcio Carías Andino. - Bonifacio Reyes, Secretario del Subcomité Nacionalista; Juan R. Cueva, Segundo; Arnulfo Cueva, Alcalde Municipal; Eusebio Flores M., Secretario Municipal.

San Miguelito, F. M., 16. - Esta Municipalidad, asociada del Sub-Comandante Local de este, el amigo García D. y pueblo, como un solo hombre, reconociendo los grandes méritos de nuestro ilustre Mandatario, Dr. y Gral. don Tiburcio Carías Andino, en sesión solemne acordó pedir al Soberano Congreso Nacional que la fecha del 15 de marzo, día del natalicio del Hombre Símbolo, quede y se declare por decreto «Día de la Paz» y restaurador de nuestra querida Honduras. - Respetuosamente. - Esteban Cruz Ochoa, Sub-Comandante; Máximo Lardí, Alcalde Municipal; Manuel H. Martínez h., Secretario Municipal; Antonio Bárcenas C., Pablo Cruz y Cruz, Ramiro Posadas, Santiago Ochoa, Carlos A. García D.

CIRCULAR DEL SEÑOR GOBERNADOR MEJÍA H.

Nueva Ocotepeque, 8 de enero de 1945. - Muy respetuosamente me permito poner en su digno conocimiento que con fecha dos del corriente mes, esta Gobernación Política giró a los señores Alcaldes Municipales de esta misma jurisdicción el mensaje circular que dice: «N° 879. - Nueva Ocotepeque, 2 de enero de 1945. - Señor Alcalde Municipal. - El departamento. - La Paz es una bendición inapreciable en la cual están condensados el adelanto y progreso de una Nación, en todos sus aspectos.

Entre nosotros empezamos a darnos cuenta de todo lo bueno que puede hacerse en provecho de nosotros mismos sustentando con todo anhelo la Paz que el Señor Presidente de la República, Doctor y General don Tiburcio Carías Andino, ha fundado y sostenido con su talento político, probidad administrativa, su voluntad rectilínea y su inmenso amor a la Patria. Por consiguiente, cumpliendo instrucciones del Sr. Presidente de la República y debiendo esa Municipalidad que Ud. preside convencerse de que con la bendita Paz está en condiciones de mejorar en lo posible los sueldos de sus empleados, sírvase aumentar de manera muy especial en los presupuestos que elaboren en el presente año los sueldos de los maestros de escuela, a efecto de que estos servidores se dediquen satisfactoriamente al cumplimiento de sus deberes pedagógicos para con los niños que el pueblo pone bajo sus cuidados, infundiéndoles principios fundamentales democráticos como base indispensable para prepararlos y que sigan adelante con la República de nuestros antepasados, que tanto anhelaron por la creación de una Patria Grande y que tuviera resonancia en la historia del mundo, tal como lo hace con el beneplácito de la universalidad de los hondureños el Excelentísimo Señor Presidente Constitucional de la República, Doctor y General don Tiburcio Carías Andino, honra y gloria, sin paralelo entre los Gobernantes que ha tenido el país. - Cordialmente. - Su servidor, Julián Mejía h.».

MENSAJE DIRIGIDO AL MANDATARIO

Juticalpa, 2 de enero de 1945. - LA ÉPOCA. - Transcríbole: «Juticalpa, 2. - Excmo. Señor Presidente Constitucional de la República. - Casa Presidencial. - Ayer que se inició un nuevo año en el calendario cívico de la Nación, comienza también una nueva época de inquietantes renovaciones para la vida institucional de la República y cuyo ejercicio preside Vuestra Excelencia, patriota esclarecido, con soberanos estímulos por el Progreso, la Paz y Bienandanza Nacional. Con el juramento prestado bajo el palio amplísimo de la Soberanía, constitucionalmente, se planteó para nuestra Patria una nueva era de Paz, de Orden y de Respeto a las instituciones nacionales y de efectivo apoyo a los intereses colectivos del país. El pueblo hondureño, en medio de sus grandes agitaciones políticas, ha tenido siempre una estrella guiadora que le hace marchar con seguridad hacia mejores destinos, con una visión tan clara, con un sentimiento patriótico tan elevado, que pareciera que el enardecimiento cívico y la prudencia humana se anidasen en su alma y corazón. Tal acontece con Vuestra elevación a la Primera Magistratura de la Nación, después de apreciarse las ejecutorias de Vuestra Excelencia, especialmente por una campaña ruda, pero gloriosa. Por los nobles propósitos que animan a Vuestro Gobierno, por el régimen de Paz implantado desde hace doce años en nuestra Patria, anhelamos que la permanencia de Vuestra Excelencia en el Gobierno de la República sea inalterable para Bien y Progreso positivo de la Nación, que hoy se mueve toda entera para tributar los sinceros homenajes de cariño al Patriota y al Presidente más grande y más amante del Progreso que ha tenido Honduras. Que el nuevo año sea de positivos triunfos para Vuestra Excelencia en holocausto a la Patria. - Respetuosamente. - A. Romero Z., H. Pavón R., A. Bú C., S. García y García, Guillermo García B., D. Bustamante Rosales, Fernando Figueroa, E. Mejía Cáceres, Ismael Zapata Cálix, C. Ulises Cruz, Edgardo Ayes Rojas, Alfonso Rosales, Rómulo Raudales, Zacarías Álvarez, J. Antonio Navarro, Miguel A. Osorio, Arturo Cerna M., Emiliano Núñez Z., Félix Cerna, Pablo Ernesto Ayes R., Martín Reyes, Raúl Ramos, J. Antonio Banegas, Alejandro Lobo Cálix, Armando Sarmiento, Ramón Cruz, Melitón R. Barahona, Adán Girón, Carlos González, Manuel J. Mejía, Tomás González, F. Antonio Padilla, Rafael Cálix Palma, Antonio Garay G., Alfredo Cerna O., Max Lanza, Miguel Cardona, Aquileo Cardona». - H. PAVÓN R.

ENTREGADO HOY EL DECRETO QUE DECLARA BENEMÉRITO AL PRECLARO GENERAL DON TIBURCIO CARÍAS ANDINO

Ayer, por aclamación y a pedimento del distinguido diputado por Choluteca, Profesor Luis Felipe Lardizábal, aprobó la Cámara Legislativa el proyecto de Decreto encaminado a declarar FUNDADOR Y DEFENSOR DE LA PAZ DE HONDURAS Y BENEMÉRITO DE LA PATRIA al Señor Presidente de la República, General don Tiburcio Carías Andino. Los señores diputados en forma elocuente y muy sincera demostraron su aprecio desinteresado por el Gobernante que ha sabido defender la Paz de Honduras. Oradores de la clase del muy honorable diputado Yanuario Landa Blanco se manifestaron de acuerdo con lo propuesto por las Municipalidades de Intibucá y los Comités Nacionalistas de aquel mismo departamento, acuerpado solemnemente por los demás centros similares de la República.

En esta hora solemne en que el patriotismo de los hondureños no sólo se manifiesta en la más completa civilidad sino que está latente en la defensa del país en los campos de batalla, un acto como el mencionado representa un estímulo que bien se merece el hombre que está sacrificando sus años más preciosos de vida porque la paz no sea alterada en Honduras. Tarde o temprano se convencerán todos y cada uno de los enemigos de Honduras de que la labor del General don Tiburcio Carías Andino bien merece el Decreto que ayer se emitió por la Cámara y que hoy fue sancionado constitucionalmente y entregado en cuerpo al Mandatario en un acto solemnísimo verificado esta mañana en el Salón Azul de Casa Presidencial.

El país se ha dado perfecta cuenta del suceso de esta mañana. Oyeron por medio de la radiodifusora H. R. N. los discursos de varios diputados, en el instante en que se le hizo entrega del Decreto consagratorio.

Con este motivo el pueblo Nacionalista de Tegucigalpa se ha dispuesto a celebrar ese acontecimiento y en los corazones de los soldados del Partido late el entusiasmo, que esta noche será expresado frente a la Casa Presidencial al obsequiársele al Mandatario con un concierto de marimba.

Es así cómo la democracia hondureña hace honor a sus hombres dirigentes. Es así cómo el sentimiento popular se expresa en una República donde el Mandatario es hijo de la democracia y no como quienes lo combaten que son los pistoleros de que habla Mr. Churchill. La democracia de Honduras culminará en 1948 con unas elecciones libres y será en esa época cuando se hará mayor justicia al Gobernante que los malvados han calumniado hasta en lo más sagrado de su vida.

LA ÉPOCA celebra este suceso histórico en la vida política de Honduras y, como vocero que es del nacionalismo, se siente orgullosa y feliz de este acto de reconocimiento para el hombre que con sus actos de buen gobierno ha engrandecido a Honduras.

LOS CÁLIDOS HOMENAJES AL SEÑOR PRESIDENTE GENERAL CARÍAS

Una importante Circular del Dr. Muñoz P.

Publicamos a continuación la importante circular dirigida a los centros nacionalistas y autoridades civiles y militares de la República por el señor Presidente del Congreso Nacional, Dr. don Plutarco Muñoz P. Dice así:

«De Tegucigalpa, D. C., 15 de diciembre de 1944. - Señor: El acto consagratorio que ayer el Congreso Nacional tributó al Señor Presidente Carías Andino, constituye un homenaje y testimonio público e inolvidable de la gratitud nacional a ese Grande y el mejor de los Grandes, progresistas y pacifistas Presidentes que Honduras ha tenido, sin excluir a Francisco Morazán. Por la noche el Congreso y Nacionalismo de Tegucigalpa obsequiaron un concierto, a dos marimbas, a nuestro cada día más querido General Carías A., quien habló de manera muy elocuente, patriótica y serena, por cuatro veces, por petición popular, causando sus discursos gran desbordamiento de entusiasmo en el numeroso público.

Expuso verdades, hizo declaraciones y sugerencias que lo consagran como uno de nuestros mejores oradores y más hábiles políticos y caudillos, no sólo de Honduras sino de cualquier país. La oratoria que el Gran Jefe y popularísimo caudillo gastó ayer por la mañana y por la noche causó arrebato y júbilo indescriptibles ante la gran concurrencia, siendo lo mejor y más sorprendente que todos sus discursos fueron improvisados y notables, lo que no hace cualquiera, por ser muy difícil improvisar tan brillantemente como el General Carías lo hizo. ¡Que Tiburcio Carías Andino viva y mande muchísimos años en Honduras, ya en el poder, ya dirigiendo al Partido Nacional, lo que así será, porque hay que convenir que el General Carías A. es un PREDESTINADO, al que, por sus abundantes virtudes, Dios y el pueblo hondureño amparan y rodean! Le ruego comunicarlo a los amigos. - Afmo. - PLUTARCO MUÑOZ P.».

JUSTICIA PARA EL MANDATARIO

Dedicamos este trabajo a todos nuestros amigos políticos que, interpretando los anhelos de Paz, Trabajo, Progreso y Redención Nacional de nuestro Ilustre Jefe, Señor Presidente Carías Andino, han puesto su heroísmo, lealtad y valentía al servicio de la noble causa que defendemos los miembros del Partido Nacional.

En su sesión del 13 del mes en curso el Soberano Congreso Nacional, haciendo suyo el sentir unánime expresado por el pueblo hondureño, dio un paso de trascendental justicia para el egregio hijo de Honduras y Primer Magistrado de la Nación, Dr. y Gral. don Tiburcio Carías Andino, al emitir un Decreto por medio del cual se le da un voto de confianza y se le declara «Fundador y Sostenedor de la Paz de Honduras y Benemérito de la Patria». El pueblo hondureño y sus dignos representantes en la Cámara Legislativa conocen las singulares virtudes ciudadanas del Señor Presidente Carías; conocen la magnitud de la vasta obra material y espiritual realizada por el invicto Gobernante hondureño; saben que esta obra es indestructible y que ella no podrá ser negada por la historia ni por los enemigos políticos del Partido Nacional y conocen a fondo las condiciones en que le ha tocado actuar al Mandatario, luchando contra las pasiones de sus adversarios, contra las malas inclinaciones de estos y contra el mal estado económico que la actual conflagración mundial ha creado en todos los países del Hemisferio, inclusive el nuestro. Pero la honradez, el patriotismo, la energía y firme voluntad del General Carías se han mantenido en una plataforma de dignidad y de sólida estructura y es por ello que el querido Jefe de nuestra Entidad Política ha salido avante en la resolución de todos los problemas administrativos que ha tenido que enfrentar.

Si se hace recuerdo de los pocos años de paz de que disfrutó el país cuando administraciones coloradas estuvieron en el Poder, se puede acariciar la verdad -quizás dolor de cabeza para nuestros adversarios- de que sólo el General Carías ha formado conciencia en su pueblo de los beneficios de la Paz; sólo él ha sido quien ha formado en Honduras la escuela del trabajo, del respeto al derecho ajeno, del cumplimiento y respeto a las leyes, del amor al trabajo y de todo cuanto sirve para elevar el nivel cultural de la familia hondureña.

Nuestros correligionarios saben de todos y cada uno de los acontecimientos que se han sucedido en este año de 1944; saben cómo los enemigos políticos -mejor dicho, los colorados- han pretendido amargarle la vida a nuestro digno Jefe; saben cómo ha procedido el General Carías; cómo ha resuelto satisfactoriamente, con serenidad, valentía y patriotismo, todos los acontecimientos que han querido perturbar la paz y el progreso de Honduras. Ahora bien. Si el General Carías A., Supremo Jefe de nuestro Partido Nacional y Presidente de la República de Honduras, es el único Caudillo que se ha captado el cariño, respeto y admiración del pueblo hondureño; si él es el único que ha mantenido la paz en nuestro suelo, con economía de sangre hondureña; si él es el único que ha formado un ambiente de tranquilidad para que las generaciones de nuestra Patria se desarrollen alejadas del fantasma de la guerra y en un medio cultural envidiable; si él es el único que ha formado las bases indestructibles del progreso; si él ha resuelto los problemas más difíciles que Gobernante alguno no hubiera encarado; si él ha promovido la marcha cultural y si él ha impulsado el progreso material por todos los ámbitos del país, se llega a la conclusión firme de que es Honduras quien necesita del General Carías. Y si el Congreso Nacional emitió el Decreto que motiva estas líneas, nada más justo que corresponder al Gobernante con el estímulo sincero y cariñoso con que un pueblo patentiza su adhesión, respeto y simpatía.

Nosotros, que jóvenes hemos participado en los asuntos políticos de nuestro país, nos sentimos atraídos por el ejemplo que nos ofrece el General Carías y siempre que nos toca actuar siempre recordamos sus consejos, sus palabras encendidas de patriotismo y su lealtad para con esta Patria que le debe su Redención.

Hoy, al escribir estas frases sinceras, queremos hacer llegar hasta nuestro querido Jefe, General Carías, nuestra felicitación por el estímulo y justa recompensa de que ha sido objeto por parte de los representantes del pueblo hondureño. Para el General Carías, pues, nuestra respetuosa felicitación.

RAFAEL JEREZ ALVARADO

LAS CONQUISTAS DE LA PAZ

¿Habría el país cambiado casi totalmente su anticuado sistema de transportes, de la tarda acémila a los vehículos de motor, terrestres y aéreos, de no haber alcanzado la salvadora conquista de la paz? ¿Habría logrado, sin ella, la vialidad, el brioso impulso que en toda la República confronta? ¿Se habría señalado este por las importantes realizaciones que han roto el estagnante aislamiento entre nuestra capital, las cabeceras departamentales y demás poblaciones de categoría, de seguir la nación -como es la aspiración suprema de nuestros adversarios- en plena barbarie, teatro fatal de montoneras, escenario trágico de choques sangrientos, panorama de escenas escalofriantes de violación, matanza, saqueo e incendio?

¿Podría la Comisión Interventora de nuestro Ferrocarril Nacional, después de reducir, no obstante la depresión económica imperante, su deuda de DOS MILLONES a SEISCIENTOS OCHENTA Y SEIS MIL LEMPIRAS, previa introducción de estimabilísimas mejoras, producirse en su informe último a la Secretaría de Fomento, en términos tan halagadores y honrosos como estos: "Los esfuerzos que esta Oficina ha hecho en nombre y representación del Gobierno, han dado lugar a estos resultados; y si las actividades del Ferrocarril SE SIGUEN DESARROLLANDO DENTRO DEL MISMO RITMO QUE HA SEGUIDO HASTA HOY, es indudable que al Gobierno que preside el Doctor y General don Tiburcio Carías Andino HABRÁ DE ANOTÁRSELE LA GLORIA DE LIBERAR TOTALMENTE ESTA EMPRESA NACIONAL", la que, agrega el informe de referencia, "durante los veintitrés años que han transcurrido desde que se contrajo la deuda (1920) NO SE HABÍA LOGRADO HASTA HOY REDUCIR A LA CANTIDAD EN QUE ACTUALMENTE ESTÁ"?

No. Seguiríamos en la plena noche de atraso e insolvencia, con el tiempo y la distancia en contra del desarrollo cultural y económico. Seguiríamos en la impaciente espera de mejores tiempos. Viendo crecer nuestras necesidades y deudas, mordidos por el cruel torcedor de nuestra impotencia para atenderlas.

La conquista de la paz, ante la elocuencia numérica del hecho apuntado, crece en nuestra admiración y en la de todos los que la juzgan desde los elevados planos de la razón y el patriotismo. Solo por ella nos conforta la posición ventajosa en que nos hallamos, de visible estimación internacional, de notoria confianza interna, de tranquilidad ambiental para el trabajo que se siente garantizado en sus magníficas empresas agrícolas, industriales, comerciales, en el orden privado, de la iniciativa particular, y en el orden público, de la iniciativa oficial. Solo por esa paz bendita y fecunda, inconmovible desde su fundación, en cuyo acerado blindaje se han estrellado la loca ambición de sus enemigos, estamos en presencia del firme desarrollo de un Programa Administrativo de avanzada cuyo malogro, el pueblo, comprensivo de su profunda significación civilizadora, convencido de sus alcances salvadores, ha evitado con su respaldo sin reservas, unánime, vigilante, corajudo, heroico. Programa cuajado de promesas que van siendo realidades ante el empuje arrollador de los cerebros y puños que lo concibieron.

Realidades de comunicación, que acercan; de educación, que hermanan; de salubridad, que exaltan el valor, la esperanza y la alegría; de ornato, que embellecen las ciudades, haciéndolas amables, acogedoras, insinuantes, atrayentes, apetentes para el turismo que se mueve en busca de paisajes novedosos, que no deslustra la falta de confort; de seguridad social que limpia de zozobras y de sustos los caminos; de moralidad pública que esmera el trato y evita emociones truculentas a nuestros visitantes, que serán los mejores propagandistas del orden edificador en que vivimos, después de una centuria de insensatas aventuras guerreras que hizo imposible la inmigración, esa corriente de fuerzas transformadoras de costumbres, ideas y acciones; que como apestados nos mantuvo en prolongada cuarentena; que nos signó como bárbaros y nos hizo saborear el dolor de nuestro espectacular complejo de inferioridad, del cual nos estamos sacudiendo, pese a la obsesión de conservarlo de unos cuatro descentrados a quienes ha empezado a desesperar la inutilidad de sus empeños.

ALEJANDRO NAVAS GARDELA

DEFENDER LA PAZ ES DEFENDER EL HOGAR

La vida de turbulencia en que los hondureños hemos vivido por más de medio siglo significa la pérdida de muchas energías que habrían engrandecido el progreso del país si se hubiesen puesto al servicio de la nación. Honduras casi nunca se ha desangrado por causas justas. Y ha sido, en la mayoría de las veces, la ambición de lucro partidista el motivo de las guerras civiles en las cuales se han despilfarrado millonadas de dinero, con el cual, honradamente, se hubieran levantado monumentos de civilización.

En los actuales momentos el país marcha por una línea de conducta reveladora de lo que podemos hacer con gobiernos bien intencionados, con buena voluntad y con ánimo de patriotas. Porque, en verdad, a Honduras, demostrado está, no le han faltado recursos suficientes para elevarse a niveles materiales y morales muy superiores, pero ha escaseado la acción y la responsabilidad en el cumplimiento de los altos deberes que demanda la primera magistratura de la nación.

Si al General Carías se le admira como un símbolo de la vida republicana, ello tiene su fundamento, su razón innegable. El más humilde de los hondureños sabe que el actual Gobernante es el legítimo sostenedor de doce años de paz y durante los cuales la vaca, la bestia, la milpa y todo lo que hace la vida del campo han estado garantizados por la autoridad y no ha habido turbas saqueadoras, como en otros tiempos de desorden y de irresponsabilidad gubernativa.

Honduras estaría cruzada de buenas carreteras, con muy diversas y majestuosas obras de progreso y prestigio si sus gobernantes anteriores hubieran tenido un espíritu constructivo como el del General Carías. Si hemos de decir la verdad, tal como es, será necesario reconocer que este país solo ha tenido un Presidente de completa responsabilidad en su misión, un presidente que ha construido y ha defendido a la nación.

Temblaban los hondureños honrados, los trabajadores que no viven ni esperan vivir de las casillas presupuestarias, cuando veían los movimientos ofuscados de los políticos instigadores del bochinche. Temblaban al considerar la probabilidad de una montonera y la vuelta a los tiempos del desorden y de los pillajes impunes.

En aquellos días agitados por la política panterista y por los engañados que se iban de la Patria con la idea de volver en son de guerra y de victoria, muchos creyeron que habíamos retrocedido a la barbarie. Los eternos buitres de la política nacional creían que la administración del país ya había caído en sus manos sedientas de mangoneo. El comercio sufrió una desilusión. Casi nadie vendía nada porque la gente solo pensaba en las dificultades que le amenazaban; había que ser prudente en los gastos y guardar lo posible para satisfacer las necesidades indispensables. Se perdía la confianza. Y al comercio solo le esperaba el tradicional saqueo de los establecimientos por parte de la soldadesca inconsciente.

Aquellos días de zozobra, zozobra para los que todavía no conocían todo el temple del Mandatario que tenemos, fueron aprovechados por los ingratos especuladores para acaparar víveres con la idea de hacer granos de oro con el maíz y los frijoles. Esta fue otra de las consecuencias que afligió al comerciante establecido con competidores por todos los costados. Juzgue la nación entera los sufrimientos que estaría cruzando si el Gobernante no hubiese sido lo suficientemente fuerte para dominar a los ambiciosos enloquecidos y si el pueblo no le hubiese dado, como le da siempre, el apoyo necesario para defender la paz.

Así es, pues, que no debemos olvidar las muchas consecuencias desgraciadas que acarrearía para la vida nacional la vuelta a los tiempos del bochinche histórico. Debe comprenderse que todo hondureño que defiende al Gobierno, defiende la paz, su propia vida y la de los suyos en el hogar.

DISCURSO PRONUNCIADO POR EL DR. JOSÉ ANTONIO TORRES, A NOMBRE DEL NACIONALISMO DE LA REPÚBLICA

Excmo. Señor General Carías Andino:

Cumplo con el grato encargo de ofreceros este concierto en nombre del Comité Central del Partido Nacional, del cual sois el Jefe Supremo, como felizmente lo sois también de la República, por la libre y espontánea voluntad de sus componentes; por lo que con toda propiedad y sin igual prestancia puedo deciros que este sincero homenaje, grande en su espléndida sencillez, os lo ofrece el Partido Nacional en nombre del pueblo hondureño cuyos altos destinos habéis salvaguardado con sabiduría y patriotismo.

Después de once años de lucha tenaz y difícil para sacar a Honduras de la senda de abrojos y dolores insondables en que manos criminales la habían colocado y devolverla a sus naturales cauces, el pueblo hondureño, el verdadero pueblo hondureño conmovido en lo más íntimo de su alma, delirante de júbilo legítimo, se ha detenido hoy para contemplar la obra realizada por Vos, Señor General Carías Andino, ofreciéndose ante sus ojos estupefactos el singular acontecimiento de la reconstrucción nacional, el más grande acontecimiento de nuestra historia política, el primer día de Vuestra Presidencia brillando con fulgores inextinguibles en el cielo de la Patria y la última noche, la última, de un pasado ominoso y sangriento que no volverá, que no volverá jamás. Esta obra es Vuestra y con ella habéis honrado y correspondido al Partido Nacional en los altos fines que persigue para alcanzar el bienestar y la felicidad de nuestros conciudadanos. El Partido Nacional se siente orgulloso y satisfecho y estima que habéis sido el primer servidor de la Patria y que el más alto elogio sería poco para enaltecer Vuestra egregia personalidad.

El Partido Nacional de toda la República ha estado al tanto de la preparación subterránea de un grupo de nuestros adversarios con el criminal intento de alterar la paz de la República, atentar contra la vida e intereses de nuestros compatriotas y, lo que es peor, contra el Gobierno de garantías, orden y progreso que dignamente presidís. El Partido Nacional sabe también que en su mortal angustia por atrapar el Poder para saciar sus bastardas ambiciones de mando, esos mismos enemigos de la tranquilidad social, sin importarles la magnitud del desastre, no vacilaron en derramar la sangre de nuestros hermanos y correligionarios; pero felizmente cosecharon un vergonzoso fracaso mediante las oportunas y atinadas medidas de defensa que habéis adoptado para asegurar la vida y el reposo de los pueblos y el mantenimiento incólume de las instituciones que nos rigen.

Y habrán de fracasar, no cabe duda, en sus nuevos y criminales intentos, porque el Partido Nacional, que es hoy un gigante que se levanta al primer toque de corneta, está unido a Vuestro lado, unido y resuelto a no dejarse arrebatar por una minoría sin bandera, los inapreciables tesoros de que hoy se enorgullece la Patria, conquistados por Vos, Señor, a costa de arduo, honrado y pacientísimo trabajo. No, no volverán jamás.

Completo sería el júbilo del Partido Nacional en este día memorable en que el Soberano Congreso Nacional os ha otorgado la Corona Cívica, declarándoos «Fundador de la Paz Nacional» y otorgándoos, a manera de laurel consagratorio, el merecido título de «Benefactor de la Patria», pero nosotros, los nacionalistas, el Partido Nacional, todos vuestros amigos y correligionarios, tributamos un sincero recuerdo y extendemos este homenaje a la gran dama hondureña, hoy ausente, que ha compartido vuestras luchas, a esa mujer, Señor, que mientras Vos habéis sido la fuerza que avanza, ella ha sido la de la mujer que regula, doña Elena de Carías, por quien el Partido Nacional, en esta ocasión y con el alma de rodillas, eleva votos al Altísimo por su personal ventura.

Juro ante Dios, Señor, que en esta ofrenda va la protesta de solidaridad, adhesión y disciplina del Partido Nacional en general y de cada nacionalista en particular.

He dicho.

14 de diciembre de 1944.

JOSÉ ANTONIO TORRES

LA CONSAGRACIÓN NACIONAL

Juticalpa, 19.-LA ÉPOCA.-Quienes sueñen llegar a la Presidencia de la República de Honduras, sin contar con las mayorías, están engañándose a sí mismos y embaucando a los demás; quienes ambicionan llegar a regir los destinos de una Nación sin acatar resoluciones del sufragio libre y honesto, andan por caminos de una democracia errónea, falsa.-TOMÁS GONZÁLEZ.

Por las columnas de este diario han desfilado, con profusión, los mensajes telegráficos llegados de toda la República, manifestándose la aprobación nacional del Decreto que el Soberano Congreso Nacional acaba de dar, otorgando al Excelentísimo Señor Presidente de la República, Doctor y General don Tiburcio Carías Andino, el honroso título de «Fundador y Defensor de la Paz de Honduras y Benemérito de la Patria».

Este Decreto, como es bien sabido, fue una iniciativa surgida en el seno del nacionalismo de La Esperanza, departamento de Intibucá, y acogido con beneplácito por todo el nacionalismo del país. Los Comités y Subcomités Nacionalistas y Municipalidades, inmediatamente después que conocieron la sugerencia, se pronunciaron en favor del homenaje, propiciándolo por medio de mensajes telegráficos o actas y dirigiéndose en solicitud en tal sentido al Soberano Congreso Nacional, pidiendo que se decretara el referido homenaje.

Telegramas de aplauso al Decreto consagratorio y de felicitación a la Cámara continúan llegando a este diario, de todos los pueblos de la República. Es la voz consagratoria del pueblo hondureño en reconocimiento al Mandatario que ha sacrificado los últimos años de su vida por defender la tranquilidad de los hogares hondureños; es la voz sincera de un pueblo que antes vivía en continua turbulencia y ahora goza de paz, amparado contra los salteadores de camino y contra las turbas irresponsables que en otros tiempos perturbaban el orden nacional sin reparos, impunemente, imponiendo la voluntad cuadrillezca y asaltando la propiedad rural.

Es digno de observarse que el Decreto consagratorio ha causado general aprobación en la nación y júbilo en el departamento de Intibucá, uno de los que en otros tiempos era notoriamente el más revoltoso, el más susceptible a la descomposición por parte del cacicazgo partidarista. Esto es halagador por cuanto significa que el pueblo intibucano, así como es valiente, así sabe rectificar, como en realidad ha rectificado al apoyar la noble y fructífera causa de la paz de Honduras.

Los intibucanos están plenamente satisfechos con el Gobierno del General Carías porque este Gobernante ha sabido garantizar el orden público que los protege en sus actividades de trabajo. Intibucá es un departamento de gente laboriosa y no ha estado olvidado en los proyectos de obras públicas que lo favorezcan. Se le ha mejorado sus vías de comunicación y se han hecho importantes ampliaciones en el ramo de la instrucción pública.

El Decreto que ha consagrado al General Carías como «Fundador de la Paz de Honduras y Benemérito de la Patria» es bien merecido; así lo reconoce la opinión nacional porque, en verdad, este país no había podido vivir en orden antes que el General Carías Andino llegara al poder. La historia patria no registra en sus páginas un período gubernativo tan fecundo como el de este Gobierno ni un período de paz como el que venimos gozando desde 1933.

Los liberales y demás adversarios del General Carías ya están convencidos de que es imposible quitarle el poder. Ya se convencieron de que no tienen apoyo en el pueblo, de que no tienen recursos de ninguna naturaleza para enfrentarse a un Gobierno como el actual, que está respaldado para sostenerse por la opinión pública. Fue un error el de los liberales lanzarse a la aventura de una revuelta. No tenían gente, de esa gente que es única en la guerra; no tenían elementos ni dinero para comprarlos ni país que se los vendiera. Fue una descabellada idea la de los dirigentes empujadores pensar que a este Gobierno podían botarlo con una guerra de nervios. Pobres de aquellos que, engañados, equivocados tristemente, se pusieron la corbata roja para salir del país a esperar que el Gobierno actual cayera y luego venir a reclamar el empleo que da la ganga en el desbarajuste de un régimen revolucionario. Es lástima que tantos incautos hayan creído en las promesas de los empujadores para luego quedar implorando que se les permita volver al país del cual salieron voluntariamente con tanta soberbia y odio.

La Nación entera ha consagrado al General Carías A., con el honroso título de «Fundador de la Paz de Honduras y Benemérito de la Patria», porque en realidad eso es: el General Carías A. fundó la paz, la sostuvo y la sostendrá; y es Benemérito porque nadie como él en la historia de este país ha hecho tan magnífica obra de beneficio nacional.

La ambición política obstaculizó el patriótico anhelo del Presidente

CARÍAS POR LA CONCILIACIÓN NACIONAL

La Esperanza, 20 de diciembre de 1944.-LA ÉPOCA.-En el discurso de contestación que dio el Presidente Carías a la Comisión del Congreso que puso en sus manos el Decreto Legislativo por el cual se le declaraba «Fundador y Defensor de la Paz de Honduras y Benemérito de la Patria», el 14 de los corrientes, se hallan estas bellas y expresivas palabras:

«Mis anhelos eran de que se borraran las fronteras de los partidos políticos y que todo fuera armonía en Honduras, pero mis enemigos políticos no han conocido mi carácter ni mi fondo moral».

El suscrito, a principios de 1937, pudo darse cuenta exacta de que uno de los propósitos en aquel año del Gobierno que preside el Gral. Carías, era el de iniciar la terminación de la existencia de los dos partidos políticos como paso previo y fundamental para realizar una reconciliación efectiva entre los elementos gobernantes del Partido Nacional y los elementos gobernados del liberalismo, la que daría por remate, culminante y lógico, la reconciliación y la fraternidad completas de la familia hondureña. Recuerdo sobre este asunto que ese año de 1937 me decía uno de los ciudadanos más allegados al Presidente Carías, que si la elevada intención del desarme político y moral de los dos bandos militantes era posible hacerlo, se buscaría de presto la manera de ir preparando un grupo de jóvenes limpios, inteligentes y enérgicos pertenecientes a ambos partidos, en quienes, más tarde, descansaría la suerte y el porvenir de Honduras, dado que de ese selecto grupo de hondureños saldrían los futuros mandatarios y directores de la política del país. Desde luego que una política de desbanderizar a los hondureños, como la que quería el General Uribe y Uribe para Colombia, habría traducido en hechos objetivos, en nuestro país, el más hermoso conjunto de armonía y de bien y la paz que tantísimo le ha costado fundarla y sostenerla al Presidente Carías, habría venido sola, fácil y espontánea al efectuarse esa noble política de desbanderización partidarista.

El propósito del Gral. Carías al desear, antes de hoy, el desaparecimiento de las fronteras divisorias de los partidos políticos nació naturalmente de un fondo de puro y neto patriotismo, pues le dolía al Mandatario que la familia hondureña, tan pequeña, tan distanciada entre sus miembros y tan golpeada por la criolla montonera, viviese cultivando sus hondos rencores y creía, por tanto, que necesitaba de la aplicación de una política fraternal y tonificante que limpiase suavemente las esperanzas y los negros odios que el pasado amontonó en el interior de su alma. Pero el viejo liberalismo, empecinado en su interminable historia de violencias, no quiso aceptar una política de cordial reconciliación y desprendimiento y, no aceptando esa generosa y amplia política, se aferraba tercamente a los mismos procedimientos del pasado y buscaba y busca los caminos prohibidos y hasta las negras desechuras del crimen, para llegar al poder.

De aquí, y en vista de la contumacia del liberalismo no solo en no aceptar la reconciliación ofrecida, sino en querer sustituir al Gobierno actual por medios criminales, la reorganización última del Partido Nacional, lo cual lo coloca como la agrupación política más seria, más fuerte, más pujante del país, con el que no pueden luchar en ningún terreno las unidades disgregadas, sueltas, aisladas y mal queridas del otrora llamado Partido Liberal.-DANIEL HERNÁNDEZ.

BENEMÉRITO DE LA PATRIA Y FUNDADOR Y DEFENSOR DE LA PAZ

El Congreso Nacional para honra de sus funciones decretó, acertadamente, el mérito de reconocer en el Señor Presidente de la República, Dr. y Gral. Tiburcio Carías A., el distintivo de «Benemérito de la Patria y Fundador y Defensor de la Paz», después de haber observado su labor bienhechora y justificada, a la vista de los ciudadanos del país. Este hecho es justicia merecida y aplaudida por la generalidad, incluso por los liberales honrados.

El mérito se impone, a pesar de la envidia que se desarrolla en su derredor; se impone el mérito ante las almas vulgares, que ilusas piensan e intentan menguar el brillo del patriota, que sereno cumple su deber político y social, y lleva con valor a las masas que gobierna al fin de sus aspiraciones.

Entre los supremos bienes de que goza el pueblo hondureño destella la Paz, dentro de la cual se ha desarrollado el beneficio nacional y la que ha producido el agradecimiento y contento popular, como vivo ejemplo a la juventud que se levanta y un motivo de anulación para los enemigos del Partido Nacional.

El General Carías terminará su período en 1948, satisfecho de haber cumplido su deber de patriota abnegado, que supo dominar impávido los estorbos interpuestos por sus enemigos para eclipsar su honrosa administración.

Contentos estamos con nuestro Jefe Máximo, porque llenó nuestro anhelo patrio y nos llevó por el camino de la bendita paz, con valor, con capacidad científica y con la habilidad de un Estadista sin mácula, querido con infinitas pruebas por las multitudes inquietas y conscientes.

No es la fuerza bruta la que vencerá si no va acompañada de la razón y el derecho; así son las maniobras inconscientes, revestidas del vicio innoble y del crimen fatal las que vencerán; es el pueblo el que tiene decidido, que el General Carías como digno Jefe del Partido Nacional, continuará su administración en la forma constitucional.

La historia se encargará de inmortalizar el nombre de los Bienhechores de nuestra Honduras y llenará sus filas con el nombre del querido y aclamado Jefe, Gral. don Tiburcio Carías A. Así quedará cumplida la obra de inmortalidad y así la nación guardará eterna memoria hacia su Benefactor.

El Honorable Congreso Nacional, como lo ha hecho siempre, cumpliendo con su escabrosa misión, hizo el honor al Sr. Presidente dando muestras de su comprensión y patriotismo y dando asimismo mejor timbre a su legítima representación.

Si la paz se ha sostenido con empeño, con el mismo empeño debemos continuar sosteniéndola, colaborando con el Poder Público para bien del Partido y de la Nación, que se abre paso para surgir como nación que aspira a una mejor civilización.

Paz, Progreso y Libertad.
Tegucigalpa, D. C., diciembre de 1944.

PABLO MARADIAGA

ESCUELA AGRÍCOLA PAN-AMERICANA

Nunca, de seguir tan fuertemente adheridos como estábamos a un pasado de barbarie, a una vida de perpetua zozobra, de continuar fieles a la inicua y estúpida tarea de asesinarnos, de robarnos, de desacreditarnos y destruirnos, habría cabido a Honduras la honra y felicidad de ser elegida Sede de una Escuela de Agronomía de las estupendas proporciones de la que ha abierto sus promisoras aulas en los extensos como fértiles valles de El Zamorano. Es la Paz, que se acerca ya a los doce años de guiarnos por senderos lógicos, humanos, civilizados, de suavizar asperezas, de amenguar apetitos, de normalizar conductas, de imponer acciones generosas de desprendimiento, sacrificio y tolerancia, la que ha hecho posible esa otra luminosa conquista cuyas proyecciones educativas nos hablan de una preparación eminentemente práctica y científica para la eficaz explotación del suelo y de cuanto en él se produce.

En el hecho de la designación de nuestra Patria para crear en ella el poderoso instituto a que nos referimos, está patente el reconocimiento de que tendremos paz por mucho tiempo, pues no habrá hondureño bien nacido, de amplia visión y profundo patriotismo, que no esté dispuesto a defender la estabilidad y progreso de un centro como ese, de inconmensurables alcances civilizadores para Honduras -por naturaleza agrícola-, y para el Continente, pues de él egresarán los contingentes de abanderados de la cruzada que ha de acabar con las viejas prácticas rutinarias a las que debemos nuestra casi nula, raquítica e incompensadora producción.

Porque defender la paz como se está haciendo, con vigor y exaltación, con constancia y fortuna, es defender sus preciadas conquistas entre las cuales está -en plataforma prominente- la que propende a hacernos capaces de figurar como factores del mejoramiento de nuestro standard de vida, de arrancar a la tierra y sus productos lo necesario para el surtimiento de graneros y alacenas. Mucho han hablado ya de las magnas perspectivas de esa beneficiosa Institución cultural los autorizados para hacerlo; de sus numerosos edificios, de sus campos de experimentación y cultivo, de todas y cada una de las dependencias en que se instalarán sus diversos y múltiples servicios, de su programa docente perfecto, de sus miras elevadas de creación de aptitud y virtudes triunfadoras en la lucha por la vida, para detenernos nosotros en hacer un innecesario panegírico.

De ella hablarán más que los merecidos juicios laudatorios que ha arrancado, sus obras, los alumnos salidos de sus aulas sapientes, que llevarán a sus patrias la buena nueva de una disciplina completa para hacer prodigios de habilidad en las industrias del agro en que sobresale la relativa a la alimentación, extraída de la concienzuda explotación del surco o del criadero; de la industrialización de las materias primas de ellos arrancadas; del hábil manejo de máquinas centuplicadoras del esfuerzo en calidad y cantidad; del metódico procedimiento de mejoramiento del suelo por el análisis químico, el abono y el riego; de la manera de combatir plagas y epidemias; de las virtudes de la selección de semillas, cruzamiento y rotación de cultivos; de conservación de cosechas, de ensilaje de pastos...

Los Peritos Agrónomos, Expertos o como quiera llamárseles, que pronto América verá salir de sus bien atendidas y mejor equipadas aulas, serán en un futuro no muy lejano los mejores propagandistas de un Centro educativo como el que nos ocupa, productor de hombres aptos para soportar su propio peso, que harán trascender a sus respectivas patrias esa vigorosa aptitud.

ALEJANDRO NAVAS GARDELA

403

IMPORTANTE Y MUY OPORTUNO CONCURSO PARA EL HIMNO DE LA PAZ DE HONDURAS

Secretaría del Concejo del Distrito Central.-Tegucigalpa, D. C., 18 de enero de 1945.-Señor Director del Diario LA ÉPOCA, don Fernando Zepeda Durón.-Presente.-Tengo el agrado de comunicar a Ud. que el Concejo del Distrito Central, en el justo deseo de alentar y cimentar cada vez más el sentimiento de la Paz en la conciencia nacional, dio su aprobación a la idea del Vocal, Dr. Carlos Lardizábal, de promover un Concurso del Himno a la Paz de Honduras. Dicha idea fue expuesta en la Sesión Ordinaria celebrada por el mencionado Organismo el día 2 de los corrientes y las bases de este Concurso fueron elaboradas por el Profesor don Agustín Alonzo y el Abogado don Alejandro Alfaro Arriaga.

Estimando el Concejo del Distrito Central que se trata de una noticia de interés público y de trascendencia nacional, agradecerá altamente a Ud. que inserte en su acreditado Diario las bases del Concurso, que le adjunto.

Sin más que anticiparle las más expresivas gracias, me es grato suscribirme de Ud. atentamente.

FLORENTINO ÁLVAREZ C., Secretario.

QUEDA ABIERTO UN IMPORTANTE CONCURSO NACIONAL HIMNO A LA PAZ DE HONDURAS

El Concejo del Distrito Central, continuando el desarrollo de su programa de acción cívica e interpretando al mismo tiempo el sentimiento del pueblo hondureño a favor de la Paz Nacional como base del bienestar y prosperidad de la República,

ACUERDA:

1°-Abrir un Concurso Nacional en loor a la Paz Nacional, que versará sobre el tema «HIMNO A LA PAZ DE HONDURAS» y se sujetará a las bases siguientes:

PARTE LITERARIA

a) Las composiciones deberán ser de autores hondureños.

b) En atención al corto plazo fijado para este Certamen y con el objeto de facilitar a los compositores nacionales la elaboración de la parte musical del Himno, se dispone que la composición literaria conste de cuatro versos para el CORO y dos estrofas de ocho versos cada una para las VOCES (solo), quedando la rima al gusto del compositor. Los versos serán endecasílabos con compases fijos o acentos rítmicos en las sílabas 1a, 4a, 7a y 10a en el CORO; y los del SOLO, decasílabos con sus acentos en la 3a, 6a y 9a sílabas, siguiendo el modelo común de la mayoría de los himnos en español, actualmente en uso.

c) Las composiciones literarias deberán enviarse al Secretario del Concejo del Distrito Central, en sobre cerrado, firmadas con pseudónimo y llevando el sobre en su parte exterior esta leyenda: «PARA EL CONCURSO DEL HIMNO A LA PAZ DE HONDURAS». La plica que contenga el verdadero nombre del autor, se enviará a su vez en sobre separado y cerrado, con el primer verso de la composición escrito también en la parte exterior del mismo sobre.

ch) El Concurso para la parte literaria quedará cerrado el día lunes cinco de febrero del corriente año, a las seis de la tarde.

d) El Concejo del Distrito Central nombrará, en fecha anterior al veinticuatro de enero en curso, el Jurado Calificador, integrado por tres literatos o personas de reconocida capacidad en asuntos literarios.

e) Este Jurado conocerá de las composiciones enviadas al Certamen y declarará acreedor al PREMIO que aquí mismo se establece, al autor de la mejor composición que a su juicio se distinga por sus méritos literarios y expresión de los sentimientos patrióticos pacifistas del pueblo hondureño. Su dictamen deberá ser entregado a la Secretaría del Concejo dentro de los días comprendidos del ocho al diez de febrero entrante.

2°-Se establece un premio de CIEN LEMPIRAS para el autor de la composición seleccionada por el Jurado Calificador y, además, una Mención Honorífica extendida por el Concejo del Distrito Central.

PARTE MUSICAL
3°-Se sujetará a las siguientes bases:

a) Las composiciones musicales deberán ser de autores hondureños.

b) Los autores enviarán sus composiciones de acuerdo con lo establecido en la letra c) punto 1° de la Parte Literaria de este Concurso.

c) Cada concursante enviará a la Oficina mencionada dos copias de su trabajo, que servirán, las de la composición premiada, para la instrumentación de Banda y Orquesta, salvo el caso que el autor presente instrumentada su composición. El original se guardará en el Archivo de este Distrito.

ch) El Concurso para la parte musical quedará cerrado el día lunes diez y nueve de febrero del corriente año, a las seis de la tarde.

d) El Concejo del Distrito Central nombrará en fecha anterior al veinticuatro de enero en curso el Jurado Calificador, integrado por tres compositores o músicos de reconocida capacidad.

e) Este Jurado conocerá de las composiciones enviadas al Certamen y declarará acreedor al PREMIO que aquí mismo se establece, al autor de la mejor composición musical que se presente. Para el mejor suceso en su cometido el Concejo proporcionará la persona o personas o conjunto musical que el mismo Jurado indique, para la ejecución de las composiciones presentadas al Concurso. Su dictamen será entregado a la Secretaría del Concejo dentro de los días comprendidos del veintidós al veinticinco de febrero entrante.

4°-Se establece un premio de CIENTO VEINTICINCO LEMPIRAS para el autor de la composición señalada por el Jurado Calificador y, además, una Mención Honorífica extendida por el Concejo del Distrito Central.

5°-No podrán ser concursantes los miembros de los Jurados Calificadores.

6°-Los trabajos premiados pasarán a ser propiedad del Concejo del Distrito Central.

7°-Los Premios del Concurso Literario-Musical serán entregados en Acto Especial y Solemne por el Presidente del Concejo del Distrito Central, el día quince de marzo a las diez a. m., en el Salón de Actos del Palacio de este Distrito.

Dado en la ciudad de Tegucigalpa, D. C., en el Palacio del Concejo, a los quince días del mes de enero de mil novecientos cuarenta y cinco.

J. T. QUINÓNEZ A., Presidente.-CARLOS LARDIZÁBAL, Vocal.-AGUSTÍN ALONZO, Vocal.-R. ALCERRO C., Fiscal.- FLORENTINO ÁLVAREZ C., Secretario.

LA HORA DEL RETORNO

"Ahora que estamos de nuevo en la órbita de la tranquilidad, vencedores en la lucha por la paz, emprendamos de nuevo la conciliación de la familia hondureña, olvidemos los dolores del pasado, echémosle un velo a los odios y que cada individuo se dedique a laborar por su propio bienestar; trabajemos todos en armonía, sin prejuicios, y que se haga oír la música de la hermandad".
—Fernando Zepeda Durón, en LA ÉPOCA.

Honduras es un país en marcha ascendente. Nada puede detenerla en esta decisión, e intentarlo sería suicida dentro de un mundo evolucionista en grado superlativo. Nuestro cartel como nación está muy alto y nuestro nombre de hondureños, de patriotas, se cotiza a la par de cualquier individualidad de la tierra. Algo muy fundamental, demasiado visible para que fuera negado, ha venido a prestigiarnos más ante la observación extraña y a levantar el espíritu de fe en los nuestros: un Gobierno de hombres prudentes; un Gobierno que, así como satisface todas las exigencias del pueblo, también soluciona los desmanes que dentro de ese pueblo crea la demagogia; un Gobierno con equilibrado ejercicio de tolerancia y restricción; un Gobierno que implantó la paz, el trabajo, el orden, el respeto, con el apostolado del ejemplo personificado en el Señor Presidente, pero que también dispone de medios y decisión suficientes para defender aquellas conquistas a toda costa, ante el convencimiento de que al pueblo convienen y que no sería nunca el pueblo quien renunciaría a ellas. El Señor Presidente de la República, General Carías, ha vivido muchos años y los ha aprovechado en la experiencia de los demás, para no saber que las revoluciones nuestras han sido parto de la inconformidad y ambición de unos pocos políticos que medraron en la ignorancia e irresponsabilidad de las masas, en tiempos que la matanza era un hábito y el ocio nuestro estado normal; tiempos en que la clase pobre, el campesinado, el artesanado, miserable y desesperante como era su vivir, no tenían qué defender y resignadamente se jugaban la vida en el albur de una revolución; tiempos en que no había una paz por qué luchar, una oportunidad lícita en qué confiar; tiempos en que el patriotismo era palabra exótica, porque Honduras, por obra y gracia de la política egoísta, no era nada que podía enorgullecer a los hondureños; tiempos en que la desconfianza arraigaba con su crudo primitivismo.

La Honduras de hoy, tierra de paz y de progreso, se está ofreciendo invariable y promisoria a todos sus hijos, porque de todos es. Los campos y las ciudades abren sus brazos a la energía creadora. Y los corazones quieren latir al ritmo de la fraternidad. Sin obstáculos se ofrece el porvenir para los hondureños que entre sí no levantan fronteras de odio, ni prejuicios partidaristas, ni armas de destrucción.

Abiertas están las puertas del país para todos los hondureños que lo abandonaron en trance de confusión, víctimas del engaño, en un mal rato de indiferentismo con quien nunca debe olvidarse, ni posponerse, ni burlarse: la Patria. Abiertas están las puertas que han de mostrarles a la misma Honduras que dejaron, dedicada al trabajo, viviendo la felicidad de la Paz, garantizada por el orden y el respeto que estimula un gobierno que a nadie causa daño y a todos beneficia. Vengan en buena hora los compatriotas, arrojando lejos de sí el lastre de la discordia. Retornen sin ver los sinsabores que atrás dejaron, que hay todavía mucha vida por delante y mucha oportunidad para rectificar errores.

Los condotieros de la revolución armada fallaron en sus maquinaciones, fracasaron en sus planes y, con ello, han dejado en el fondo de la juventud que sorprendieron, el doloroso convencimiento de una derrota, la vergüenza de un error, el remordimiento de una falta. Enfermaron a hombres que estaban creados en otro ambiente, en otra escuela; les hicieron renunciar a ideales más elevados, valiéndose del relumbrón de las promesas materiales. Pero esto, en vez de ser motivo que obligue a esa juventud a permanecer fuera de Honduras, es más bien el estímulo de su vindicación. Ellos no son responsables de la trama criminal y sí lo son de que aquello no se repita. Que el fracaso sea una lección que les muestre la profundidad del precipicio en que estuvieron a punto de caer. Que comprendan que la juventud no debe poner los hombros para que los fanáticos del odio los conviertan en pedestal de venganza. Que sean lo suficiente fuertes y sensatos para aceptar que la derrota de aquella revolución fué un triunfo para Honduras. Que retornen al lar nativo, convencidos de que no hay nada más grande que la Patria, que a la Patria nos debemos, que de la Patria necesitamos y que de la cordura, de la fraternidad y buena voluntad de todos sus hijos ha menester la Patria.

La hora del retorno ha llegado. Abandonada como la dejaron los burgueses de la revolución, esa juventud debe estar oyendo y atendiendo el llamado de Honduras, porque la Honduras que gobierna el General Carías no abandona a sus hijos, cualquiera que sea su pecado, si hay en ellos la fortaleza necesaria para rectificar. La Patria los espera.

Y si bien es cierto que no habrá guirnaldas a su paso, tampoco encontrarán en sus compatriotas rencores ni amenazas. Porque hacia la conciliación y la fraternidad estamos inclinados, en honra y beneficio de la Patria.

De ADELANTE, de Tegucigalpa, D. C., 28 de enero de 1945.

UN HOMBRE Y UN PROPÓSITO DE PAZ

Fue en un artículo de nuestro amigo, el Licenciado Miguel Villamil Luna, donde encontramos esta frase, enorme por su significado de responsabilidad y trascendente por la verdad que encierra en honor de quienes nos sentimos orgullosos de ser nacionalistas: "El Partido Nacional irá a la guerra, cuando la Paz en Honduras sea imposible".

Creador de esa Paz, el Partido Nacional no puede permitir que los reacios la destruyan y por eso ha sabido repeler las amenazas. El año recién pasado puso en el terreno de la realidad que esa Paz es indestructible porque el Partido Nacional es inconmovible. Y de la fortaleza del Nacionalismo depende que en el futuro la Paz no sea una posición propensa a que le pongan sitio, sino un bien común que, a fuerza de doctrina, lleguen a comprender, a cultivar y a defender todos los hondureños.

Hablar de la Paz, de nuestra Paz, de esta Paz de los hondureños cuanto más difícil tanto más amada, exige hablar de un hombre en particular, exige colocar a ese hombre en hombros de sus connacionales y formarle arcos de triunfo en el corazón y poner en los labios el patriotismo para gritarle el agradecimiento. Carías Andino es ese hombre. Si la gloria de Honduras está en la Paz que disfruta, la gloria de esa Paz corresponde por entero a Carías Andino. Pero la gloria de Carías Andino no tiene más valor para él que el de poder ofrecerla a sus compatriotas. Por eso su prédica es de Paz; por eso también su prestigio viene de la Paz que él prestigia, día a día, que él defiende abiertamente hasta exponiendo el pecho a la amenazadora multitud, en el propio Palacio Presidencial, el 4 de julio de 1944, fecha en que se frustró un crimen contra él y un crimen de lesa Patria.

Habrá razón, entonces, para que a este hondureño, que antes de ser un gran Mandatario era ya un gran hombre, lo consagre el pueblo como «Fundador y Defensor de la Paz de Honduras y Benemérito de la Patria»? Paradójico se creará el hecho de que Carías Andino, un militar con grado de General de División, ostente sus más valiosas condecoraciones como cruzado de la Paz y haya recibido sus mejores ascensos no de manos de un superior jerárquico, sino de la gratitud consagratoria de la más alta autoridad: el pueblo. Pero la paradoja no existe para quienes conocen un poco la Historia de Honduras y el fondo y la tenacidad de ese Gran Señor que es Carías Andino. Las guerras intestinas habían sido en nuestro país el suceso infalible entre cada poniente y oriente de los gobiernos.

Matar era un verbo que se pronunciaba en todas las inflexiones, en el singular y en el plural. Pero Carías Andino, que presenció y sufrió y filosofó nuestras revueltas, se formó un propósito, al cual sólo faltaba la oportunidad de desarrollo. Tenía que llegar y llegó con la mayoría de votos que lo eligieron Presidente de la República. El propósito ya no lo es. Ahora está estereotipado en la fe de sus connacionales, convertido en monumento de Paz. Habrá quien lo adverse y malquiera y denigre. ¡Es muy difícil para ciertos hombres admitirse pequeños y aceptar sin protesta que alguien más grande les impida ver el sol!

Y Carías Andino no abriga bajos sentimientos para nadie. No se envanece por su grandeza. No es soberbio. El odio, el rencor, el ánimo de venganza jamás se aclimatarían en su carácter. Bueno es, bueno en demasía, bueno hasta con los enemigos políticos que ejercitan en él toda su cólera. Bien puede decir, como Disraeli: "No me preocupo nunca de vengarme; pero cuando un hombre me ha injuriado escribo su nombre en un papelito que guardo en un cajón. Es maravilloso el ver cómo los nombres así coleccionados caen en el olvido".

De ADELANTE, de Tegucigalpa, D. C.

LA ÉPOCA, UN DIARIO AL SERVICIO DEL CARIÍSMO

El director de La Época era el diputado cariísta por Francisco Morazán Fernando Zepeda Durón.

"Yoro siempre ha sido miembro destacado y leal al Partido Nacional".

417

Multitudinaria manifestación de cachurecos en Tegucigalpa
apoyando al general Carías. 10 de julio de 1944.

En toda Honduras había marchas a favor del gobierno de Carías Andino. La Ceiba no fue la excepción.

La Época destacaba en grandes espacios el apoyo a la dictadura.

El diario oficialista también destacaba las obras de la dictadura, como el Instituto Manuel Bonilla de La Ceiba.

Los nacionalistas de Intibucá, histórico departamento azul, advirtieron que Honduras no regresaría al pasado de violencia.

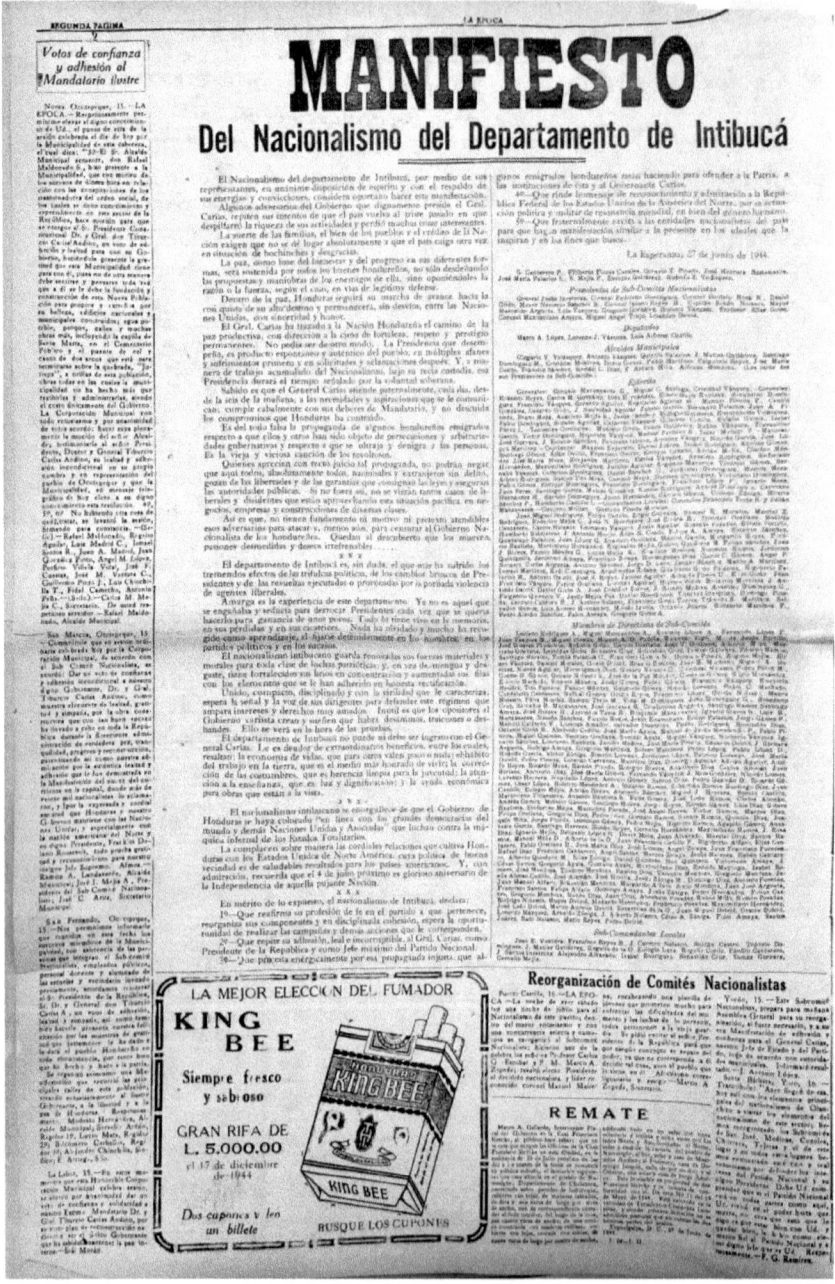

Miles de nacionalistas de Puerto Cortés escuchan el discurso de Plutarco Muñoz, presidente del Congreso Nacional. Julio de 1944.

la Carta del señor Presidente Roosevelt al Presidente del Partido Nacional ítico de los Estados Unidos, Mr. Ro- Hannegan, declarando aceptar la no- para candidato a la Presidencia de la a por la Convención Nacional Demo-

mana El ejército rojo se encuen- tra hoy tácitamente en los mis- mos puestos desde los cuales Hitler inició en 1941 su gran ofensiva contra la Unión Soviética. El fren- té de batalla es extenso y en todo él se lucha violentamente; más de 900 poblados fueron capturados ayer por los rusos, según anuncio de Stalin.

anunciada por la radio de Moscú fué que la tentativa contra la vida de Menzies. ¿Por qué con [Pasa a la 4a. pág. col 4]

Continuaba hoy la Lucha
Designar el Candidato

r Hannegan:
la informado que de los atestados consi- mayoría de los dele- esuelto votar por mí para el cargo de r, yo siento que yo a usted una simple con toda sinceridad, posición.
ención lo resuelve y ara la Presidencia, yo el pueblo me elige, Cada uno de nuestros irven en esta guerra le los cuales reciben ichos jefes tienen a su uperiores. El Presi- Comandante en Jefe, i tiene su jefe supe- o de los Estados Uni-

poco derecho a retirarme como el soldado a dejar su puesto en la línea de combate.
Al mismo tiempo yo pienso te- ner un derecho a decir a usted y a los delegados de la próxima con- vención algo que es personal, pu- ramente personal mío.
Por lo que toca a mí mismo yo [Pasa a la 4a. pág. col. 2]

En dirección a Pisa
Roma, 21.— (RLE).—Los ejér- citos norteamericanos y británicos han llegado al Arno y las opera- ciones continúan desarrollándose satisfactoriamente, habiéndose rea- lizado importantes avances en di- rección a Pisa, barriendo las de- fensas alemanas y llegando a las líneas llamadas de Godo.

Estadio de Chicago, 21.—(Pren- sa Asociada)—Por Jack Bell.— Henry Wallace se unió al Congre- so de Organización Industrial que formó un bloque para votar contra la gran ciudad y el respaldo del sur del senador Truman, en una por- fiada batalla por la nominación de- mócrata a la vicepresidencia. El presidente Roosevelt dió importan- cia a la lucha de esta nueva campa-

ROOSEVELT AL CUARTO PERIODO

Falsedades Gobierno

ominio público la cam- imación por algunos líticos, residentes en or medio de una ra con el objeto de deni- ronalidad del señor Dr. y Gral don Tibur- Andino, como aquella demás países de Ame-

ted manifestarme ado- las mismas transmisio- s que en esta República cido la más cruel tira- hace aparecer al S A ir Carías, como el más tmo Centroamericano, armizada persecución las personas que no n las ideas del régimen l; que se les encarcela, lica toda clase de tor- , etc.
me Ud., para desvir- utaciones, que le diga ación del presente oh- nsta o tengo conoci- , de que en este Sector r del país se cometen os o si en cambio se y libertad, atenta- rmito exponer a Ud., conocimiento, que en 4a. pág. col. 4)

Grandiosa Manifestación Nacionalista En Puerto Cortés

Estos son cinco aspectos de la imponente Manifestación del Partido Nacional en Puerto Cortés, llevada a cabo el 14 de los corrientes. Las fuerzas del nacionalismo patentizaron en tal oca- sión su incondicional adhesión al caudillo máximo General Carías Andino y su culto a la paz y al progreso, realidades que ha man- tenido inalterable el gobierno actual.
En primer término, la multitud apiñada frente al Parque "Carías" oyendo la vibrante palabra del Dr. don Plutarco Muñoz P. En segundo término, la oleada humana circulando por la calle de La Línea con una montada a la cabeza. Más abajo las bande- ras de las Naciones Unidas mostrando su grandiosidad. A la derecha, dos de los oradores; arriba el Dr. don Plutarco Muñoz P., y abajo un nacionalista de aquel sector costero.

La designación fué hecha anoche por la Convención

Washington, 21.— (RLE).— La convención demócrata de Chicago designó al Presidente Roosevelt como candidato al cuarto período Presidencial de los Esta- dos Unidos. La designación se hizo casi por unanimidad de votos.
xXx
Con el Presidente Roosevelt en una base naval en la costa occiden- [Pasa a la 4a. pág. col. 5]

Los Aliados Combaten ya en Están Demoliendo la Defensa

Con las fuerzas del frente en el Orne, 21.— [Reuter].— Por Don Campbell, corresponsal especial de Reuter.—[Fechado ayer por la tarde].—Las tropas aliadas com- baten ahora en las calles de Troarn y en los puntos focales de la bata- lla al sureste de Caen, así como en Bourguebus. En Troarn, co- mo a diez kilómetros del oriente de Caen, la punta de lanza de los tanques británicos está demoliendo la resistencia fuera de la población; y en Burguebus, en la carretera principal de Ralaise a Faise, a 5 kms. al sur de Caen, la fuerza blindada aliada está combatiendo. Pero la velocidad de la lucha al oriente de Orne ha menguado du- rante las últimas horas.
Los británicos y los canadienses están consolidando sus avances y fortificando la nueva línea delantera. No han ocurrido contrataques de importancia, aunque Rommel tiene fuerzas blindadas considerables que

fin, al declarar que s ocupación de aquí a no rá atender a la guerra y no a la política. N nuevo de manera entusi madores por toda la C que evitó la mención d datos contrarios al Presi por radio, que no se pre candidato en el sentido rriente.
Al aceptar la nomi mensaje por radio "desc naval del Pacífico", er velt que dentro de c el mundo se encontra fecta paz, y agregó q nuevas tendrá ampl dad para realizar los nosotros buscamos".
Estados Unidos entr decente de vida para americanos.
Continúa la lucha pa nación a la Vicepre más de una docena de que resultan problemát llace en persona dirig en la batalla que él ll "Liberalismo" y por nominación. Los dele cansados ya y la lucha

El Gral. C Patria, C

San Pedro Sula, 21 memora hoy la memori dó su vida en defensa siglos el glorioso espí dureños, especialmente quien para mantener l ción de los valientes d campaña de pillaje que mistas extranjeros, des nales, abusando de un prodiga. ¡Viva Lem Francisco Castillo O.

423

Este discurso de un seguidor nacionalista deja en claro el fervor
que Carías Andino despertaba entre sus seguidores.

424

CONTENIDO